KB238176

릴 공예 블라섬

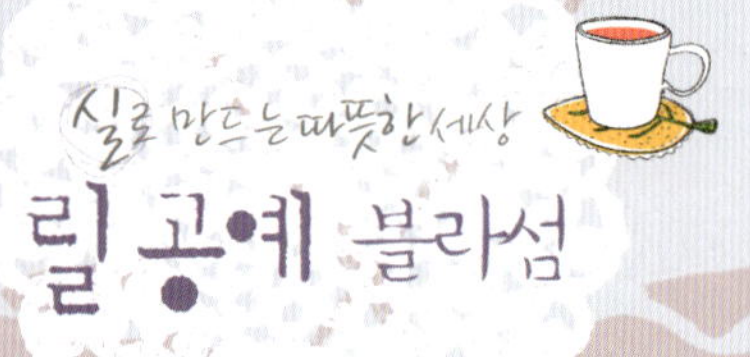

초판 인쇄일 2012년 7월 20일
초판 발행일 2012년 7월 27일

지은이 이지언
발행인 박정모
등록번호 제9-295호
발행처 도서출판 혜지원
주소 (130-844) 서울시 동대문구 장안 1동 420-3호
전화 02)2212-1227, 2213-1227 **팩스** 02)2247-1227
홈페이지 www.hyejiwon.co.kr

편집진행 송유선
본문디자인 김보라
표지디자인 안홍준
영업마케팅 김남권, 황대일, 서지영
ISBN 978-89-8379-754-4
정가 20,000원

실로 만드는 따뜻한 세상

릴 공예 블라섬

혜지원

Profile

이지언

섬유미술가
릴디자인 대표
릴공예 대표

2000년 릴 공예 연구개발
2002년 릴디자인 브랜드 등록
2002~2005년 인천민미협 정기전 및 황해미술제 참여
2003년~2006년 인사동 가나아트갤러리 입점작가

강의
텐바이텐 핑거스 아카데미 강사
신세계 VIP 특강 강사
대기업 공예동아리 특강 강사

수상
2005년 쌈지길 공모전 '릴 한복장신구' 입상
2008년 대한민국 현대미술대전 공예부문 입상
     경향미술대전 공예부문 입상
2010년 대한민국 현대미술대전 공예부문 입상

매스컴
2006년 한국타이어 사보
2008년 공예잡지 Craft House 창간호
2009년 퀸 잡지촬영
2010년 리빙센스 잡지촬영
     〈릴 공예 홀릭〉 인세 기증 KBS 동행 출연
2011년 KBS 생생정보통 촬영
     코스모폴리탄 잡지촬영
2012년 채널A 김성주의 모닝카페 촬영

Prologue

릴 공예는 어릴 적 동양 자수를 좋아하던 어머니께서 곱게 수놓은 방석이나 식탁보를 보고 아이니어를 떠올려 만든 기법이에요.

평면적인 작업을 저는 입체화시켜 디자인을 하면서 작품 하나하나를 완성했고요. 섬유라는 단점을 보완하기 위해 세척이 가능토록 하였으며 무엇보다 장신구는 착용 시 무게감 때문에 옷이 늘어지는 경우가 있다는 점에 착안해 매우 가볍고 견고하도록 신경 써서 만들었습니다.

이미 릴 공예 초급이 발간되어 많은 이들이 관심을 가져주셨는데요. 이번 고급 과정에서는 주로 꽃이나 자연물을 모티브로 디자인하여 예쁜 장신구와 소품 몇 가지를 실어봤어요.

〈릴 공예 홀릭〉을 통해 초급을 작업해 보셨던 분이라면 분명 어렵지 않게 잘 따라 하실 수 있고요. 아직 릴 공예를 접해보지 않고 이 〈릴 공예 블라섬〉을 접하신 분은 일단 릴 공예 홀릭부터 만나보시길 권해드립니다.

초급과 마찬가지로 고급도 꼼꼼히 최선을 다해 작업했습니다. 하지만 더 예쁘게 완성도를 높이려면 기본 기법을 잘 숙지하시고 릴 공예 카페에 오셔서 기본기법 동영상을 확인하시는 게 도움이 되실 거예요. 그리고 만들기 전 과정을 한 번 쭉 읽어보시고 작업하는 게 더 좋고요. 색상 역시 정해진 건 없으니 자신이 가지고 있는 실이나 좋아하는 컬러 취향대로 개성을 살려 만드시면 정말 하나밖에 없는 나만의 작품이 탄생될 거예요.

릴 공예 카페 http://cafe.naver.com/ireel "릴 공예가 좋아"

Gallery

#01 샹들리에 귀걸이(p.40)

#02 리프 귀걸이(p.45)

#03 웨이브 나뭇잎 귀걸이(p.50)

#04 노란 꽃 귀걸이(p.58)

#05 잎사귀 묶음 귀걸이(p.65)

#06 실크 플라워 귀걸이(p.72)

#07 레이스 패치 귀걸이(p.81)

#08 앤의 꽃 귀걸이(p.88)

#09 시크 그레이 꽃 귀걸이(p.98)

#10 포스트 꽃 귀걸이(p.109)

#11 모닝 플라워 머리핀(p.121)

#12 하얀 꽃 머리핀(p.130)

Gallery

#13 아일랜드 꽃 머리핀(p.141)

#14 보라꽃 머리띠(p.153)

#15 실크 나비 머리띠(p.162)

#16 브라우니 포니테일(p.173)

#17 크리스털 포인트 목걸이(p.182)

#18 핑크 펄 플라워 목걸이(p.189)

#19 잎사귀 묶음 브로치(p.195)

#20 나뭇잎 브로치(p.202)

#21 빈티지 플라워 브로치(p.212)

#22 메탈 플라워 브로치(p.224)

#23 새와 나무 핸드폰줄(p.236)

#24 내추럴 팟(p.245)

#25 스노우 버드 모빌(p.259)

Contents

Chapter 01 릴 공예 고급 준비하기

Chapter 02 릴 공예 고급 만들기

141 _#13_ **아일랜드 꽃 머리핀**

153 _#14_ **보라꽃 머리띠**

162 _#15_ **실크 나비 머리띠**

173 _#16_ **브라우니 포니테일**

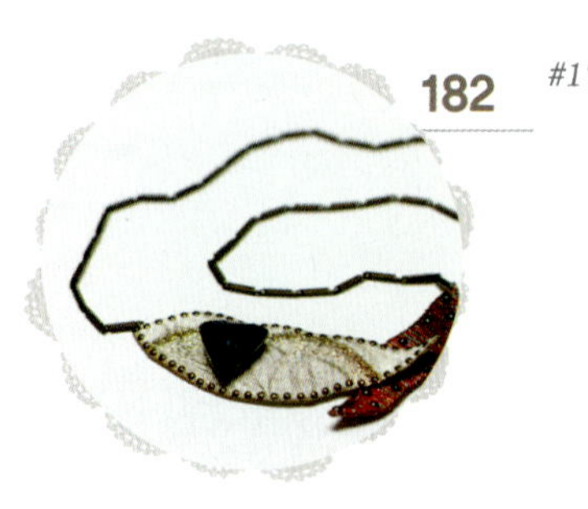

182 _#17_ **크리스털 포인트 목걸이**

189 _#18_ **핑크 펄 플라워 목걸이**

195 _#19_ **잎사귀 묶음 브로치**

202 _#20_ **나뭇잎 브로치**

Chapter 03 릴 공예 고급 만들기 실물본

Chapter 1

릴공예 고급
준비하기

(Anchor)
독일 앵커 면사

릴공예에 가장 많이 쓰이는 면사로 꼬임이 톡톡해서 와이어나 특히 넓은 면적에 감을 때 볼륨있게 촘촘히 감긴다. 원색의 발색력이 좋아 동양적인 미를 자아낼 수 있다. 하지만 디엠씨에 비해 중간톤의 색상 수가 적다.

(DMC)
프랑스 디엠씨 면사

중간톤의 색상이 많다. 꼬임이 느슨하여 와이어나 특히 넓은 면을 감을 때 고르고 촘촘히 감기가 힘들다.

(Anchor)
독일 앵커 레이온사

앵커의 레이온사는 실크 느낌을 낼 때 사용하기 좋으며 두께가 얇고 색감이 뛰어나 동양적인 신비감을 주는 작품에 쓰면 굉장히 고급스럽다. 반면 디엠씨의 레이온사는 품질이 떨어지고 두꺼워 잘 사용하지 않는다.

(PRECIOUS METAL EFFECTS)
프랑스산 메탈사 – 프레시어스 이펙트

펄감이나 색상이 고급스럽고 재질이 부드럽다.

(JEWEL METAL EFFECTS)
프랑스산 메탈사 – 쥬얼리 이펙트

중간톤의 다채로운 색상이 곱고 역시 펄감이 좋으며 재질이 부드럽다.

(ANTIQUE METAL EFFECTS)
프랑스산 메탈사 – 앤틱 이펙트

매트한 느낌으로 앤틱한 느낌을 낼 때 사용한다.

(ANCHOR LAME METAL)
독일 앵커 메탈사

프랑스 메탈사에 비해 빳빳하며 두께가 얇고 광택이 뛰어나다.

(TIARA METAL)
프랑스 티아라 메탈사

흔하지 않은 특수사인만큼 감았을 때 펄감을 100% 살릴 수 있는 메탈사이며 굉장히 부드럽고 한 줄의 폭이 넓어 감기도 편리하다.

(NORDIC GOLD METAL)
영국 노르딕골드 메탈사

프랑스 티아라 메탈사와 거의 유사하여 유용하게 쓰인다. 값비싼 티아라 메탈사에 비해 저렴한 편이다.

(DIADEM)
코츠사의 특수 메탈사 – 다이어뎀

펄감이 고급스럽고 넓적하여 금장이나 은장 효과를 낼 때 최고의 메탈사로 여러 방면으로 유용하게 쓰인다.

(CRISTALLINA)
코츠사의 특수 메탈사 – 크리스탈리나

이름처럼 마치 얇은 금속판을 보는 듯한 느낌의 가느다란 메탈사이다. 일본의 특수 메탈사처럼 단독사용보단 여러 겹으로 사용된다.

(DMC)
프랑스 복합사

자연스러운 그라데이션이 되어 있는 면사로서 꽃잎을 표현할 때나 자연물을 표현할 때 유용하게 쓰인다.

(OPHIR)
코츠사의 특수 메탈사 – 오피르

얇은 한 줄짜리 금사, 은사로 부드러워 사용하기 편리하며 얇은 와이어에 자주 사용된다.

(REFLECTA)
코츠사의 특수 메탈사 – 리플렉타

보슬보슬한 느낌의 얇팍한 한 줄 메탈사로 부드러워 한 줄만으로도 사용하기 좋으며 그라데이션 효과를 낼 때 아주 유용하다.

(ANCHOR)
독일 복합사

프랑스 복합사보다 좀 더 다이나믹한 그라데이션으로 1300번대의 색상들은 고급스러운 매치의 컬러들이 복합되어 있어 또 다른 독특함을 느낄 수 있다.

(GUTERMANN-SULKY)
일본의 특수 메탈사 – 구터만

굉장히 얇은 한 줄에 여러 색상이 그라데이션 되어 있어 독특한 효과를 낼 수 있다. 단독으로 쓰이기보단 여러 겹으로 사용된다.

낚시줄과 투명실

왼쪽은 낚시줄로 비즈를 연결할 때 자주 사용되며 낚시줄 중 가장 얇은 두께이다. 오른쪽은 독일의 투명실로 굉장히 얇고 강도도 좋은 편이어서 자주 애용된다.

마끈

소품에 많이 이용되며 내추럴한 분위기를 내거나 다채로운 면사를 수용하기에 제일 좋은 재료이다.

공예용 와이어(철사)

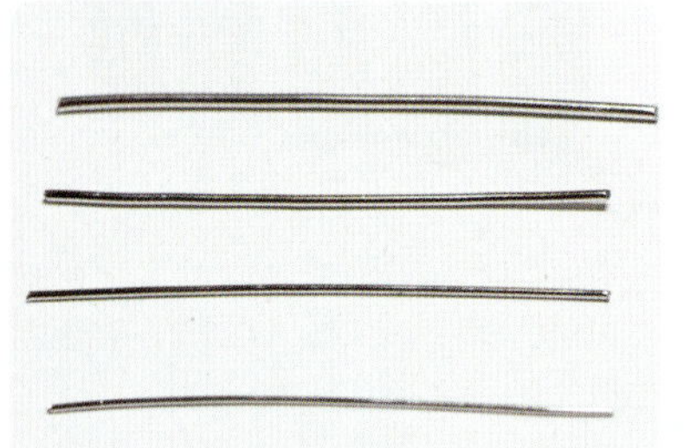

위부터 3mm/2mm/1.6mm/1.2mm이며
굵기에 비해 강도가 부드럽다.
그밖에 0.8mm/0.5mm/0.3mm가 자주
쓰인다(숫자가 작을 수록 얇다).

플라워 와이어(꽃철사)

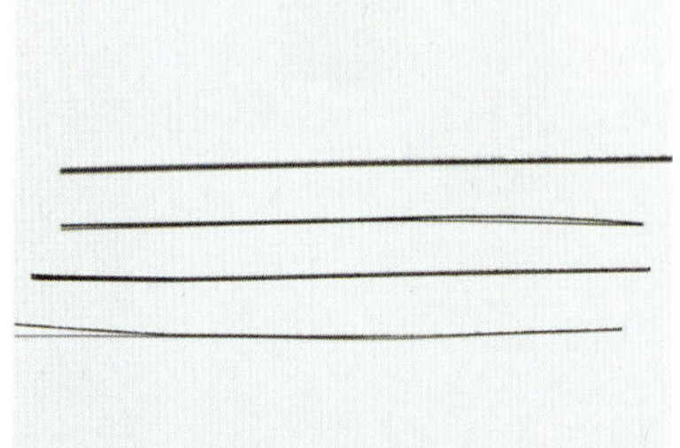

위부터 20호/22호/24호/26호이며 호수가
높을 수록 얇다. 굵기에 비해 강도가 센 편이
다.

pvc 판(투명 혹은 불투명바디)

얇은 플라스틱 같은 재질의 판이다. 릴
공예에서는 0.5mm pvc(제일 두꺼움),
230mic(중간 정도의 굵기), 200mic(얇은
굵기)가 주로 사용되며 일명 '바디'라고 불린
다.

씨드비즈

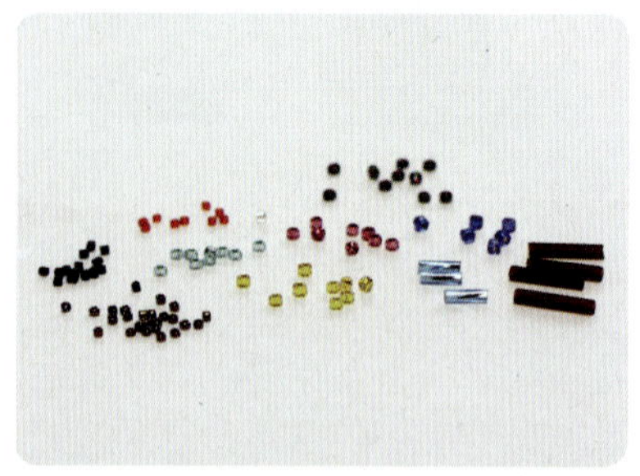

씨드비즈는 일반적으로 일본산이 제일 고르
고 품질이 좋으며 그중 기와의 극소비즈는
흔치 않으며 꽃 수술에 많이 사용된다.

비즈부자재

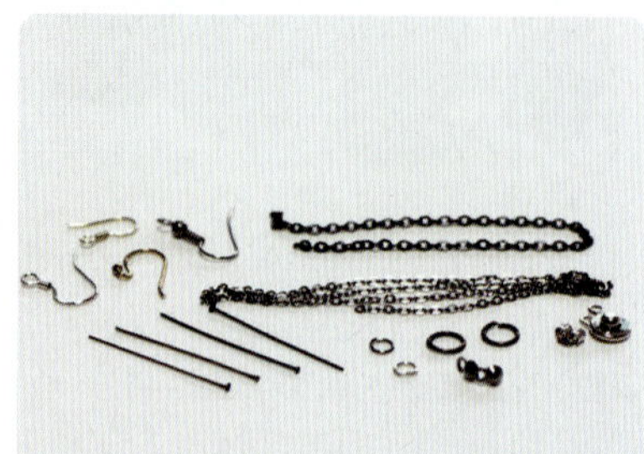

T침, 체인, O링, 귀걸이침 등 동대문이나 인터
넷 비즈 사이트에서 쉽게 구입할 수 있다.

크리스탈

스와로브스키사의 크리스털들이며 3~4mm
주판알과 축구볼, 물방울, 네모 모양 등이 있
는데 비즈공예 느낌을 배제하기 위해 포인트
로만 소량 쓰인다.

각종 진주

크기별 천연담수진주와 크기별 스와로브스
키사의 파우더 진주가 쓰인다.

레이스

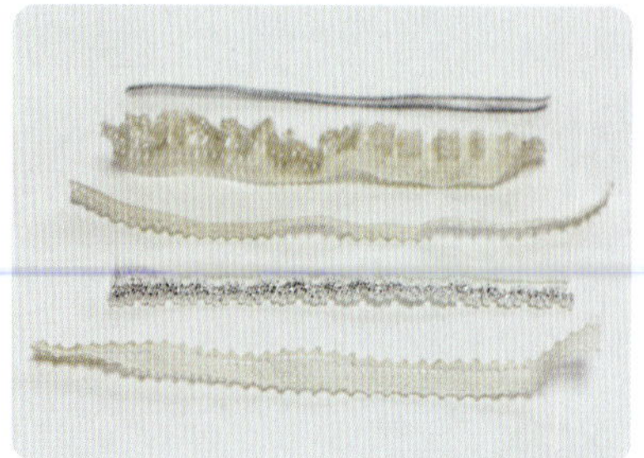

소품이나 액세서리, 인형 등에 다용도로 쓰
이며 주로 얇고 가는 레이스들이 많이 쓰인
다.

각종 원석들

그밖에 색색의 각종 원석들과 나무 비즈, 아
크릴 비즈 등이 포인트로 사용된다.

릴 공예에 주로 쓰이는 재료 - 핫픽스

핫픽스(Hot fix)란?

말 그대로 본드가 아닌 뜨거운 열을 가해 고정을 시킨다는 뜻이다. 스와로브스키사의 크리스털 뒤쪽을 납작하게 커팅해서 접착제를 붙여놓은 뒤 인두기나 다리미로 열을 가해 크리스탈을 붙이게 된다.

핫픽스는 천에 강하다. 그래서 실을 주재료로 사용하는 릴공예의 모든 크리스털 장식은 이 핫픽스를 이용한다.

그럼 릴공예에서 자주 쓰는 크기와 색상 이름에 대해 알아보자.

★ 핫픽스의 단위는 ss로 시작된다. 숫자가 클수록 사이즈도 커진다.
주로 쓰는 ss6은 2mm 정도이고 ss10은 3mm이다.

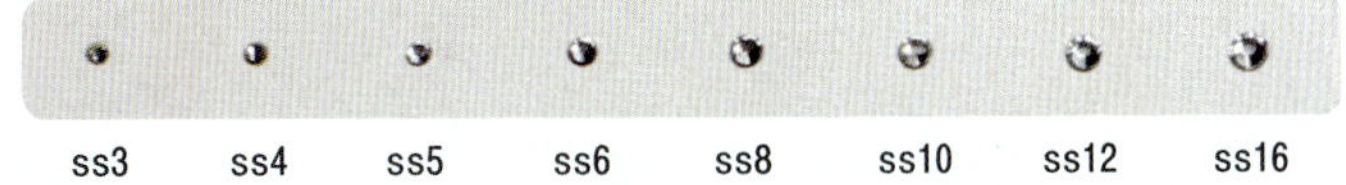

★ ss3과 ss5 크기도 쓰이는데 크기가 작아도 가격이 ss6과 ss10에 비해 비싸다.

핫픽스 색상표

핫픽스 크리스탈의 주로 쓰이는 색상표이다.

인두기

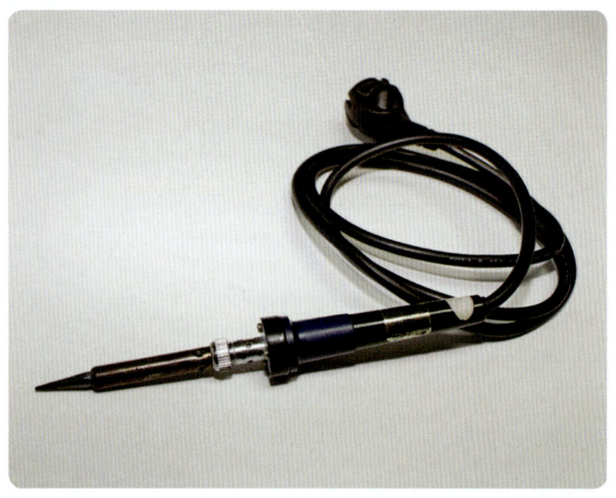

크리스털(핫픽스)을 붙일 때 쓰이고 지저분한 글루건 자국을 정리하거나 작품을 깔끔히 마무리 하는 데 쓰인다. 인두기는 온도가 중요한데 반드시 18w로 사용해야 크리스탈이 변색 없이 잘 부착된다.

구매처 | 각종 인두기 사이트

글루건

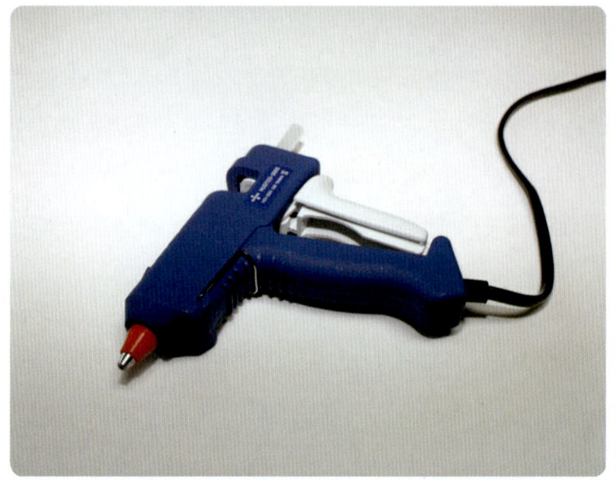

브로치나 핀장식을 부착하는 데 사용되며 작품을 빠른 시간 안에 튼튼히 고정할 때도 사용된다. 글루건심은 투명한 것이 가장 깔끔하게 마무리된다. 글루건을 튼튼히 붙이는 요령은 재빨리 짜고 재빨리 붙여주는 것이다.

구매처 | 대형문구점이나 마트, 공구상가

릴공예 전용 접착제(빨간통)

릴공예 작업에 없어서는 안 될 가장 중요한 접착제이다.
최소한의 독성, 섬유와의 강한 밀착성, 물에도 강한 내수성이 장점이다. 빨간통은 통끝이 얇고 길어 섬세한 곳을 작업하기에 좋다.

구매처 | 릴공예 온라인 Shop(http://ireel.cafe24.com)

릴공예 전용 접착제(일반통)

내용물은 빨간통과 같으며 가장 평범하게 사용되는 통이다.
통이 말랑말랑해서 본드가 쉽게 나와 작업이 편리하다.

구매처 | 릴공예 온라인 Shop(http://ireel.cafe24.com)

뽀족가위

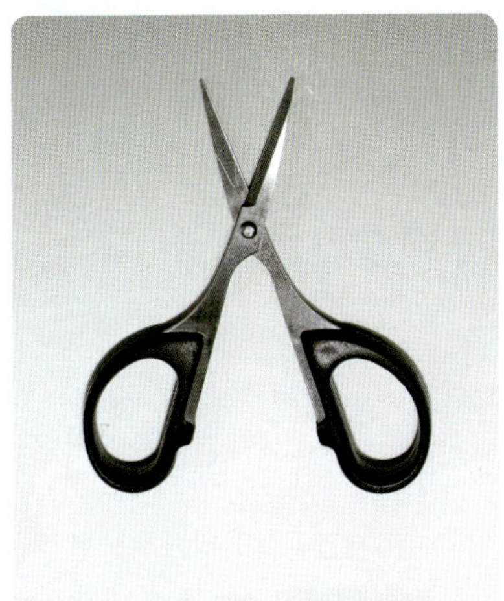

날끝이 얇고 뽀족해야 하며 실을 잘라야 하므로 성능이 좋아야 한다. 다른 것을 자르는 가위와는 구분해서 실만 자를 때 사용해야 오래 사용할 수 있다.

구매처 | 동대문 종합상가나 비즈 사이트

짧은 롱로즈

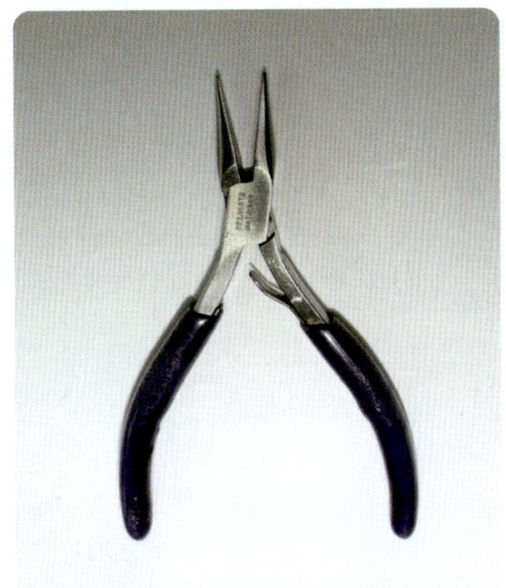

끝이 얇고 날이 짧아 모양잡기에 아주 편리하다. 안쪽에 굴곡이 없이 매끈한 것이어야 한다.

구매처 | 비즈 사이트

긴 롱루즈

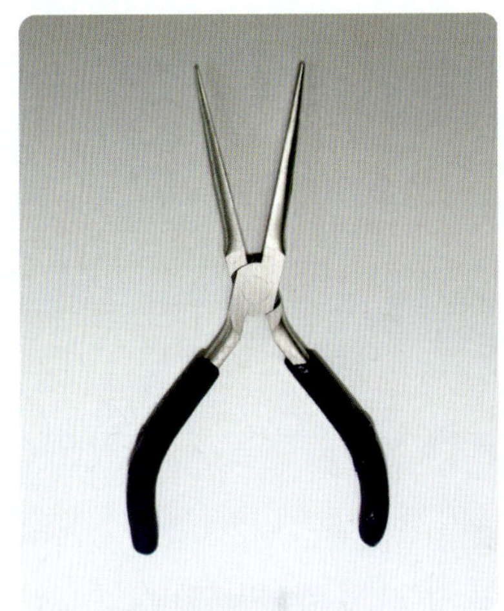

역시 안쪽이 굴곡 없이 매끈해야 하며 주로 비즈 작업 시 사용된다.

구매처 | 동대문 종합상가나 비즈 사이트

구자말이

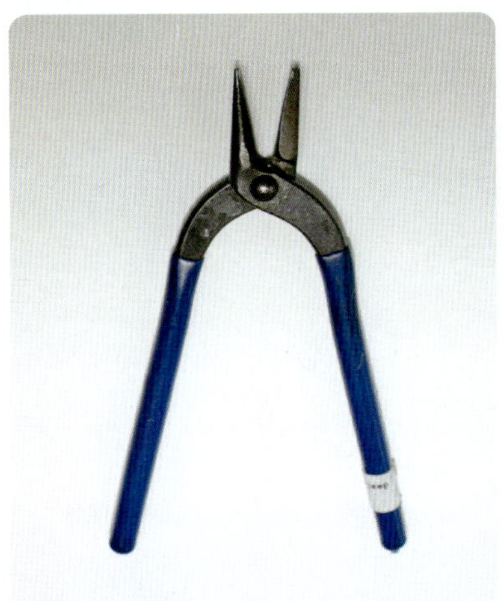

T침이나 와이어를 구부려 예쁜 고리를 만들 때 쓰인다.

구매처 | 동대문 종합상가나 비즈 사이트

니퍼(일제 TOP 공구)

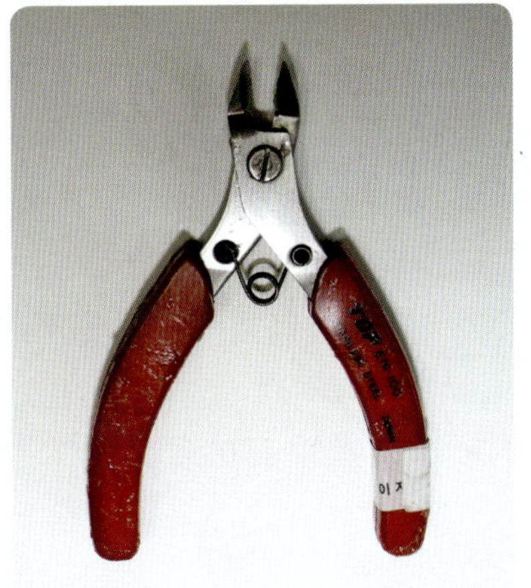

날이 얇고 뽀족한 니퍼로 와이어뿐 아니라 pvc의 모양을 자를 때나 마무리할 때도 아주 유용하게 쓰인다. 특히 와이어의 단면이 깨끗이 직각으로 잘려 저렴한 니퍼보다 좋다.

구매처 | 동대문 종합상가나 비즈 사이트

ㄴ자형 핀셋

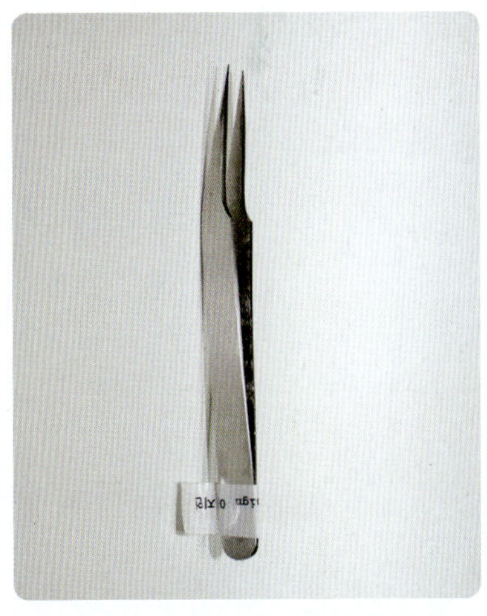

릴 작업 시 없어서는 안 될 핀셋이다. 본드를 제거하거나 본드양을 조절할 때, 픽스를 잡을 때, 모양을 만들 때 등 아주 유용하게 쓰인다.

구매처 | 인두기 사이트나 공구 사이트

1 일자와이어 감기와 코팅하기

웬만한 일자와이어는 중앙감기로 시작한다. 중앙감기란 원하는 실 길이의 중앙과 원하는 와이어 길이의 중앙끼리 센터를 잡아서 오른쪽부터 감고 다시 돌려 반대쪽을 감아 완성하는 것을 말한다.

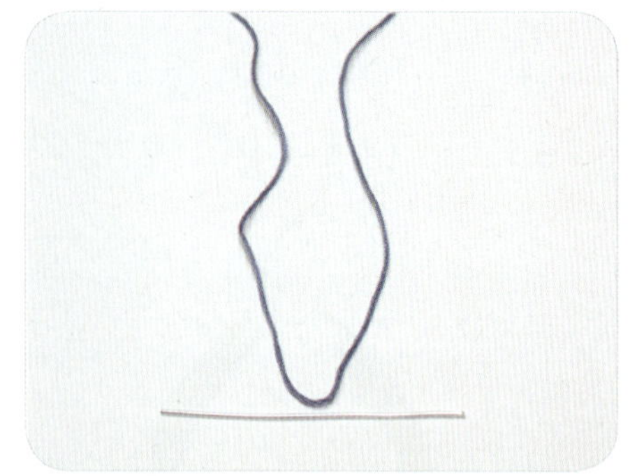

❶ 실의 중앙과 와이어의 중앙지점을 잡아 사진처럼 놓는다.

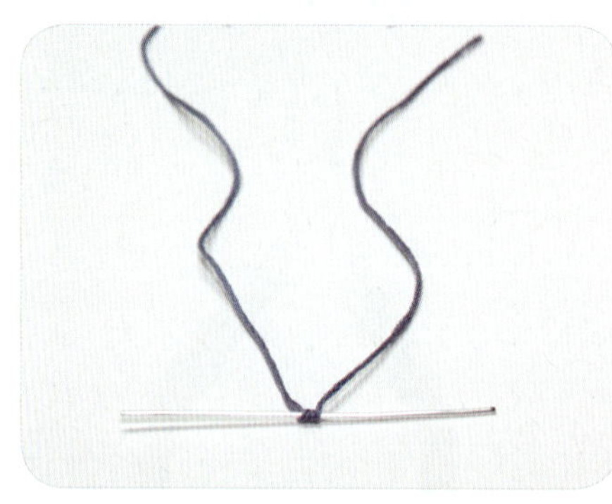

❷ 중앙지점에 본드를 얇게 1cm 폭으로 칠하고 오른쪽부터 가슴에서 바깥방향으로 촘촘히 감아나간다.

❸ 거의 다 감았을 때 다시 한 번 와이어에 본드를 전체적으로 얇게 칠한다.

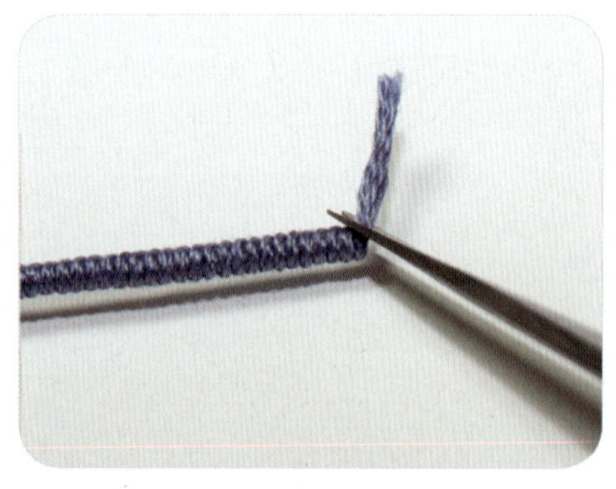

❹ 와이어가 안 보이도록 완전히 감아준 뒤 가위로 남은 실은 바짝 잘라낸다.

❺ 가위질한 곳에 본드통에서 금방 나온 본드를 깨알 반만큼 톡 칠해주고

❻ 본드기 없는 깨끗한 오른손으로 실 감은 방향으로 지긋이 힘주어 한 바퀴 돌려주고

❼ 본드기 없는 왼손으로 실감은 방향으로 힘주어 한 바퀴 돌려준다.

❽ 마지막으로 옆쪽을 깨끗한 손으로 두 번 정도 톡톡 누르면 코팅이 끝난다.

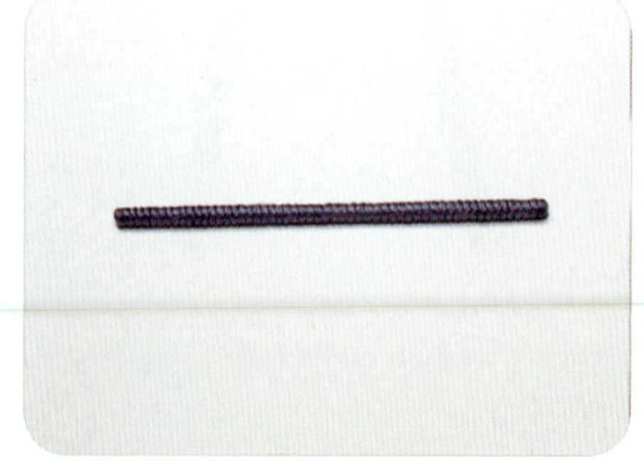

❾ 남은 반대쪽도 본드를 얇고 좁게 칠해가며 촘촘히 감고 끝 쪽은 똑같은 방법으로 코팅을 해주면 완성.

 ## 바디에 실 감고 코팅하기

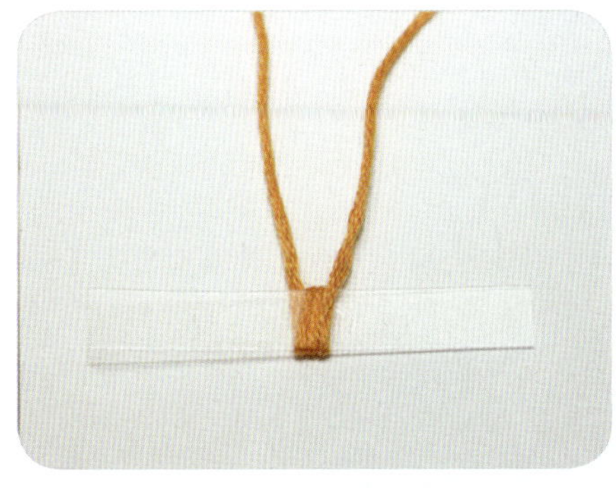

❶ 실과 바디 각각 중간지점을 잡아놓고 바디에 앞뒤로 얇게 0.5mm 폭으로 본드칠하며 중앙감기한다.

❷ 실은 직선이 유지되도록 촘촘히 감아주고 감은 부분은 손으로 쓸어주어 잘 붙도록 한다. 계속 본드칠해가며 감아나간다.

❸ 거의 다 감았을 때 다시 한 번 앞뒤로 본드를 칠해주고

❹ 바디가 안 보일 정도로 감아준 뒤 남은 실은 뒤쪽에서 가위로 바짝 잘라내고

❺ 가위질한 곳은 금방 나온 본드를 깨알만큼 톡 칠해준 뒤

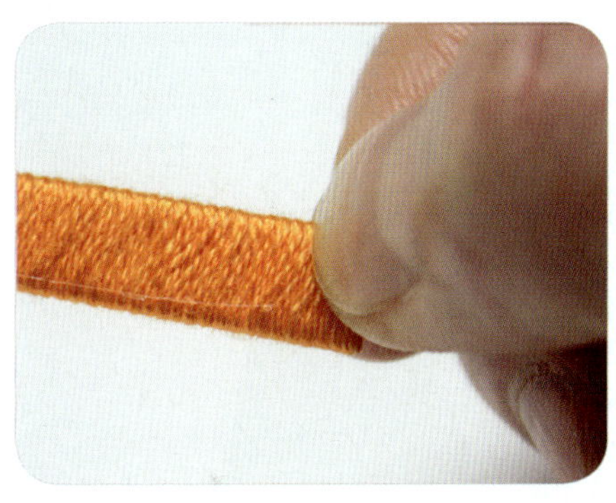

❻ 본드칠한 곳을 손으로 3초 정도 눌러주고

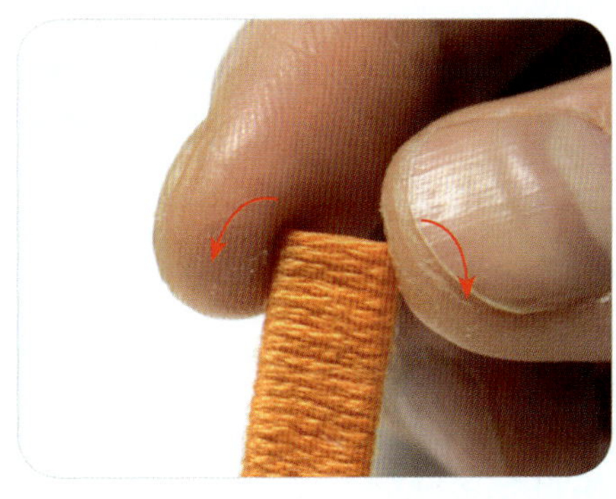

❼ 옆면 위에 본드를 1mm 두께로 균일하게 바른 뒤 재빨리 화살표 방향대로 문질러 내려준다.

❽ 본드기 없는 깨끗한 손으로 앞뒤로 톡톡 눌러준다.

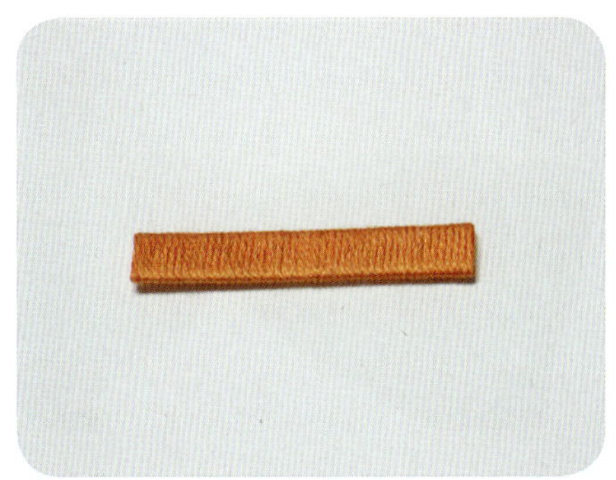

❾ 감지 않은 남은 부분을 오른쪽으로 돌려놓고 촘촘히 직선을 유지하며 마저 감아준 뒤 코팅하면 완성.

❶ 바디의 중앙과 실의 중앙부분을 잡아서 바디에 앞뒤로 얇고 좁게 본드칠해 중앙감기로 시작한다.

❷ 조금씩 직선을 유지하면서 감고 감은 곳은 손으로 문질러 잘 붙도록 해준다.

❸ 바디가 좁아지는 곳에선 실 간격이 벌어지기 쉽다. 그때는 양 손톱 끝으로 실을 내려주고 감고를 끝까지 반복하면서 감는다.

❹ 거의 다 감았을 때 다시 한 번 바디에 앞뒤로 본드칠해서 실을 인위적으로 돌려 완전히 감아준다.

❺ 남은 실은 가위로 바짝 잘라준다.

❻ 가위질한 곳에 본드를 깨알만큼 톡 칠해주고

❼ 본드기 없는 깨끗한 손으로 앞뒤로 두 번 정도 톡톡 눌러주고

❽ 다시 깨끗한 손으로 양옆으로도 두 번 정도 톡톡 눌러 주면 코팅된다.

❾ 남은 반대쪽도 오른쪽으로 돌려놓고 바디 앞뒤로 본드를 얇게 칠해 직선을 유지하면서 앞과 같은 방법으로 감고 코팅하면 완성.

마키즈(뾰족한형) 꽃잎 감고 코팅하는 법

❶ 꽃잎 아랫부분에 0.5cm 정도 본드칠한 후 실 여유분 2cm 정도 남기고 촘촘히 감아준다.

❷ 다시 그 위에 0.5cm 정도 본드칠해 감고 그 다음부터는 와이어의 양 옆쪽에 본드를 칠해가며 촘촘히 감는다.

❸ 와이어가 좁아지는 부분부터는 실 간격이 벌어질 수 있으니 한 번 감고 양 손톱으로 내려붙이고를 반복하면서 끝까지 감아준다.

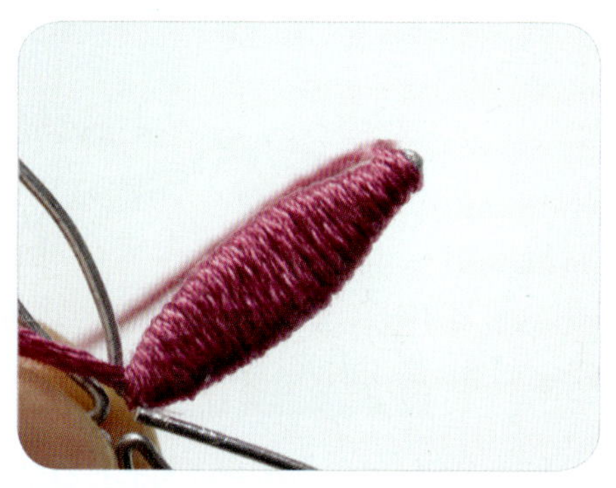

❹ 거의 다 감았을 때 다시 한 번 앞뒤로 본드칠해서 실을 인위적으로 말아 붙여 감아준다.

❺ 완벽히 커버되었으면 남은 실은 가위로 바짝 자르고

❻ 가위질한 곳에 본드를 깨알 반만큼 톡 칠해주고

❼ 본드기 없는 깨끗한 손으로 앞뒤로 두 번 정도 톡톡 눌러주고

❽ 다시 본드기 없는 깨끗한 손으로 양 옆으로도 두 번 정도 톡톡 눌러주면 코팅이 된다.

❾ 완성!

❶ 꽃잎 연결부분 쪽 와이어에 본드를 0.5cm 길이로 칠한 후 실 여유분 2cm 정도 남기고 촘촘히 감아나간다.

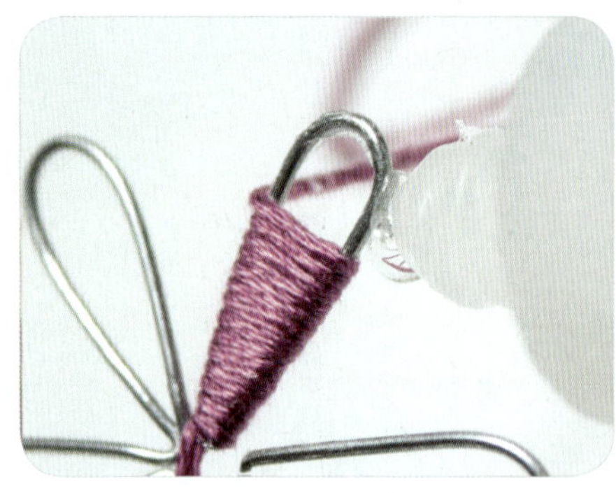

❷ 계속 본드칠해가며 꽃잎 반 정도 감아주면 그 다음부터는 와이어 옆쪽에 본드를 칠하면서 감아준다.

❸ 좁아지는 곳부터는 실이 미끄러지므로 한 번 감고 양 손톱 끝으로 내리고를 반복하며 끝까지 감아준다.

❹ 거의 다 감았을 때 다시 한 번 와이어에 본드칠을 해주고 실을 인위적으로 말아 붙여 커버한다.

❺ 사진처럼 옆쪽까지 완벽히 커버했으면

❻ 남은 실은 가위로 바짝 자르고 자른 부위에 본드를 깨알 반만큼 톡 칠해준 뒤

❼ 본드기 없는 깨끗한 손으로 앞뒤로 3초 정도 눌러주고

❽ 다시 본드기 없는 깨끗한 손으로 꽃잎 양옆으로도 톡톡 눌러주면 코팅이 된다.

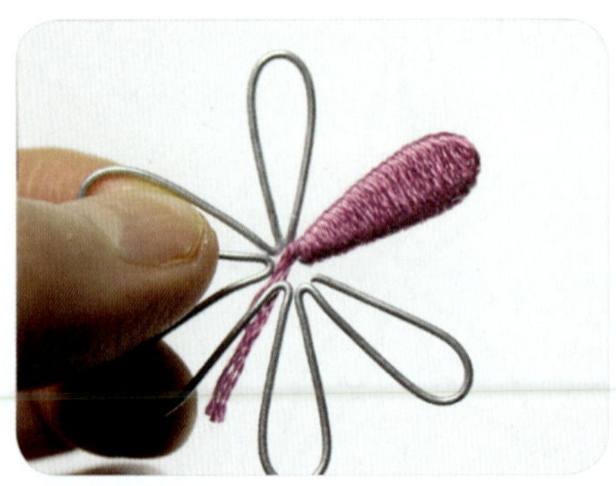

❾ 이런 과정으로 남은 꽃잎 하나하나를 감아나가면 된다.

 ## 골뱅이 감기

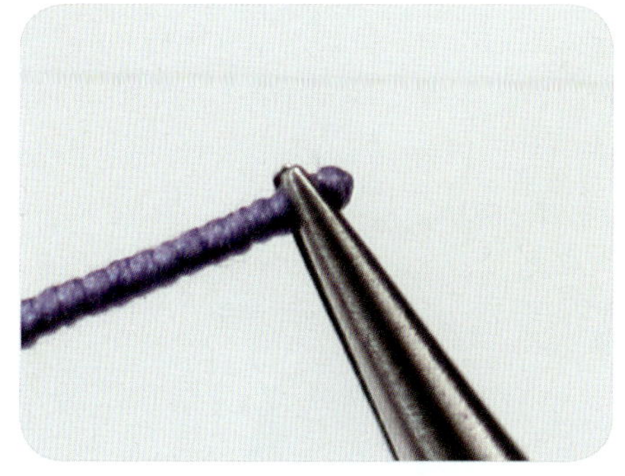

❶ 롱로즈 거의 앞쪽을 이용하고 롱로즈 바깥쪽으로 실감은 와이어가 1mm 정도 튀어나오게 잡아준다.

❷ 1번 상태로 양 손목을 최대한 작게 각각 바깥방향으로 돌려주어 와이어가 U자형으로 구부러지도록 한다.

❸ U자가 된 와이어를 틈이 생기지 않도록 다시 롱로즈로 지긋이 붙여준다.

❹ 다시 한 번 이번엔 사진처럼 롱로즈로 위아래로 지긋이 눌러준다. (이 높이가 길면 타원이 되기 때문)

❺ 그 다음부터는 손으로 조금씩 말아주는데

❻ 와이어 등에 의지하듯이 조금씩 당기면서 말아주어야 원이 일정하게 예쁘게 나온다.

❼ 골뱅이 시작점에서 25분 방향에서 니퍼로 잘라준다.

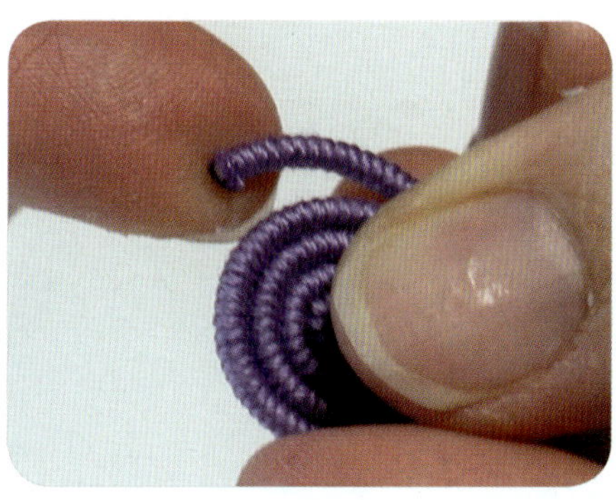

❽ 니퍼로 자른 곳은 와이어를 살짝 들어 본드로 코팅하고 다시 둥글게 말아 붙인다.

❾ 그럼 이렇게 예쁘고 동그란 골뱅이가 완성된다.

⑦ 이중 골뱅이 감기

❶ 원하는 크기만큼 골뱅이를 만들어 주고

❷ 원하는 크기에 해당되는 지점부터 살짝 위로 올려준다.

❸ 검지손가락에 의지하면서 아랫단 따라 위쪽으로 감아간다.

❹ 사진처럼 한 바퀴 돌고 2번의 올린 시작점에 오게 되면 멈춘다.

❺ 롱로즈를 이용해 둥글지 않은 부분을 조정해준다.

❻ 4번의 멈춘 지점에서 이번엔 안쪽으로 1cm 정도 들어와 감아준다.

❼ 끝에 뻗친 부분은 롱로즈를 이용해 자연스레 굴려

❽ 원 안으로 들어오게끔 자리를 잡아준다.

❾ 이러면 2단으로 쌓아올려진 이중 골뱅이가 완성.

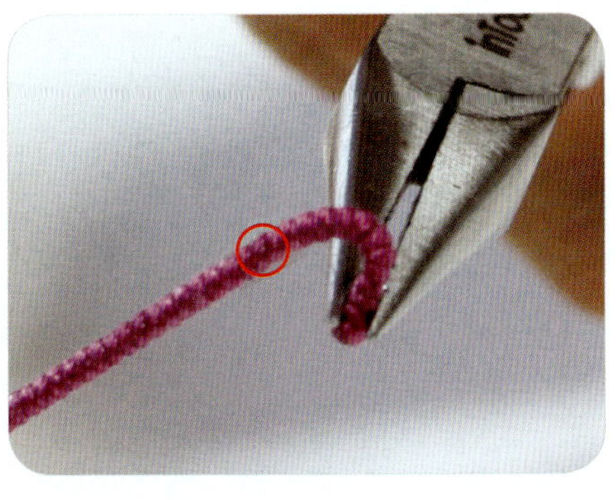

❶ 롱로즈 앞쪽을 이용해 롱로즈 바깥 쪽으로 원하는 레이스 길이의 반 정도만 나오게 잡아준다.

❷ 1번 상태로 양손목을 구부려 주고 다시 빨간 표시 쪽으로 공구를 옮겨 이번 엔 와이어 잡은 손을 위로 올린다.

❸ 이런 식으로 와이어가 단단하면 롱로즈로, 얇고 부드러우면 손으로 웨이브를 만들어 주되

❹ 주의해야 할 것은 간격과 길이가 일 정하도록 만들어야 한다.

 **핀대 붙이기**

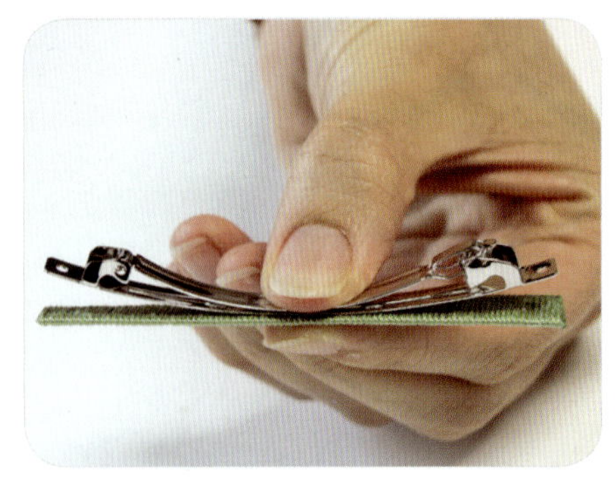 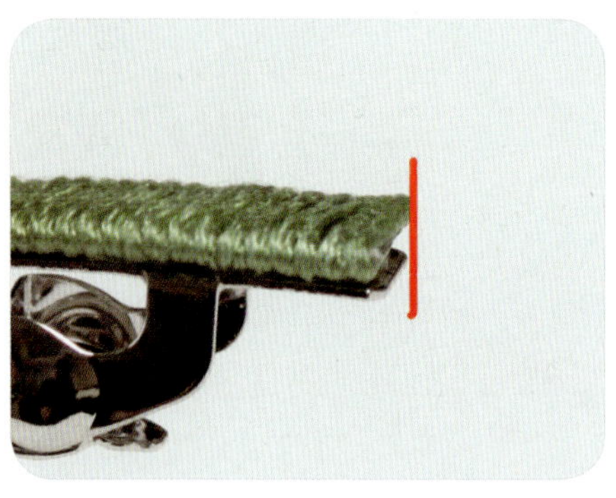 

❶ 핀대 바디는 핀대와 길이와 거의 맞도록 만들어야 튼튼하게 오래 쓸 수 있다.

❷ 핀대가 열리는 쪽부터 붙여야 하는데 핀대와 길이가 일정하도록 위치를 잡아준다.

❸ 작은 길이의 핀이든 긴 길이의 핀이든 사진처럼 반씩 나눠서 핀이 열리는 쪽부터 글루건으로 재빨리 붙이면 된다.

 **체인 연결하기**

❶ 고리를 체인에 걸어준다.

❷ 롱로즈를 이용해 사진과 같은 방향에서 꾹 눌러 벌어진 틈을 조여준다.

❸ 고리끼리 완전히 붙도록 꽉 조여주어야 체인이 빠지지 않는다.

 ## 고리 만들기

❶ 진주나 원석을 T침에 끼우고 0.7cm 만 남기고 니퍼로 잘라준다.

❷ T침이 9자말이 바깥쪽으로 0.1mm 튀어나오게 잡아주고

❸ 구자말이를 꾹 누른 채 손목을 둥글 려준다.

❹ 이번엔 빨간 동그라미 쪽으로 구자말 이를 옮겨서 화살표 방향으로 조금만 젖 혀준다.

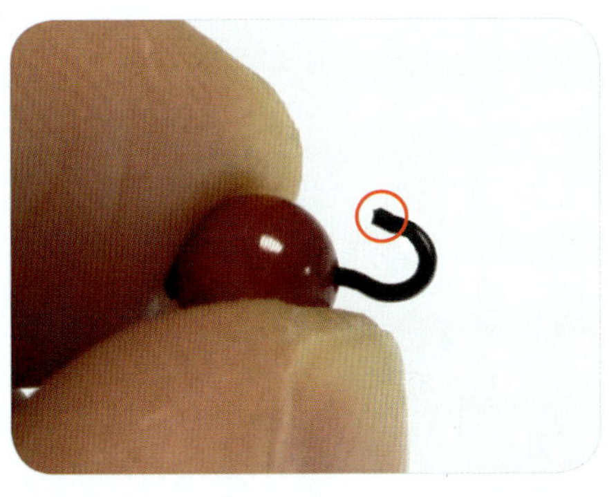

❺ 마지막으로 빨간 표시 부분에 9자말 이를 놓고 안쪽으로 조금만 구부려주어

❻ 사진처럼 물음표 모양이 되도록 만들 어준다.

 **O링 연결하기**

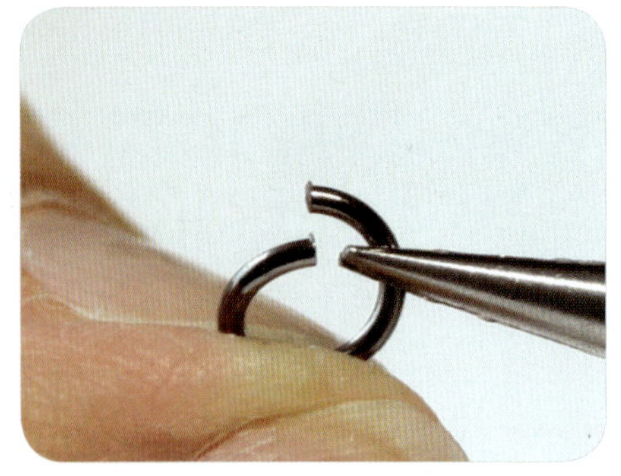

❶ O링을 롱로즈와 손을 이용해 벌려
준다. 너무 많이 벌리면 모아줄 때 힘들
다.

❷ 체인에 걸어 놓고

❸ 롱로즈와 손으로 벌렸던 부분을 다
시 제자리에 놓고선 사진처럼 양쪽으로
도 지긋이 눌러 벌어진 틈을 없애준다.

 **T침 고리 만들기**

❶ 원석이나 진주를 T침에 넣고 크기에
상관없이 무조건 양쪽으로 0.7cm 여분
을 남기고 니퍼로 자른다.

❷ 앞쪽에 고리 만들기 기법과 동일하게
9자말이를 이용해 한쪽의 고리를 만들
어준다.

❸ 반대쪽은 아래쪽 고리와 서로 반대
방향이 되도록 앞쪽에 고리 만들기 기법
과 동일하게 만들어준다.

 ## 실 원하는 가닥으로 나누기

십자수 실은 6가닥이 꼬아져 있다. 릴공예에서는 6가닥 그대로 사용할 때보다는 3~4가닥으로 감을 때가 많다. 그때는 실을 뽑아내지 말고 감고자 하는 길이로 실을 자른 후에 3가닥으로 감아야 한다면 그 자른 실의 중앙쯤에서 정확히 3:3으로 나눈 뒤 사진처럼 양쪽으로 벌려 나눠 주어야 한다. 그렇지 않고 뽑아내면 실이 다 꼬인다. 나눈 실은 다시 툭툭 털어 서로 꼬이도록 해준 뒤 사용하면 된다.

 ## 실 코팅하기

동물이나 인형 눈에 쓰기 위해 실을 단단하게 코팅을 하는데, 실을 10cm로 자른 뒤 일단 본드를 못 쓰는 비닐 위에 완두콩만큼 짠다. 오른손 엄지와 검지손가락으로 짜낸 본드를 거의 다 잡아서 최대한 면사에 본드가 많이 묻도록 세 번 쭉쭉 재빨리 문지른다. 다시 왼손으로 본드기 없는 곳만 골라 세 번 힘 있게 쫙쫙 문질러주고 가만히 2분 정도 놓아두면 굳는다. 면사가 빳빳해야 코팅이 제대로 된 것이다.

1 브리올렛 쉐이프(Briolette Shape) - 물방울형 꽃모양

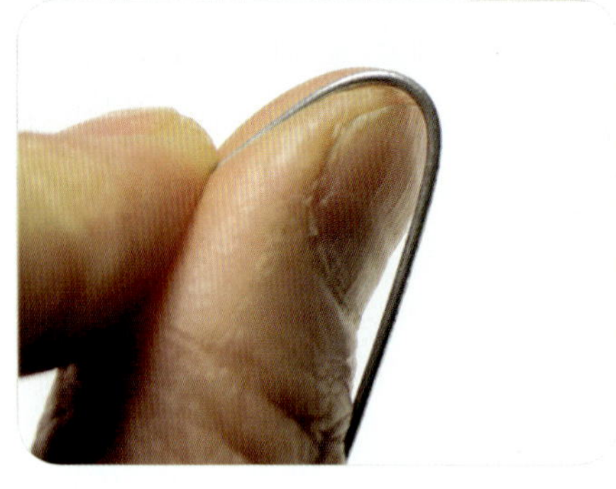

❶ 와이어를 엄지손가락을 이용해 원하는 길이로 구부려준다.

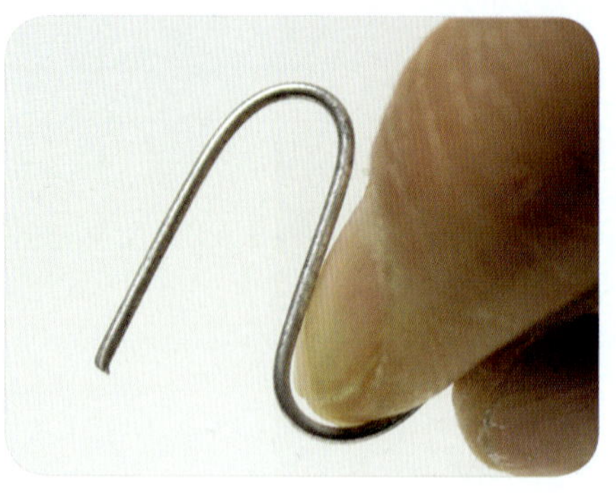

❷ 다시 검지손가락을 이용해 1번의 반대로 구부려준다.

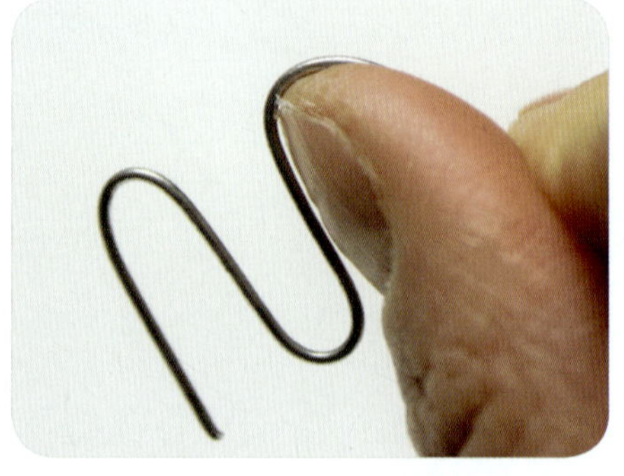

❸ 다시 엄지손가락을 이용해 2번의 반대로 구부려준다.

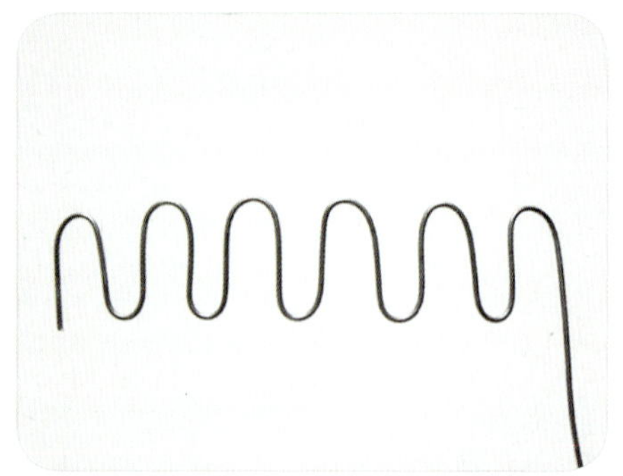

❹ 이런 식으로 길이와 폭이 일정하게 되도록 레이스를 만들어준다.

❺ 와이어가 남으면 길이에 맞도록 니퍼로 잘라준다.

❻ 레이스의 이어진 부분을 롱로즈로 지긋이 눌러준다.

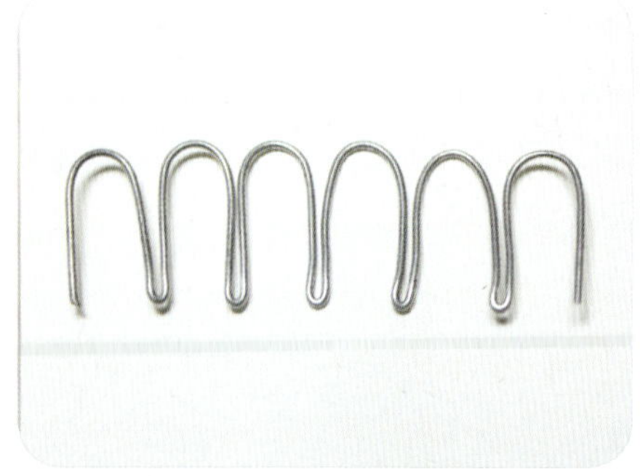

❼ 나머지도 같은 방법으로 눌러준다.

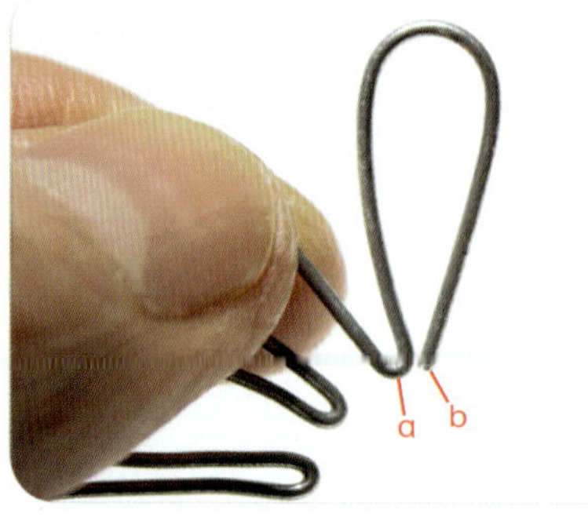

❽ 아래쪽 연결된 부분의 a와 b부분이 같은 지점에 만나도록 붙여준다.

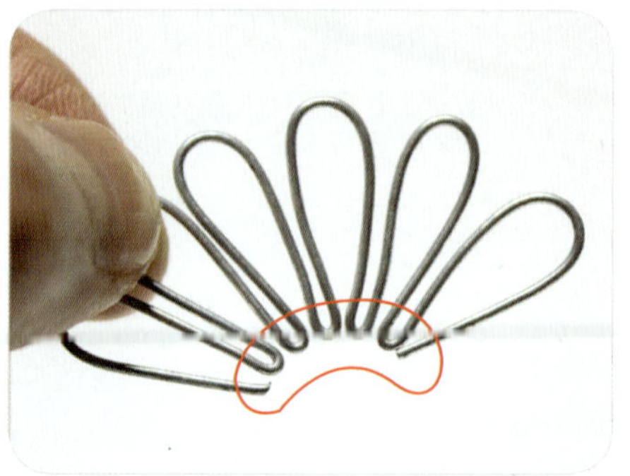

❾ 이렇게 모두 아래쪽 길이가 일정하게 맞도록 모두 붙여준다.

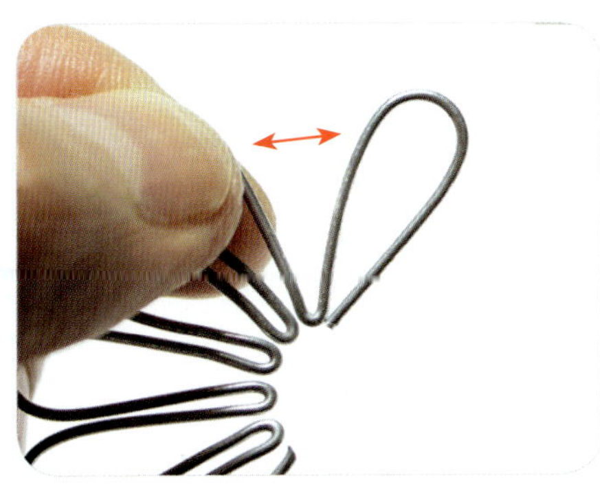

❿ 꽃잎과 꽃잎의 간격을 손으로 지긋이 벌려준다.

⓫ 롱로즈를 이용해 위쪽 부분을 지긋이 좁혀주어 너무 넓은 꽃잎이 되지 않도록 해준다.

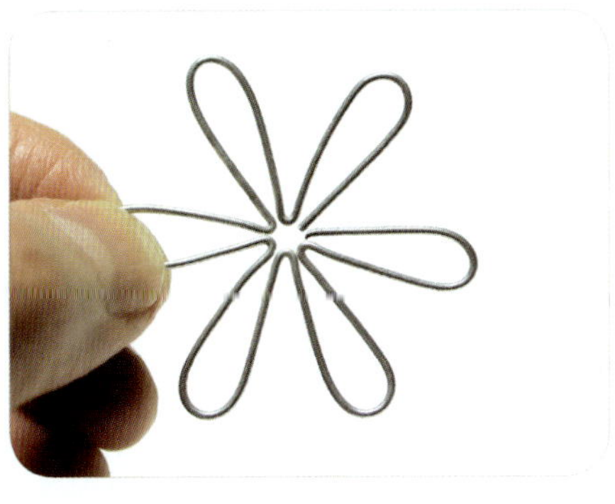

⓬ 나머지 꽃잎도 롱로즈로 위쪽을 살짝 좁혀주며 간격을 벌려주면 완성.

 마키즈 쉐이프(Marquise Shape) – 끝이 뾰족한 꽃 모양

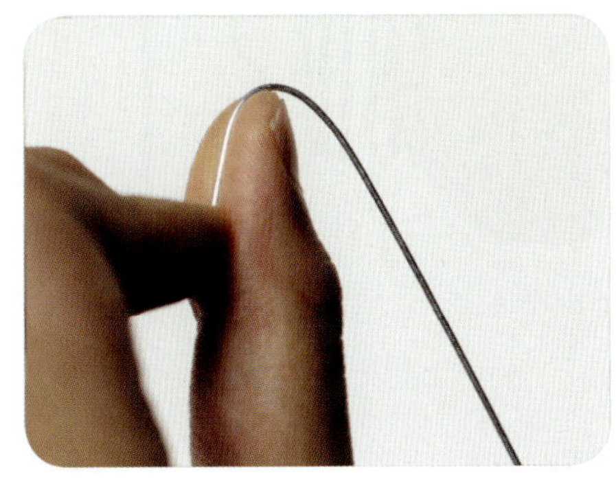

❶ 와이어를 엄지손가락을 이용해 원하는 길이로 구부려준다.

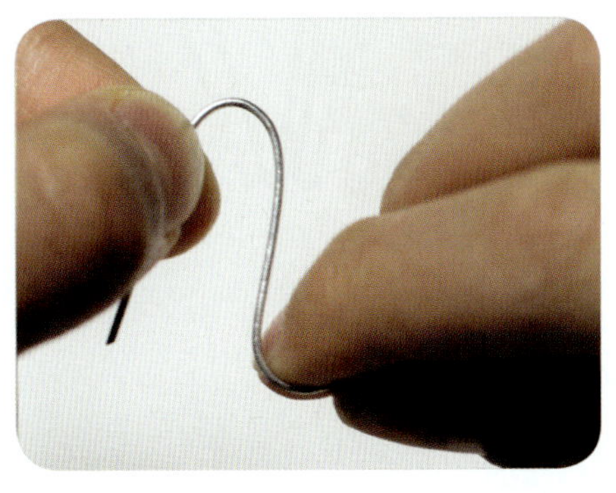

❷ 다시 검지손가락을 이용해 1번의 반대로 구부려준다.

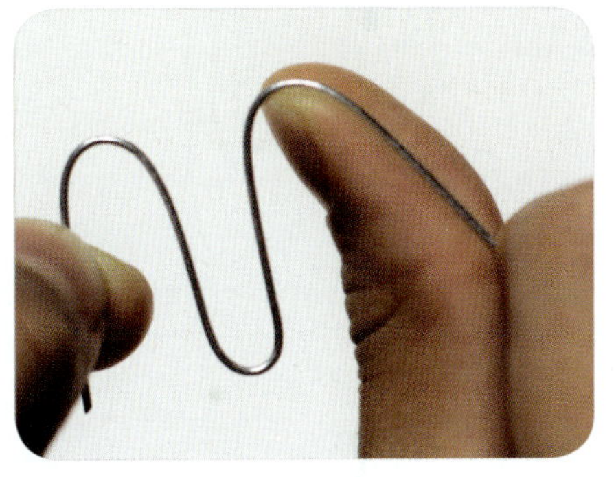

❸ 다시 엄지손가락을 이용해 2번의 반대로 구부려준다.

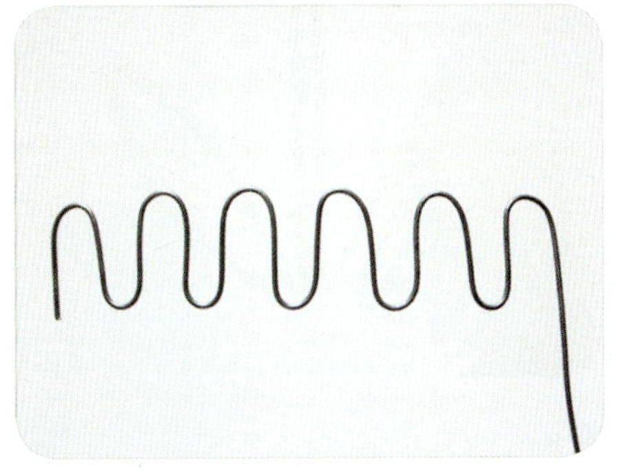

❹ 이런 식으로 길이와 폭이 일정하게 되도록 레이스를 만들어준다.

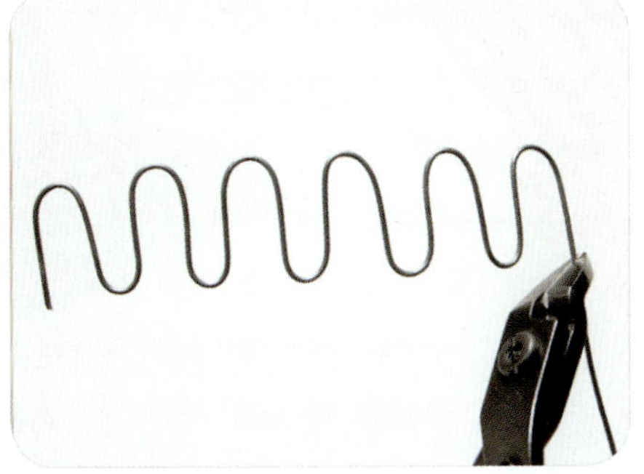

❺ 와이어가 남으면 길이에 맞도록 니퍼로 잘라준다.

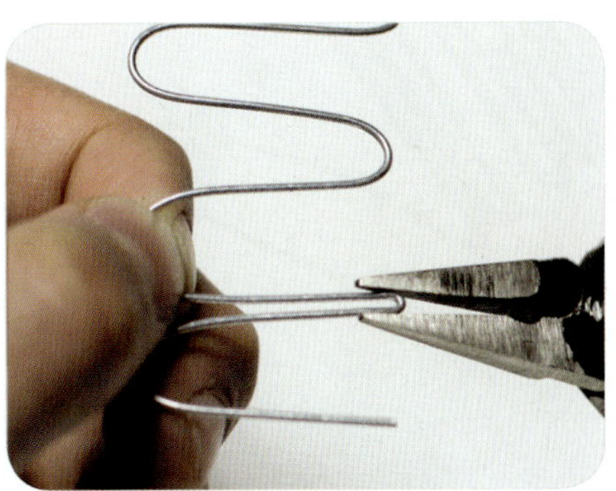

❻ 레이스의 이어진 부분을 롱로즈로 지긋이 눌러준다.

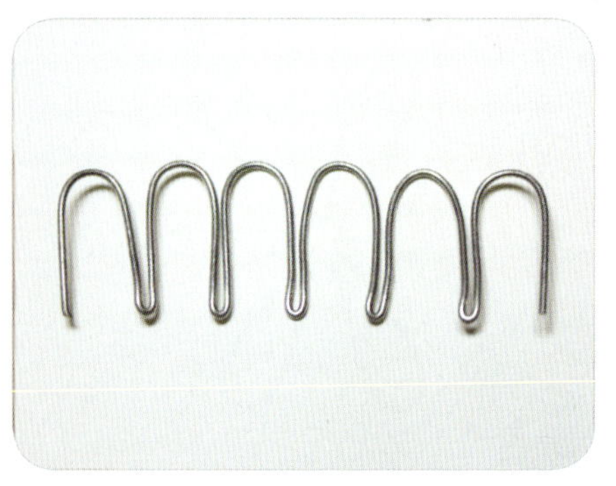

❼ 나머지도 같은 방법으로 눌러준다.

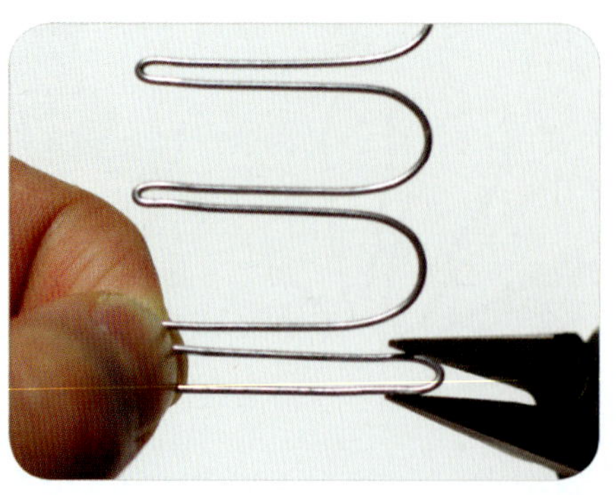

❽ 이번엔 레이스 윗부분을 롱로즈로 지긋이 눌러 좁혀주되

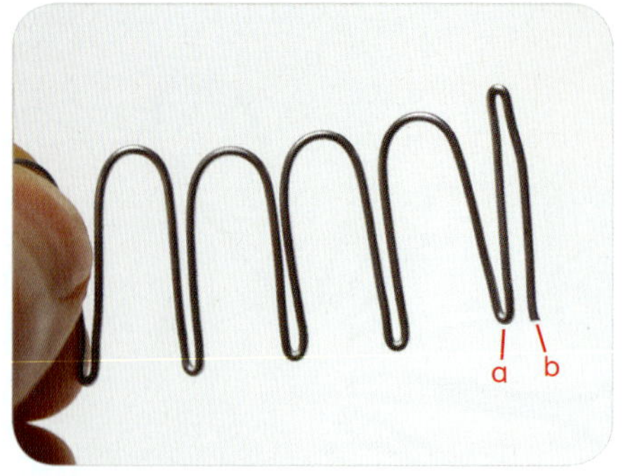

❾ a와 b의 길이가 같도록 조절해 가며 좁혀 주어야 한다.

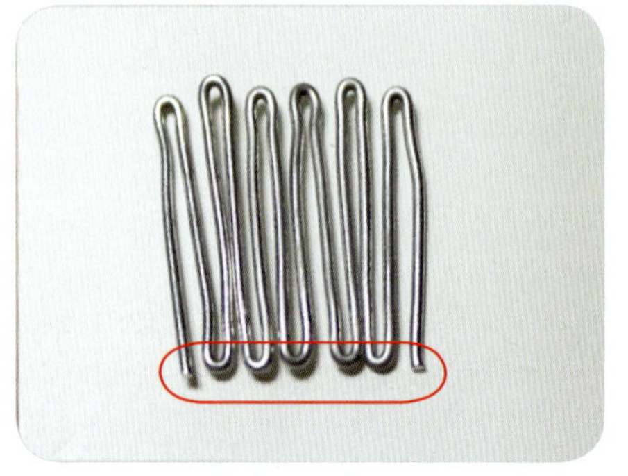

❿ 이렇게 아래 길이가 일정하게 되도록 모두 좁혀준다.

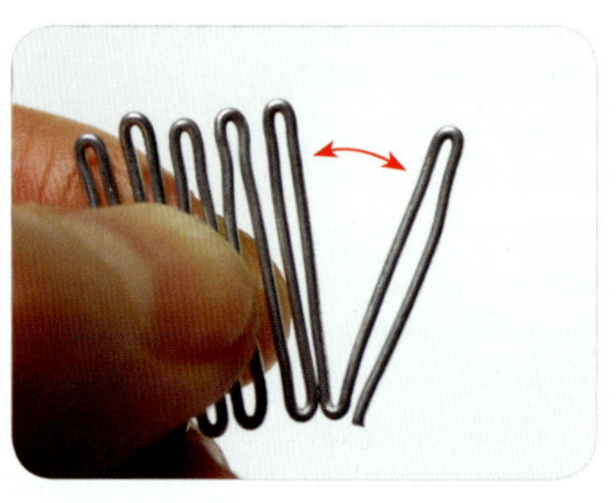

⓫ 꽃잎 하나를 손으로 지긋이 벌려준다.

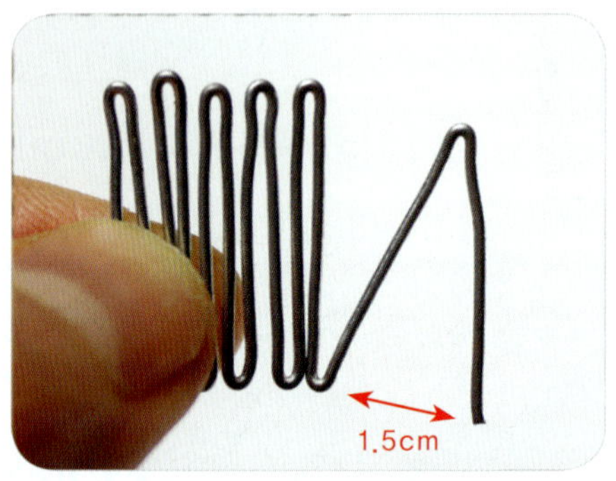

⓬ 아래 폭이 1.5cm가 되도록 지긋이 벌려준다.

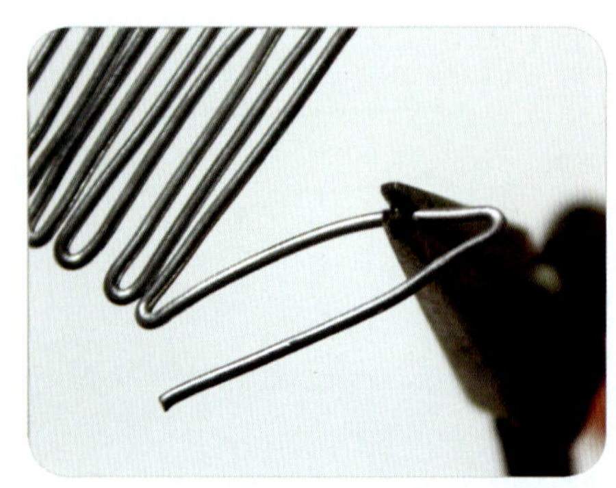

⓭ 롱로즈를 이용해 두 번째 와이어 윗부분을 지긋이 구부려준다.

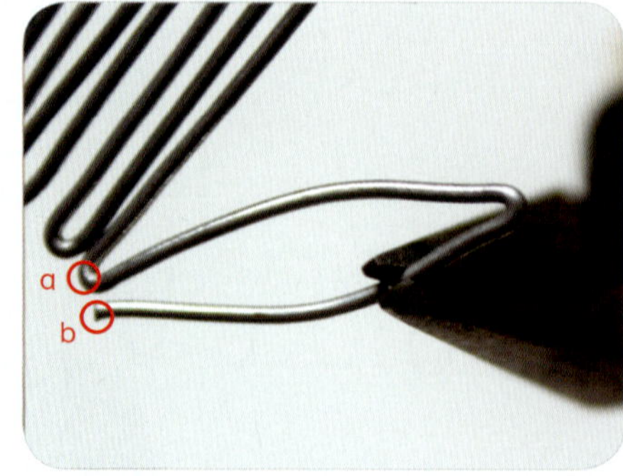

⓮ 이번엔 첫 번째 와이어 윗부분을 지긋이 구부려 a와 b가 서로 같은 위치에 만나도록 해준다.

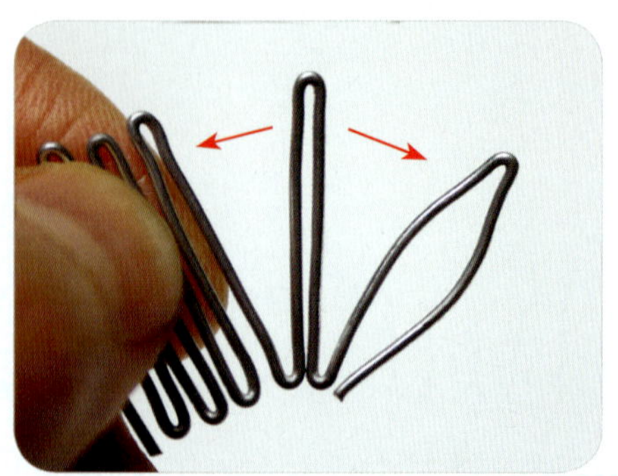

⓯ 두 번째 꽃잎도 양쪽 간격을 벌려준다.

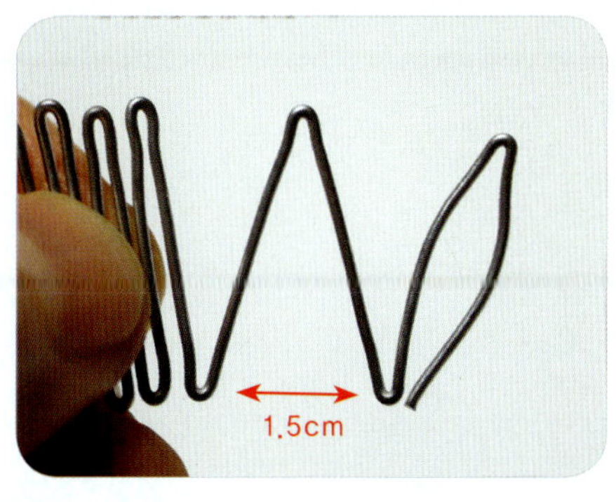

❶❻ 아래 폭이 1.5cm가 되도록 지긋이 벌려준다.

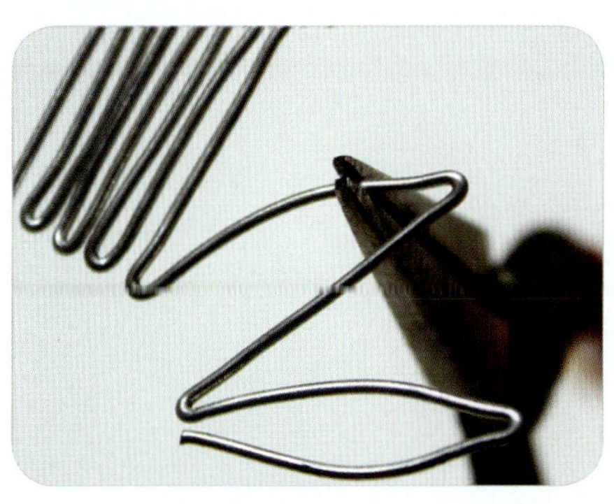

❶❼ 롱로즈를 이용해 네 번째 와이어 윗부분을 지긋이 구부려준다.

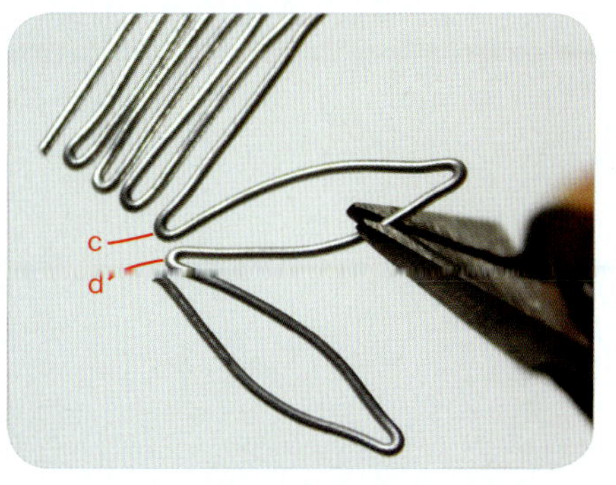

❶❽ 이번엔 세 번째 와이어 윗부분을 지긋이 구부려 c와 b가 서로 같은 위치에 만나도록 해준다.

❶❾ 앞과 같은 방법으로 나머지 꽃잎도 완성해주고 마지막 잎은 사진처럼 아래쪽을 살짝 구부려준다.

❷⓿ 19번 옆쪽의 와이어도 마저 구부려준다.

❷❶ 가운데 부분이 거의 원에 가깝게 연결부분을 모두 붙도록 조정해 주면 완성이다.

Chapter 2

릴공예 고급
만들기

1 샹들리에 귀걸이

파티에서 화려하게 돋보이고 싶을 때 나를 더 멋지게 연출해 줄 귀걸이예요. 샹들리에 스타일이지만 가벼워서 착용감도 좋답니다.

- 200mic pvc 10X10cm
- 백금 귀걸이 침, T침 14개
- O링 18개
- 백금체인 약 40cm
- 4mm짜리 염색석 빨간색 10개, 초록색 2개
- 3mm 길이의 막대비즈 4개
- 앵커면사 304번 30cm, 256번 15cm, 268번 15cm
- 디엠씨면사 728번 30cm, 166번 45cm

OW TO MAKE

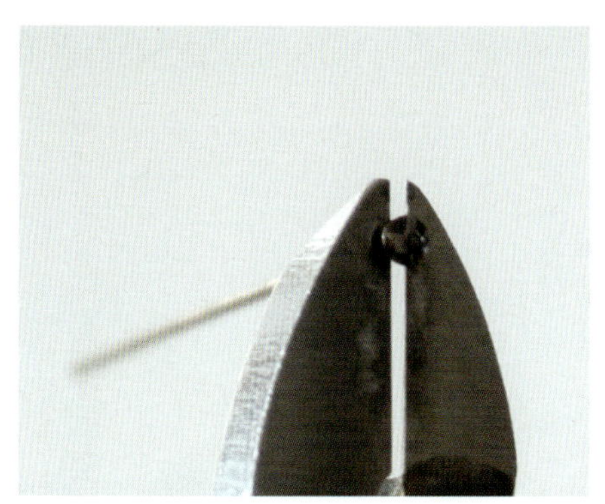

01 3cm 길이의 T침의 머리부분을 바짝 잘라내고

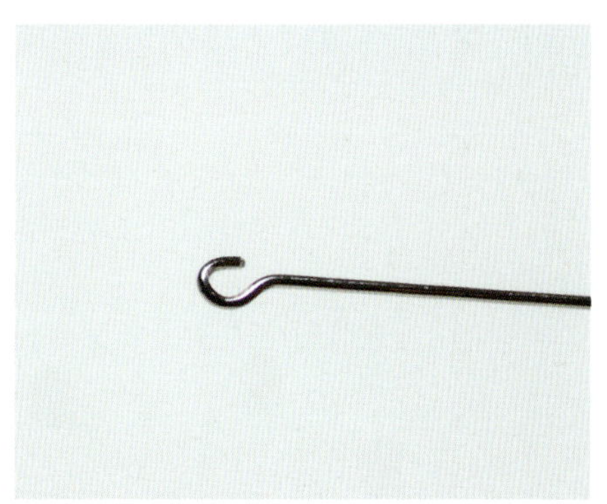

02 구자말이를 이용해 최대한 작게 고리를 만든 후

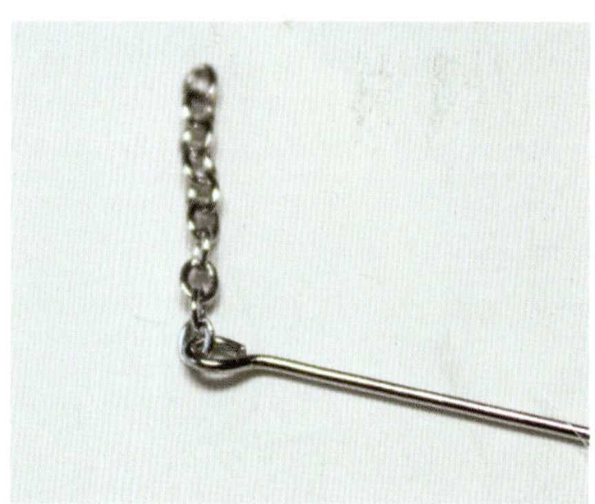

03 1.3cm 길이의 체인을 걸고 오므려 준다.

04 체인을 각각 2.5cm, 3.5cm, 4.5cm, 3.5cm, 2.5cm로 잘라 놓는다.

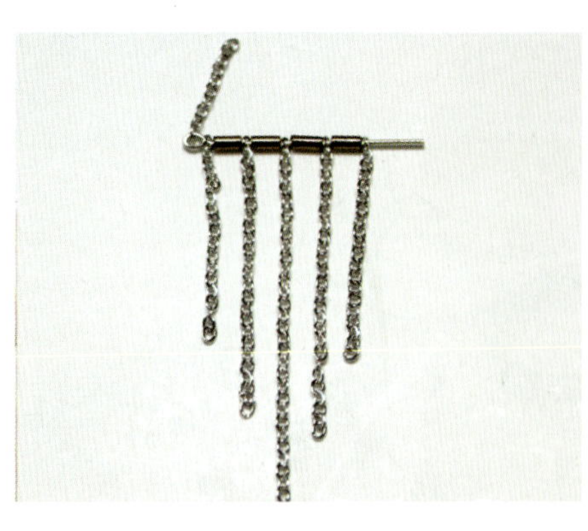

05 3번 T침에 2.5cm 체인-막대비즈-3.5cm 체인-막대비즈-4.5cm 체인-막대비즈-3.5cm 체인-막대비즈-2.5cm 체인순으로 끼워준다.

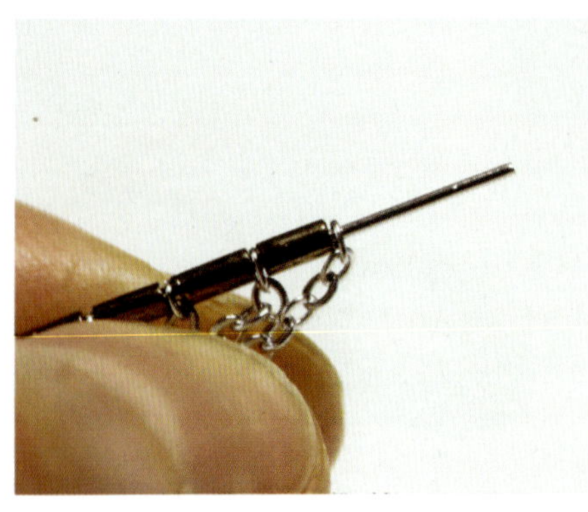

06 5번에 끼고 남은 T침을 구자말이로 마저 구부려준다.

07 이렇게

08 다시 백금체인 1.3cm를 구부려 놓은 곳에 걸고 오므려준다.

09 1.3cm짜리 두 체인을 귀걸이 침에 연결해준다.

10 이렇게 완성해 놓고

11 T침을 이용해 준비된 원석들을 모두 끼워 구자말이를 이용해 고리를 만들어준다.

12 초록원석은 1.3cm 체인 사이 귀걸이 침에 바로 걸어주고

13 귀걸이 침에 단 각각의 체인에 빨간 원석을 달아준다.

14 이렇게

15 책본을 대고 오린 잎사귀 중 가장 큰 것을 골라 앵커면사 268번 15cm 3가닥으로 중앙감기한다.

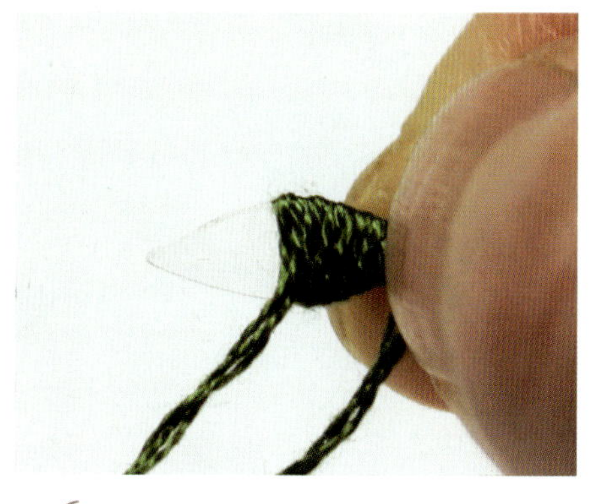

16 잎사귀의 폭이 좁아질수록 실감기가 힘드니 손으로 잘 고정하면서 끝까지 완벽히 커버한다.

17 잎 위쪽에서 남은 실은 가위로 바짝 자르고

18 가위질한 곳에 본드를 깨알만큼 톡 칠해서 코팅해준다.

19 반대쪽도 마저 감고 여분의 실을 가위로 잘라낸 뒤

20 마찬가지로 코팅해준다.

21 이런 식으로 사진처럼 노란색 두 개, 주황색 두 개, 연한 초록색 한 개, 연두색 세 개를 감는다.

22 사진과 같이 같은 색끼리 체인에 배열하면 되는데

23 송곳으로 구멍을 확실히 뚫어주고

24 O링을 걸어준다.

25 나머지도 마찬가지로 모두 O링을 걸어준다.

26 22번 배열처럼 가운데 긴 체인 윗부분에 제일 진한 초록색 잎을 달아주고

27 그 밑에는 연한 초록색과 연두색 순으로 달아준다.

28 가운데 체인에 걸린 잎사귀의 사이사이에 오도록 주황색과 노란색 잎을 걸어준다.

29 반대쪽도 똑같이 걸어준다.

30 이번엔 제일 가장자리에 있는 짧은 체인 위쪽에 연두색 잎을 하나씩 걸어준다.

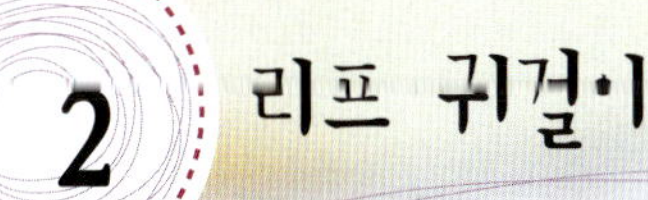

2 리프 귀걸이

미니 릴들이 화이트 터키석과 만나 참처럼 달랑거리는
캐주얼하면서도 세련된 디자인의 귀걸이예요.
원하는 여러 색상으로 만들어 보세요. 색다른 재미가
있습니다.

230pvc 2.5X1cm 2개

26호 플라워와이어 5cm 12개

백금 귀걸이 침 한 쌍

T침 12개

백금 O링 2개

백금체인 20cm 2개

화이트 터키석 3mm짜리 12개

스와로브스키 핫픽스 ss6 라이트 사파이어
12개

앵커면사 1045번 35cm, 1046번 35cm,
1014번 35cm, 975번 35cm, 956번 35cm,
874번 35cm, 130번 60cm 2개

디엠씨면사 155번 35cm

01 26호 와이어 5cm를 면사 975번 35cm 3가닥으로 중앙감기한다.

02 양쪽 모두 코팅해 주고 완성된 와이어는 곧게 펴준다.

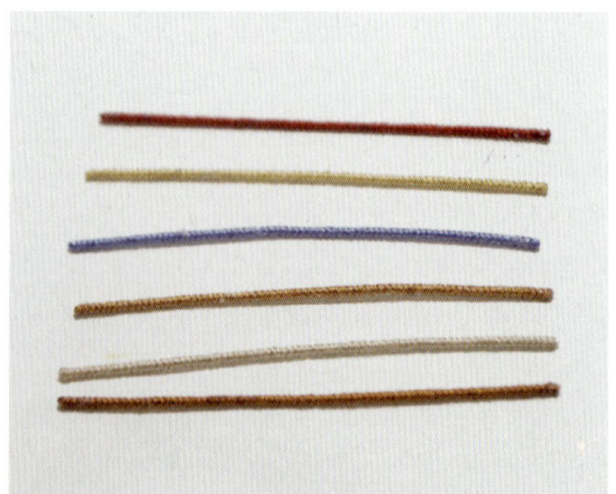

03 나머지 와이어도 완성한다.

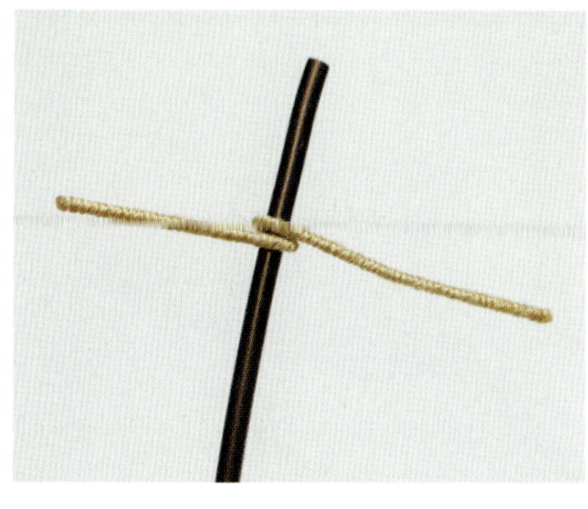

04 완성된 3번 와이어 중앙을 2mm 와이어에 대고 감아준다.

05 위쪽 와이어를 끝까지 다 감고

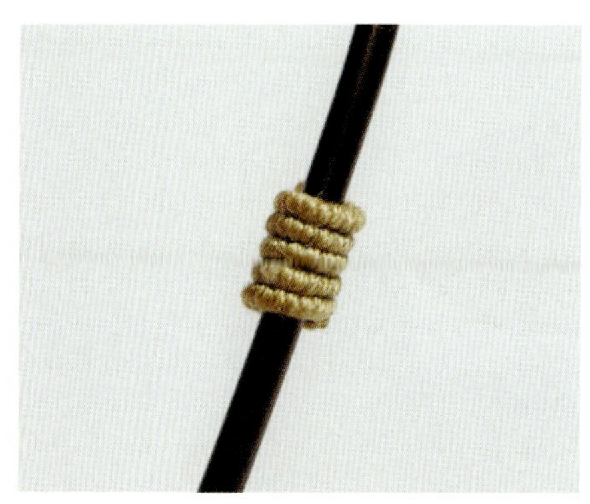

06 아래쪽 와이어도 마저 감는다.

07 나머지 와이어도 참 모양을 만들어준다.

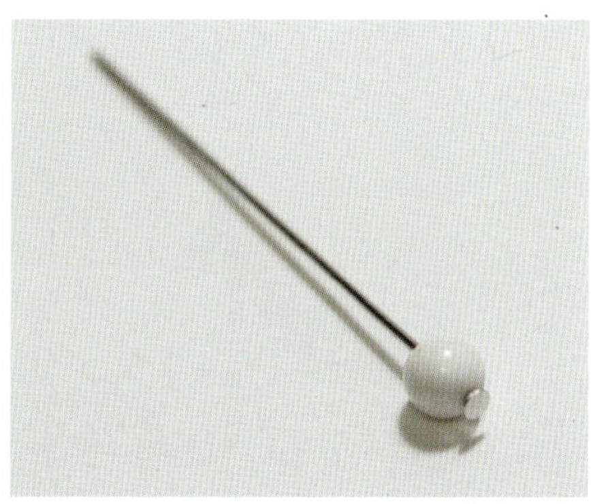

08 화이트 터키석을 T침에 끼운다.

09 참을 끼우고 릴 밖으로 5mm를 남기고 자른다.

10 롱로즈로 고리 모양을 만들어준다.

11 나머지 참도 8~10번 과정대로 만들어 놓는다.

12 책본대로 오린 바디에 앵커면사 130번 60cm 4가닥으로 중앙감기한다.

13 폭이 좁아질수록 실 간격이 벌어질 수 있는데 이럴 땐 손톱을 이용해 내려주면서 감아준다.

14 가운데 틈이 생기면 핀셋으로 밀어가며 붙여준다.

15 바디가 보이지 않을 때까지 감아주고

16 뒤쪽에서 남은 실은 가위로 바짝 잘라낸다.

17 잘라낸 부위에 본드를 톡 칠하고

18 손으로 3초 정도 앞뒤로 눌러 주고 양옆으로도 눌러 주어 뾰족한 모양이 살도록 코팅한다.

19 반대쪽 바디도 마저 감고

20 똑같이 코팅하고 완성한다.

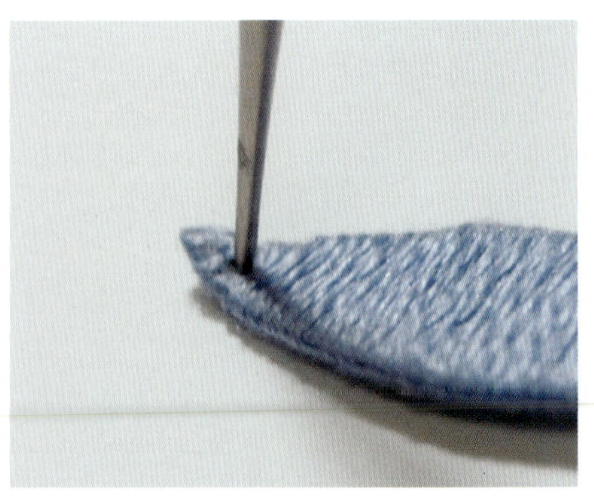

21 송곳을 이용해 잎 위쪽에서 1.5mm 떨어진 곳에 O링이 들어갈 구멍을 만들고

22 O링을 끼운다.

23 잎 앞뒤로 ss6 라이트 사파이어 핫 픽스를 사진처럼 붙여준다.

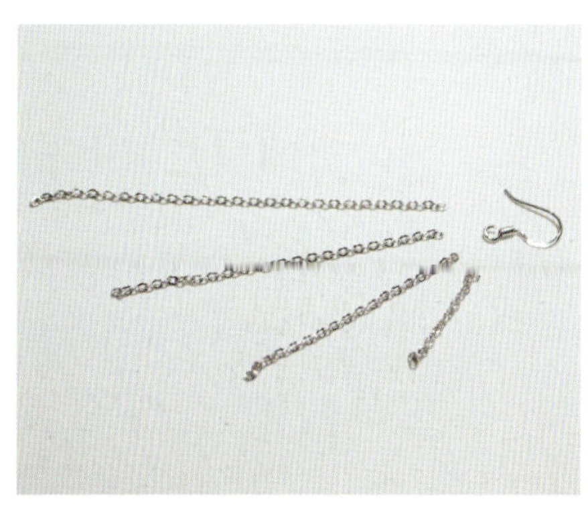

24 귀걸이침에 2.5cm, 4.5cm, 5.5cm, 6.5cm 체인을 끼운다.

25 완성

26 2.5cm 체인에 참을 하나 끼운다.

27 4.5cm 체인에 참 두 개를 끼운다.

28 5.5cm 체인에 참과 잎을 끼운다.

29 6.5cm 체인에 참 두 개를 끼우면

30 완성

3 웨이브 나뭇잎 귀걸이

독특한 디자인의 나뭇잎 귀걸이예요. 알루미늄 판이 바디에 쓰이기 때문에 원하는 모양을
만들어 낼 수 있답니다. 신주 부자재로 인해 빈티지한 멋스러움까지 느낄 수 있어요. 가
볍게 착용하기 좋습니다.

알루미늄 판 9X5cm

신주 링 귀걸이 침 약 2~3cm짜리

신주 체인 13cm

앵커면사 170번 3M, 945번 2M

스와로브스키 핫픽스 ss6 존킬 48개

메탈 핫픽스 1.5mm짜리 신주색

취향에 따라 8mm 정도의 원석 2개

OW TO MAKE

01 pvc 바디 아무것에 책본을 따라 나뭇잎 A를 그려 오린 후 알루미늄 판에 대고 송곳으로 윤곽을 따라 그리고 앵커 170번 150cm 4가닥으로 중앙감기한다.

02 점점 좁아지는 곳은 잘 감기지 않거나 실 간격이 벌어질 수 있으니 바로바로 양 손톱 끝으로 내려주며 촘촘히 감는다. 본드가 가장자리에 잘 칠해져야 한다.

03 두 번 정도 감을 만큼 남았을 때 다시 한 번 앞뒤로 본드칠하고 감아준 뒤

04 남은 실을 자르기 전 알루미늄 판의 아주 뾰족한 부분만 가위로 살짝 잘라낸다.

05 이제 남은 실을 가위로 바짝 잘라주고

06 자른 곳에 본드를 칠해서 코팅해준다.

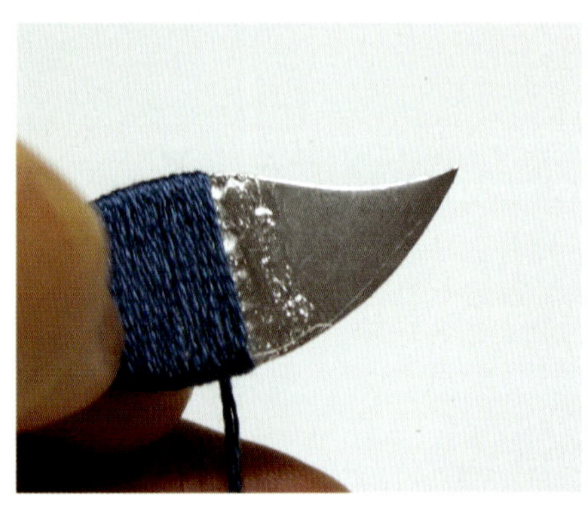

07 반대쪽 알루미늄 판에도 앞뒤에 본드를 얇게 칠해가며 촘촘히 감는다.

08 마찬가지로 모양이 좁아질수록 실 간격이 벌어지니 한 번 감고 손톱으로 내려주고를 반복하며 끝까지 촘촘히 감는다.

09 앞뒤 두 번 정도 감을 만큼 남았을 때 앞뒤로 다시 한 번 본드칠하고 마저 감은 뒤

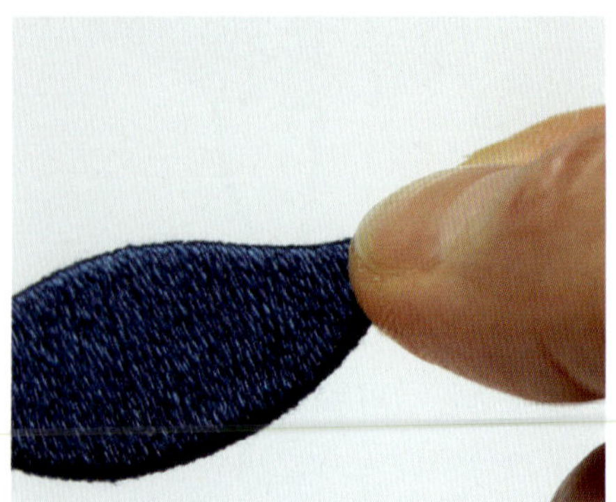

10 역시 알루미늄 판의 뾰족한 부분을 가위로 살짝 잘리낸 뒤

11 가위로 남은 실을 바짝 잘라내고

12 가위질한 곳에 본드를 깨알만큼 칠한 뒤 앞뒤로 3초 누르고

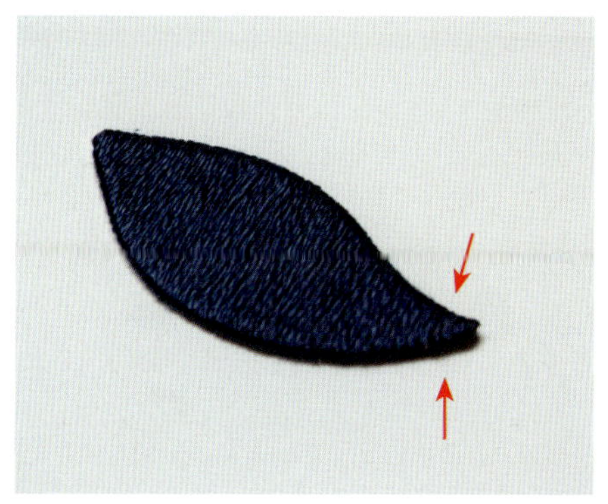

13 빨간 화살표 방향으로 3초 정도 눌러주어 뾰족한 모양이 살도록 해준다.

14 이번엔 1번과 같은 방법으로 B번 나뭇잎을 앵커 945번 1M 4가닥으로 중앙감기한다.

15 점점 좁아지는 곳부터는 한 번 감고 양 손톱으로 내리고를 반복하면서 감아준다.

16 거의 다 감고 사진처럼 알루미늄 판의 아주 뾰족한 부분을 가위로 살짝 잘라낸다.

17 남은 실도 바짝 잘라내고 본드를 톡 칠한 뒤

18 앞뒤로 지긋이 3초 정도 눌러주고

19 다시 양옆으로도 3초 정도 눌러주어 뾰족한 잎사귀 모양을 살려 코팅한다.

20 나머지 반대쪽도 촘촘히 감아주고

21 끝의 뾰족한 부분은 가위로 살짝 잘라낸다.

22 남은 실도 가위로 바짝 잘라내고

23 잘라낸 부분에 본드를 칠한 후

24 앞뒤로 3초 누르고 양옆으로도 3초 정도 눌러 주어 뾰족한 잎사귀 모양을 살려 코팅한다.

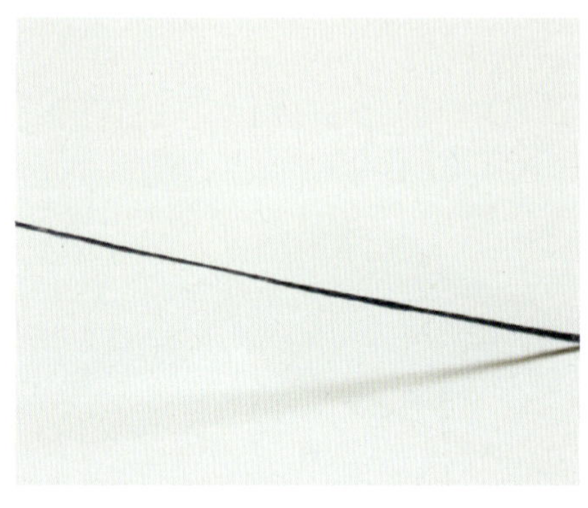

25 남은 2가닥의 170번 실을 18cm 정도 빳빳하게 코팅시켜 놓는다(기본기법 눈코팅하기 참고).

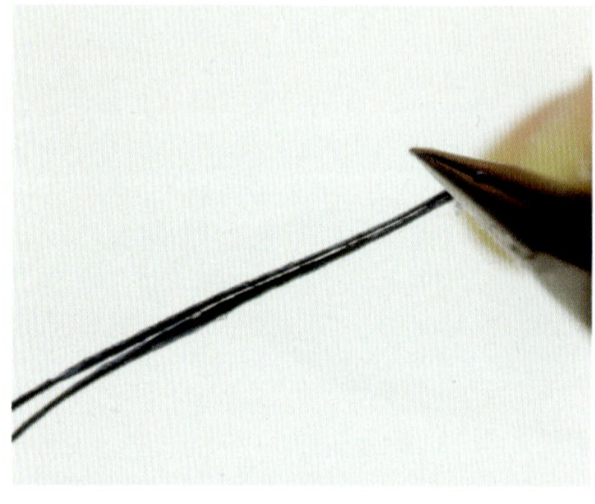

26 코팅해 놓은 실 8cm 정도를 잘라 핀셋을 이용해 반으로 꽉 접어준다.

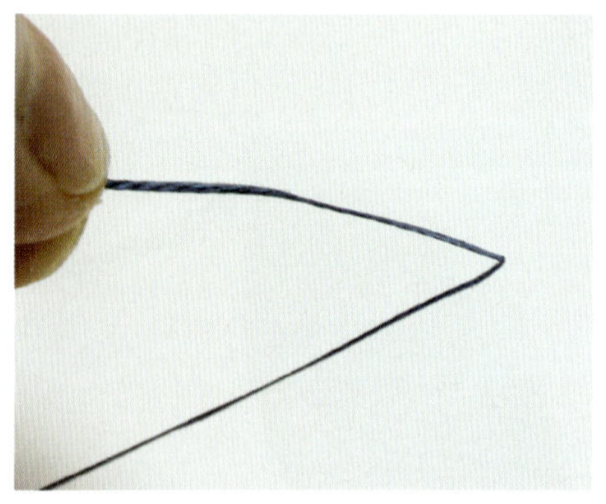

27 다시 살짝 벌려

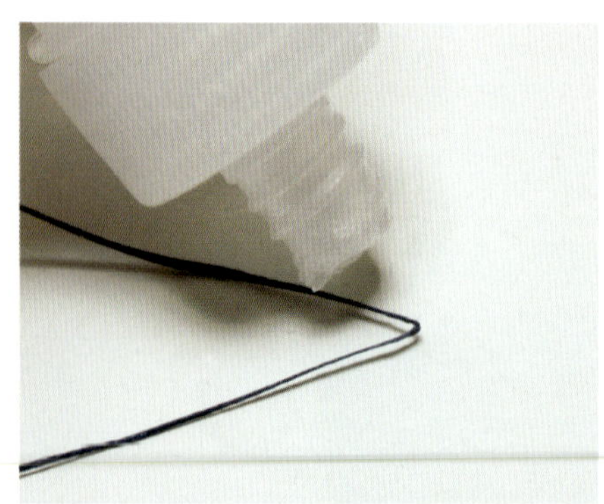

28 본드로 톡톡 찍듯이 골고루 얇게 재빨리 칠해준 뒤

29 사진처럼 B번 나뭇잎에 올려주고

30 핀셋으로 살살 모양을 잡아가며 붙여준다.

31 만약 라인 사이로 본드가 튀어나오면 즉시 핀셋으로 제거해준다.

32 마지막으로 한 번 더 핀셋 등으로 전체적으로 지긋이 눌러 완벽히 붙여준다.

33 가위로 남은 부분은 잘라낸다.

34 이렇게 완성시키고

35 이번엔 25번에 코팅해 놓은 실을 4cm 정도 잘라 가운데에 붙인다.

36 핀셋으로 눌러가며 살짝 웨이브를 주면서 붙여준다.

37 남은 실은 바짝 잘라내고

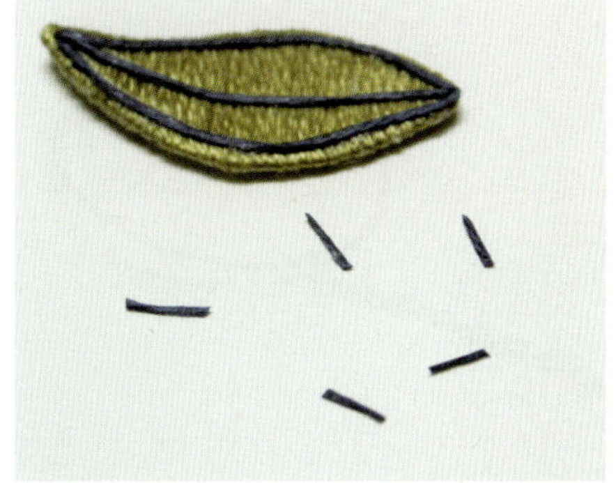

38 25번의 남은 실들을 잎사귀 간격에 맞도록 몇 개 잘라준다.

39 자른 실을 핀셋으로 잡고

40 사진처럼 잎맥 모양으로 붙여준다. 다시 170번 2가닥 남은 실을 18cm로 코팅하여 하나 더 만들어준다.

41 메탈 핫픽스 신주색을 사진처럼 잎맥 사이사이에 인두기로 붙여준다.

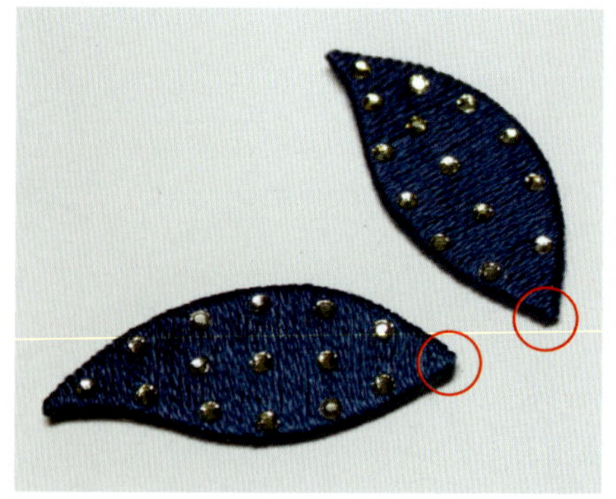

42 이번엔 파란색 A번 나뭇잎에 존킬 핫픽스를 사진처럼 앞뒤로 모두 붙여준다. 빨간 동그라미 부분은 붙이지 말고 남겨 둔다.

43 송곳으로 42번의 빨간 동그라미 부분을 지긋이 힘주면서 뚫어준다.

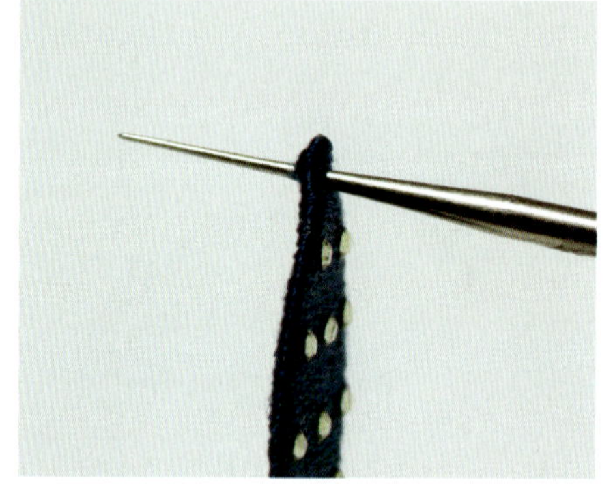

44 송곳이 통과되어 구멍이 확실히 보이도록 뚫어준다.

45 이번엔 B번 나뭇잎에 송곳으로 구멍을 내고

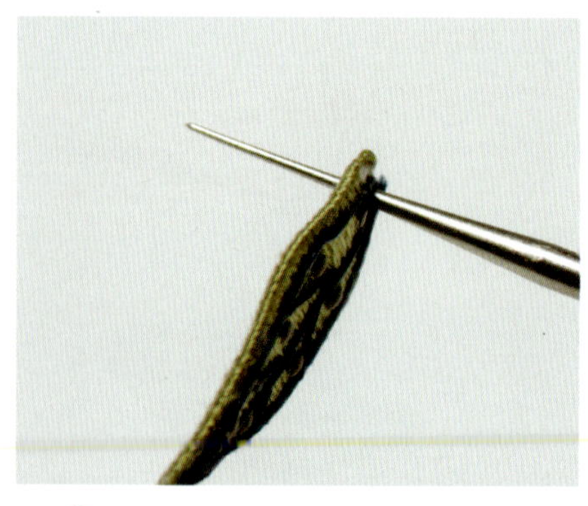

46 송곳이 통과되도록 확실히 구멍을 뚫어준다.

47 신주 귀걸이 침에 신주체인 6.5cm 정도를 통과시켜 걸어준다.

48 이번엔 A번 나뭇잎을 통과시켜 걸어주고

49 마지막으로 B번 나뭇잎을 통과시켜 걸어준다.

50 알루미늄 판이므로 원하는 대로 모양을 휘어준다.

51 완성. 취향에 따라 준비한 구슬 등을 체인에 연결해도 좋다.

 ONUS TIP

핑크 브라운 컬러

브라운 : 앵커 1050, ss6 라이트 아메띠스트
핑크 : 앵커 90, 메탈 핫픽스 1.5mm 신주색

민트 자주 컬러

자주 : 앵커 896, ss6 에리나이트
민트 : 앵커 1042, 메탈 핫픽스 1.5mm 신주색

4 노란 꽃 귀걸이

산뜻한 노란색의 꽃 귀걸이예요. 앤티크한 색상의 신주 체인과 각종 원석 장식이 함께 매
치되어 아기자기한 분위기를 느낄 수 있어요.

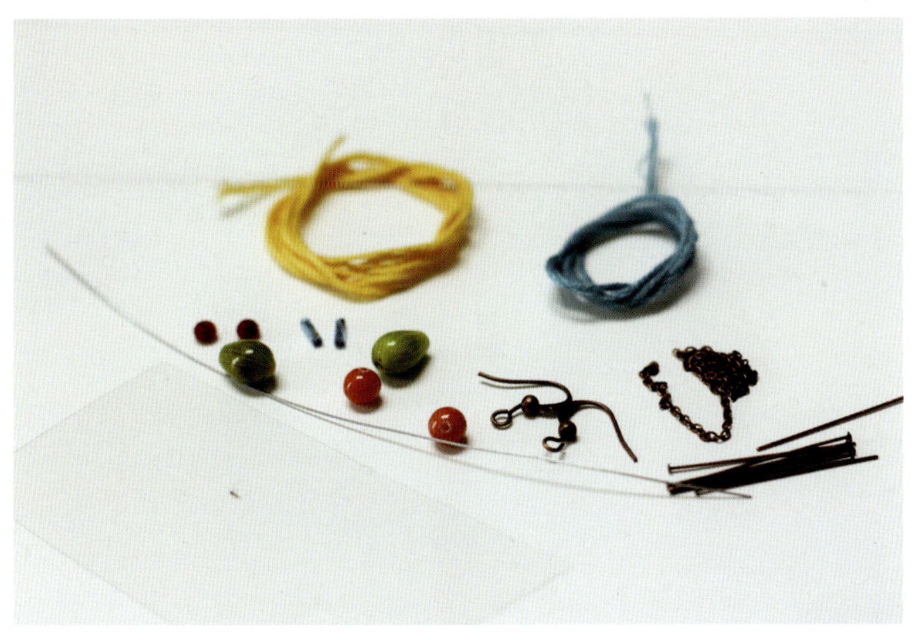

디엠씨 726번 240cm

앵커면사 168번 60cm

26호 플라워와이어 32cm

붉은색 신주 체인 18cm

붉은색 신주 귀걸이 침, 붉은색 신주 T침 8개

230pvc 7X3.5cm

연두색, 주황색, 빨간색 등 각종 비즈

하늘색 막대비즈

스와로브스키 ss6 카프리 블루 36개, ss6 토파즈 24개, ss6 라이트 토파즈 24개

01 책본을 따라 230pvc를 잘 오린 뒤 디엠씨 726번 40cm 4가닥 중 20cm를 남기고 중앙 부분부터 촘촘히 감아나간 다.

02 모양이 좁아질수록 양 손톱으로 실을 내려주며 촘촘히 모두 감아준 뒤

03 남은 실은 가위로 바짝 자르고

04 자른 부위에 본드를 톡 칠하고

05 앞뒤로 3초 정도 눌러준 뒤

06 다시 양옆으로도 눌러 모양을 만들며 코팅한다.

07 ·처음에 남긴 20cm 실로 바로 옆에 꽃잎을 똑같은 방법으로 감는다.

08 마찬가지로 모양이 좁아지는 곳부터는 양 손톱으로 내려가며 촘촘히 감아준다.

09 끝까지 다 감고

10 남은 실은 가위로 바짝 자른 뒤

11 본드를 톡 칠하고

12 앞뒤로 3초 정도 눌러준다.

13 양옆으로도 눌러 모양을 만들면서 코팅해준다.

14 다시 디엠씨 726번 4가닥을 40cm 로 잘라 앞과 같은 방법으로 두 개의 꽃 잎을 감아준다.

15 마무리 코팅도 잘 해주고

16 또 40cm 실을 반으로 나눠 두 개 의 꽃잎을 감아간다.

17 마무리 코팅까지 하고 사진처럼 완 성한다.

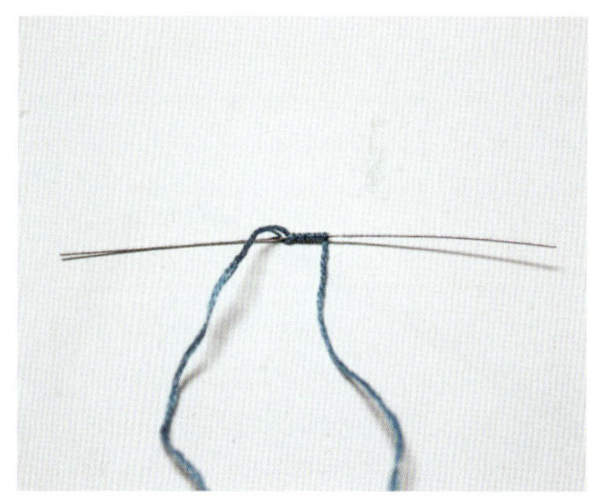

18 26호 와이어 8cm에 앵커 168번 30cm 3가닥으로 중앙감기한다.

19 다 감고 난 뒤

20 3초간 붙잡는다.

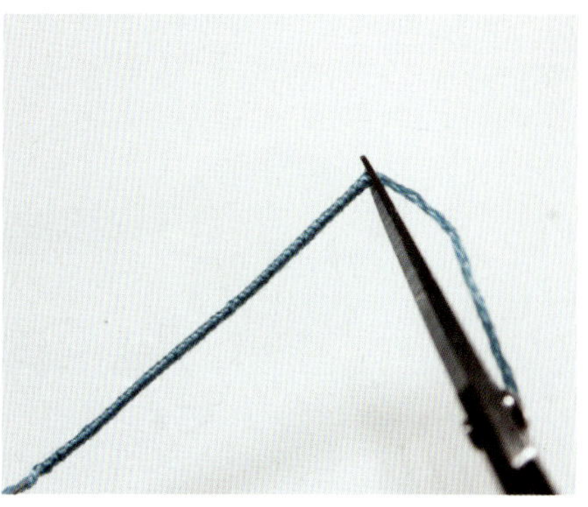

21 가위로 남은 실은 바짝 자르고

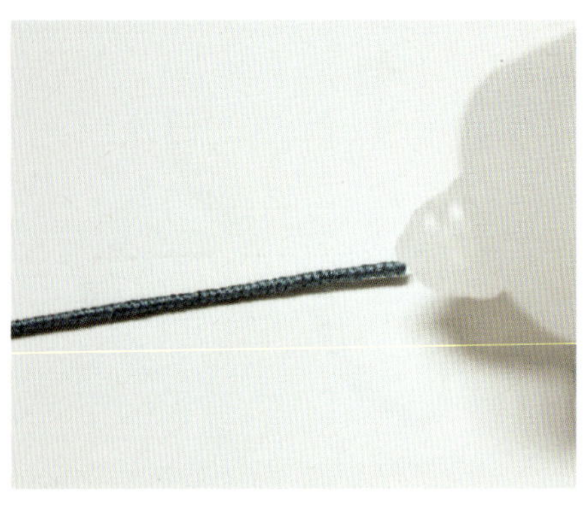

22 자른 부분에 본드를 톡 칠해주고

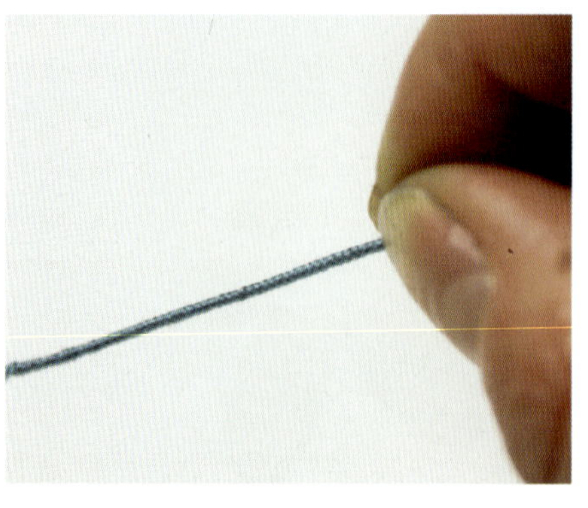

23 깨끗한 손으로 감은 방향으로 두 세 번 힘 있게 돌려 코팅한다.

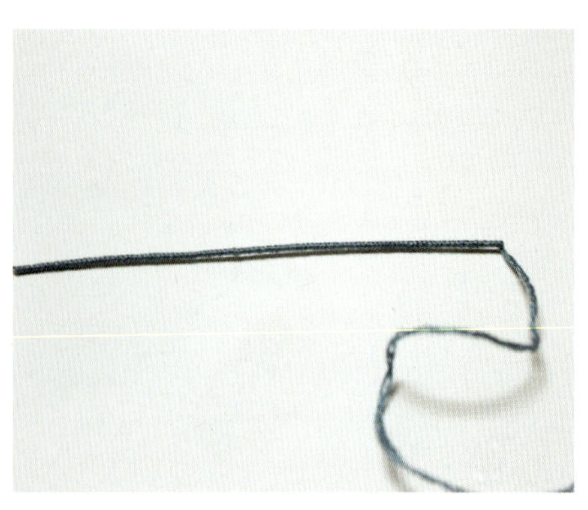

24 반대쪽도 마저 다 감고

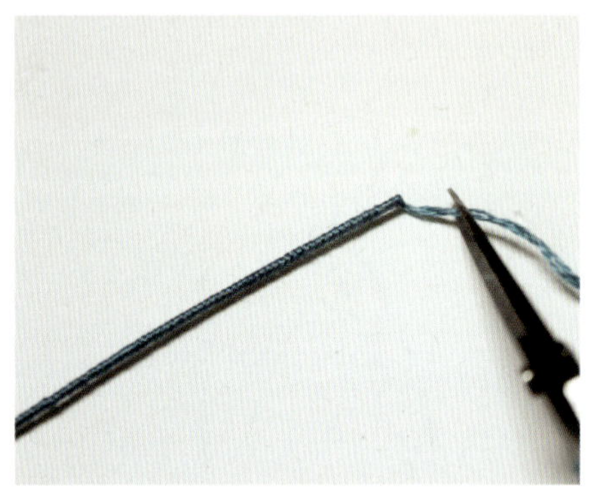

25 별도 코팅 없이 남은 실은 가위로 자르기만 해준다.

26 롱로즈를 이용해 기본기법 골뱅이 감기를 참고하여

27 동그랗게 촘촘히 사진처럼 0.4mm 정도의 크기까지 왔으면

28 그 다음부터는 조금씩 아래로 겹치듯이 말아간다.

29 사진처럼 3~4단계까지 말았으면

30 꽃에 대어 보고 적당한 크기에서

31 남은 와이어는 니퍼로 잘라낸다.

32 자른 부위는 본드로 코팅해 주고

33 롱로즈로 자연스런 원이 되도록 지긋이 구부려준다.

34 사진처럼 완성한 후 똑같이 한 개 더 만든다.

35 각종 비즈들을 T침을 이용해 고리를 만들어주고

36 신주체인 1.5cm로 잘라 버려진 노란색 실 2가닥으로 체인 끝에 묶어 준 뒤 0.5cm 정도만 남기고 잘라낸다.

37 7cm 신주체인 끝에도 36번처럼 노란색 실 2가닥으로 묶어준 뒤 0.5cm만 남기고 잘라준다.

38 꽃 가운데 공간에 본드칠하고

39 신주체인에 묶어 놓은 노란 실들을 아래위로 붙여준다.

40 34번 골뱅이를 뒤집어 움푹한 만큼 본드를 채워 넣고

41 꽃 가운데 부분에 얹어 붙인다. 가만히 마르도록 3분 정도 둔다.

42 반대쪽 같은 위치에 골뱅이를 하나 더 붙여준다.

43 1.5cm 체인 위엔 귀침을 연결하고

44 빨간색 비즈와 하늘색 비즈를 귀침과 체인 중간에 연결해준다.

45 꽃 아래 늘어진 체인에는 연두색 비즈와 빨간색 비즈를 연결한다.

46 골뱅이 주변에 ss6 토파즈를 붙여주고 꽃잎 바깥쪽에도 ss6 라이트 토파즈를 붙여준다.

47 가운데 골뱅이에는 ss6 카프리 블루를 전체적으로 붙여준다.

48 뒤도 앞과 똑같이 픽스를 붙여 완성하면 된다.

잎사귀 묶음 귀걸이

귀여운 잎사귀가 오밀조밀 묶여 있는 귀걸이예요. 디자인은 귀엽지만 멋진 컬러 때문에
고급스럽게 착용하실 수 있어요. 낙엽이 지는 가을이 오면 외투에 코디해보세요.

MATERIAL

22호 와이어 5cm 12개

26호 와이어 6cm 2개

백금 귀걸이 침 한 쌍

T침 8개

O링 2개

백금 체인 4cm 2개, 5cm 2개, 6cm 2개

스와로브스키 진주그레이 3mm 6개, 4mm 2개

스와로브스키 핫픽스 ss6 블루지르콘 8개, ss6 카프리블루 8개, ss6 스모크토파즈 8개, ss6 에리나이트 8개, ss6 시트린 8개, ss6 라이트 콜로라도 토파즈 8개, ss6 올리브 8개

앵커면사 261번, 392번, 851번, 186번 각 45cm

앵커면사 280번, 273번 각 45cm, 891번 각 40cm

HOW TO MAKE

01 22호 와이어 5cm 중 1.5cm 부분을 잡고 롱로즈로 꺾어준다.

02 롱로즈 잡은 손목을 돌려가며 와이어가 U자 모양이 되도록 만든다.

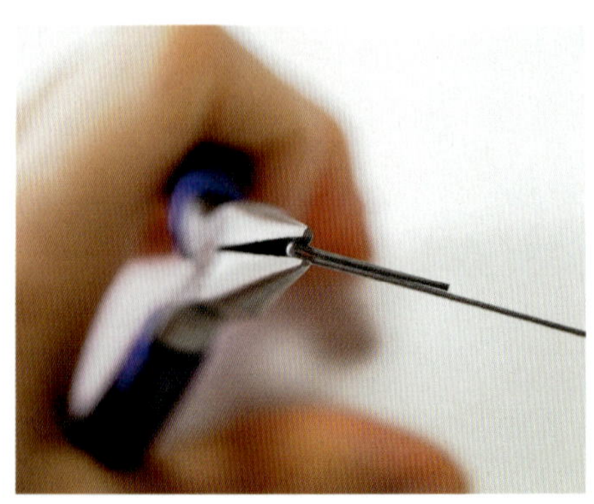

03 롱로즈를 이용해 접힌 부분을 지긋이 눌러 붙여준다.

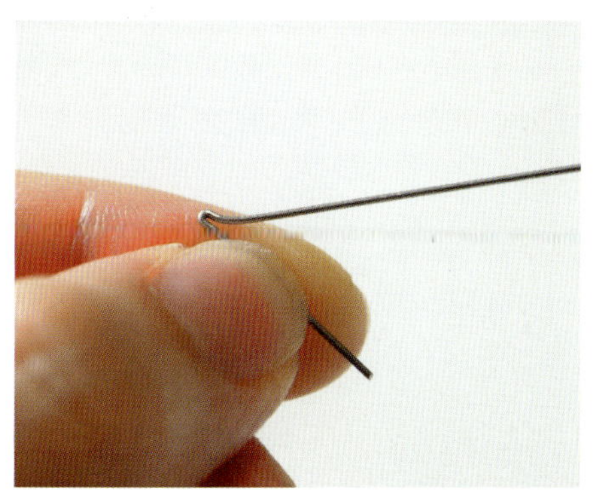

04 3번에 접힌 와이어를 양손으로 살짝 펼친 뒤

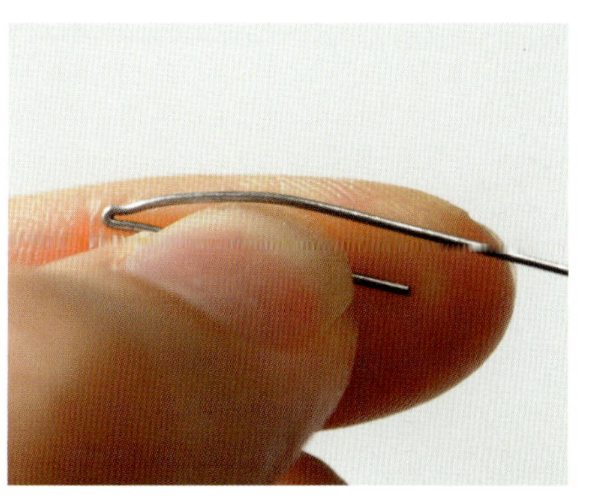

05 와이어를 손톱 윗부분에 대고 자연스런 잎 모양이 되도록 살짝 휘어준다.

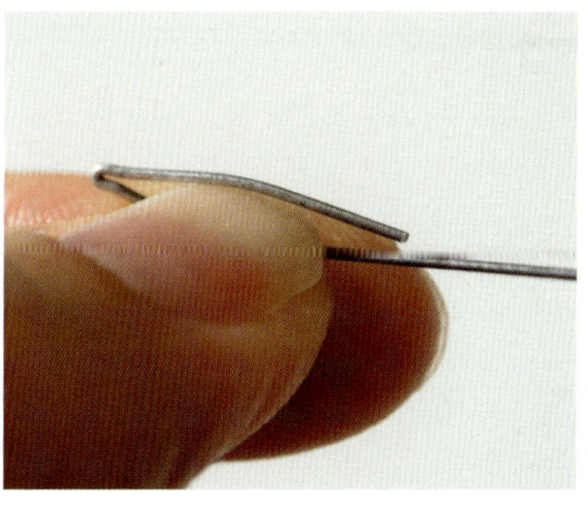

06 반대편도 같은 방법으로 잎 모양을 휘어준다.

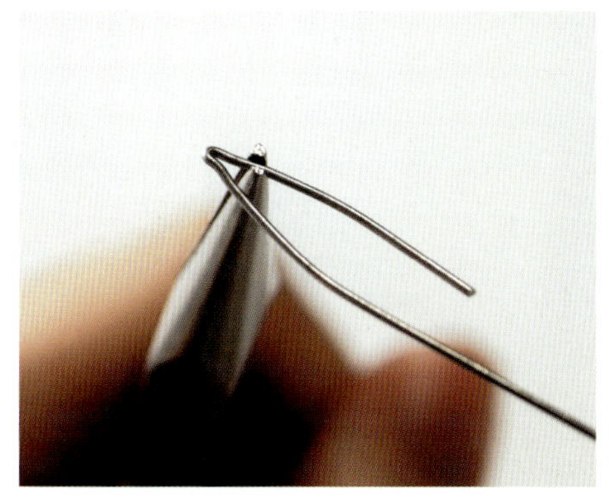

07 롱로즈를 이용해 잎모양 윗부분이 좀 더 곡선이 되도록 살짝 만져주고

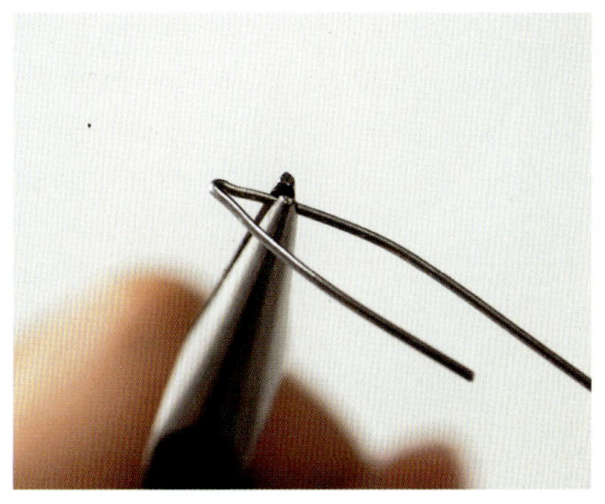

08 반대편도 같은 방법으로 만들어준다.

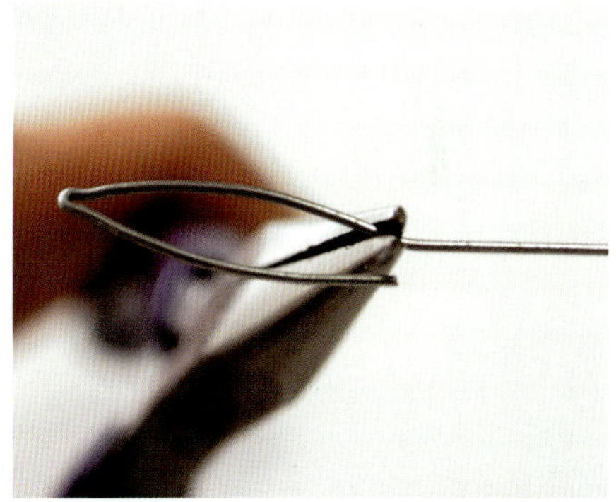

09 아래쪽도 롱로즈를 이용해 살짝 안쪽으로 오므려주고

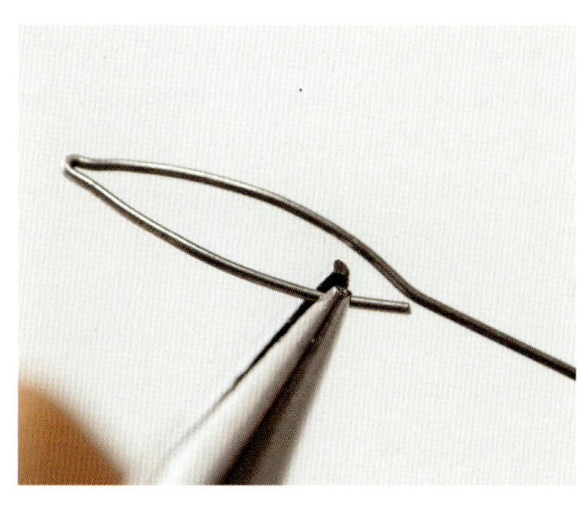

10 반대쪽도 살짝 오므려 양쪽이 만나도록 모양을 잡아준다.

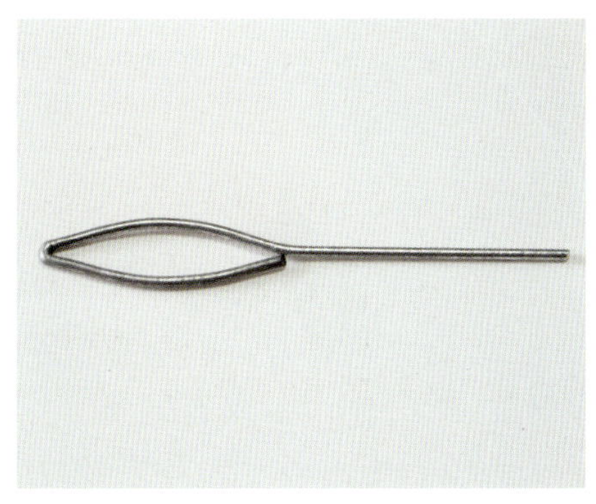

11 이런 모양으로 완성해 놓고

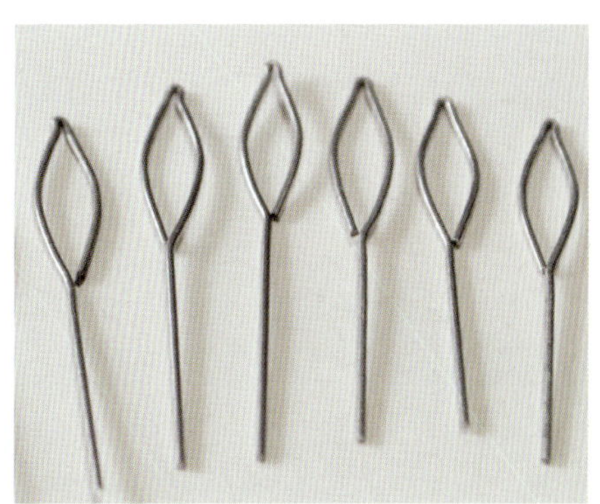

12 1~10번 과정을 반복하며 잎가지 6개를 만든다.

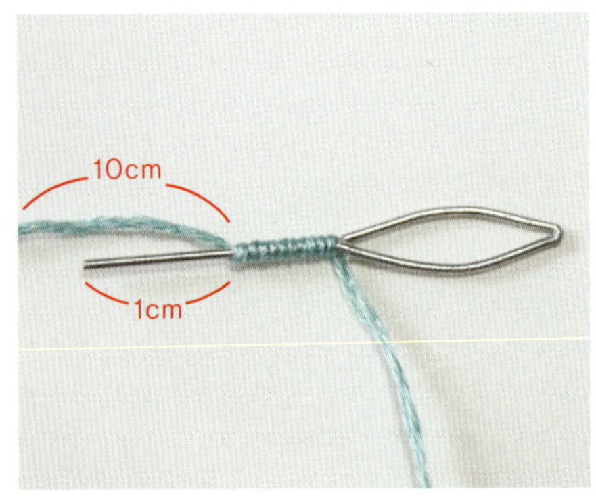

13 줄기 끝에서 1cm를 남긴 뒤 면사 186번 3가닥 45cm 중 10cm를 남기고 감아 나간다.

14 줄기 끝까지 감고 잎 모양 앞뒤로 얇게 조금씩 본드칠한다.

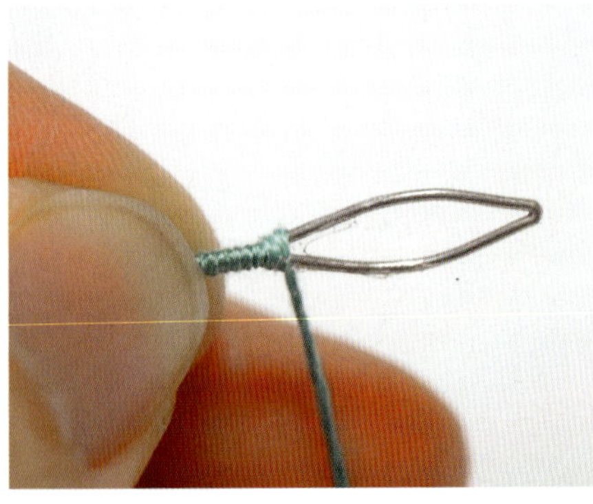

15 줄기를 잡은 채로 잎 위로 실을 이어 감아나간다.

16 실을 너무 당기거나 느슨하지 않도록 주의해서 감아준다.

17 잎사귀가 좁아지는 부분부터 틈새가 벌어지면 손톱을 이용해 조금씩 아래로 내려 좁히면서 감아준다.

18 와이어가 보이지 않을 때까지 감은 후 뒤에서 남은 실은 바짝 잘라낸다.

19 가위질한 곳에 본드를 칠한 뒤

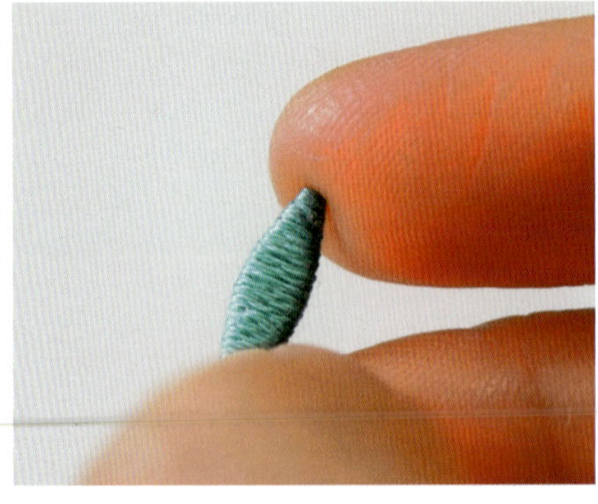

20 손끝으로 3초 정도 눌러준 뒤 본드기 없는 다른 손으로 양옆에서 뾰족하게 모양이 살도록 한두 번 정도 만져준다.

21 남은 실 10cm로 남은 와이어 1cm를 감는다.

22 와이어가 보이지 않게 커버한 후 가위질하고 코팅한다.

23 같은 방법으로 잎가지 6개를 완성한다.

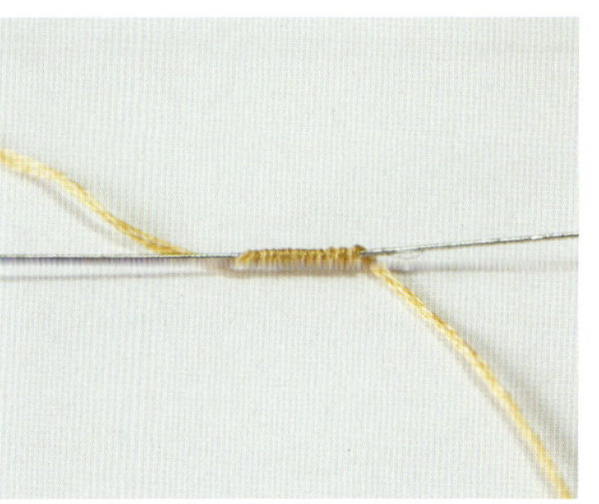

24 26호 와이어 6cm를 면사 891번 40cm 3가닥으로 중앙감기한다.

25 와이어가 보이지 않게 마무리하고 코팅한 뒤 반대편도 감아준다.

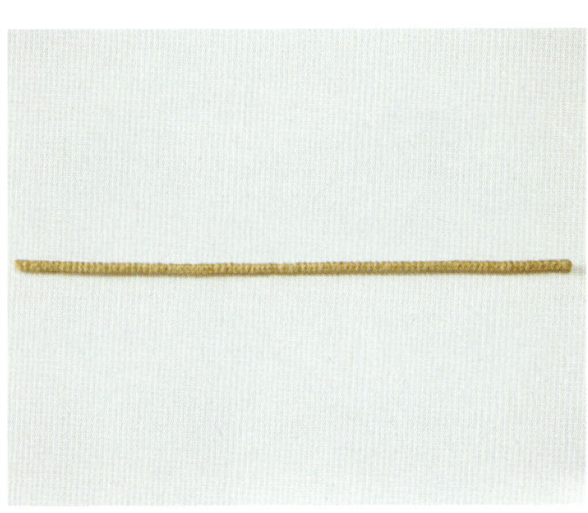

26 완성된 와이어는 곧게 펴준다.

27 잎가지 6개를 정리해서 잘 모아준다.

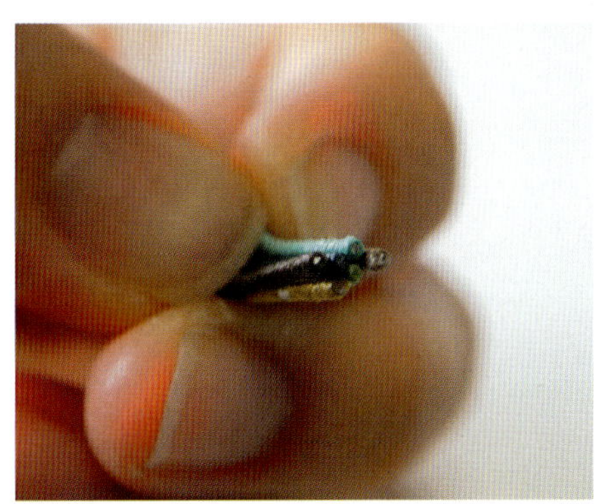

28 줄기가 2열이 되게 모아 손으로 잘 잡아준다.

29 가지를 움직이지 않게 잡은 후 끈을 0.7mm 남기고 가지의 중앙부분에 팽팽히 감아준다.

30 줄기가 움직이지 않게 지긋이 조여가면서 감아준다.

31 남은 끈을 교차해놓고

32 가지들이 움직이지 않도록 돌려가
며 2번 꽉 꼬아준다.

33 겹쳐진 가지들을 펼치면서 모양을
잡는다.

34 가운데 있는 잎가지 끝에 송곳으
로 구멍이 보이도록 확실히 뚫어준 뒤

35 O링을 끼운다.

36 3mm와 4mm 진주에 T침을 이용
해 고리 모양을 만든다.

37 4, 5, 6cm 체인에 각 3mm 진주
를 끼운다.

38 4mm 진주를 귀걸이 침에 바로 걸
어주고

39 그 다음엔 4cm 체인, 5cm 체인,
6cm 체인 순으로 연결한다.

40 잎가지 위와 아래에 각각의 실과 비슷한 색상의 핫픽스를 붙인다.

41 뒤도 같은 색상의 핫픽스를 붙인 다.

42 끈 앞뒤에도 핫픽스 ss6 시트린을 나란히 붙인다.

43 완성!

실크 플라워 귀걸이

눈처럼 깨끗하고 청초한 귀걸이예요. 비단같이 고운 느낌이 더욱 매력적이지요.
여름에도 겨울에도 무척 잘 어울리는 아이템입니다. 목걸이와 세트로 하시면 더욱 좋아요.

독일 레이온사 8번 160cm

디엠씨 3833번 30cm, 166번 30cm

백금 체인 14cm 정도

백금 귀걸이 침, T침 6개

22호 와이어 1개

0.3mm 멀티와이어 10cm

천연담수진주 회색빛 6개(3mm 정도의 크기)

26호 와이어 10cm

ss6 파파라샤 7개, ss6 라이트 피치 6개,
ss6 올리바인 7개, ss6 라이트 토파즈 6개

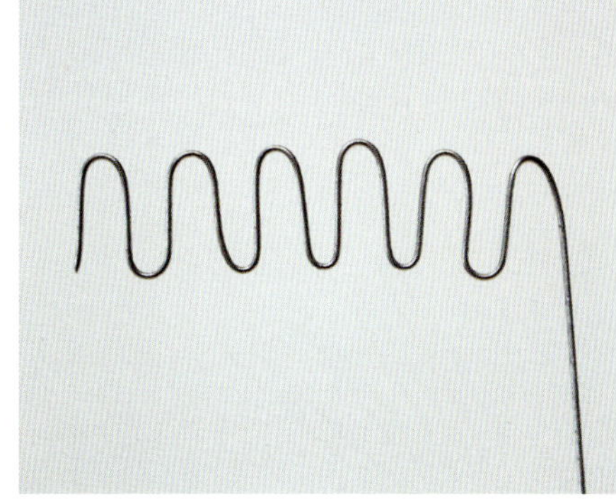

01 책본을 따라 22호 와이어로 레이스를 일정하게 6개 만들어준다.

02 남은 길이는 니퍼로 잘라낸다.

03 아래쪽 연결된 부위를 롱로즈로 지긋이 좁혀준다.

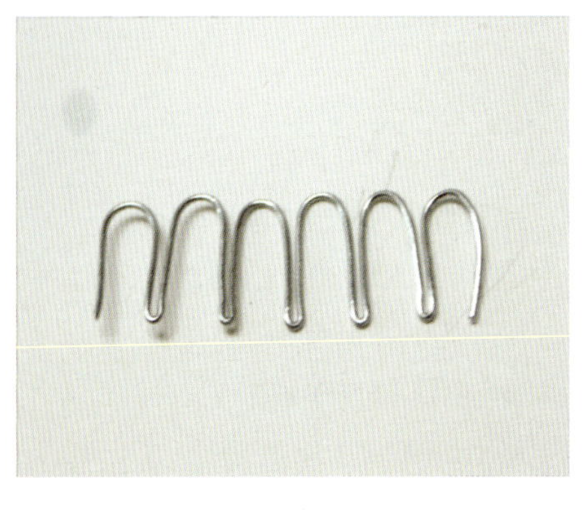

04 사진처럼 아랫부분을 모두 좁혀주고

05 롱로즈를 이용해 윗부분을 좁혀준다.

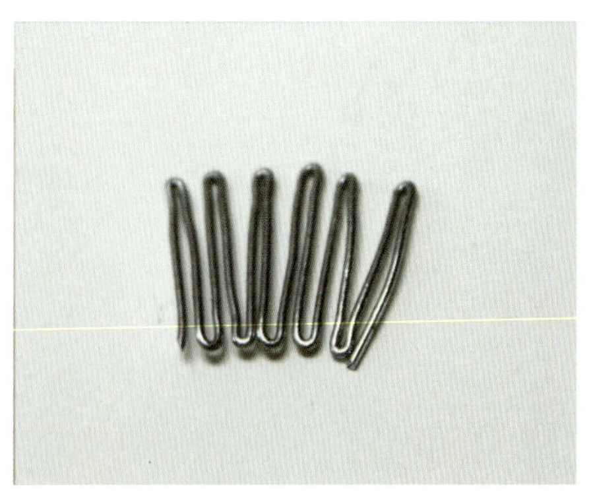

06 이렇게 길이가 일정하도록 나머지 윗부분도 좁혀준다.

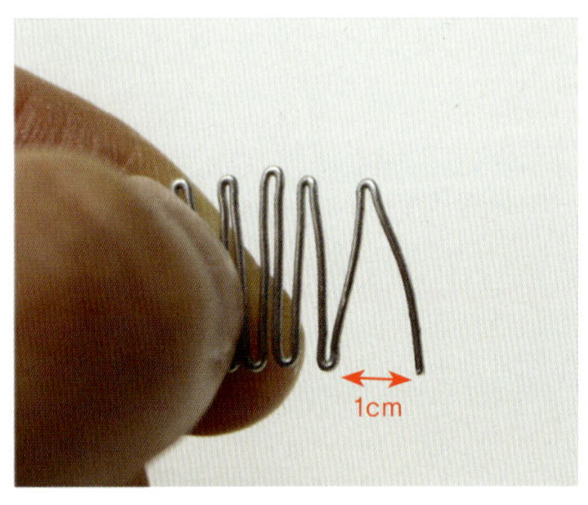

07 첫 번째 레이스를 아래 폭이 1cm 정도 되도록 벌려주고

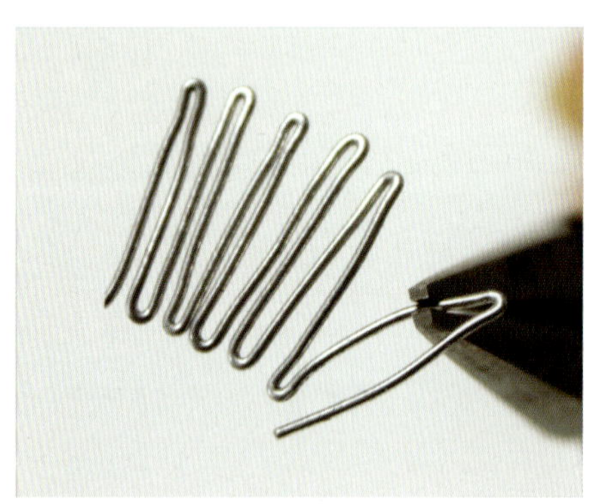

08 롱로즈를 이용해 두 번째 와이어의 윗부분을 잡고 지긋이 휘어준다.

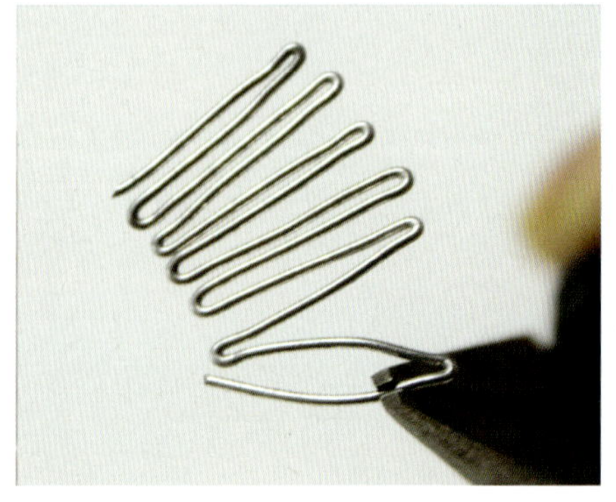

09 이번엔 첫 번째 와이어도 윗부분을 잡고 아랫부분이 붙을 때까지 살짝 휘어준다.

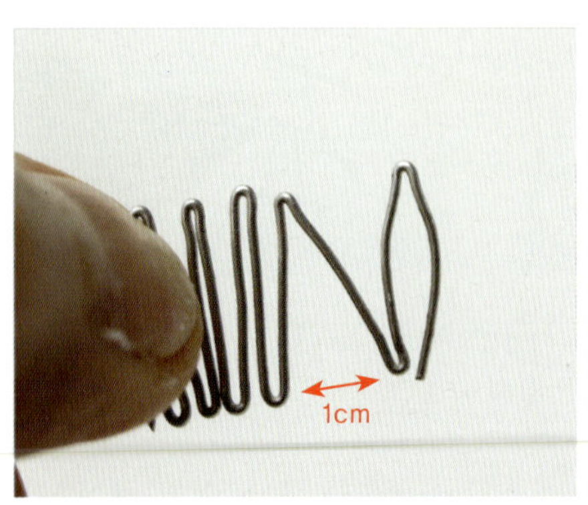

10 두 번째 레이스도 아랫부분이 1cm 정도 되도록 지긋이 벌려준다.

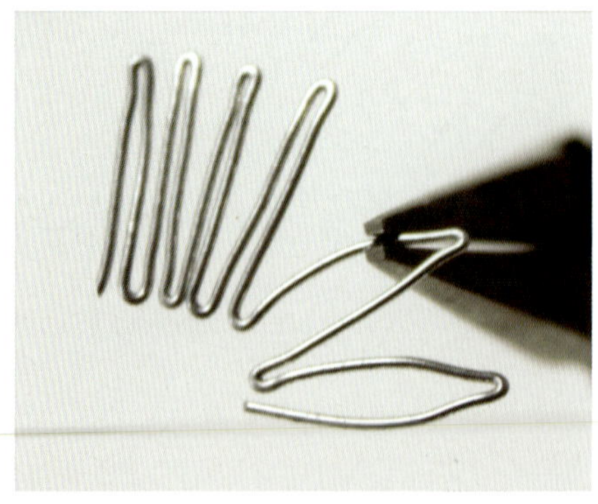

11 롱로즈로 네 번째 와이어의 윗부분을 삽고 지긋이 휘어준다.

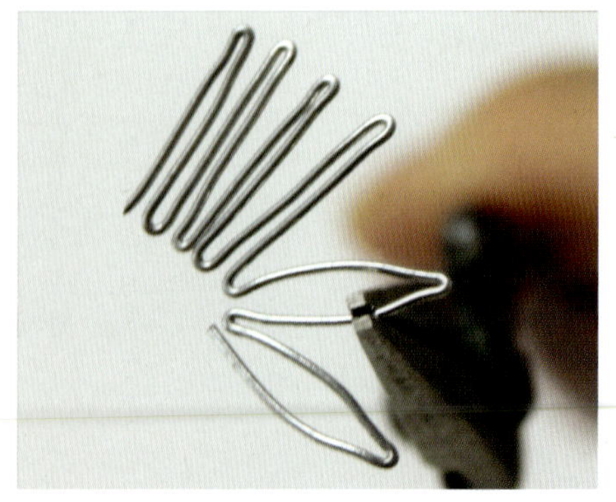

12 다시 세 번째 와이어로 옮겨와 윗부분을 잡고 아랫부분이 붙을 때까지 지긋이 휘어준다.

13 나머지 레이스도 같은 방법으로 만들고 가운데 구멍이 원이 되도록 모양을 잡아준다.

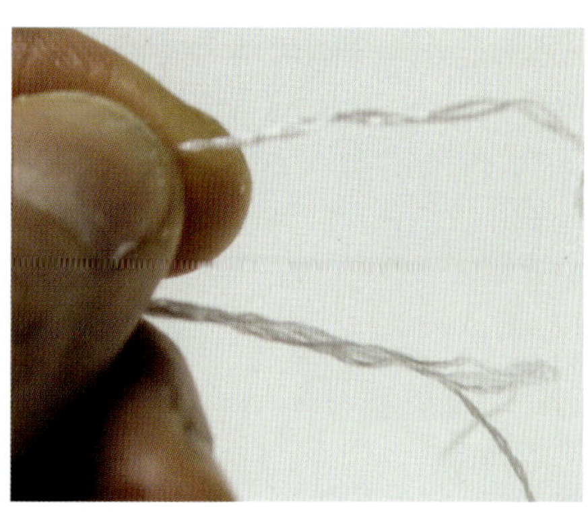

14 레이온사 8번을 80cm로 잘라 한 가닥을 빼내어 4가닥을 서로 잘 꼬이도록 털어준 뒤

15 사진처럼 아래쪽에 2cm 정도 여유분의 실을 남기고 본드를 와이어에 앞뒤로 적당히 칠해가며 감되 반드시 면사의 반대 방향으로 감는다.

16 틈이 벌어지면 손톱으로 바로바로 실을 내려 간격을 좁히면서 감아준다.

17 거의 다 감았을 때 다시 한 번 앞뒤로 본드칠해 완전히 커버하고

18 손으로 3초 정도 눌러준 뒤

19 가위로 바짝 잘라낸다.

20 자른 부위에 본드를 깨알 반만큼 톡 칠한 후

21 깨끗한 손으로 앞뒤로 3초 정도 눌러주고

22 다시 꽃잎의 양옆으로도 지긋이 눌러주어 뾰족한 모양이 나오도록 만들어준다.

23 첫 번째 꽃잎을 자르고 남은 레이온사를 이번엔 두 번째 꽃잎에 아래 여유분 2cm 정도 남기고 면사 감는 반대 방향으로 촘촘히 감아간다.

24 이런 식으로 6개의 꽃잎을 모두 완성시킨다.

25 남은 실들은 가위로 한 번에 바짝 잘라낸다.

26 자른 부위에 본드를 깨알만큼 칠하고

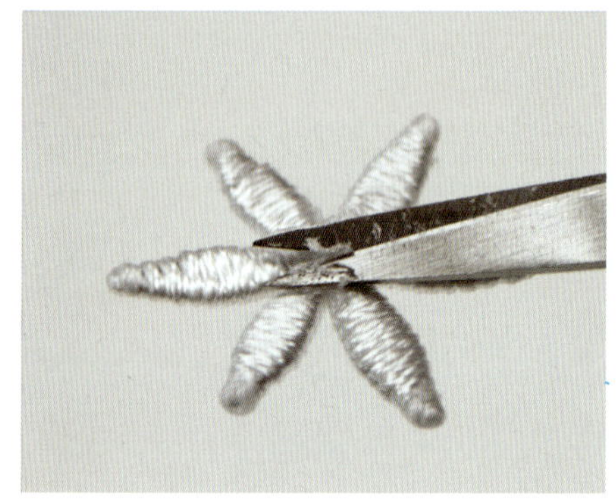

27 가위로 다시 한 번 여유 실을 누르듯 바짝 자르면서 처리한다.

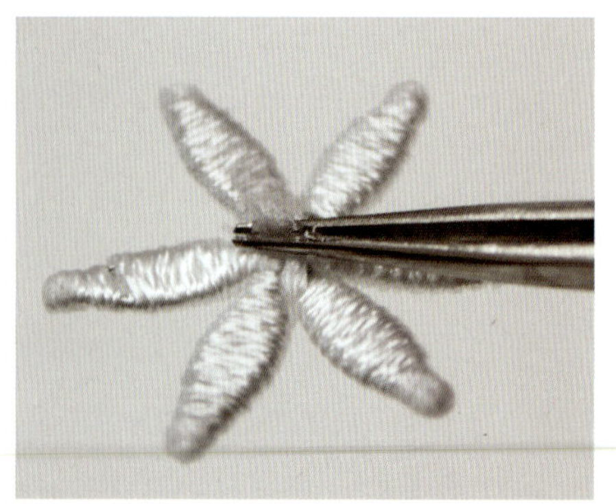

28 핀셋을 이용해 다시 한 번 튀어나오는 부분이 없도록 눌러준다.

29 이렇게 꽃잎을 완성시켜 놓고

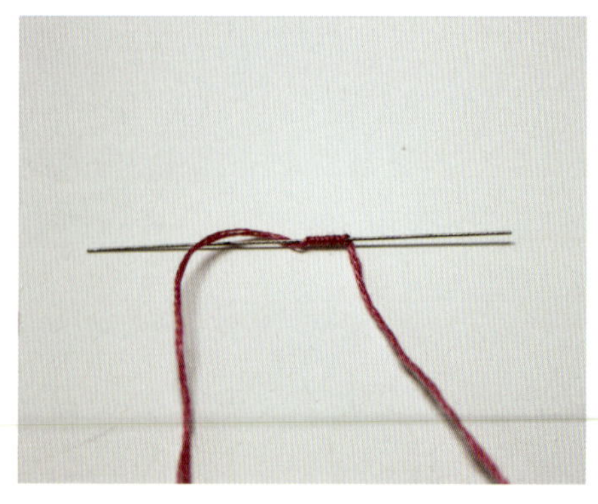

30 26호 와이어 5m 디엠씨 3833번 30cm 3가닥으로 중앙감기한다.

31 끝까지 감았으면 가위로 남은 실은 바짝 잘라내고

32 자른 부위에 본드를 깨알 반만큼 칠해서

33 깨끗한 손으로 지긋이 힘주어 감은 방향으로 2번 정도 돌려준다.

34 남은 반대쪽도 촘촘히 감아주고 가위로 바짝 잘라내기만 한다. 코팅은 안 해도 된다.

35 33번의 코팅한 쪽을 롱로즈에 대고 기본기법 중 골뱅이 만들기를 참고하여

36 조금씩 작은 골뱅이를 말아간다.

37 어느 정도 말다가 꽃잎에 대보고 적당한 크기가 되면

38 남은 와이어는 니퍼로 잘라내고

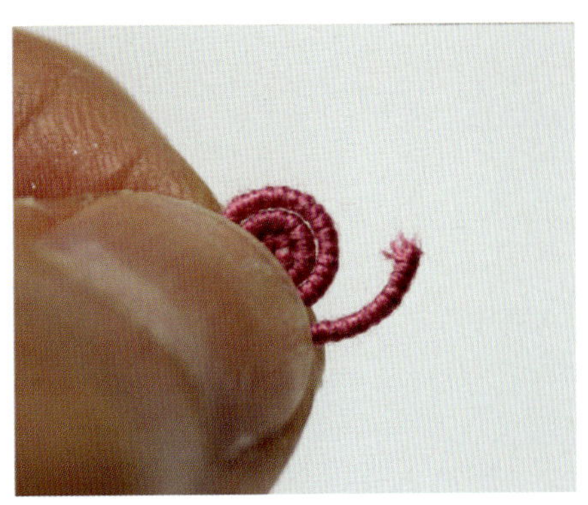

39 자른 곳은 본드칠해서 코팅을 한다.

40 이번엔 26호 와이어 5cm에 디엠씨 166번 3가닥 30cm로 중앙감기한다.

41 촘촘히 휘지 않도록 감아 놓고

42 핑크골뱅이와 똑같은 크기로 만들어준다.

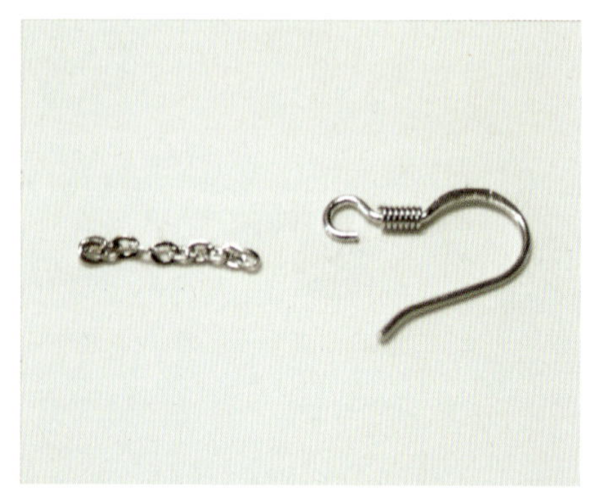

43 귀침에 1.3cm 체인을 걸어 고정한다.

44 43번 귀침에 달린 체인 아래쪽에 0.3mm 와이어 5cm를 통과시켜 놓는다.

45 꽃잎의 중앙부분을 송곳으로 뚫어 구멍을 확실히 해두고

46 44번에 세팅해 놓은 0.3mm 와이어를 구멍에 통과시켜 바짝 4번 정도 꼬아 고정한다.

47 꼬아 놓은 부분의 2mm 정도만 남기고 낡은 와이어는 니퍼로 잘라낸다.

48 롱로즈로 47번에 남긴 와이어를 납작하게 꽃잎에 눌러 붙여준다.

49 T침에 진주를 끼워 한 개의 진주는 고리 하나로, 두 개의 진주는 양쪽 고리로 만들어 준다.

50 고리 하나 진주+0.8cm 체인+양쪽 고리 진주+1.1cm 체인+양쪽 고리 진주+1.4cm 체인순으로 연결한다.

51 50번에 맨 위 체인 끝에 0.3mm 와이어를 5cm로 잘라 통과시켜 놓는다.

52 이번엔 귀침 달린 체인과 같은 방향의 아래쪽에 0.3mm 와이어를 가운데 구멍으로 통과시켜 4번 정도 바짝 꼬아 고정한다.

53 꼬아 놓은 와이어의 2mm 정도만 남기고 니퍼로 남은 와이어를 잘라낸다.

54 마찬가지로 2mm 튀어나온 와이어는 롱로즈로 눌러 붙여준다.

55 이렇게 완성!

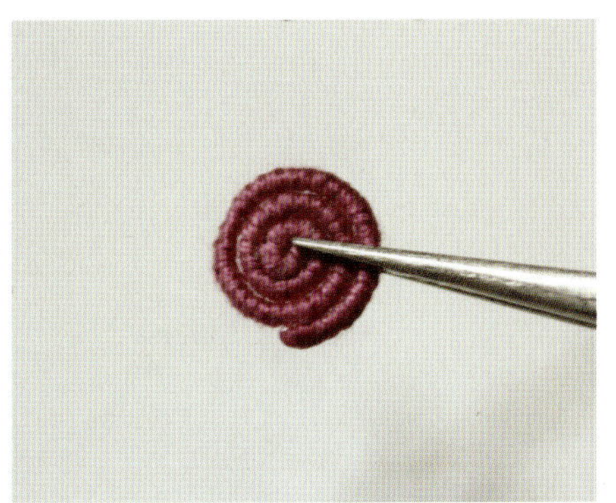

56 골뱅이를 핀셋으로 잡고 뒤쪽에 본드를 적당히 균일하게 칠해서

57 꽃 한가운데에 얹고

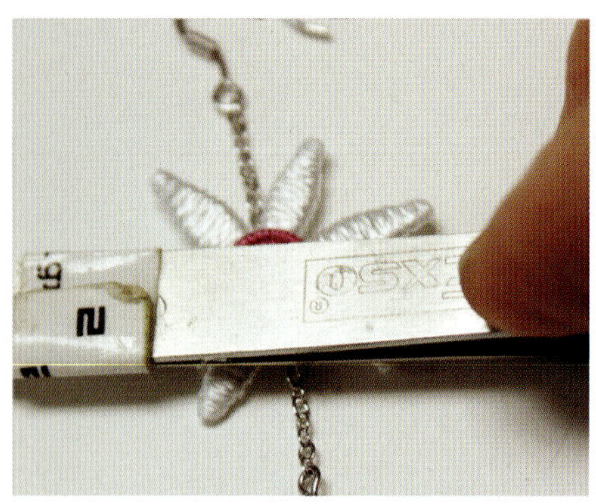

58 핀셋 뒤로 지긋이 눌러 붙여준다.

59 같은 방법으로 뒤쪽은 그린 골뱅이를 붙여준다.

60 그린 골뱅이 위엔 ss6번 올리바인 픽스로 사진처럼 장식해 주고

61 라이트 토파즈를 꽃잎 가장자리에 하나씩 붙여준다.

62 핑크 골뱅이 위에 파파라샤를 사진처럼 붙이고

63 라이트 피치를 꽃잎 가장자리에 하나씩 붙여준다.

64 예쁘게 완성!

65 목걸이는 책본처럼 꽃잎을 좀 더 크게 하고 위쪽에 귀침 대신 원하는 길이의 체인을 연결해주면 된다.

레이스 패치 귀걸이

큰직하고 대담한 스타일의 귀걸이예요. 하지만 작고 사랑스러운 레이스가 패치되어 여성
스럽기까지 하답니다. 의외로 누구에게나 잘 어울리는 디자인이에요. 망설임 없이 도전해
보세요.

MATERIAL

- 230pvc 6X6cm
- 24호 와이어 11cm 2개
- 신주 포스트형 귀걸이 침 한 쌍
- 신주 체인 1.5cm
- O링 4개
- 스와로브스키 핫픽스 ss6 푸시아 26개, ss10 푸시아 24개, ss10 몬타나 2개
- 앵커면사 170번 3m 2개, 304번 70cm 2개
- 앵커 diadem 메탈사 300번 70cm 2개
- 폭 0.5mm의 토숀 레이스 23cm

HOW TO MAKE

01 바디 앞뒤로 본드를 칠하고 면사 170번 3m 6가닥 그대로 중앙감기한다.

02 좁아질수록 실 간격이 벌어지니 한 번 감고 양 손톱 끝으로 내리면서 틈 없이 감는다. 가운데쯤에 틈새가 벌어지면 핀셋을 이용해 실 간격을 좁혀준다.

03 감은 면사가 바디에 잘 붙도록 앞뒤를 손으로 눌러 주면서 마저 감아간다.

04 갈수록 벌어지는 틈은 양 손톱으로 바로바로 내려가며 촘촘히 감아준다.

05 바디 끝에 본드를 칠하고 면사를 인위적으로 동그랗게 말아서 바디를 감아 완전히 커버해준다.

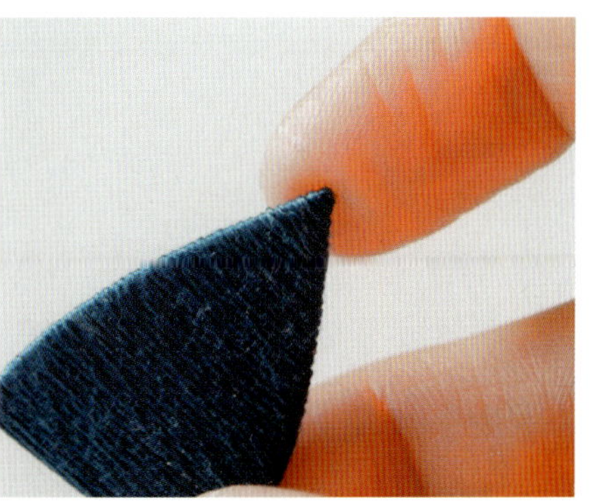

06 뒤쪽에서 남은 실은 가위로 바짝 잘라 주고 코팅한 후 3초 정도 눌러준다.

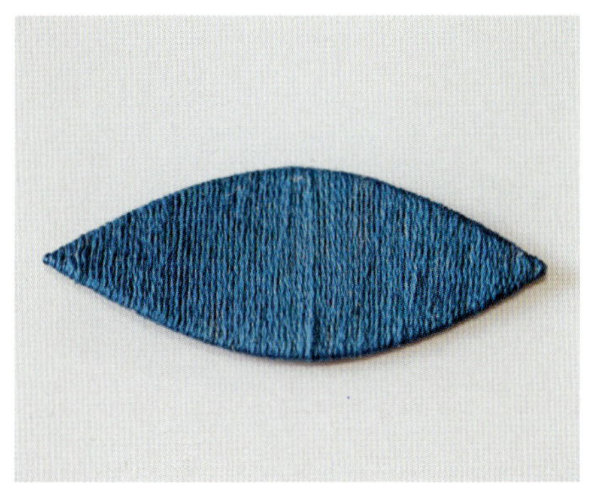

07 반대편도 같은 방법으로 감아 완성한다.

08 diadem 메탈사에 본드를 칠하고 사선으로 바디에 붙인다.

09 이런 식으로 0.4cm 간격으로 메탈사에 본드칠을 해가며 계속 사선으로 감아나간다.

10 처음 시작점의 남은 메탈사는 바디에 맞춰 바짝 자르고 코팅한 뒤 3초 정도 눌러준다.

11 앞쪽은 메탈사에 본드칠해 가며 사선으로 붙여 나간다.

12 뒤쪽은 거의 직선에 가깝게 감기는데 이게 정상적인 것이니 신경 쓰지 말자.

13 간격을 잘 유지하면서 끝까지 감은 후

14 남은 실은 뒤쪽에서 가위로 바짝 자르고 본드를 칠해서

15 3초 정도 손으로 눌러 주어 잘 붙도록 한다.

16 이번엔 앞쪽에 0.3mm 폭으로 가장자리를 따라 반쪽만 본드를 톡톡 찍듯이 칠한다.

17 본드칠한 곳에 토숀 레이스 18cm를 테두리 따라 붙인다.

18 뒤쪽에서 봤을 때 사진에서 보이는 만큼 레이스가 보이게 붙인다.

19 모서리 부분에서 레이스를 꺾어 주고 레이스가 뜨지 않게 본드를 칠해 눌러 붙인다.

20 반대쪽 가장자리도 같은 방법으로 레이스를 붙인다.

21 시작 부분에 맞춰 레이스를 자르고 실밥을 정리한 후 본드를 칠한다.

22 레이스 끝 부분을 3초 정도 톡톡 눌러 잘 코팅해준다.

23 이렇게 완성해 둔다.

24 24호 와이어 11cm에 면사 304번 50cm 4가닥으로 중앙감기한다.

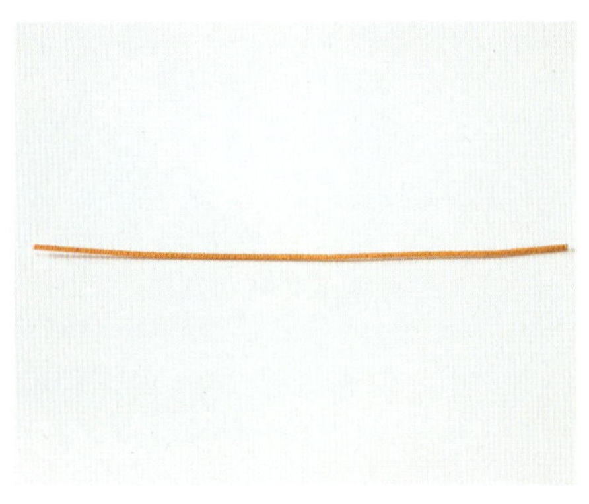

25 양쪽으로 다 감고 양끝을 코팅해 준 뒤 완성된 와이어를 곧게 펴 주고

26 손으로 와이어를 조금씩 휘어가며 곡선을 만든다.

27 레이스 위에 올려놓고 레이스라인 을 따라 곡선을 좀 더 정확히 잡아준다.

28 모서리 부분에서 와이어를 핀셋으 로 잡아

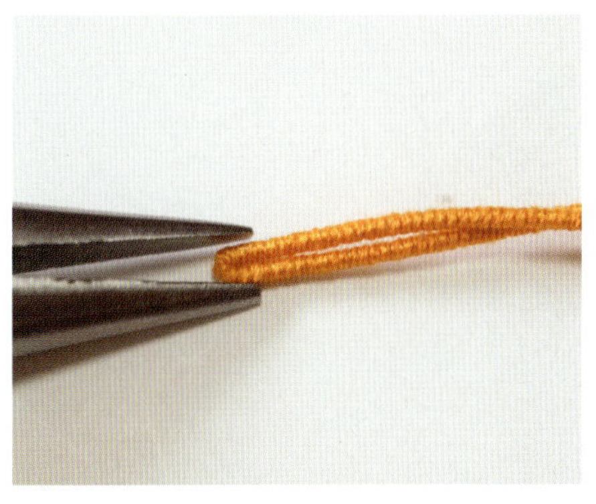

29 그 부분을 롱로즈로 지긋이 눌러 접어준다.

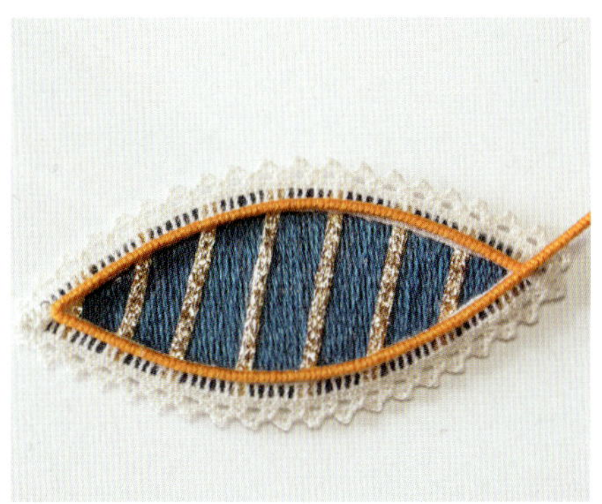

30 29번의 와이어를 다시 벌려서 감 아놓은 파란 바디에 대고 라인을 마저 잘 잡아준다.

31 와이어의 시작 부분과 끝 부분의 만나는 곳을 니퍼로 잘라준다.

32 자른 부분을 본드로 코팅하고

33 다시 본드를 칠해 붙여주고 마를 때까지 그냥 둔다.

34 테두리를 핀셋으로 잡고 뒷부분에 본드를 전체적으로 재빨리 골고루 톡톡 찍듯이 칠한다.

35 레이스 위에 테두리를 올려놓고 핀셋 등을 이용해 지긋이 눌러 붙인다. 이 때 옆으로 튀어나오는 본드는 핀셋으로 즉시 제거한다.

36 바디 윗부분에 O링이 들어갈 수 있게 구멍을 만든다.

37 O링을 끼우고

38 체인 5칸에 포스트 귀걸이침을 연결한다.

39 토숀 레이스 5cm를 양쪽으로 접어 내려 리본을 만든다.

40 면사 170번 2가닥 10cm로 두 번 정도 꽉 돌려

41 뒤에서 매듭짓고 남은 실은 바짝 잘라낸다.

42 리본 뒤에 본드를 칠해서 바디 위쪽에 붙인다.

43 핫픽스 ss10 푸시아와 ss6 푸시아를 사진처럼 무작위로 붙여준다.

44 뒤쪽에도 핫픽스 ss10 푸시아와 ss6 푸시아를 붙인다.

45 리본에 ss10 몬타나를 붙인다.

46 바디를 3등분해서 위와 중간부분을 양손으로 잡고 조금씩 비틀어가며 웨이브를 만든다.

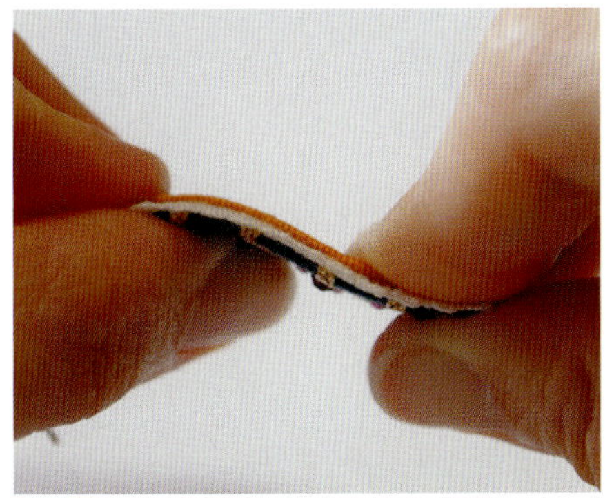

47 중간과 아랫부분에도 웨이브를 만들어준다.

48 이렇게 하면 독특하고 멋진 귀걸이가 완성!

빨간머리 앤이 사랑했을 듯한 예쁘장한 작은 꽃송이 묶음 귀걸이예요.
포인트 주기에 딱 좋은 사이즈고요. 봄이 오는 날 함께 코디하시면 최고랍니다.

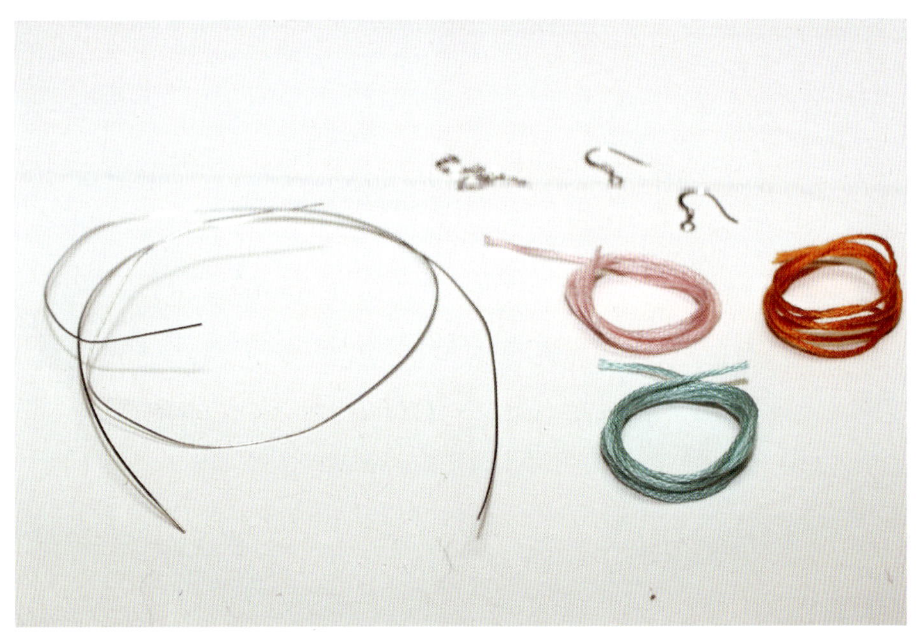

0.5mm 멀티와이어 약 60cm

귀걸이 침 한 쌍

백금 체인 2cm

스와로브스키 핫픽스 ss10 썬 12개, ss6 파
파라샤 12개

앵커면사 314번 240cm, 1070번 80cm,
1094번 15cm

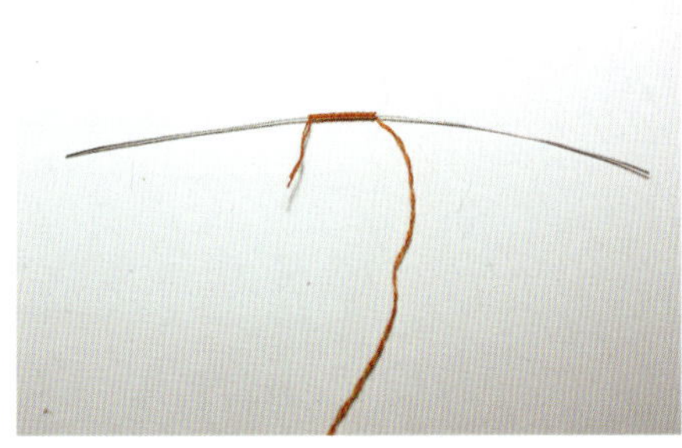

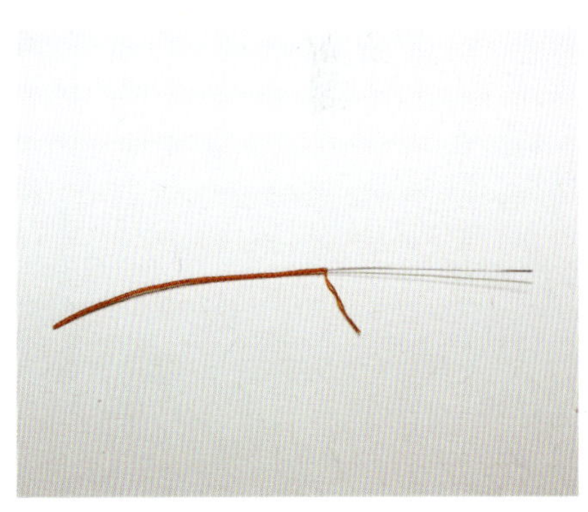

01 0.5mm 와이어를 10cm로 잘라 앵
커면사 314번 38cm 2가닥으로 6cm 시
작점에 실 여유분 1cm 정도 남기고 감
기 시작한다.

02 사진처럼 본드를 조금씩 발라 촘
촘히 감아주고 맨 끝은 가위로 바짝 잘
라 코팅한 후 마무리한다(기본기법 참고).

03 주황색 실을 다 감았으면 와이어
를 사진처럼 돌려놓고

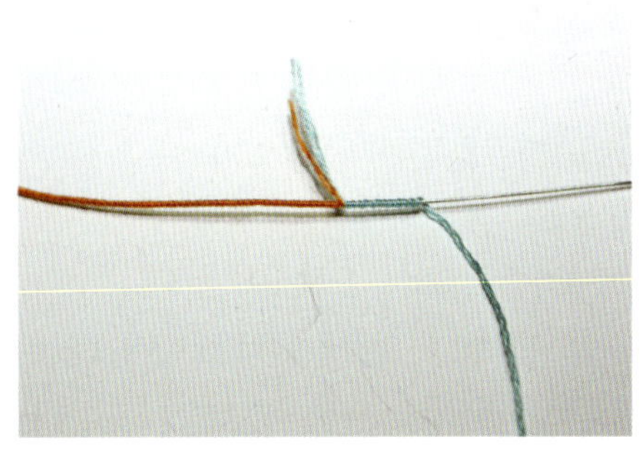

04 앵커 1070번 25cm 3가닥으로 사진처럼 실 여유분 1cm 정도 남기고 남은 4cm 길이의 와이어를 촘촘히 감아나간다.

05 이렇게 촘촘히 쭉 감아주고 끝은 가위로 바짝 자른 뒤 코팅해준다.

06 실 여유분끼리 만난 지점에 본드를 깨알 반만큼 톡 칠하고

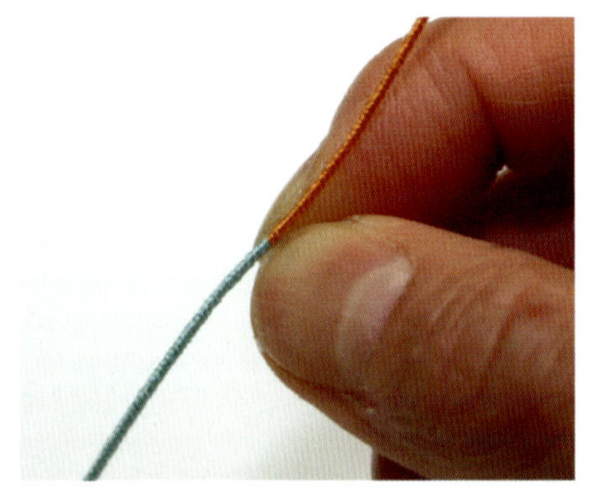

07 두 실을 모아 와이어를 세 번 정도 돌려주어 밀착시킨다.

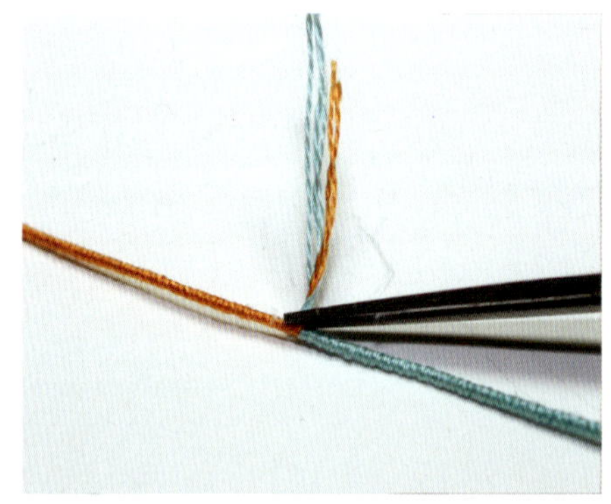

08 서로 달라붙은 실을 가위 앞쪽으로 바짝 잘라준다.

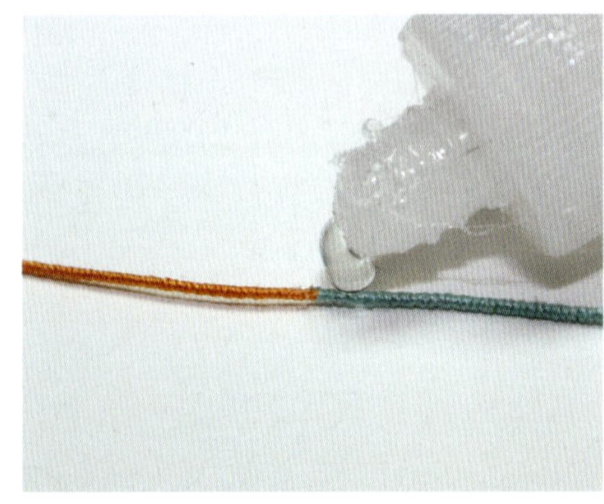

09 자른 자리에 다시 한 번 본드를 깨알 반만큼만 톡 칠하고

10 본드기 없는 깔끔한 손으로 한두 번 돌려준다.

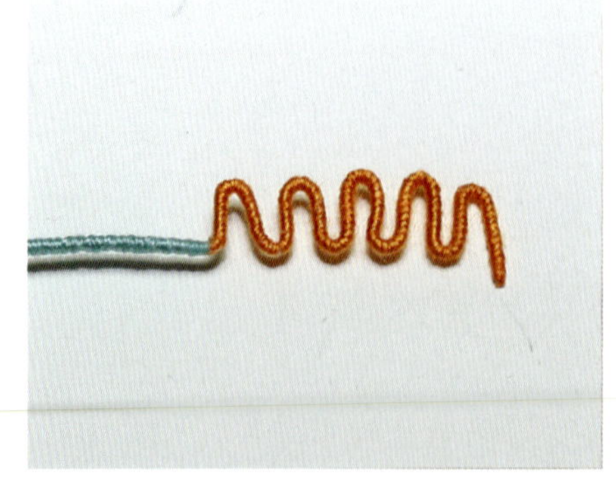

11 주황색 쪽 와이어를 높이 0.6cm, 폭 2.2mm가 되도록 5개의 레이스를 만들어준다(기본기법 레이스 만들기 참고).

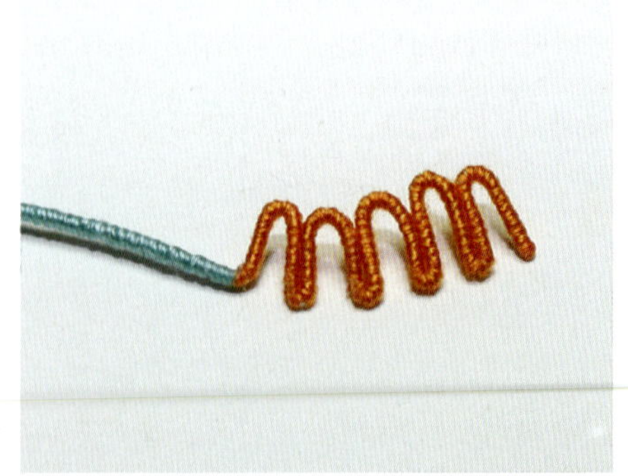

12 5개로 만들어진 레이스의 아래쪽 연결부위를 롱로즈로 지긋이 모두 모아준다.

13 다시 롱로즈를 이용해 아래 연결된 부분이 모두 모아지도록 하나씩 간격을 벌려준다.

14 사진의 빨간 동그라미 부분처럼 모두 모아진 꽃 모양이 되었으면

15 줄기 양옆의 레이스를 좀 더 아래로 내려 완벽한 꽃 모양을 만든다.

16 앵커 314번을 30cm로 잘라 3가닥으로 1번과 5번을 중앙감기하면 되는데 일단 1번 오므려진 끝 부분부터 촘촘히 감아준다.

17 거의 다 감았을 때 다시 한 번 본드를 얇게 앞뒤로 칠해주고

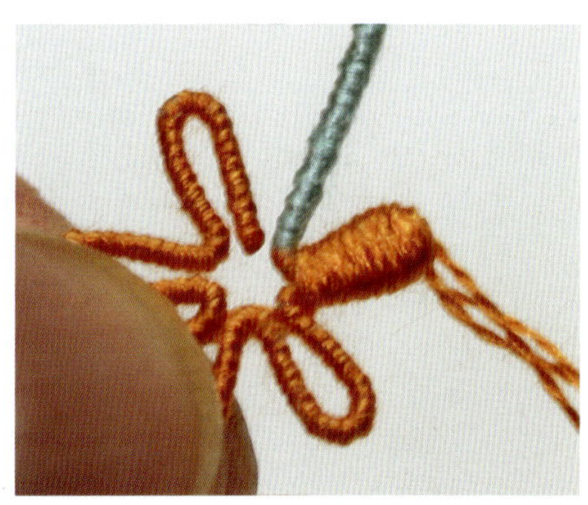

18 끝까지 감아 완벽히 커버해준 뒤

19 가위로 바짝 잘라주고

20 가위질한 곳에 본드를 칠하고 코팅해준다.

21 그럼 사진과 같이 된다.

22 꽃송이를 사진과 같이 돌려놓고 5번 꽃잎의 빨간 원부터 남은 실을 촘촘히 감되 1번과 잘 연결되도록 처음만 잡아당겨 감아준다.

23 마찬가지로 거의 다 감았을 때 다시 한 번 앞뒤로 본드칠해서 완벽히 커버해 준 뒤

24 가위로 바짝 잘라내고 본드를 톡 칠한 후 코팅해준다.

25 이번에 다시 30cm 3가닥으로 반은 3번, 또 나머지 반은 4번을 촘촘히 감아나간다.

26 마무리는 앞에 한 것과 똑같이 해 준다.

27 이번엔 18cm 3가닥으로 남은 한 잎을 여유분 1~2cm 정도 남기고 촘촘히 감아준다.

28 마무리 코팅까지 해 주면 이와 같은 상태가 된다.

29 27번의 실 여유분을 가위로 바짝 잘라 주고

30 본드를 조금만 칠하고 핀셋 등으로 톡톡 눌러 깔끔히 마무리해

31 귀여운 꽃 한 송이를 완성한다.

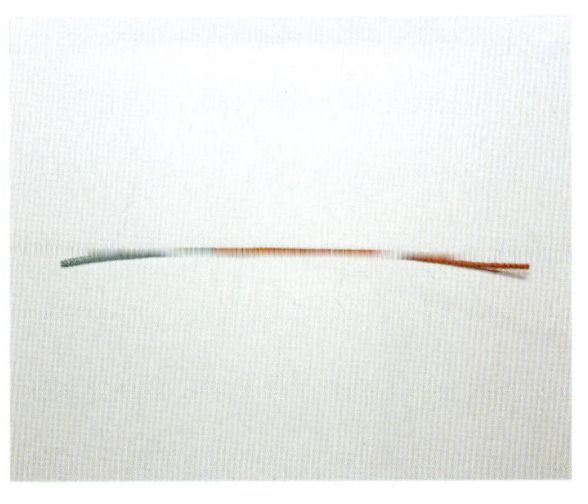

32 다시 0.5mm 와이어를 8.5cm로 잘라 앞과 똑같은 방법으로 6cm는 주황실로, 남은 3.5cm는 민트실로 감아준다.

33 이렇게 줄기가 조금 짧은 꽃송이 하나를 또 하나 완성한다.

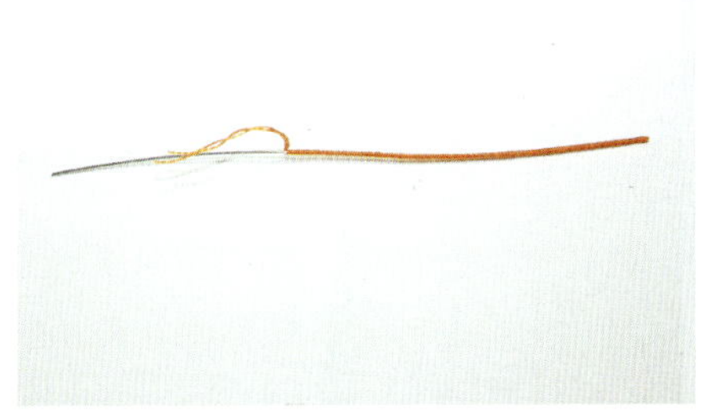

34 이번엔 다시 0.5mm 와이어를 10cm로 잘라 1~3번과 같은 방법으로 주황실로 감아주고 끝은 코팅해 준다.

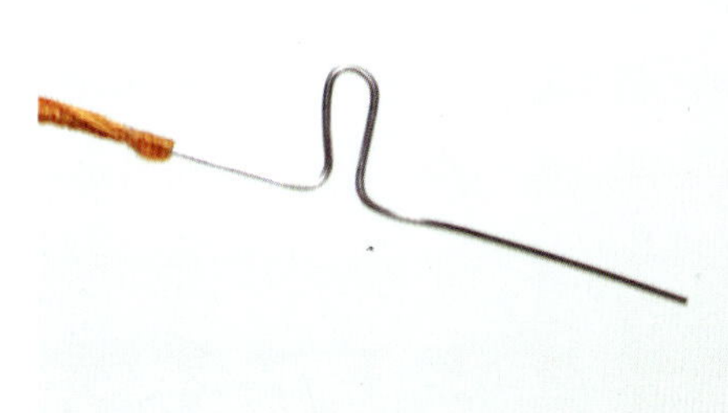

35 감지 않은 남은 와이어 4분의 3 지점에 높이 0.5cm, 폭 2mm의 레이스 하나를 만든다.

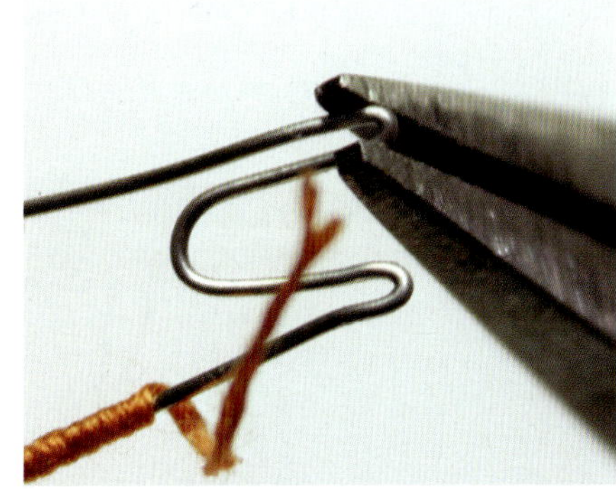

36 사진처럼 레이스 양쪽을 롱로즈로 지긋이 좁혀주고

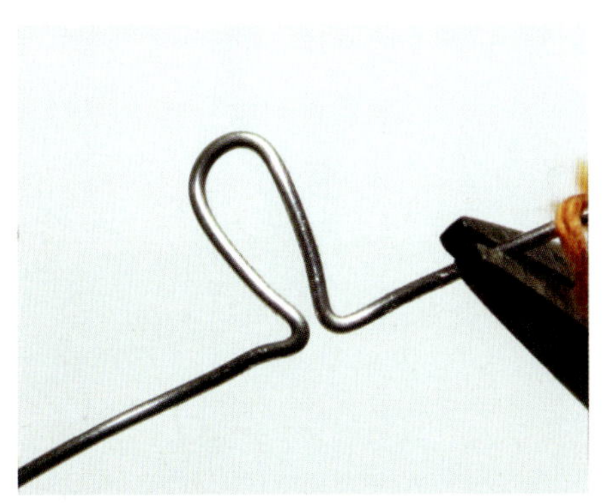

37 다시 사진처럼 일자로 펴준다.

38 레이스 위쪽을 롱로즈로 살짝 좁혀주고

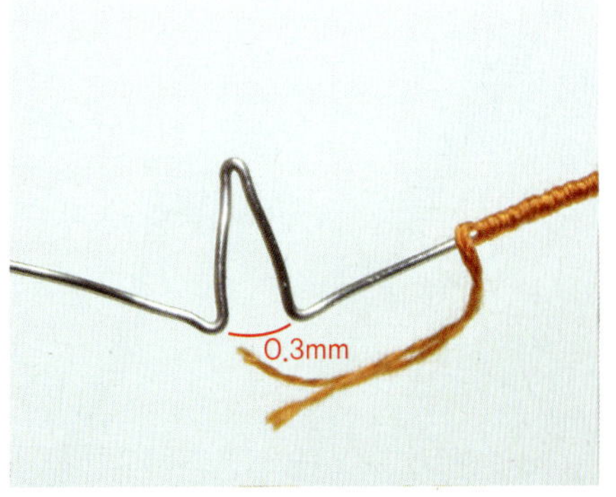

39 레이스 간격이 0.3mm 정도 되도록 양쪽으로 다시 살짝 벌려준다.

40 38번의 벌어진 부분을 다시 모아주고 잎사귀 모양으로 약간 볼륨을 준다.

41 이번엔 앵커 1070번 30cm 3가닥으로 주황 시작점부터 여유실 1cm 정도 남기고 촘촘히 잎사귀의 시작점까지 감아나간다.

42 잎사귀 반대쪽 이어진 와이어에 본드를 얇게 칠하고 바로 이어 와이어 끝까지 감는다.

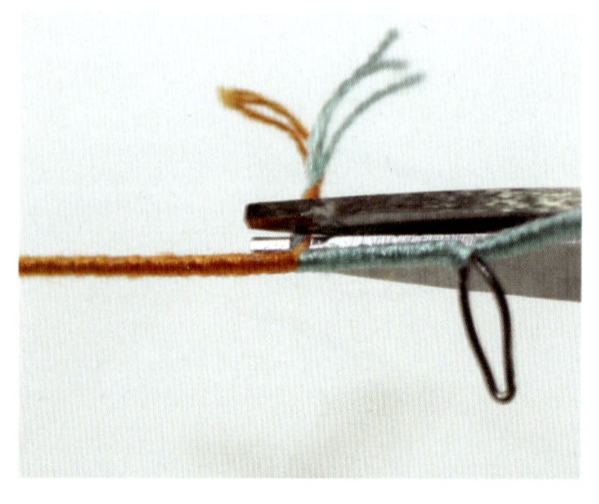

43 6~9번 과정처럼 연결 부위를 처리해준다.

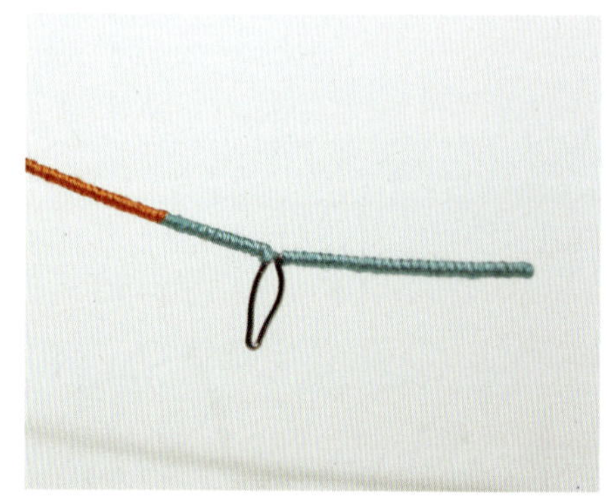

44 민트실 가장자리 부분도 가위로 자르고 코팅 처리하면 사진처럼 완성된다.

45 민트실 감고 남은 실로 여유실 1cm 정도 남기고 잎사귀를 감아나간다. 본드는 앞뒤로 칠한다.

46 거의 다 감았을 때 다시 한 번 본드칠하고 완벽히 커버해 준 뒤 가위로 바짝 자른다.

47 자른 자리에 본드를 톡 칠하고 2초간 눌러 고팅해준다.

48 잎사귀 시작점 여유분 실도 바짝 사르고 본드를 조금만 칠한 후

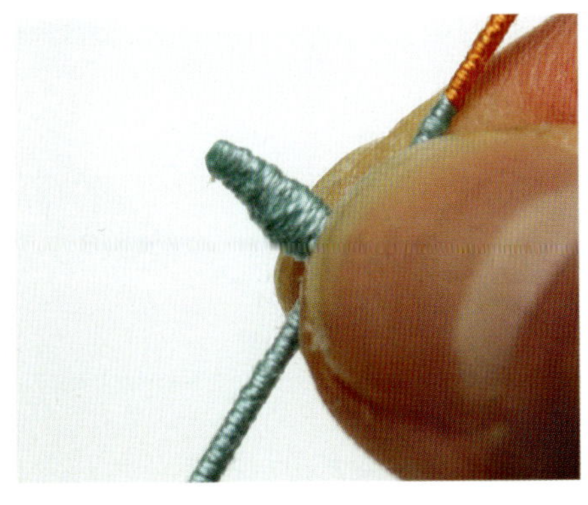

49 손으로 3초만 살짝 눌러 코팅한다.

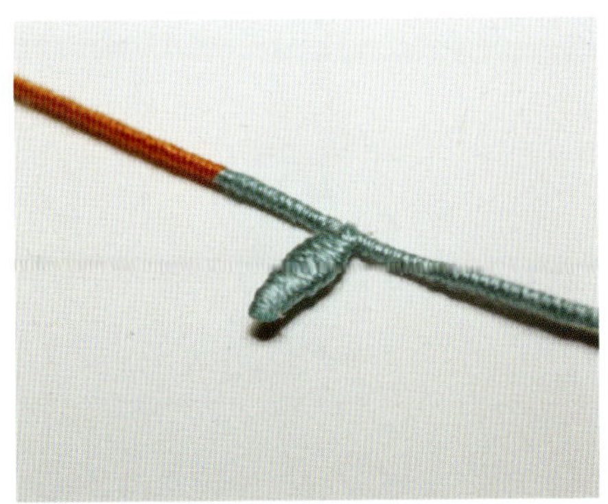

50 그럼 이렇게 완성된다.

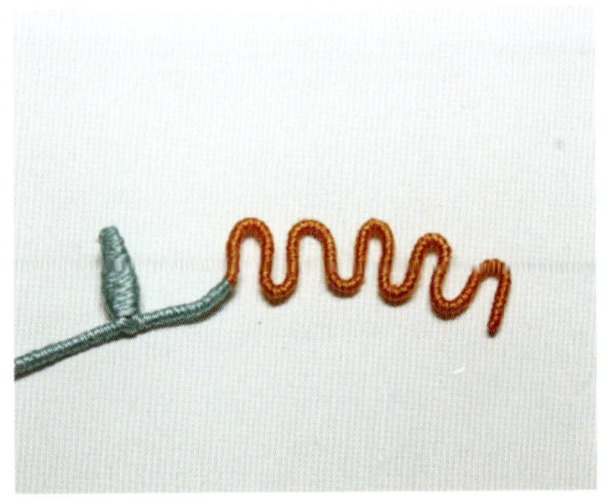

51 주황 부분도 11번과 똑같이 레이스 뜨기를 해준다.

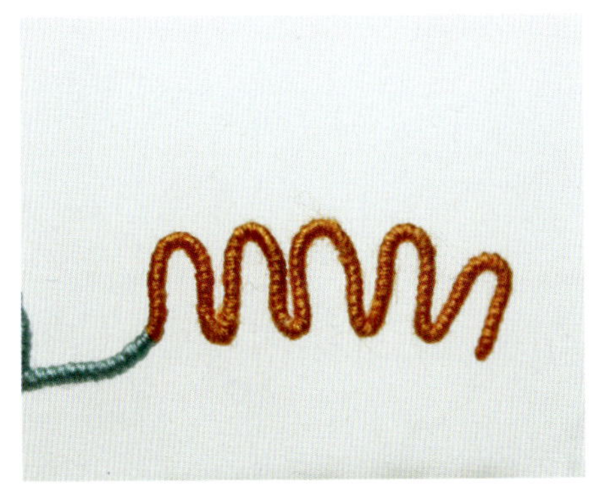

52 12번~14번 과정대로 꽃잎을 완성한다.

53 사진처럼 1번과 5번을 아래로 내린 후 간격을 조정하여 예쁘게 모양을 다시 잡아주고

54 16~30번 과정대로 꽃잎을 하나하나 감아준다.

55 이렇게 3개의 꽃송이를 만들어주고

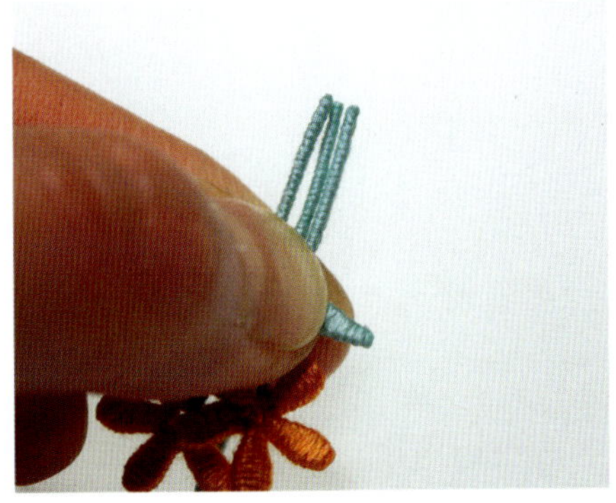

56 길이를 맞추어 나란히 모은 후

57 앵커 1094번 3가닥으로 줄기의 중앙지점을 단단히 돌려 묶어준다.

58 매듭을 두 번 묶어 풀리지 않도록 해 주고 나머지 실은 잘라낸다.

59 사진처럼 꽃잎을 하나하나 펴서 모양을 자연스럽게 정돈해준다.

60 제일 긴 가운데 꽃송이의 중앙에 핀셋으로 구멍을 뚫어주고

61 주황실 10cm 정도 2가닥을 사진처럼 통과시킨다.

62 통과시킨 주황실 한쪽에 체인을 걸어주고

63 주황실을 바짝 당겨 사진처럼 꽃 중앙에 풀리지 않도록 매듭을 꽉 묶어준다.

64 남은 실은 가위로 바짝 자른다.

65 핫픽스를 붙이기 쉽도록 핀셋에 본드를 조금 묻혀 꽃 중앙을 평평하게 정돈한다.

66 ss10 썬을 꽃 중앙에 앞뒤로 붙여주고 ss6 파파라샤 6개를 분홍 끈에 연이어 붙여준다.

67 체인은 길면 거추장스럽기 때문에 0.7cm 정도만 남기고 자른 뒤 귀침을 연결한다.

68 이렇게 하나 더 만들면 완성!

BONUS TIP

소녀감성(치크 옐로)

디엠씨 726 (옐로)
디엠씨 793 (블루)
핫픽스 ss10 라이트 토파즈, ss6 파파라샤

수줍은 감성(크림 레드)

디엠씨 351 (레드)
디엠씨 927 (톤다운 파스텔 민트)
핫픽스 ss10 라이트 시암, ss6 파파라샤

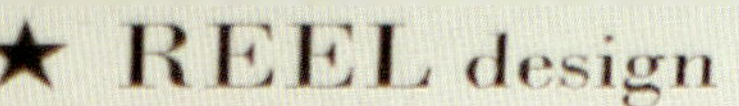

⑨ 시크 그레이 꽃 귀걸이

도시적인 회색빛의 모던함 속에 아련한 기억의 작은 야생화가 숨어 있는 귀걸이입니다.
여러 층으로 내려진 체인이 찰랑거려 매우 멋스럽습니다.

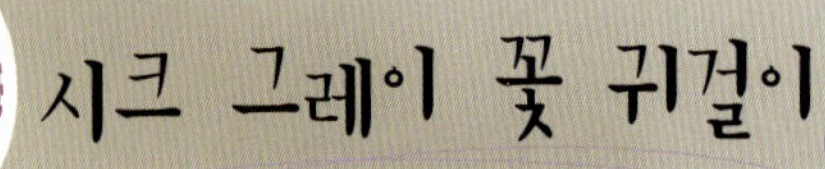

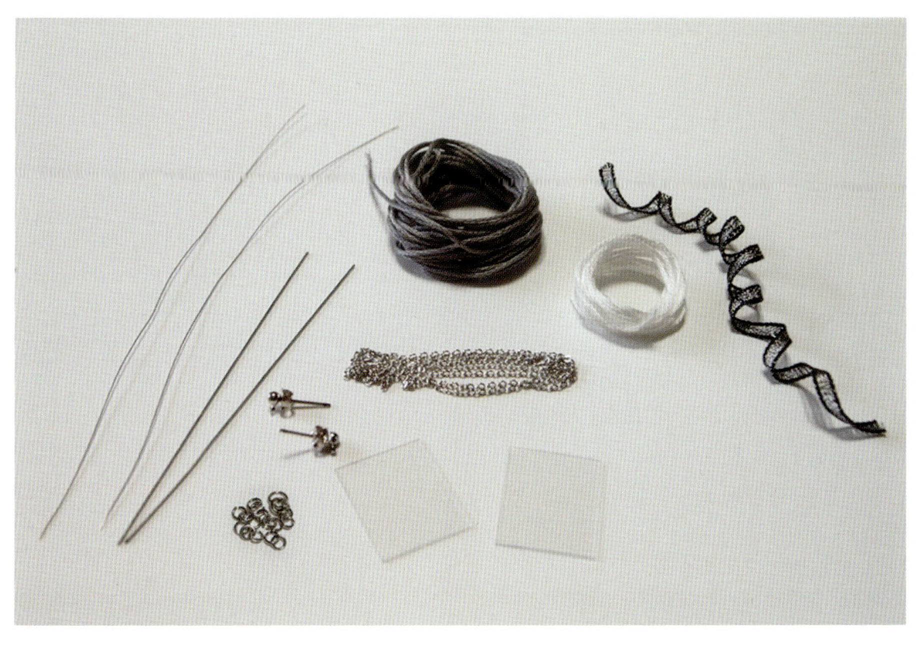

MATERIAL

24호 와이어 9cm 4개

0.3mm 와이어 15cm 2개

백금 포스트형 귀걸이 침 한 쌍

O링 30개

백금 체인 43cm 2개

230pvc 2.5X2cm 2개

0.4mm 폭의 메탈 실버블랙 레이스 22cm 정도

스와로브스키 핫픽스 ss6 크리스털 14개, ss10 크리스털 18개

큐빅 스톤 pp 14번 10개

앵커면사 399번 1m 70cm 2개, 2번 1m

HOW TO MAKE

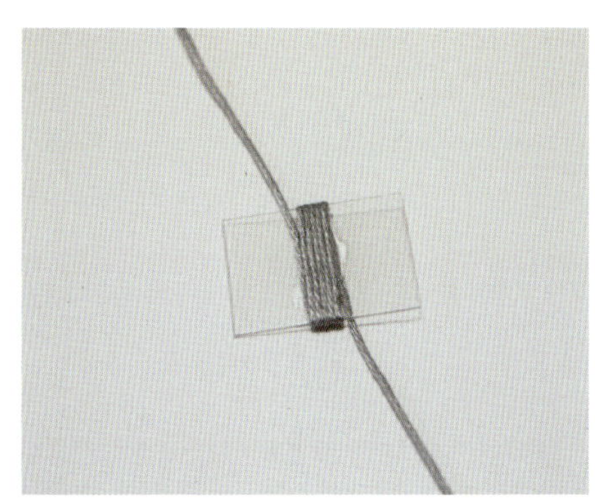

01 230pvc를 2.5X2cm로 잘라 앞뒤로 본드칠하고 면사 399번 1m 70cm 4가닥을 중앙감기한다.

02 중간중간 벌어지는 틈은 핀셋을 이용해 옆으로 밀어 주면서 감아간다.

03 실과 실 사이가 벌어지면 그 즉시 양 손톱 끝으로 내리면서 감아간다.

04 바디가 보이지 않을 때까지 감아주고 남은 실은 바짝 잘라준다.

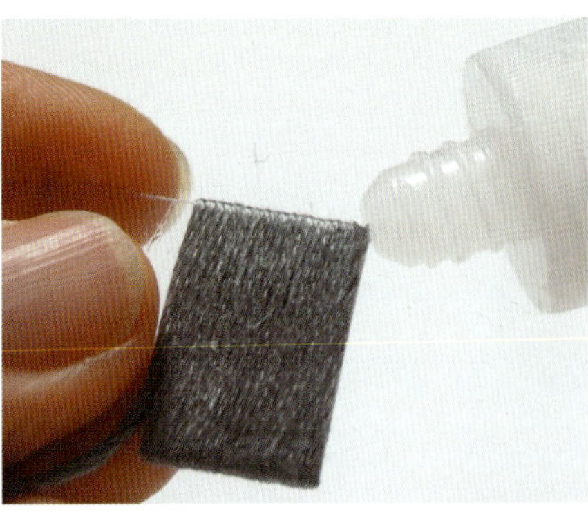

05 가위질한 곳에 본드를 톡 칠해준 뒤

06 손으로 3초 정도 눌러주고

07 옆면에 본드를 1mm 두께로 라인 따라 발라준다.

08 본드 바른 곳을 쓸어내리듯 화살표 방향으로 재빨리 문질러준다.

09 본드기 없는 손으로 앞뒤를 누르듯이 쓸어준다.

10 반대편도 같은 방법으로 만들어 완성한다.

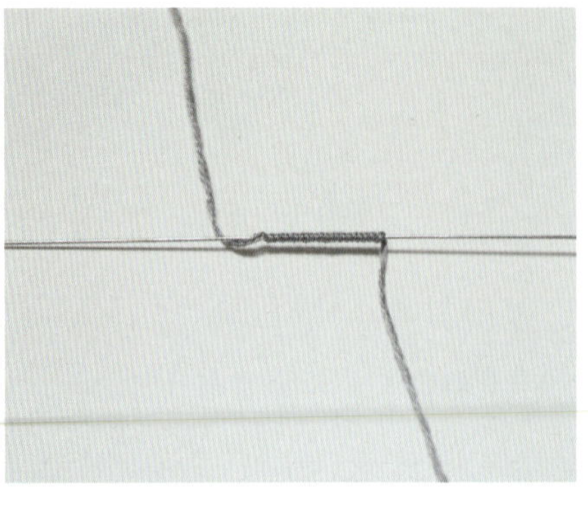

11 24호 와이어 9cm를 면사 399번 60cm 4가닥으로 중앙감기한다.

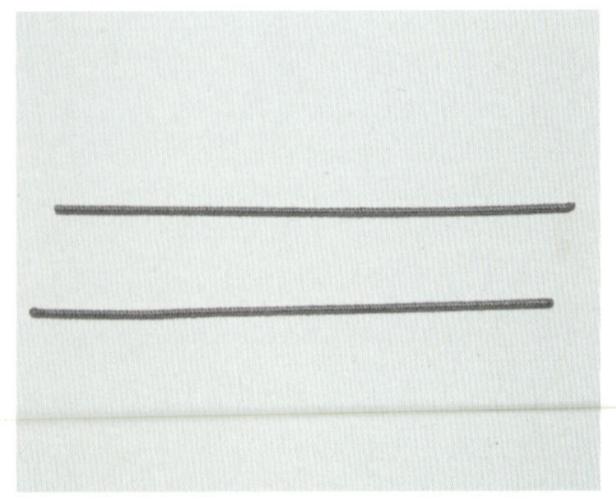

12 같은 방법으로 와이어 한 개를 더 완성한다.

13 바디 앞면 위쪽의 라인을 따라 2mm 폭으로 본드를 바른다.

14 메탈 레이스 10cm를 바디 밖으로 2mm 나오게 해서 붙여 나간다.

15 양옆으로 2mm 나오게 잘라준다.

16 뒤에서 봤을 때 사진처럼 레이스 폭의 반이 보이면 된다.

17 이번엔 옆면에 본드를 칠하고

18 윗면의 끝부분과 포개지게 붙여 나간다.

19 뒤쪽에서 봤을 때 보이는 레이스 면이 동일하도록 붙인다.

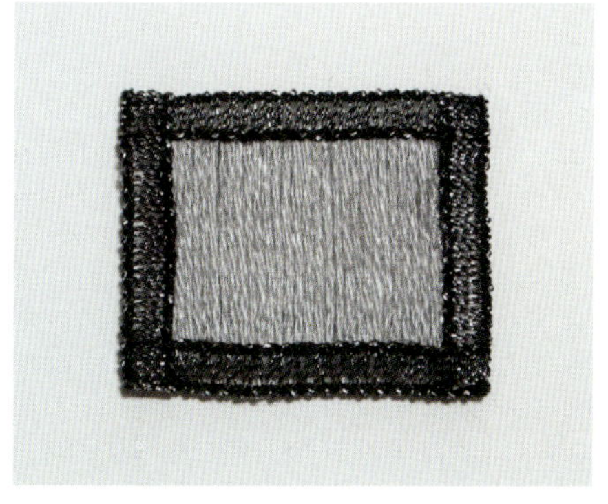

20 같은 방법으로 네 면 모두 레이스를 붙인다.

21 올이 풀린 레이스의 모서리 부분을 본드로 톡 찍어주고

22 손으로 톡톡 눌러 코팅해준다.

23 앞에 감아놓은 회색 와이어를 레이스 안쪽 테두리에 대고 모서리 부분을 롱로즈로 잡아

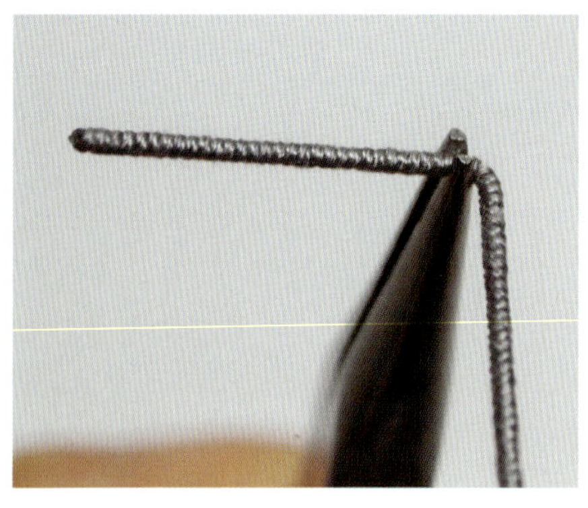

24 ㄱ자로 접어준다.

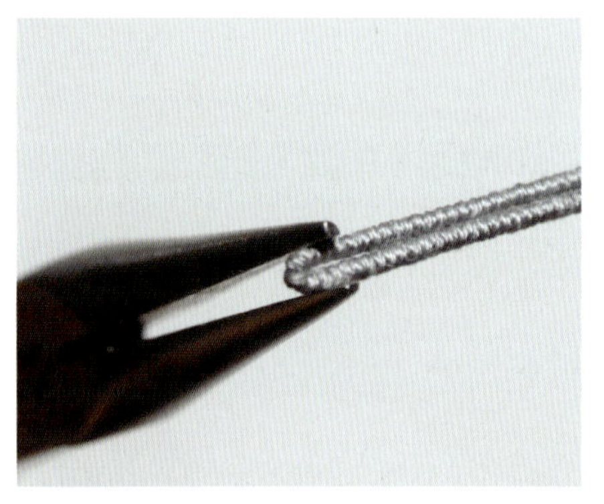

25 ㄱ자로 접은 곳을 다시 롱로즈를 이용해 접었다 펴서 좀 더 정확한 각이 나오게 하고

26 바디에 올려놓는다.

27 26번 상태에서 나머지 모서리도 각을 잡아 주고

28 남은 와이어는 니퍼로 잘라낸다.

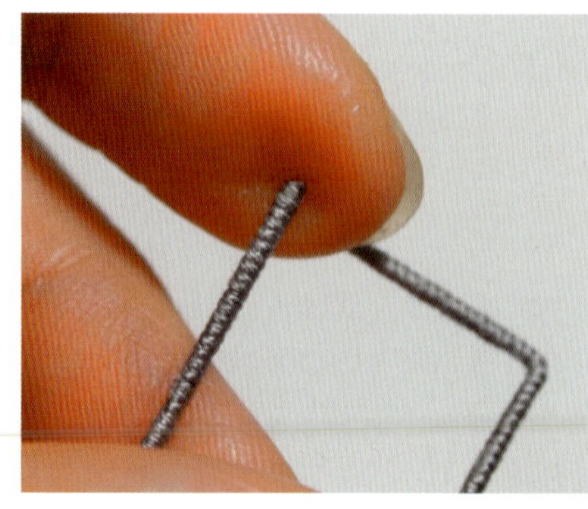

29 자르고 난 부분을 본드로 코팅해준다.

30 사각 와이어를 핀셋으로 잡고 본드를 톡톡 두드리듯 테두리에 골고루 칠해준 뒤

31 테두리 와이어를 바디 위에 올려놓고 핀셋 등으로 지긋이 눌러준다.

32 12번에 감아놓은 와이어를 가지고 이번엔 바디 뒷면에 와이어를 위와 옆면 가장자리에서 1mm 안쪽으로 들어와 모서리를 잡아준다.

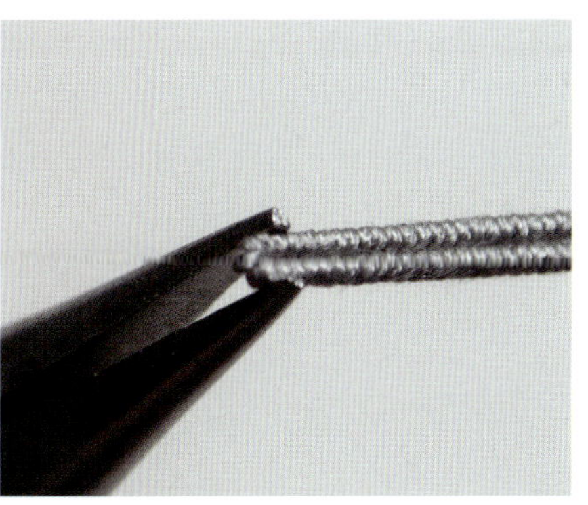

33 잡아준 모서리 부분을 롱로즈로 지긋이 눌러 각을 잡고 다시 펴준다.

34 앞면 테두리와 같은 방법으로 뒷면 테두리도 사각 틀을 잡아주고 처음 만나는 부분까지 오면 자른다.

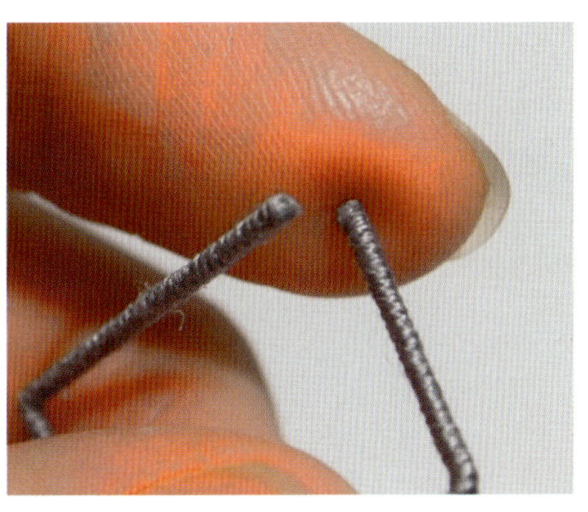

35 자른 부분에 본드를 칠하고 코팅한 뒤 손으로 3초 정도 눌러준다.

36 테두리를 바디 위에 올려놓고 핀셋 등을 이용해 눌러준다.

37 이렇게 완성해 놓고

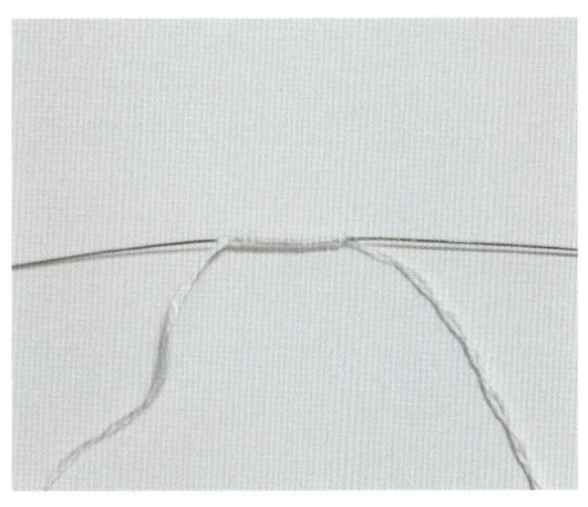

38 0.3mm 와이어 15cm에 면사 2번 70cm 2가닥을 중앙감기한다.

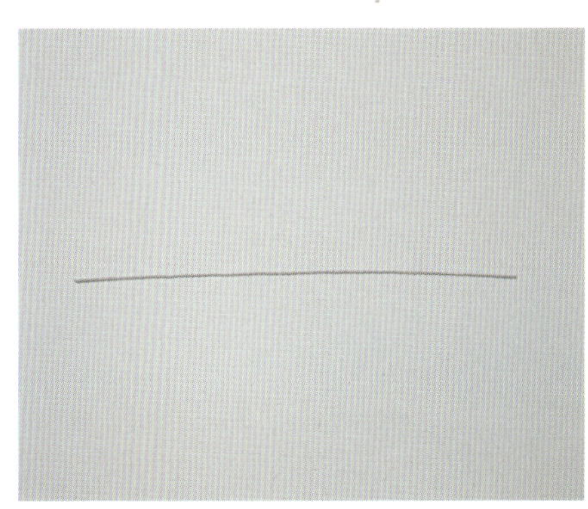

39 이렇게 완성해 놓고

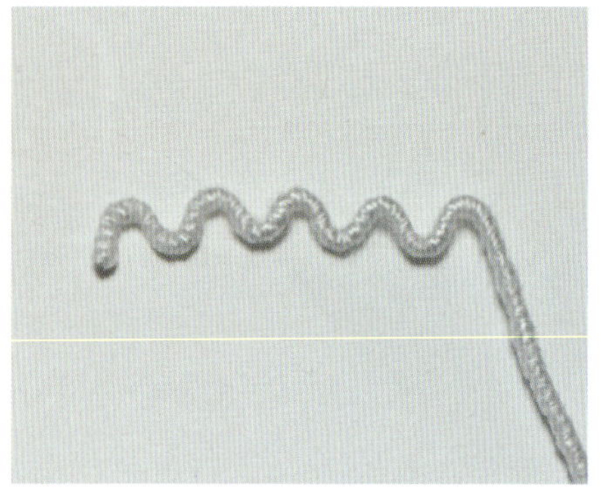

40 책본을 따라 5개의 레이스를 만들어준다.

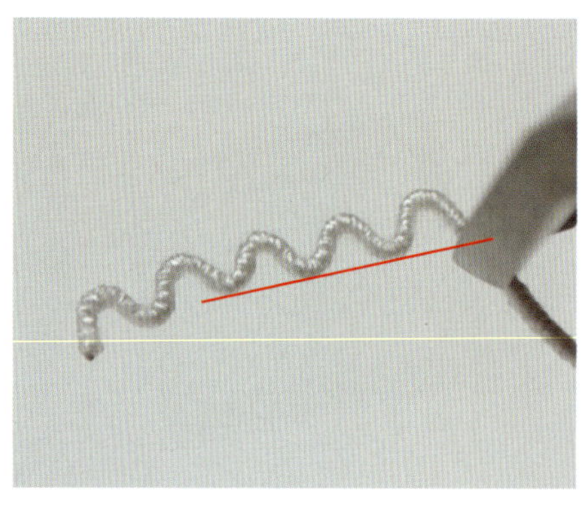

41 라인을 맞춰 잘라낸다.

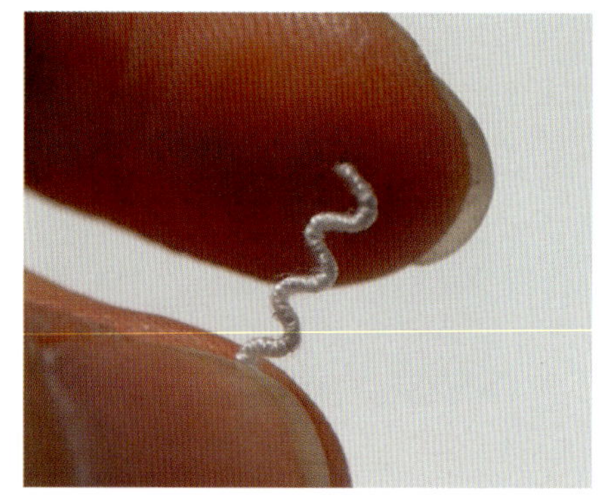

42 잘라낸 부위는 본드를 칠해 코팅하고 3초 정도 눌러준다.

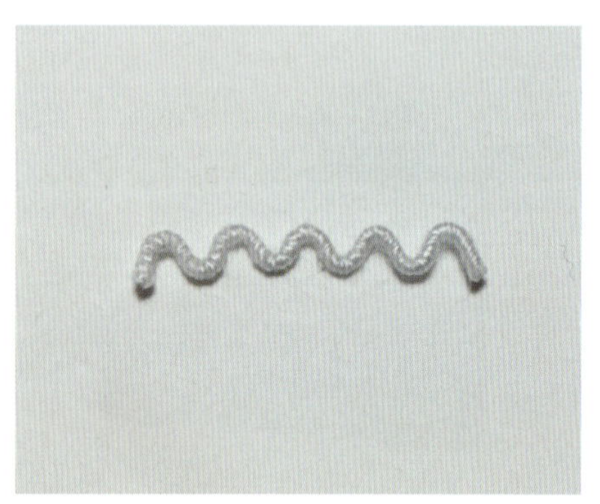

43 완성

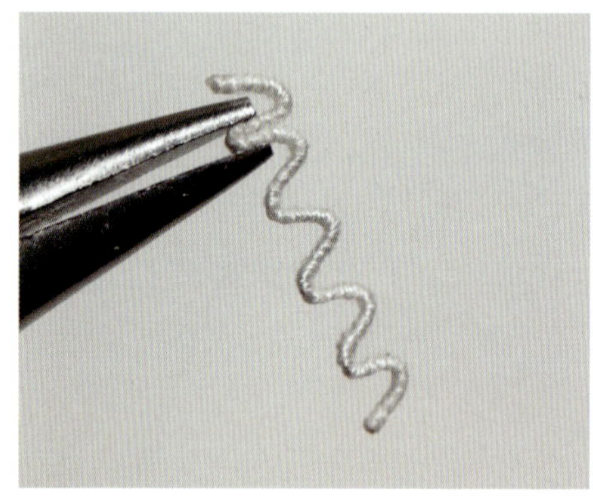

44 롱로즈를 잡고 첫 번째와 두 번째 레이스 사이를 지긋이 눌러 붙여준다.

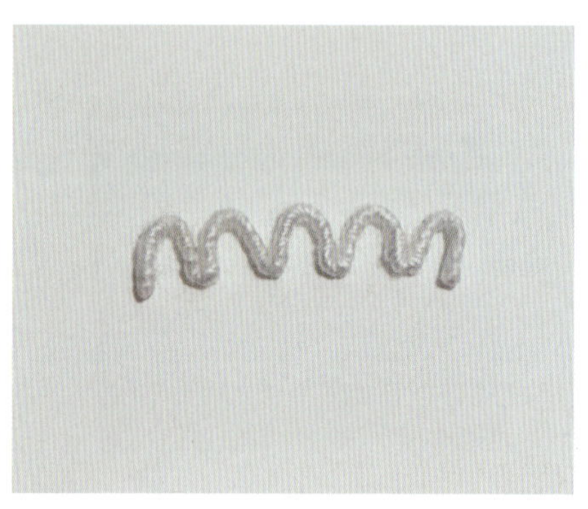

45 같은 방법으로 아랫부분 모두 붙여준다.

46 첫 번째 레이스의 윗부분을 롱로즈로 지긋이 눌러준다.

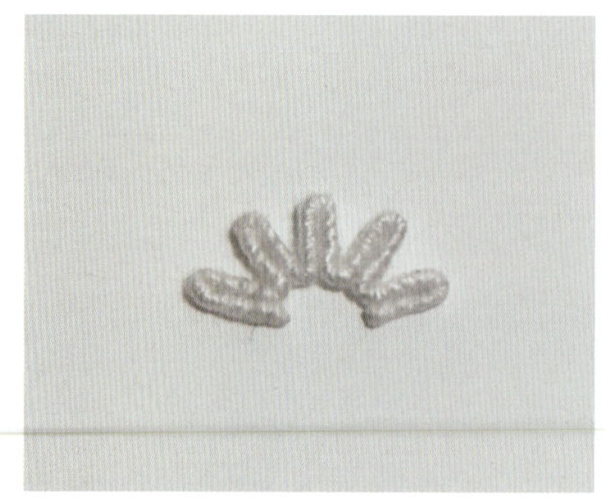

47 같은 방법으로 모두 눌러준다.

48 꽃잎의 윗부분을 벌려가며 꽃 모양을 만든다.

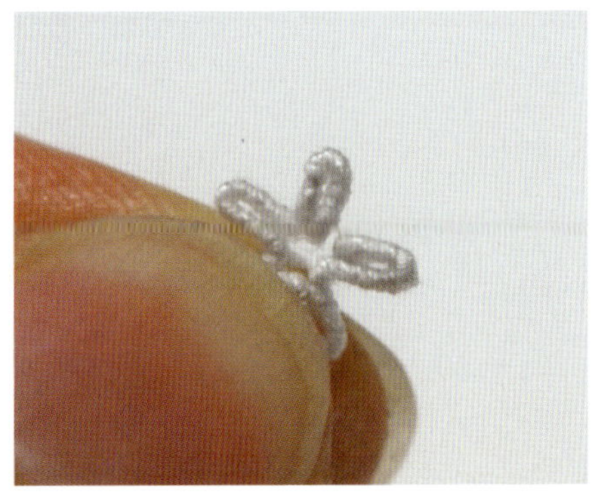

49 꽃을 잡고 꽃잎 아랫부분의 앞뒤로 얇게 본드칠한다.

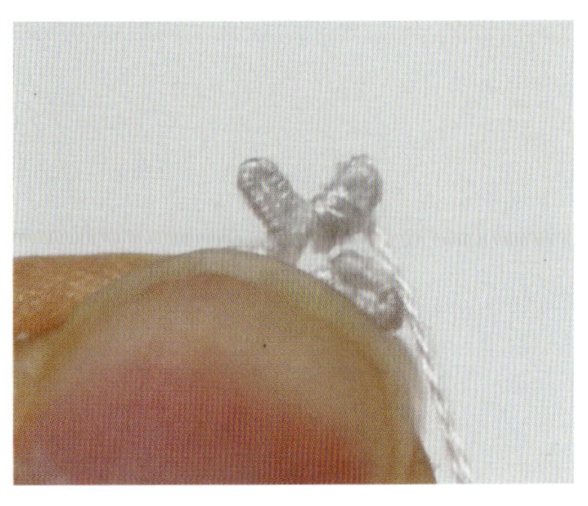

50 면사 2번 8cm 2가닥으로 아래쪽으로 실 여유분 2cm 정도를 남기고 촘촘히 감아나간다.

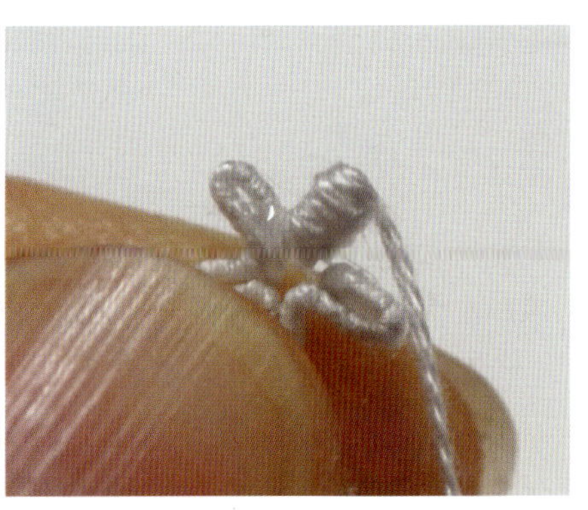

51 윗부분까지 꼼꼼히 감아 주고

52 뒤쪽에서 남은 실은 바짝 잘라낸다.

53 자르고 난 부분에 본드를 톡 칠하고

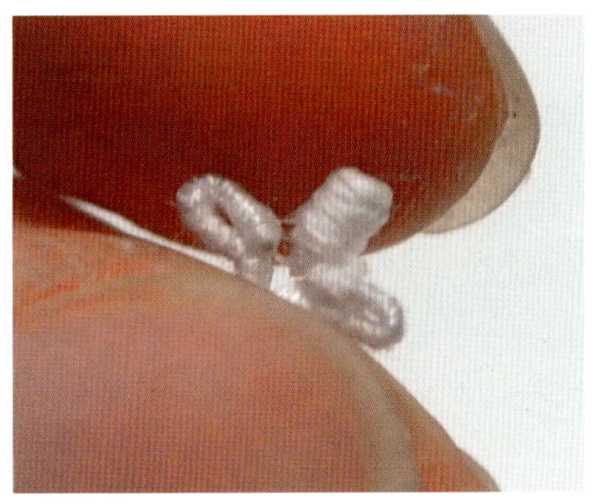

54 손으로 옆면과 위쪽을 3초 정도 톡톡 눌러 코팅한다.

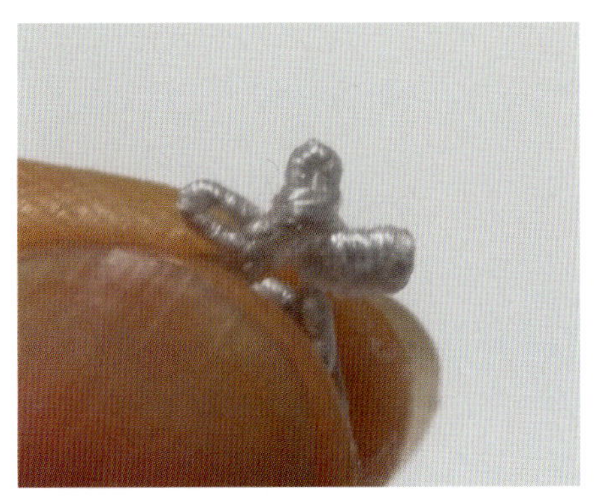

55 두 번째 꽃잎도 첫 번째 꽃잎처럼 앞뒤로 본드칠하고 실 여유분 2cm 정도 남기고 아래쪽부터 감아간다.

56 다 감은 마무리도 첫 번째 꽃잎과 같은 방법으로 해주고

57 나머지 꽃잎 모두 감아준다.

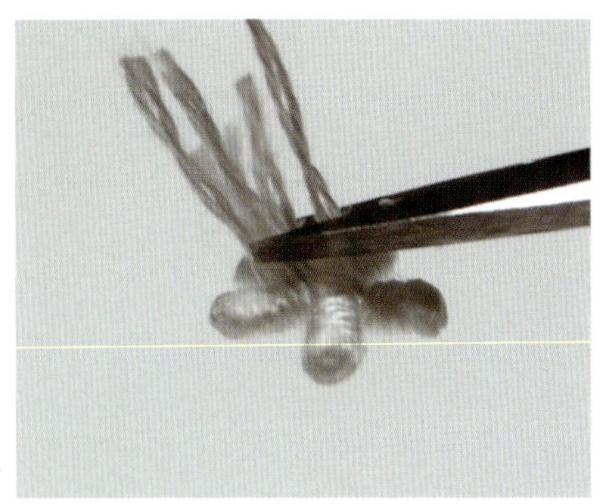

58 남은 여유분 실들은 뒤쪽에서 가위로 한 번에 바짝 잘라낸다.

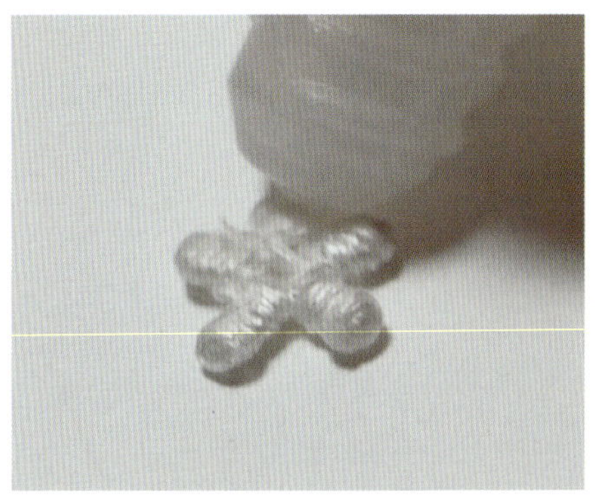

59 가운데에 본드를 찍고 앞에 가위로 자른 부분을 손으로 톡톡 눌러준다.

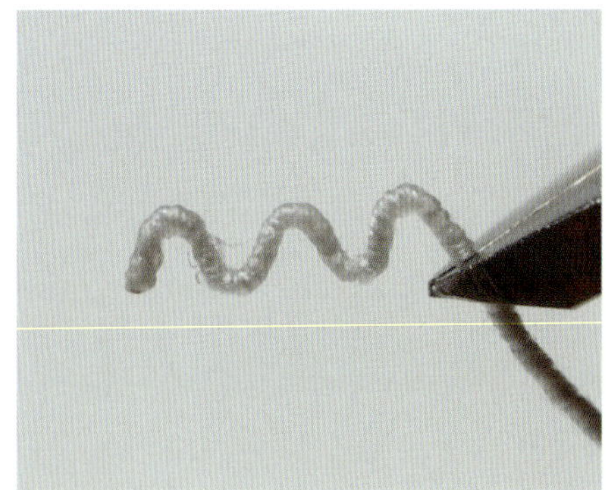

60 이번에는 책본에서 레이스 3개만 만들어주고 남은 와이어는 끝선에 맞춰 잘라낸다.

61 44~48번 과정대로 잎이 3개인 꽃을 만든다.

62 50~57번 과정대로 실을 감아 꽃잎을 완성한다.

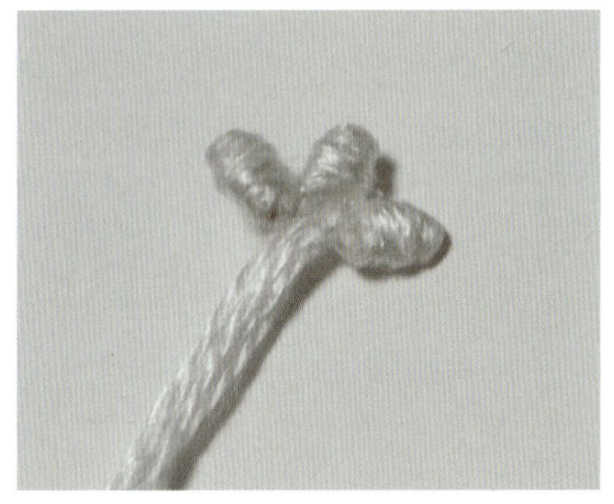

63 세 잎짜리 꽃모양 완성(남은 여분의 실은 바짝 잘라내고 코팅한다.)

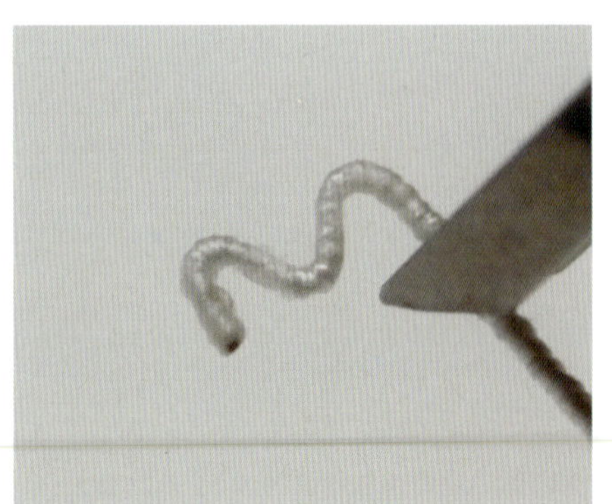

64 이번에는 책본에서 레이스 2개까지만 만들어주고 나머지 와이어는 끝 라인에 맞춰 잘라낸다.

65 44~48번 과정대로 잎이 두 개인 꽃을 만든다.

66 50~57번 과정을 거쳐 꽃모양을 완성하고 여분의 실은 잘라낸 뒤 코팅한다.

67 이런 식으로 총 다섯 잎짜리 꽃모양 2개, 세 잎짜리 2개, 두 잎짜리 1개를 만든다.

68 꽃모양 뒤쪽에 본드를 칠하고

69 바디 위에 올려놓고 손으로 살짝 눌러 붙인다.

70 같은 방법으로 사진과 같은 위치에 모두 붙인다.

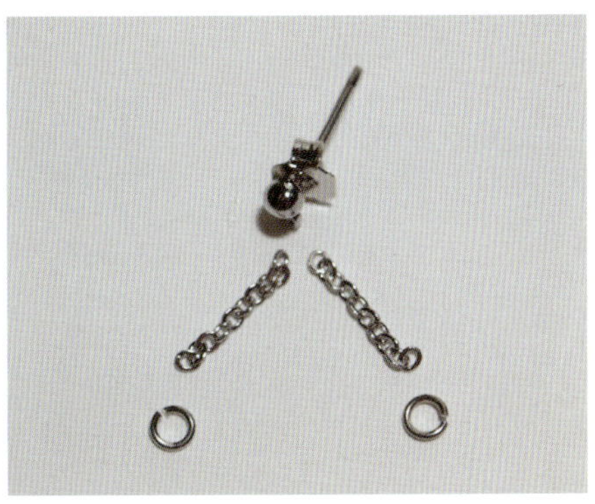

71 O링+체인10칸+귀걸이침순으로 준비한다.

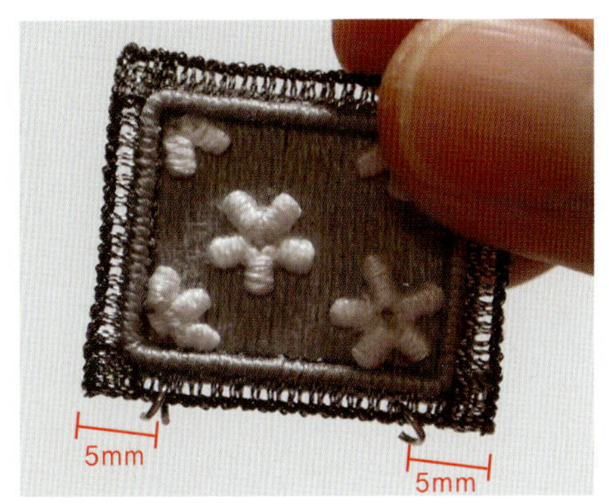

72 바디 양쪽 가장자리에서 각각 5mm 안쪽으로 O링을 끼운다.

73 1.5cm 체인을 양쪽 O링에 끼우고 끼운 체인을 귀걸이 침에 연결한다.

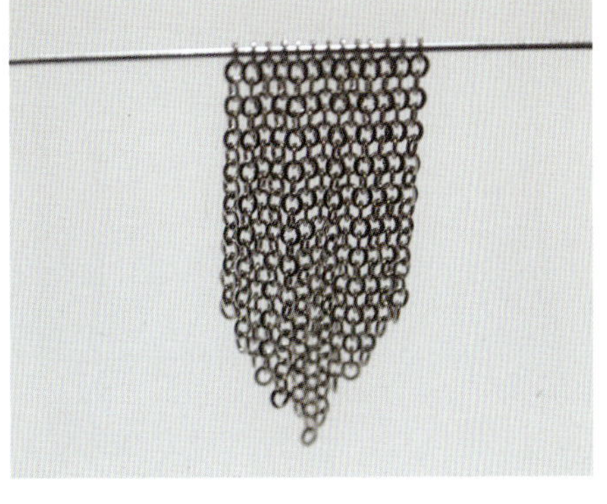

74 2.4, 2.6, 2.8, 3.0, 3.2, 3.4, 3.5, 3.4, 3.2, 3.0, 2.8, 2.6, 2.4cm 길이로 체인을 자른다.

75 바디 아래쪽 레이스 구멍 사이에 체인을 끼워야 하므로 가운데 지점을 표시한다.

76 가운데에 O링을 끼우고 가장 긴 체인 3.5cm를 끼운다.

77 왼쪽(사진에서 보는 방향)으로 O링을 끼우고 3.4cm 체인을 연결한다.

78 일정한 간격을 유지하면서 체인을 끼운다. (3.5-3.4-3.2-3.0-2.8-2.6-2.4)

79 처음 연결한 3.5cm 체인 옆에 3.4-3.2-3.0-2.8-2.6-2.4 순으로 O링에 걸어 연결한다.

80 꽃모양 가운데 홈에 본드를 깨알 반만큼 채워 넣고

81 큐빅을 올려놓고 핀셋 등을 이용해 살포시 눌러준다.

82 꽃모양에 각각 큐빅을 올려놓고 눌러준다.

83 ss6 크리스털을 꽃 사이사이에 붙인다.

84 뒷면에 ss10 크리스털을 사진과 같이 정렬해 붙이면 완성된다.

10 포스트 꽃 귀걸이

송이송이 어여쁜 꽃송이. 예쁜 컬러와 디자인이 돋보이는 포스트형 귀걸이예요.
골드체인 아래 달랑거리는 진주가 귀엽기까지 하네요. 우아하면서도 여성스런 애교가 흠뻑
느껴지는 귀걸이랍니다.

MATERIAL

- 230pvc 2X3cm
- 24호 플라워와이어 2개
- 26호 플라워와이어 7X2개
- 골드 포스트형 귀걸이 침 한 쌍
- 골드체인 1.5cm / T침 2개
- 스와로브스킨 크림진주 5mm 2개
- 스와로브스키핫픽스 ss6 아메시스트 24개
  ss6 에리나이트 4개, 올리브 4개
- 큐빅스톤 pp24 2개
- 앵커면사 98번 3m 70cm, 260번 30cm,
  267번 30cm

HOW TO MAKE

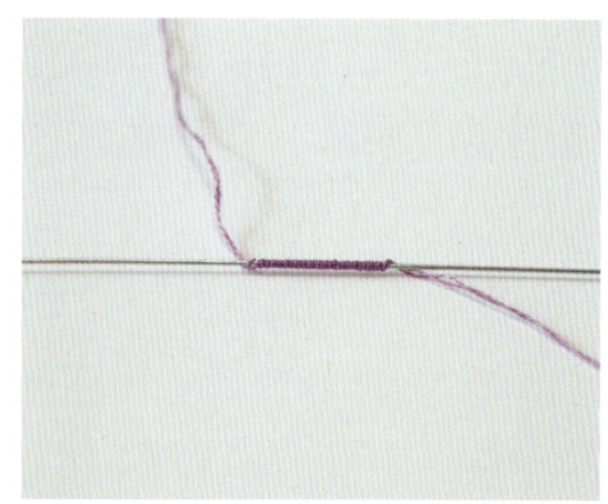

01 24호 와이어 18cm에 면사 98번 1m 30cm 2가닥을 중앙감기한다.

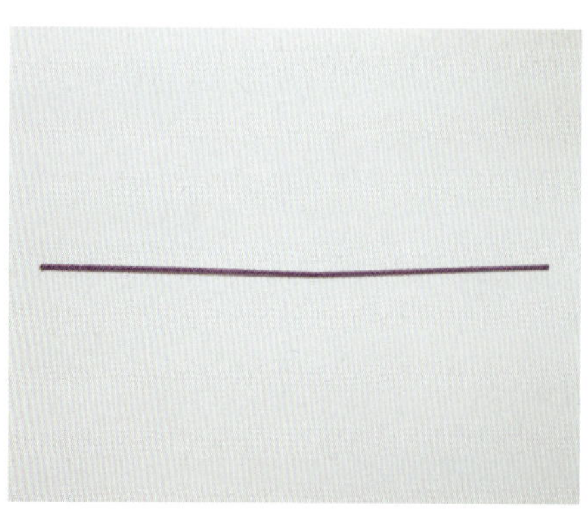

02 완성된 와이어는 곧게 편다.

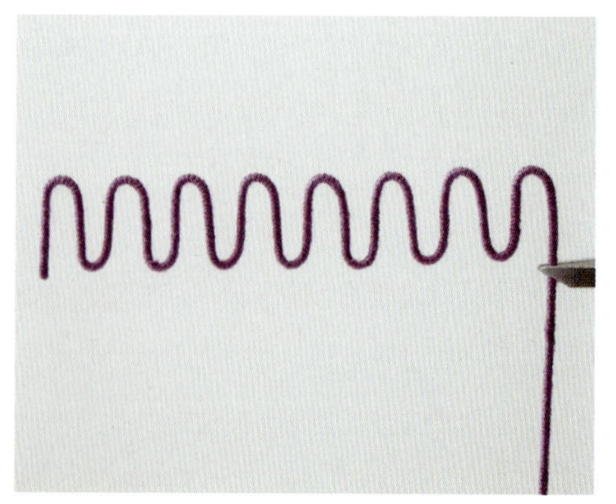

03 실감은 와이어를 책본 A번대로 8개의 레이스를 만들고 남은 와이어는 끝선에 맞춰 잘라낸다.

04 첫 번째 레이스와 두 번째 레이스 사이를 롱로즈로 좁혀준다.

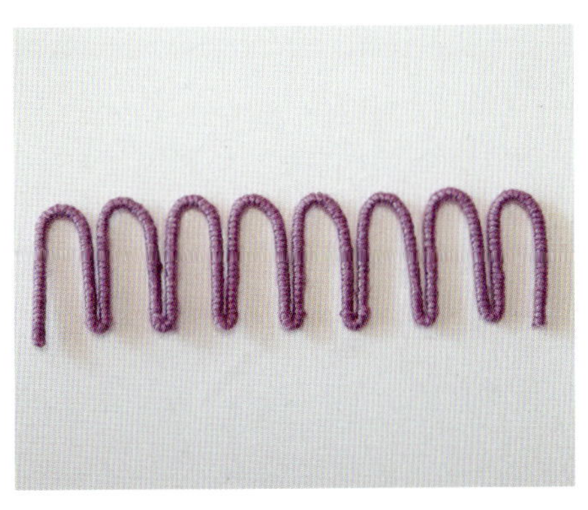

05 나머지도 같은 방법으로 완성시킨 다.

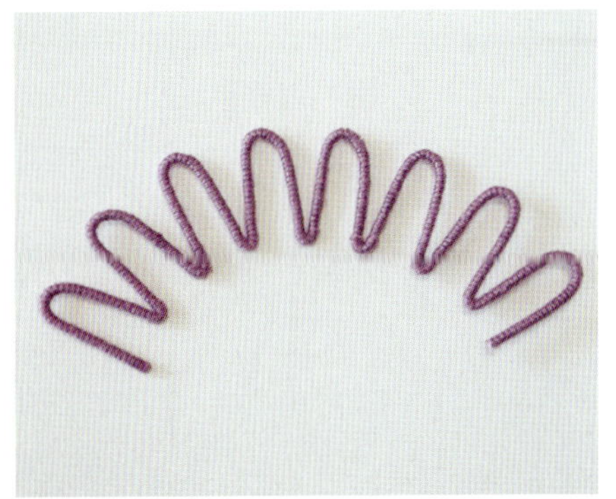

06 레이스의 간격을 벌려준다.

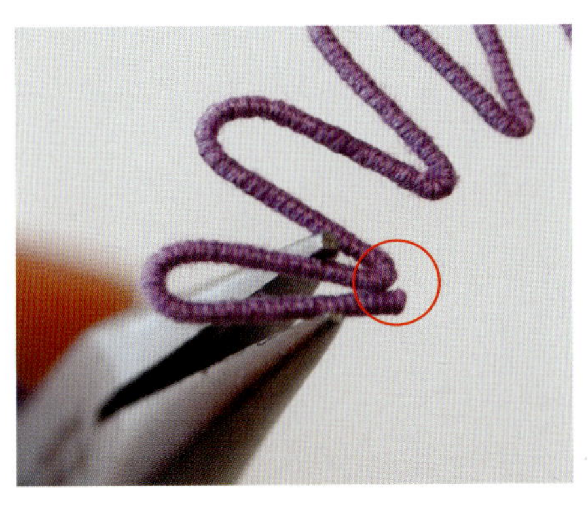

07 롱로즈로 레이스의 아랫부분을 잡고 빨간 점 부분이 서로 길이가 같도록 사이를 붙여준다.

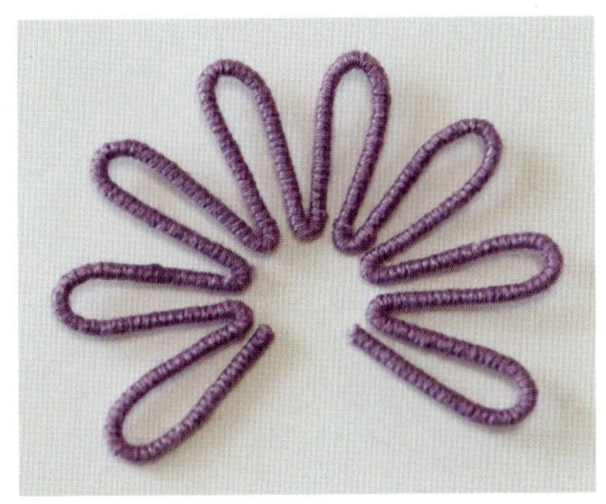

08 나머지 레이스도 같은 방법으로 붙여준다.

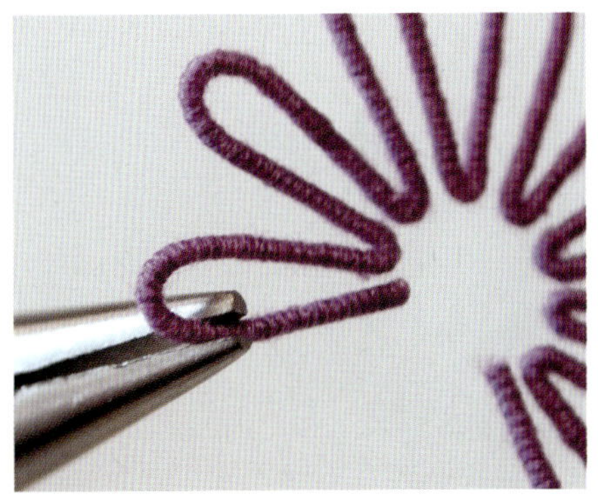

09 롱로즈로 레이스의 1/3지점을 잡고 바깥쪽으로 돌려 꽃잎을 조금 부풀려 준다.

10 반대쪽 레이스의 한쪽도 같은 방법으로 부풀려 자연스런 꽃 모양을 만든다.

11 두 번째 레이스의 한쪽을 잡고 부풀려주고

12 나머지 한쪽도 같은 방법으로 만들어준다.

13 9~12번 방법대로 나머지 꽃잎 모양도 완성한다.

14 꽃잎의 위쪽 간격을 좁혀서 사진처럼 만들어놓고

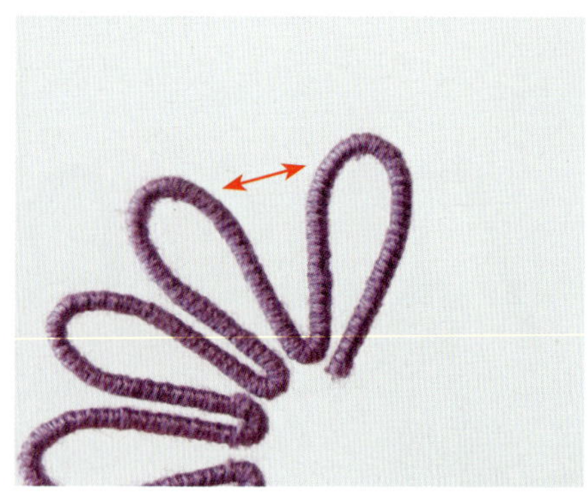

15 첫 번째 꽃잎과 두 번째 꽃잎의 간격을 모양이 흐트러지지 않도록 지긋이 벌려준다.

16 꽃잎의 아랫부분에 앞뒤로 본드를 칠한 후 면사 97번 30cm 3가닥으로 아래쪽에 실 여유분을 2cm 정도 남기고 감아나간다.

17 꽃잎 모양을 유지하면서 촘촘히 감아주고 벌어진 틈은 손톱을 이용해 내려 모아준다.

18 위쪽의 실로 감은 와이어가 보이지 않을 때까지 한 번 더 인위적으로 동글게 말아 감아주고

19 뒤쪽에서 마무리한 실은 바짝 잘라낸다.

20 자른 부위는 본드를 깨알 반만큼 칠하고 손으로 3초 정도 눌러준다.

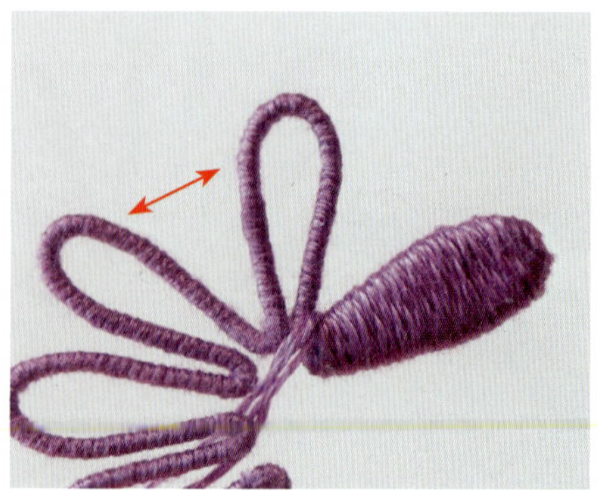

21 두 번째와 세 번째 꽃잎의 간격을 벌려준다.

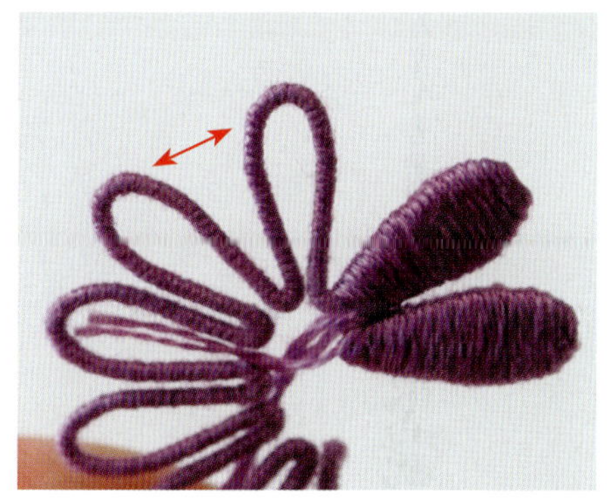

22 16~20번 방법대로 두 번째 꽃잎을 완성시키고, 세 번째와 네 번째 꽃잎의 사이를 벌려 역시 같은 방법으로 꽃잎을 감아준다.

23 나머지 꽃잎도 같은 방법으로 완성시킨다.

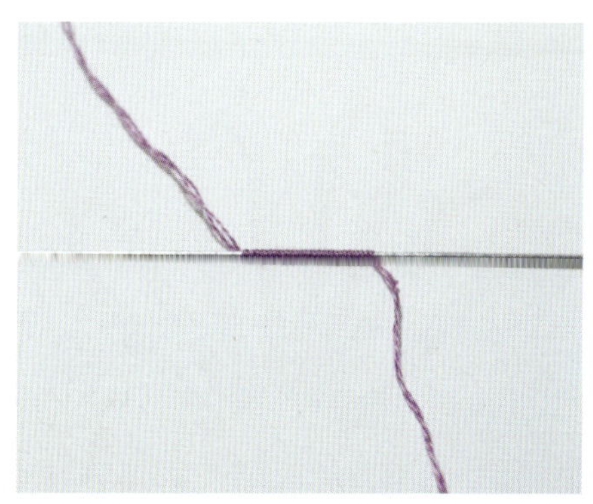

24 24호 와이어 12cm에 면사 98번 80cm 2가닥을 중앙감기한다.

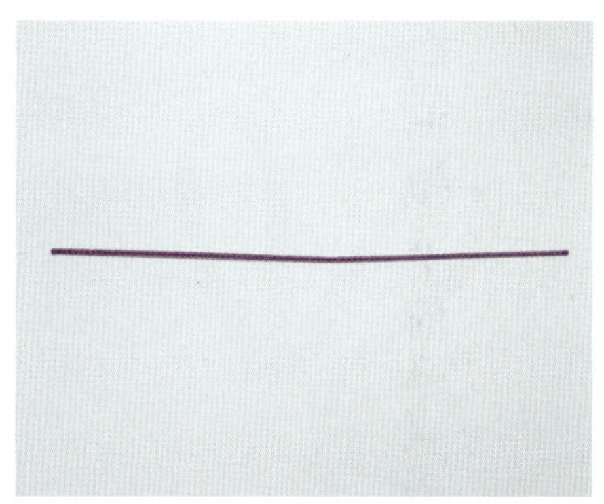

25 완성된 와이어를 곧게 펴주고

26 책본의 B번대로 4개를 레이스로 만들고 남은 와이어는 끝선에 맞춰 잘라 낸다.

27 첫 번째 레이스와 두 번째 레이스의 아랫부분을 롱로즈로 좁혀준다.

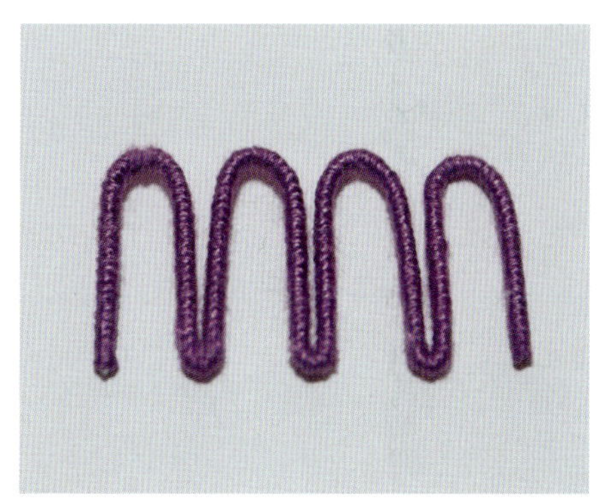

28 나머지도 같은 방법으로 완성

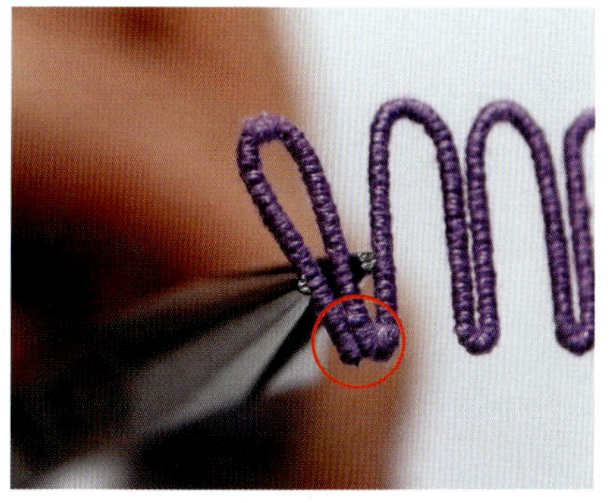

29 롱로즈로 첫 번째 레이스의 중간 아랫부분을 잡고 눌러 동그라미로 표시한 아래쪽의 길이가 같도록 유지하면서 붙여준다.

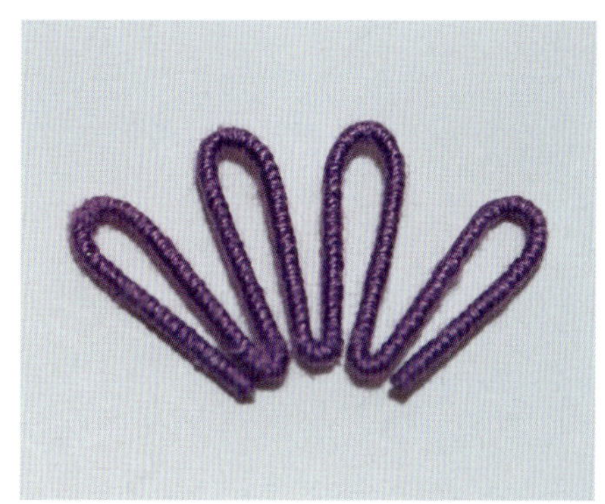

30 나머지 레이스도 아랫부분을 붙여준다.

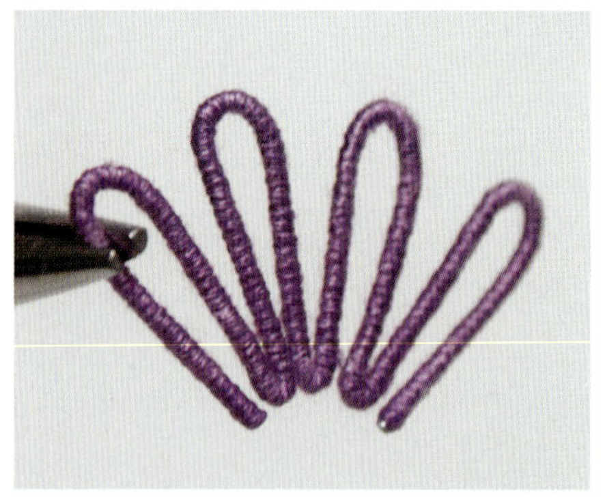

31 롱로즈로 첫 번째 레이스의 왼쪽 와이어를 잡고 바깥쪽으로 살짝 부풀려준다.

32 이번엔 레이스의 오른쪽 와이어를 잡고 바깥쪽으로 벌려 꽃잎의 모양을 부풀려준다.

33 두 번째 레이스의 왼쪽 와이어를 잡고 바깥쪽으로 부풀려준다.

34 이번엔 오른쪽 와이어를 잡고 바깥쪽으로 부풀려준다.

35 같은 방법으로 레이스를 부풀려 자연스런 꽃잎 모양을 만든다.

36 첫 번째 레이스의 아랫부분 앞뒤에 본드를 칠하고

37 아래쪽에 실 여유분을 2cm 정도 남기고 면사 98번 30cm 3가닥으로 촘촘히 감아올라간다.

38 위쪽의 와이어가 안 보일 때까지 인위적으로 한 번 더 둥글게 감아주고

39 앞과 같이 가위로 남은 실을 바짝 자르고 본드를 깨알만큼 칠해 코팅해준다.

40 36~38번 과정대로 다른 꽃잎도 완성한다.

41 꽃잎을 X자 모양으로 펴둔다.

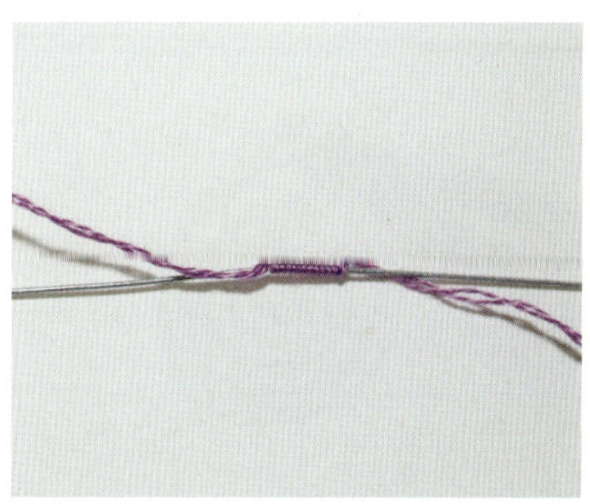

42 26호 와이어 7cm를 면사 98번 50cm 2가닥으로 중앙감기한다.

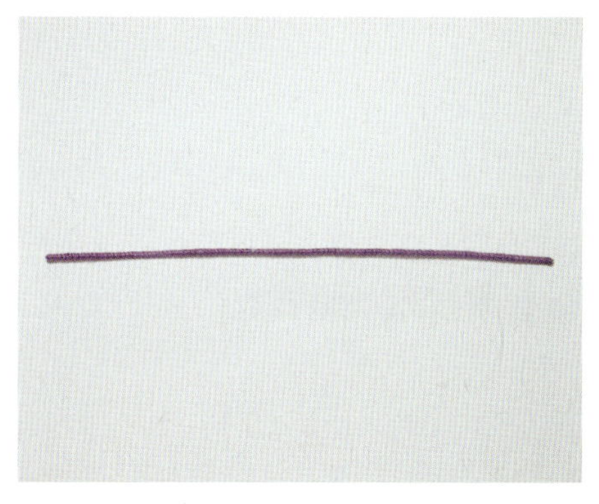

43 완성된 와이어는 양쪽을 본드로 코팅한 후 곧게 편다.

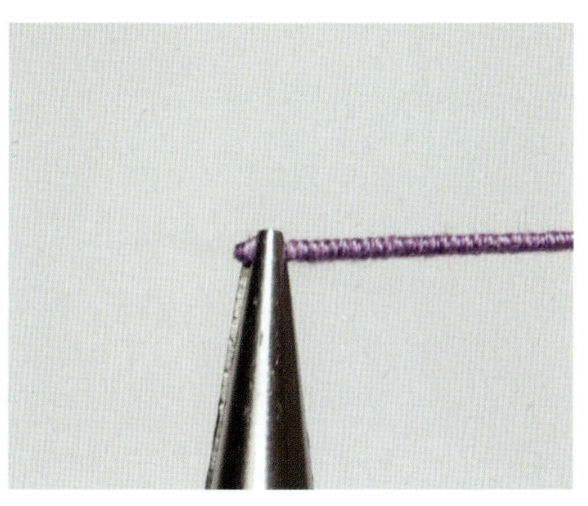

44 와이어가 롱로즈 밖으로 2mm 나오게 잡은 뒤

45 구부려 U자 모양을 만든다.

46 롱로즈로 U자 모양을 눌러 붙여준다.

47 골뱅이 모양이 원형으로 말아지게 위쪽을 눌러주고

48 둥글게 말아간다.

49 와이어 끝을 롱로즈로 잡고 둥글게 말아준다.

50 완성

51 잎의 가운데 부분 앞뒤로 본드를 칠하고 면사 260번 30cm 3가닥으로 중앙감기한다.

52 촘촘히 감아나가며 틈이 생기면 손톱으로 내려준다.

53 바디가 보이지 않을 때까지 감고 뒤쪽에서 마무리한다. 남은 실은 가위로 바짝 잘라준다.

54 잘라낸 부위에 본드를 톡 칠하고

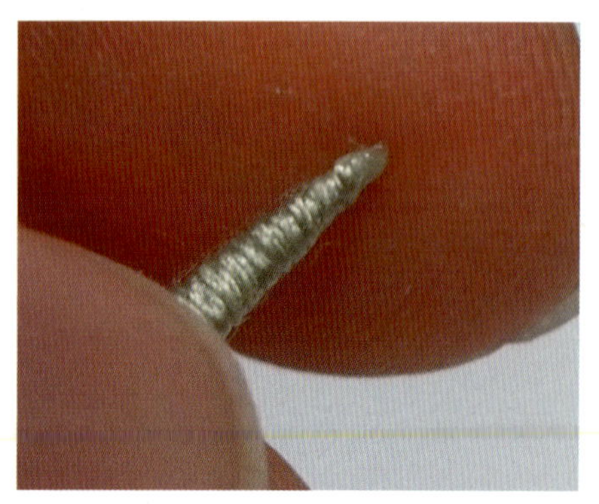

55 손으로 3초 정도 눌러준다.

56 남은 반쪽 바디도 감아주고

57 같은 방법으로 코팅하고 완성한다.

58 33~39번 과정대로 면사 267번 30cm 3가닥으로 다른 잎도 완성한다.

59 5mm 진주에 T침을 끼워 고리 모양을 만든다.

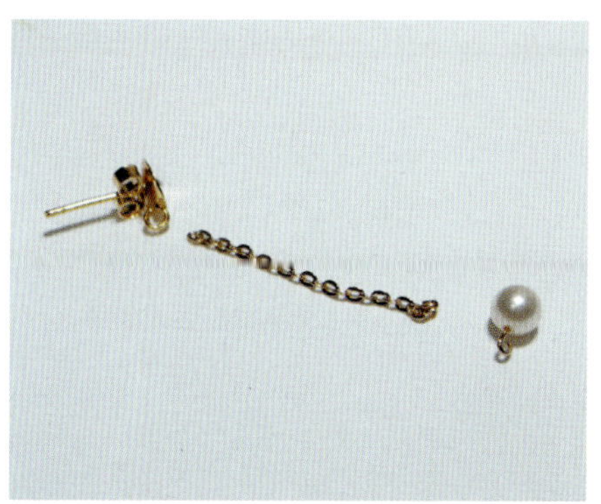

60 포스트 귀침+3cm 체인+진주를 연결한다.

61 완성

62 완성해둔 A번 꽃잎을 사진처럼 안쪽으로 모아 접시 모양으로 만든다.

63 완성해둔 B번 꽃잎을 안쪽으로 사진처럼 모아 접시 모양으로 만든다.

64 A번 꽃잎 안쪽을 따라 동그랗게 글루건을 쏴주고(글루건이 서툴면 본드로 하는 게 깔끔하다.)

65 꽃잎이 떨어진 틈을 벌려

66 재빨리 B번 꽃잎을 끼워 넣고

67 안쪽을 꼭 눌러준다. 본드로 했을 경우는 붙을 때까지 3분 정도 눌러준다.

68 글루건 찌꺼기가 보이면 핀셋으로 제거한다.

69 A번 꽃잎을 엄지와 검지를 이용해 바깥쪽으로 휘어준다.

70 A번 꽃잎 모두 바깥쪽으로 휘어준다.

71 B번 꽃잎의 윗부분을 잡고 바깥쪽으로 구부려준다.

72 나머지 꽃잎도 모두 바깥쪽으로 구부려준다.

73 뒤쪽에서 만난 남은 실은 한꺼번에 가위로 바짝 잘라내고

74 본드를 이용해 안쪽으로 모아 붙여준다.

75 잎을 꽃 뒤에 놓고 위치를 잡아

76 꽃과 붙는 면에 본드를 칠해 올려 놓는다.

77 나머지 잎 하나도 같은 방법으로 본드를 이용해 꽃 뒤쪽에 붙인다.

78 골뱅이가 붙을 부분에 글루건을 쏘고(글루건이 서툴면 본드로 하는 게 깔끔하다.)

79 재빨리 골뱅이를 올려놓는다.

80 손가락으로 고루 잘 붙도록 눌러 준다. 본드로 한 경우는 붙을 때까지 3분 정도 잘 눌러준다.

81 옆으로 나온 찌꺼기는 핀셋을 이용해 제거한다.

82 완성

83 포스트 귀걸이가 들어가는 골뱅이 가운데 부분은 송곳으로 구멍을 만들어 놓는다.

84 포스트 귀걸이 안쪽, 꽃과 붙게 될 곳에 글루건을 쏘고(글루건이 서툴면 에 폭시 본드를 사용한다.)

85 골뱅이 가운데에 포스트 귀침을 꽂고 꼭 눌러 붙인다.

86 옆쪽으로 나온 찌꺼기는 핀셋으로 제거한다.

87 완성

88 큰 꽃잎 안쪽에 본드를 채워 넣고

89 큐빅을 넣어 본드가 붙을 수 있게 살짝 눌러준다.

90 꽃잎 끝에 ss6 아메시스트를 붙인다.

91 267번 잎 위에 ss6 올리브를 붙인다.

92 260번 잎 위에 ss6 에리나이트를 붙인다.

93 완성

11 모닝 플라워 머리핀

아침에 자고 일어나니 예쁘장한 싹이 돋아 있네요. 회화적이고 독특한 디자인으로 한쪽머리에 포인트 주기 좋습니다. 새싹도 내 맘대로 조정할 수 있어 재미나기도 하고요.

ATERIAL

앵커면사 899번 180cm

디엠씨면사 223번 100cm

230mic pvc 0.7X6.2cm

24호 플라워와이어 13cm

0.5mm 멀티와이어 8cm

0.5X6cm짜리 수동핀대

스와로브스키 ss6 파파라샤 5개, ss6 라이
트 콜로라도 토파즈 10개

OW TO MAKE

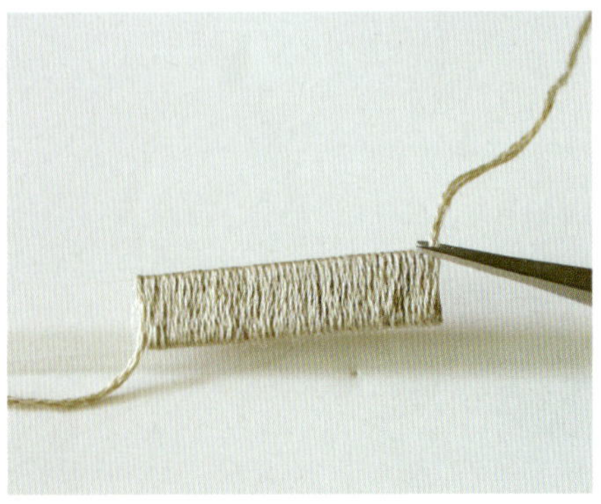

01 0.7X6.2cm로 자른 핀바디에 앵커 899번 180cm 4가닥으로 중앙감기한다.

02 실 간격이 벌어지면 손톱으로 내려주며 촘촘히 감아준다.

03 완전히 커버했으면 뒤쪽에 남은 실을 가위로 바짝 잘라준다.

04 가위질한 곳에 본드를 깨알만큼 톡 칠하고

05 앞뒤로 3초간 눌러준다.

06 기본기법 중 사각바디에 코팅하기를 참고하여 튼튼히 마무리해준다.

07 반대쪽도 똑같이 잘 감아준다.

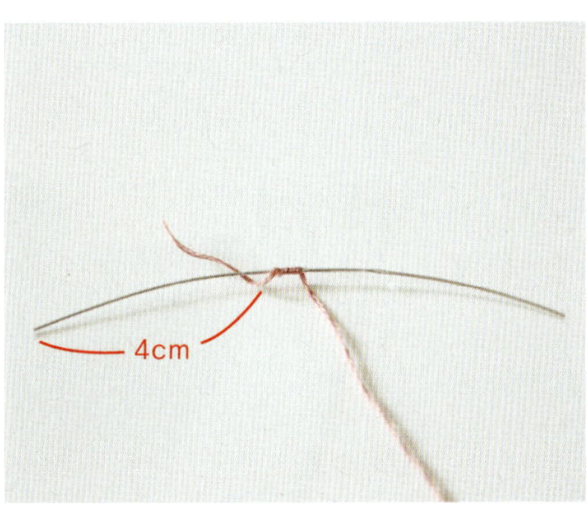

08 0.5mm 와이어를 8cm로 잘라 4cm 부분에 디엠씨 223번 35cm 2가닥으로 실 여유분 2cm 정도 남기고 감아 나간다.

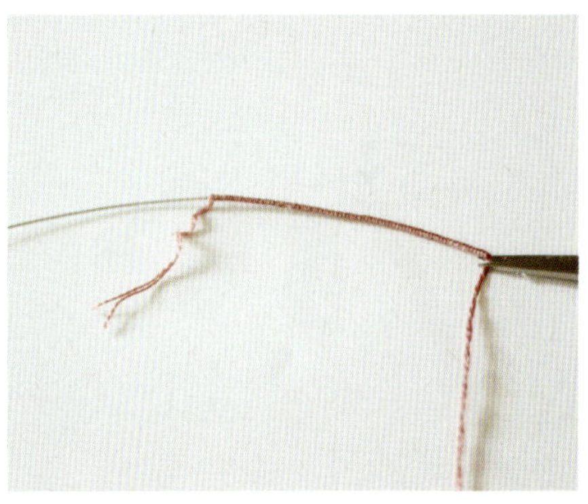

09 이렇게 한쪽을 다 감았으면 남은 실은 가위로 바짝 자르고

10 가위질한 곳은 본드로 톡 칠해준 뒤 코팅한다.

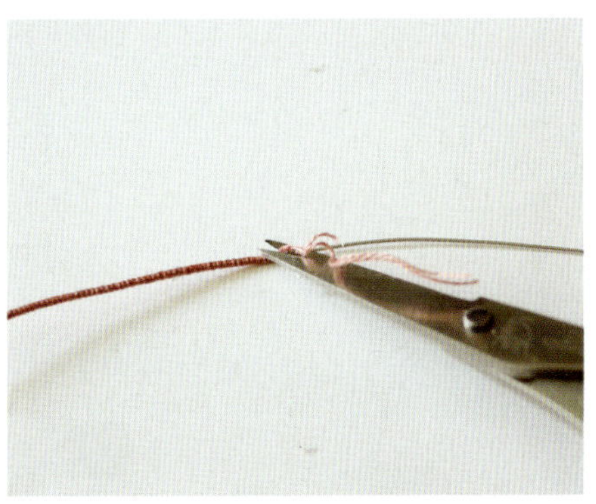

11 8번에 여유분으로 남긴 실을 바짝 잘라내고

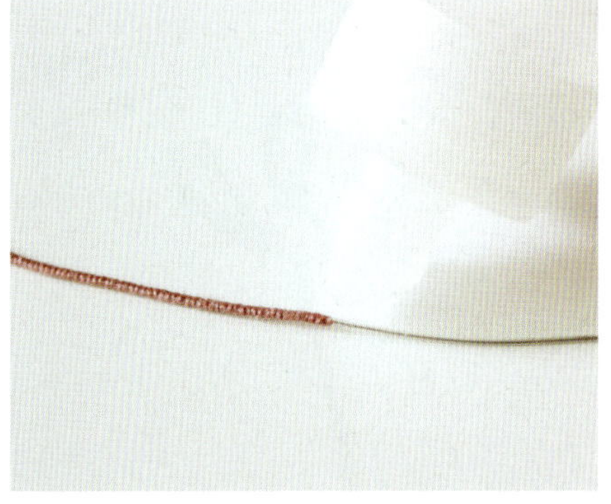

12 본드를 톡 칠해서 코팅해준다.

13 감아놓은 와이어를 롱로즈로 이용해 책본을 대고

14 작은 레이스 3개를 만들어준다.

15 연결된 아랫부분은 모두 롱로즈로 좁혀준다.

16 이렇게 좁히면 된다.

17 이번엔 윗부분을 모두 모아준다.

18 빨간 동그라미 부분이 벌어지지 않도록 롱로즈로 줄기 부분을 꺾어 붙여준다.

19 작은 싹 모양을 만들어 주고

20 다시 디엠씨 223번을 16cm 3가닥으로(8번에 남은 실을 이용) 잘라 반을 나누어(자르지는 않는다.)

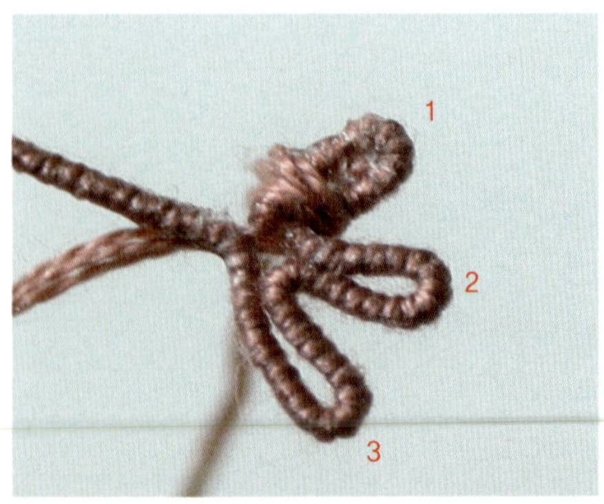

21 8cm 한쪽은 1번 새싹을, 8cm 한쪽은 3번 새싹을 감는다.

22 1번 꽃잎의 앞뒤로 본드를 얇게 칠해가며 촘촘히 감는다.

23 거의 다 감았을 때 다시 한 번 본드칠해서 인위적으로 실을 돌려감아 완벽히 커버를 해준다.

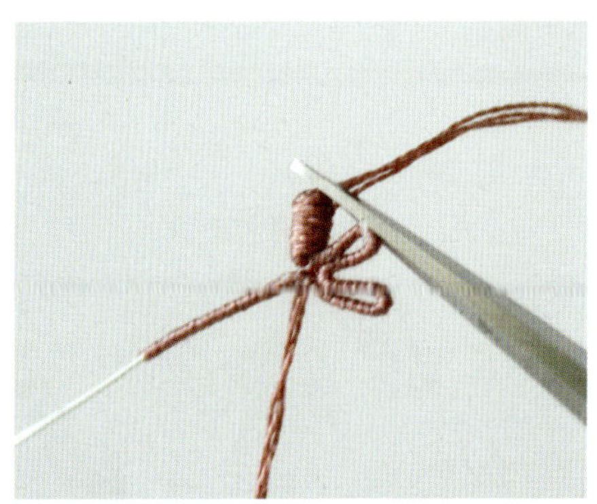

24 뒤쪽에서 가위로 남은 실은 바짝 잘라내고

25 가위질한 곳에 본드를 톡 칠해서 코팅해준다.

26 21번에 남겨놓은 8cm 실로 3번 꽃잎을 바로 이어 감아준다.

27 마찬가지로 끝까지 촘촘히 감고 코팅해준 다음

28 이번엔 8번에 남은 실을 다시 9cm로 잘라 3가닥으로 가운데 꽃잎을 감되 아래쪽에 실 여유분 1cm 정도를 남기고 촘촘히 감아나간다.

29 위쪽 마무리는 앞의 꽃잎과 같은 방법으로 하면 되고

30 28번에서 아래쪽에 남긴 실 여유분을 가위로 바짝 잘라준다.

31 가위로 잘라낸 곳에 본드를 톡 칠한 후

32 핀셋으로 잘 눌러 붙여준다.

33 이렇게 완성시켜 놓은 뒤

34 롱로즈로 실감기 시작한 부분을 ㄱ자로 꺾어 준다.

35 이렇게.

36 감아놓은 바디의 가운데 부분에 본드를 넉넉히 길게 칠해주고

37 35번의 감지 않은 와이어 부분을 핀대에 올려놓고 5분간 무거운 책 등을 올려놓아 붙여준다.

38 핀대를 따스하게 글루건 입구로 데운 후 핀대의 3분의 1 정도에만 재빨리 글루를 쏜다.

39 37번의 바디를 재빨리 핀대 길이에 맞춰 꽉 눌러 붙이고 다시 핀대를 위로 젖힌 후

40 남은 부분을 글루건으로 재빨리 붙여 눌러준다.

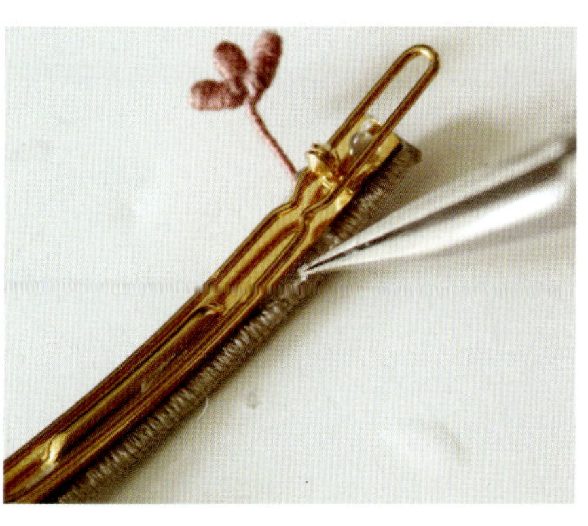

41 튀어나온 글루건 찌꺼기는 핀셋으로 즉시 제거한다.

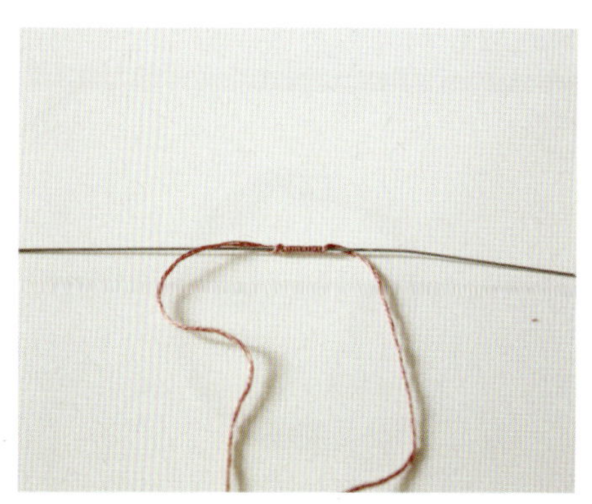

42 이번엔 24호 와이어 13cm에 디엠씨 223번 55cm 3가닥으로 중앙감기한다.

43 다 감았으면 양쪽 끝 모두 코팅하고 와이어가 휘지 않도록 펴준 뒤

44 사진처럼 와이어를 얇은 볼펜에 바짝 대고 말아 동그란 원을 만든다.

45 이렇게 지름 0.9cm짜리 원을 마무리 부분이 살짝 겹쳐지도록 만들면 된다.

46 겹쳐진 부분의 한가운데를 니퍼로 자르면

47 사진과 같이 자른 부분의 실이 풀리는데

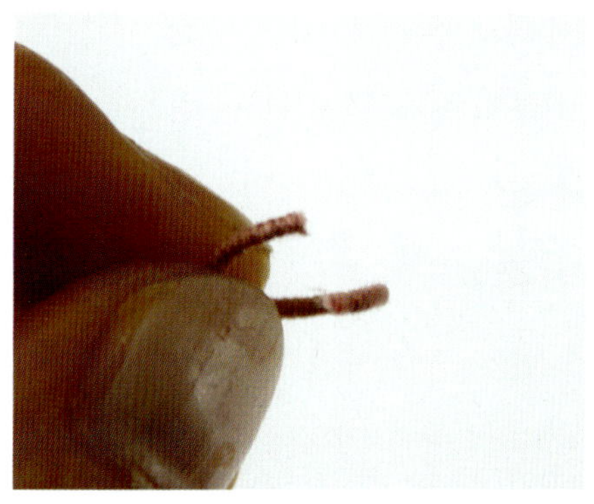

48 옆으로 벌리지 말고 위아래로 지긋이 벌려 자른 부위를 본드로 코팅해준다.

49 다시 원위치로 돌려놓아 원모양을 만들어준 뒤 빨간 표시 부분을 다시 한 번 롱로즈로 살짝 구부려

50 완전한 동그라미가 되도록 만들어 준다.

51 이런 식으로 원을 만들면 되는데 지름 0.7mm, 0.6mm, 0.4mm의 원을 하나씩 더 만들어준다.

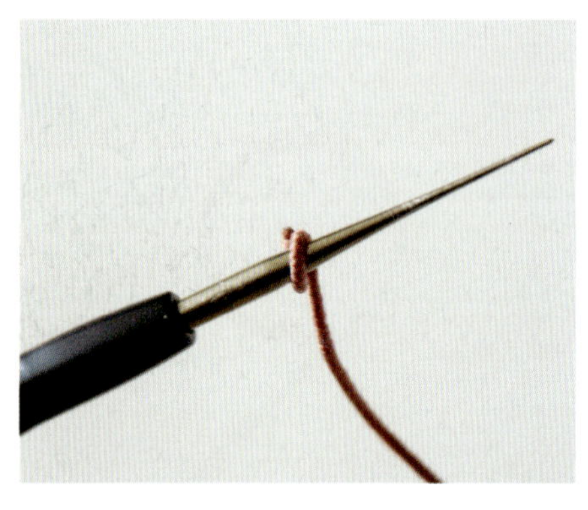

52 제일 작은 원은 송곳을 이용하면 된다.

53 핀대가 기울기 쉬우니 롱로즈로 핀 대를 고정시켜준 뒤

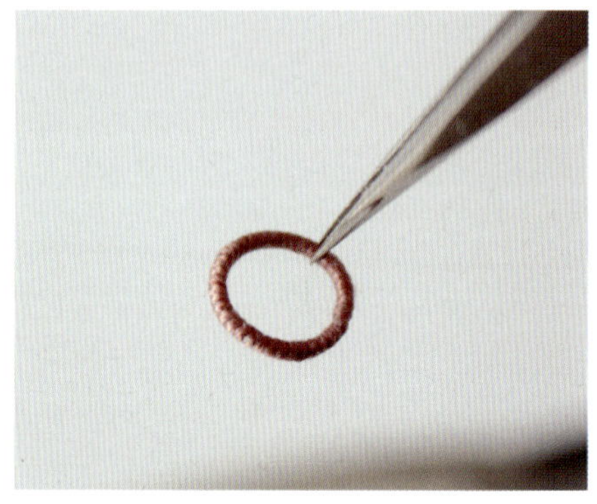

54 51번에 만들어 놓은 원을 핀셋으로 잡아 본드를 톡톡 칠해가며

55 사진과 같은 배열로 핀바디에 붙여 준다. 자신이 원하는 모양으로 해도 상관 없다.

56 남은 디엠씨 면사를 가위로 다지 듯이 곱게 잘라준다.

57 원하는 동그라미 속에 본드를 칠 한 뒤 핀셋 등으로 고루 펴주고

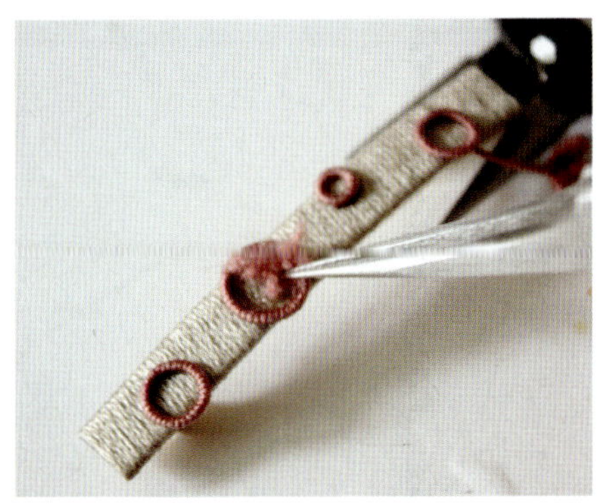

58 56번의 잘라놓은 실을 핀셋으로 가져다 얹는다.

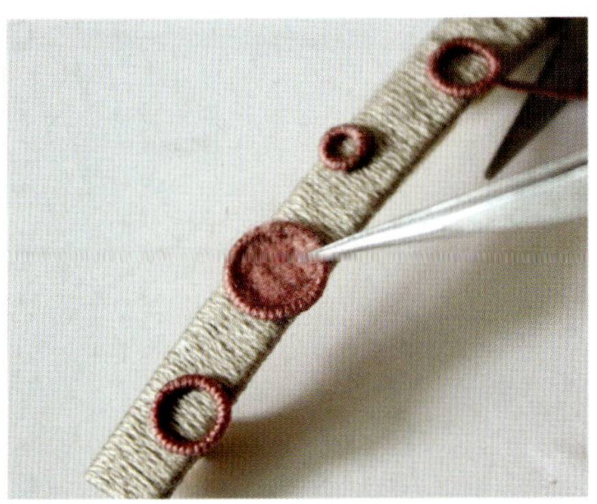

59 핀셋과 손가락을 이용해 톡톡 눌러 붙여준다.

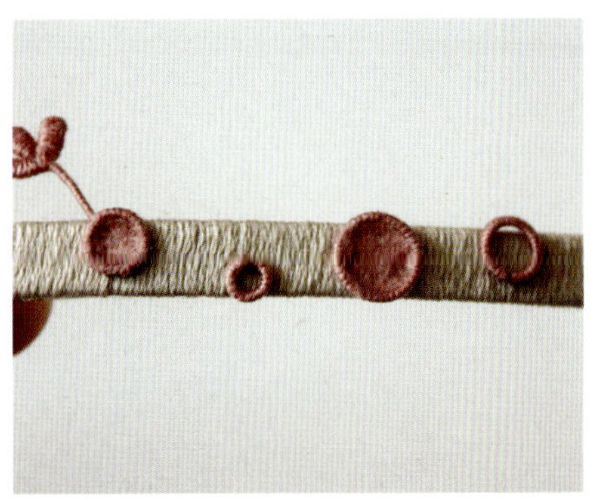

60 균형을 맞추기 위해 동그라미 속에 실을 하나 더 채워준다.

61 새싹 가운데 부분과 동그라미 속에 ss6 파파라샤를 붙여준다.

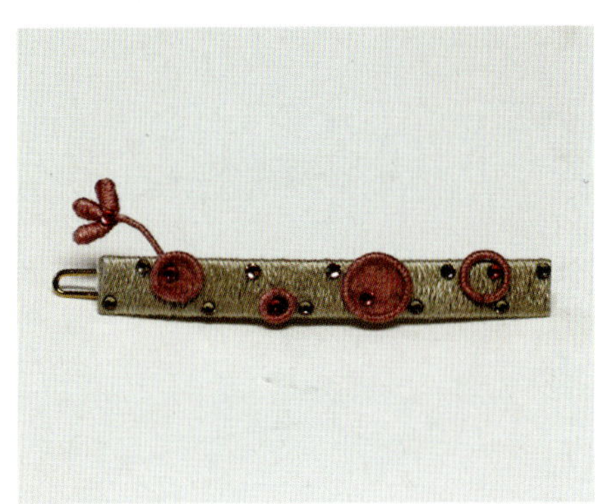

62 바디 부분에도 ss6 라이트 콜로라도 토파즈를 사진처럼 사이사이 붙여주면 완성된다.

Bonus Tip

머스타드

바디 : 앵커 874번, ss6 라이트토파즈
새싹 : 앵커 1001번, ss6 시트린

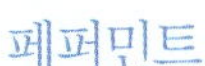

페퍼민트

바디 : 앵커 875, ss6 에리나이트
새싹 : 앵커 905, ss6 에리나이트

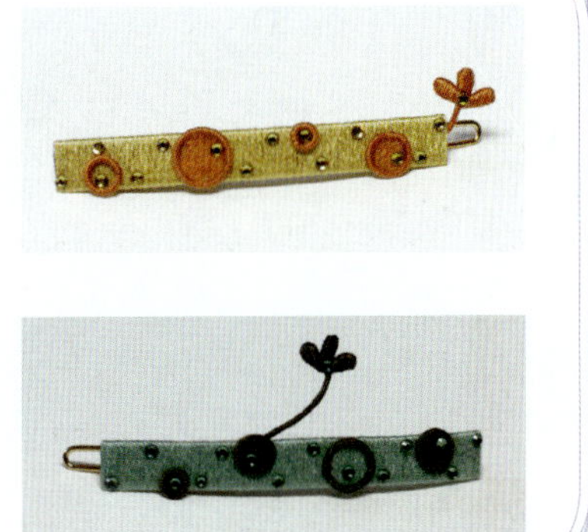

12 하얀 꽃 머리핀

청순한 아름다움이 돋보이는 화이트 꽃 머리핀이에요.
소녀적인 감성으로 긴 머리에 포인트를 주면 모든 이의 눈길을 사로잡을 수 있어요.

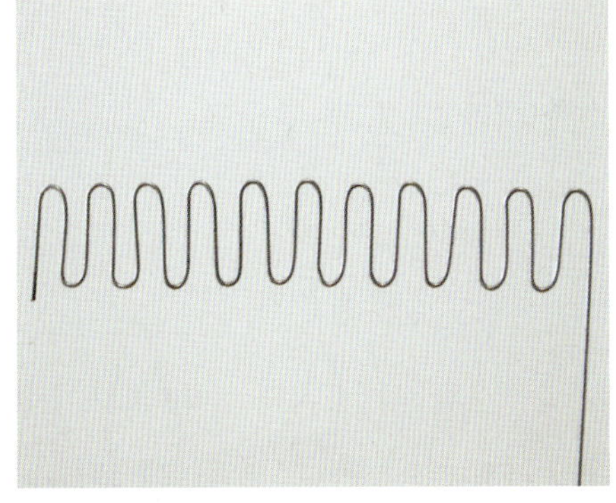 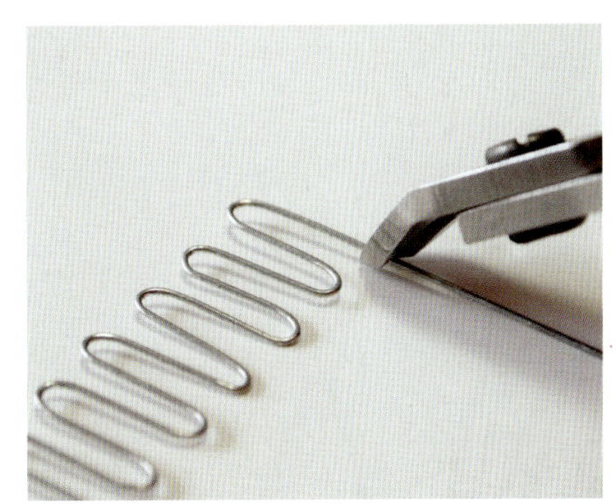 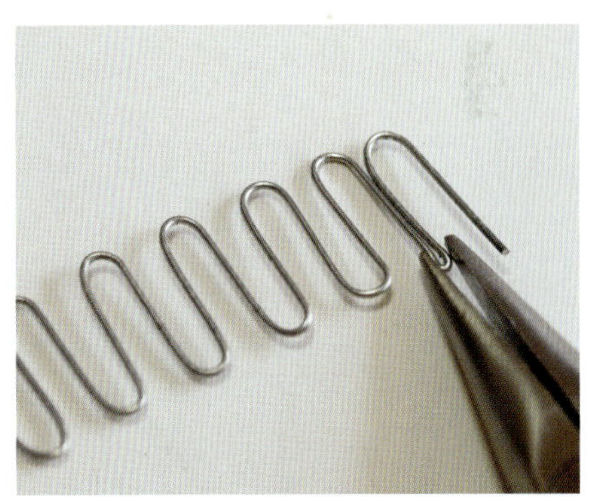

01 22호 와이어를 책본에 대고 A번의 레이스를 11개 만든다. 반드시 레이스가 일정해야 예쁘게 나온다.

02 남은 와이어는 아래길이에 맞춰 잘라준다.

03 롱로즈로 이용해 아랫부분을 지긋이 좁혀준다.

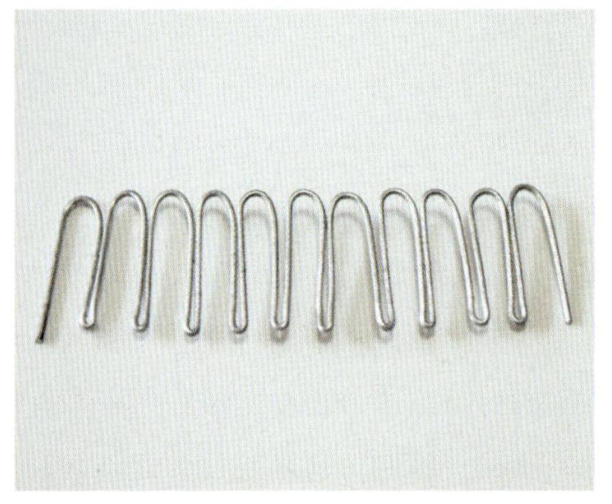

04 나머지 아랫부분도 좁혀준다.

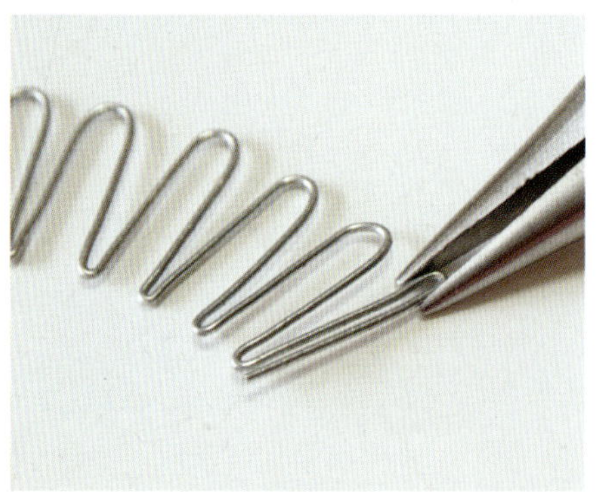

05 롱로즈를 이용해 윗부분을 좁혀준다. 이때 아랫부분의 양쪽 연결된 길이가 일정하게 되도록 유지한다.

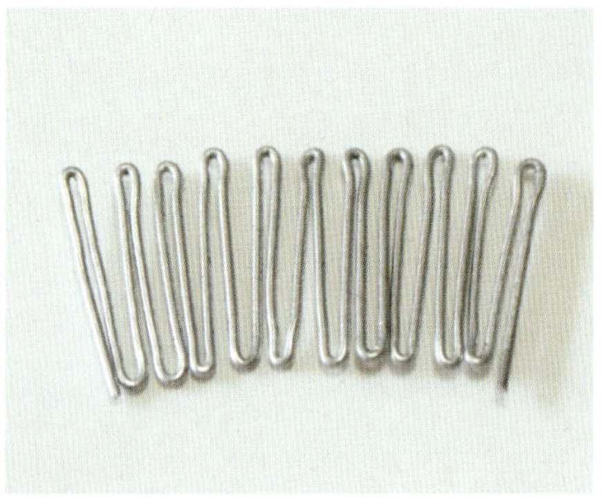

06 이렇게 아랫부분의 길이가 일정하도록 나머지 윗부분도 좁혀준다.

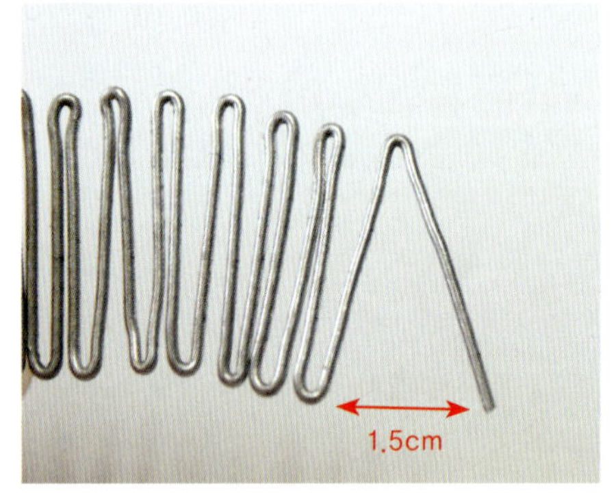

07 첫 번째 레이스를 1.5cm 정도 벌려주고

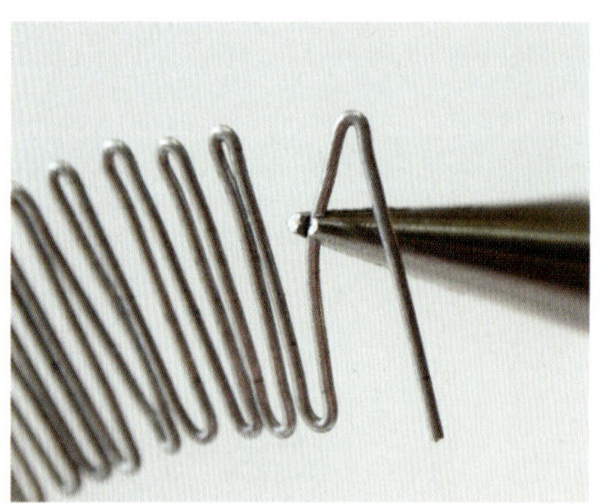

08 롱로즈를 이용해 첫 번째 레이스의 왼쪽 윗부분을 잡고 지긋이 휘어준다.

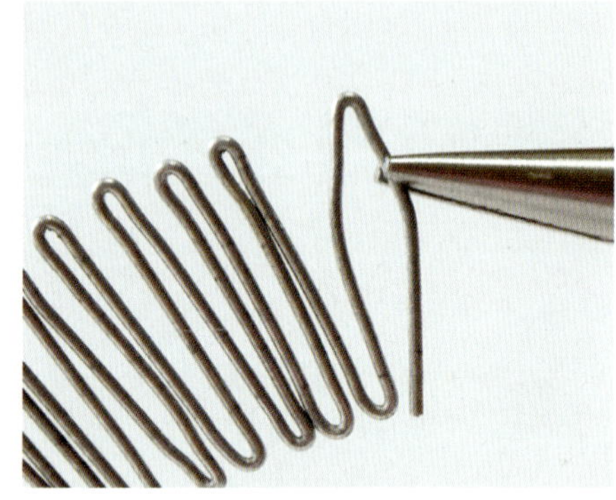

09 이번엔 첫 번째 레이스의 오른쪽 윗부분을 잡고 아랫부분이 붙을 때까지 살짝 휘어준다.

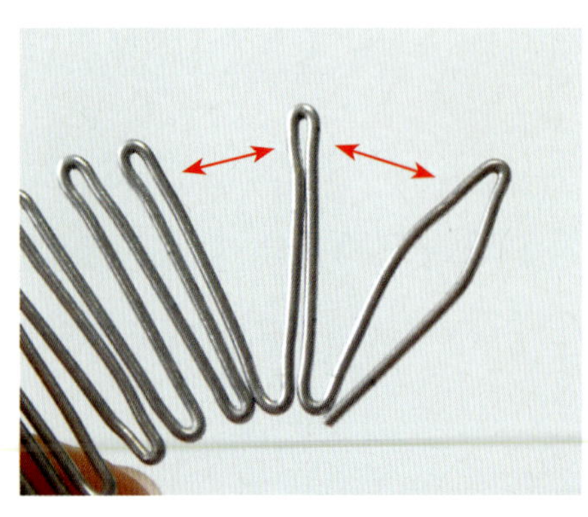

10 두 번째 레이스를 감기 위해 양옆 꽃잎을 지긋이 벌려 간격을 넓혀준다.

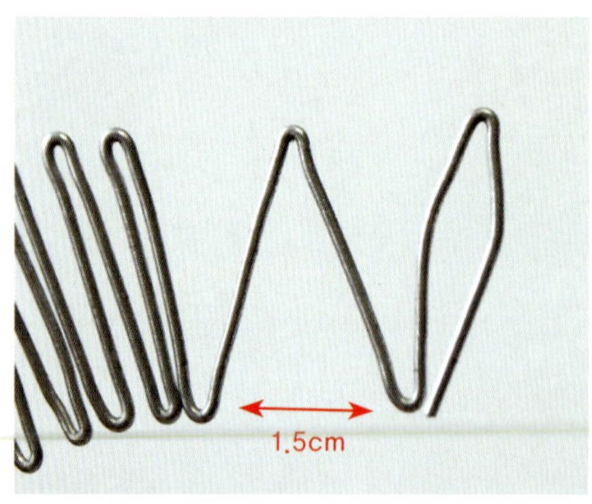

11 두 번째 레이스를 1.5cm 정도 벌려주고

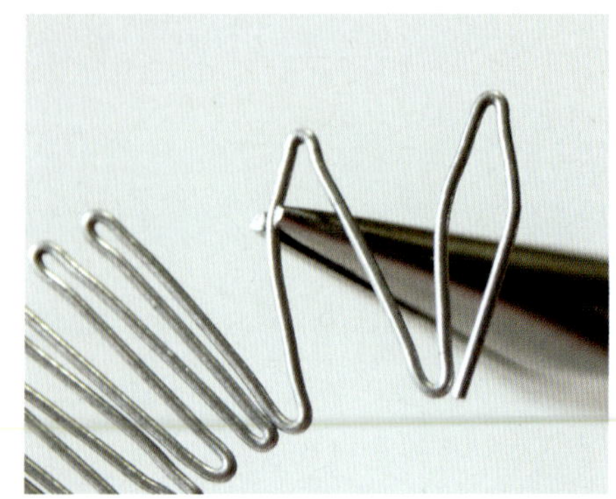

12 롱로즈로 두 번째 레이스 왼쪽 윗부분을 와이어의 윗부분을 잡고 지긋이 휘어준다.

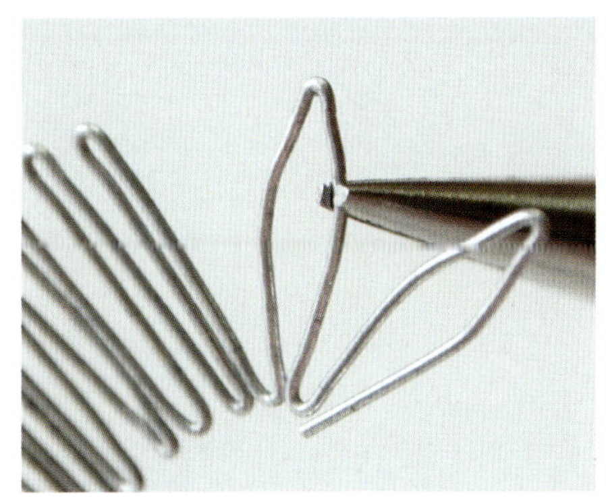

13 다시 두 번째 레이스 오른쪽 윗부분을 잡고 아랫부분이 붙을 때까지 지긋이 휘어준다.

14 나머지 레이스도 같은 방법으로 만들어주고 가운데 구멍이 원이 되도록 모양을 잡아준다.

15 다시 실을 감기 위해 사진처럼 아랫부분을 지긋이 벌려주고

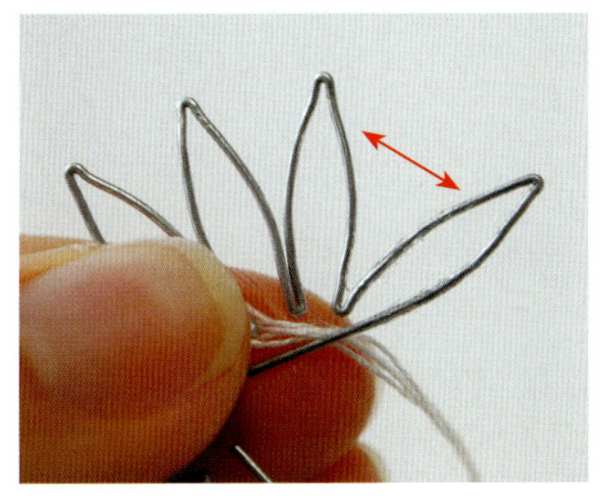

16 첫 번째와 두 번째 꽃잎 간격을 지긋이 벌려준다.

17 앵커 2번 30cm 4가닥을 아래 여유실 2cm 정도를 남기고 꽃잎 아래쪽 와이어 앞뒤에 본드칠을 한 뒤 촘촘히 감아준다.

18 틈이 벌어지면 손톱으로 즉시 실을 내려주어 간격을 좁히면서 감아준다.

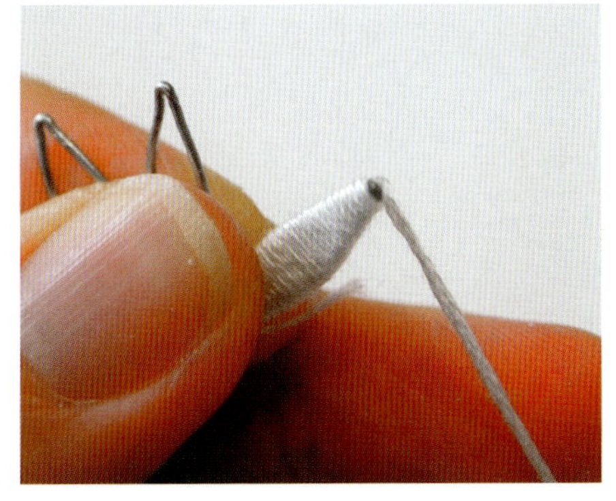

19 와이어 끝부분이 조금 남았을 때, 본드 앞뒤로 다시하고 인위적으로 돌려 감아 완벽히 커버해준다.

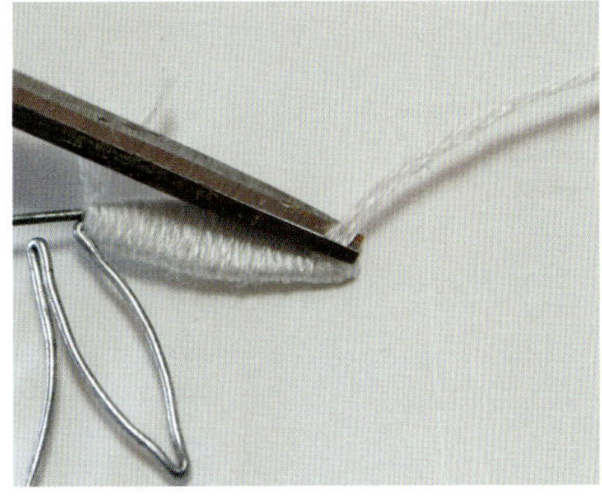

20 뒤쪽에서 가위로 남은 실은 바짝 잘라준다.

21 가위로 자른 부분에 본드를 톡 칠해준 뒤

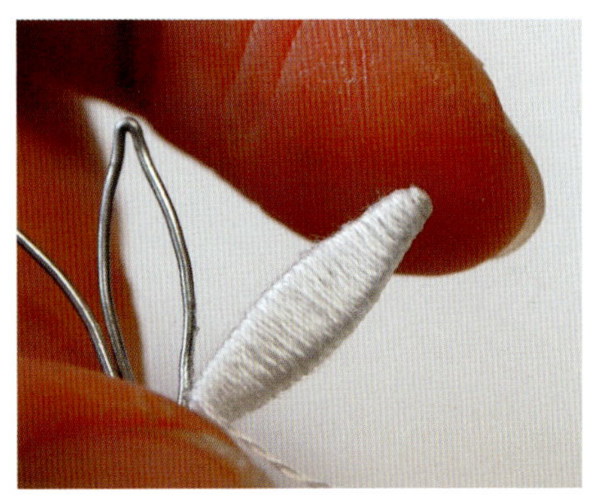

22 손으로 3초 정도 눌러주고 양 옆으로도 눌러주어 꽃잎 모양으로 코팅해준다.

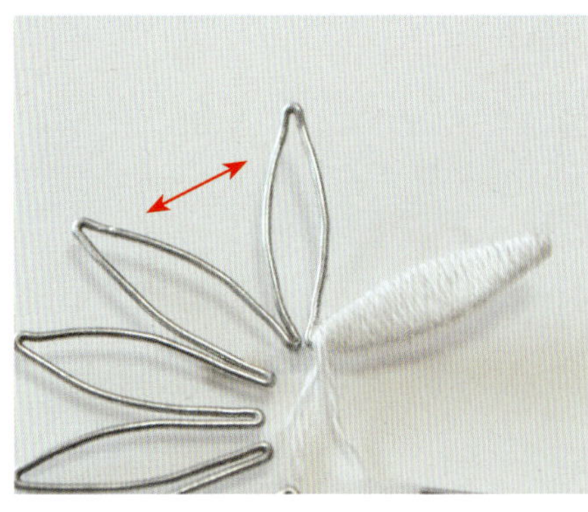

23 두 번째와 세 번째 꽃잎의 간격을 벌려준다.

24 두 번째 꽃잎도 첫 번째 꽃잎처럼 감아주고, 나머지 꽃잎도 모두 같은 방법으로 감아준다.

25 완성되면 꽃잎 사이사이 간격을 벌려가며 원형이 되게 만든다.

26 책본의 B번 모양을 따라 레이스를 만들어 꽃잎을 완성해준 뒤

27 A번 꽃잎처럼 앵커 2번 25cm 4가닥으로 감아 똑같이 완성해준다.

28 큰 꽃의 꽃잎을 잡아 붙지 않은 부분을 조금 벌려 놓는다.

29 꽃 안쪽을 따라 본드를 칠해 놓고

30 작은 꽃을 큰 꽃의 꽃잎이 떨어진 부분에 끼워넣는다.

31 뒤쪽의 꽃잎이 앞쪽의 꽃잎 사이 사이에 보일 수 있게 위치를 잡고 본드칠 한 부위를 눌러준다.

32 뒤쪽의 남은 실들은 한번에 가위로 바짝 잘라낸다.

33 두 꽃이 잘 붙도록 무거운 책등으로 올려놓는다.

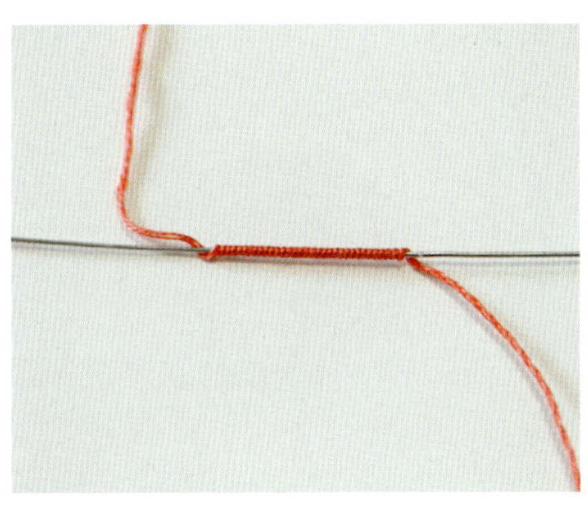

34 24호 와이어 12cm를 면사 11번 70cm 3가닥으로 중앙감기한다.

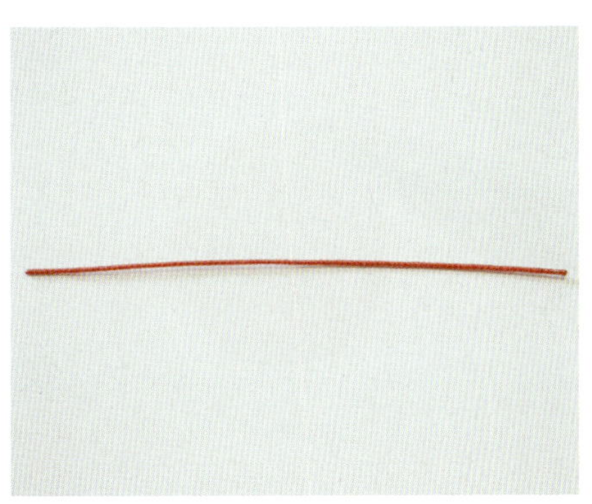

35 양끝을 튼튼히 코팅해주고 완성된 와이어는 곧게 편다.

36 롱로즈 밖으로 2mm 정도 나오게 잡고

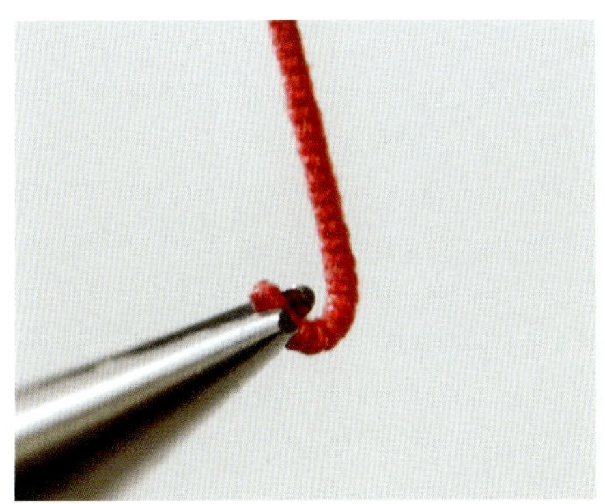

37 롱로즈를 안쪽으로 돌려 U자 모양을 만든다.

38 롱로즈로 U자 모양을 지긋이 눌러 붙여준다.

39 굴려가며 골뱅이 모양을 만든다(기본 기법 중 골뱅이 감기 참고).

40 3바퀴 정도 골뱅이모양을 만든 다음,

41 이어지는 골뱅이를 약간 아래로 내려가며 만든다.

42 위에서 봤을때 폭이 반정도만 보이게 감아나간다.

43 같은 방법으로 3단으로 골뱅이를 만든다.

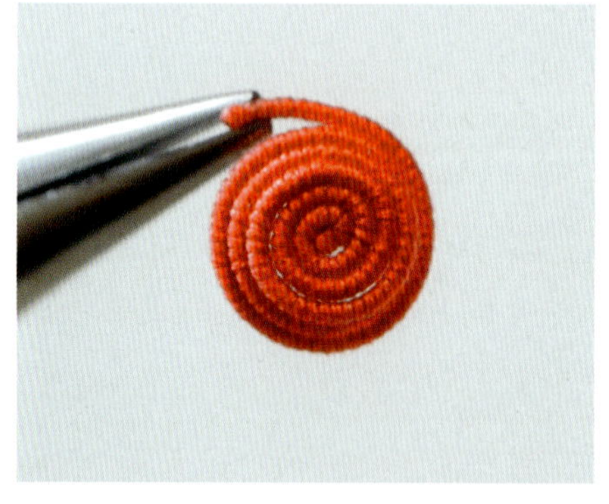

44 끝부분은 자연스럽게 둥글려

45 골뱅이 안쪽으로 들어가게 한다.

46 위에서 봤을 때 끝라인이 보이지 않도록 45번 작업을 확실히 해준다.

47 작은 꽃 안쪽 부분에 원을 따라 본드를 폭 3mm 정도 칠한다.

48 골뱅이를 가운데에 올려놓고 본드가 굳을때까지 살짝 눌러주고, 삐져나온 본드찌꺼기는 제거한다.

49 골뱅이 안쪽 본드가 굳으면, 윗 b 번 꽃잎을 위로 하나하나 올려준다.

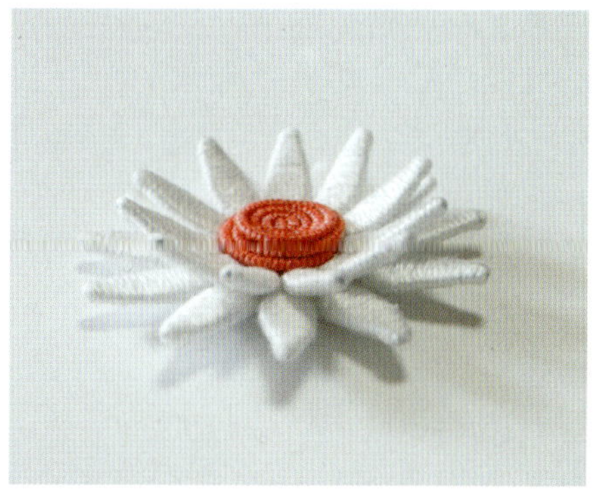

50 사진처럼 꽃잎이 모아지게

51 같은 방법으로 아래 a꽃잎도 위로 올려준다.

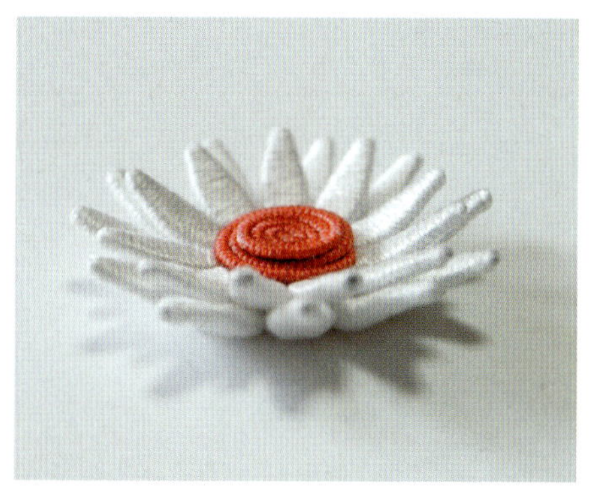

52 사진처럼 위아래 꽃이 위쪽으로 모아지게 해놓고

53 아래 꽃잎 끝부분을 살짝 내려준 다.

54 사진처럼 아래 꽃잎 윗부분이 바닥과 수평이 되게

55 위쪽 꽃잎 끝부분도 살짝 아래로 내려준다.

56 핀 바디에 앞뒤로 본드를 칠하고 디엠씨면사 503번 3m 4가닥을 중앙감기 한다.

57 틈이 벌어지면 손톱으로 밀어주며 촘촘히 감는다.

58 바디가 보이지 않을때까지 감아주고 남은실은 뒤쪽에서 잘라준다.

59 자르고 난 부분은 본드로 톡 찍어 기본기법 중 바디에 코팅하기를 참고하여 마무리한다.

60 완성

61 26호 와이어 14cm를 면사 11번 80cm 3가닥으로 중앙감기한다.

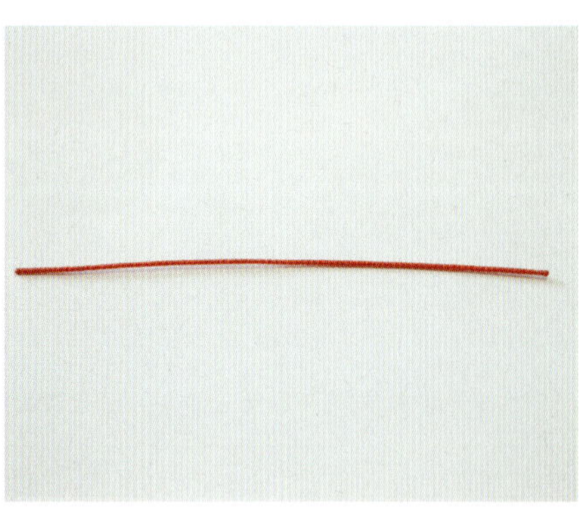

62 완성된 와이어는 곧게 편다.

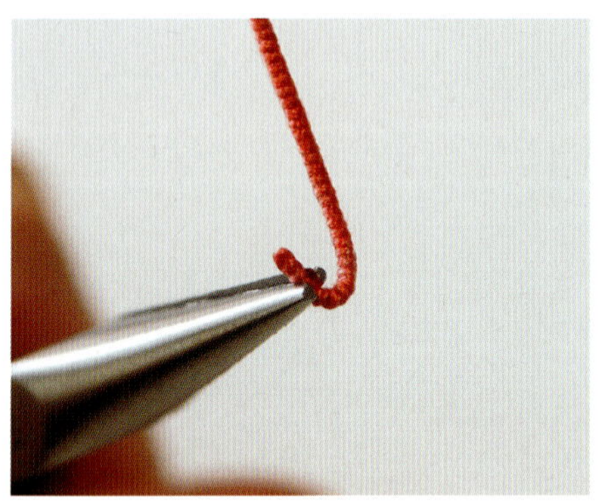

63 롱로즈로 4mm 부분을 잡고 돌려 레이스를 만든다.

64 다시 4mm되는 부분을 잡고 돌려 레이스를 만든다.

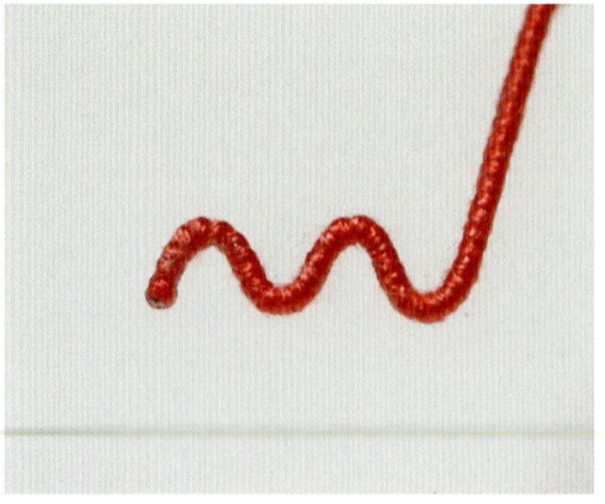

65 같은 방법으로 레이스 간격이 일정 하도록 레이스를 만들어 나간다.

66 14개의 레이스를 만들어 놓는다.

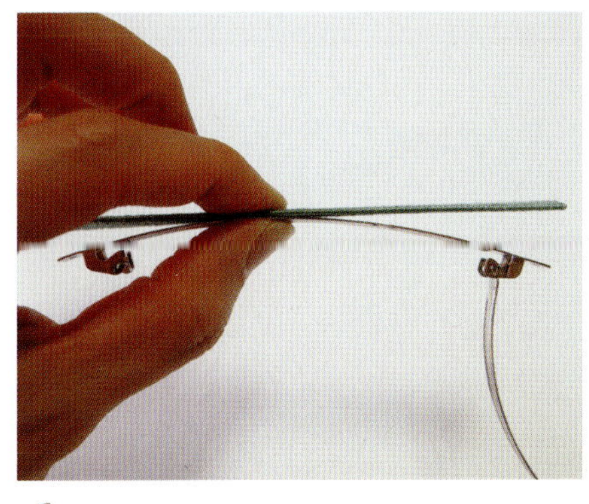

67 감아놓은 핀 바디를 핀대에 대고 위치를 잡은 뒤 가운데 부분이 움직이지 않게 꽉 잡아준다.

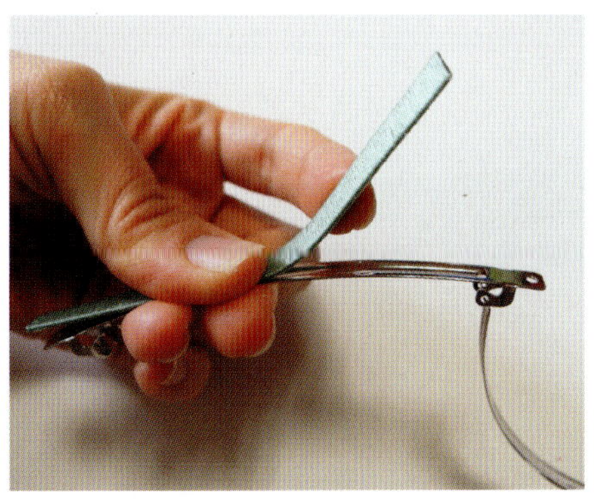

68 한쪽 핀 바디를 올려 글루건 바를 공간을 만든다.

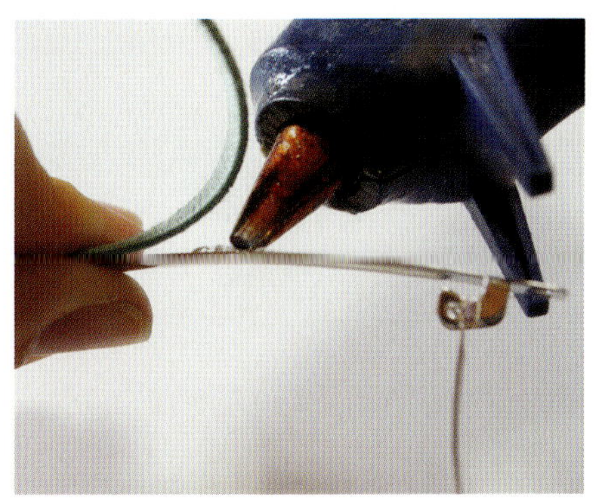

69 핀대를 글루건 입구로 따뜻하게 데운 후 재빨리 글루건을 칠한다.

70 글루건이 굳기 전에 바디를 핀대에 붙인다(손가락으로 밀어가며 틈없이 붙인다).

71 옆으로 나온 글루건 찌꺼기는 굳기 전에 핀셋으로 제거한다.

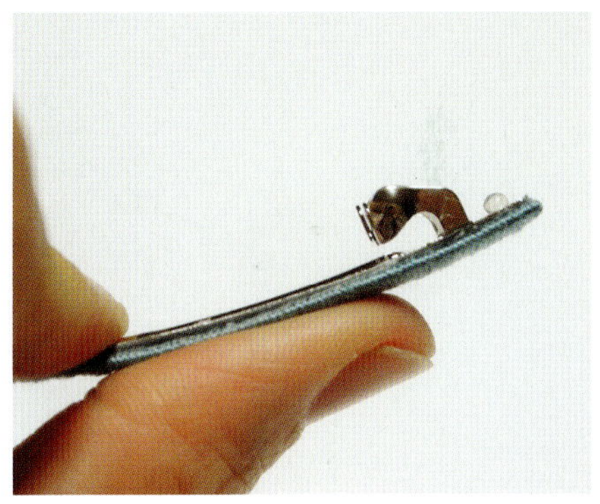

72 반대쪽 바디도 글루건을 이용해 핀대에 붙여준다.

73 이렇게 완성해 놓고

74 레이스를 잡고 본드를 톡톡 찍듯이 골고루 발라준다.

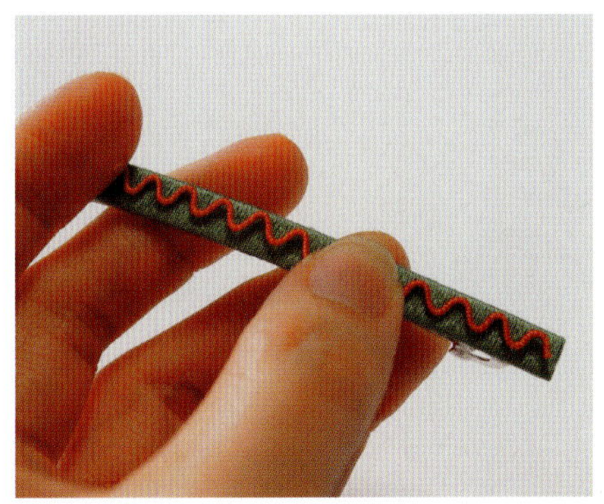

75 핀대 열리는 쪽에 레이스 시작점을 맞춰서 붙여준다. 이때 튀어나온 본드는 즉시 핀셋으로 제거한다.

76 꽃이 올라갈 자리에 글루건을 콩 알만큼 쏴주고

77 꽃을 올려놓고 재빨리 붙여주고, 글루건 찌꺼기는 제거한다.

78 완성

79 골뱅이 위에 ss6 히야신스를 붙인다.

80 작은 꽃 안쪽에 ss6 블루지르콘을 붙인다.

81 꽃잎 끝에 ss6 크리스털을 붙인다.

82 레이스 위아래에 ss6 크리스털을 붙인다.

83 완성

13 아일랜드 꽃 머리핀

아일랜드의 열정! 트로피컬 컬러의 산뜻함이 느껴지는 머리핀이에요. 독특한 체인 장식이 업 스타일을 더욱 멋지게 해준답니다. 더운 여름 세련되게 코디해 보세요.

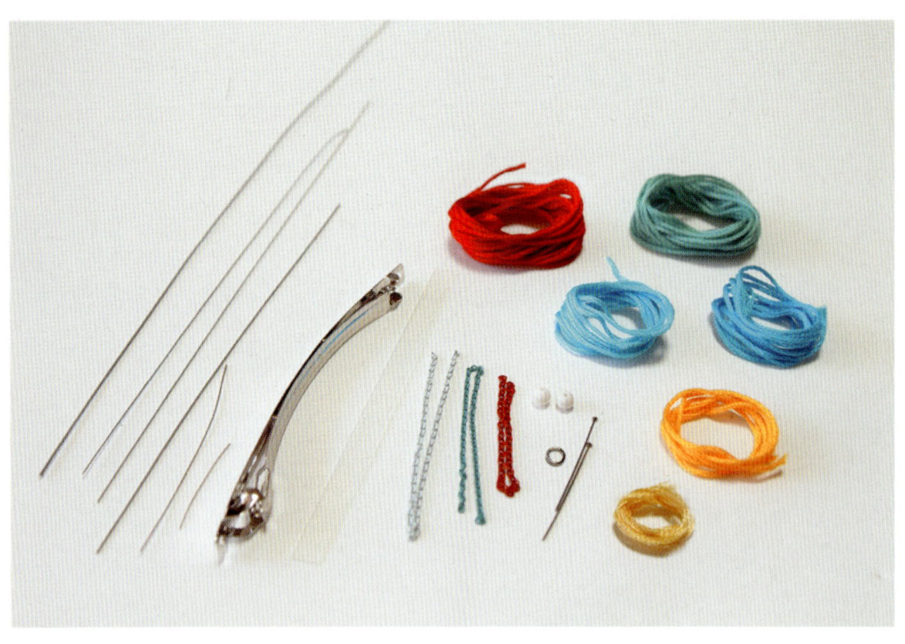

ATERIAL

- 22호 플라워와이어 1개
- 24호 플라워와이어 14cm
- 26호 플라워와이어 20cm, 17cm
- 0.5mm 와이어 6cm, 3.5cm
- 0.3mm 와이어 3cm
- 250pvc 10.4X0.6cm
- 빼빼로 자동핀대(10X0.5cm)
- T침 2개, O링 1개
- 컬러체인 연하늘 12.5cm, 청록 10cm, 빨강 9cm
- 화이트터키석 4mm 2개
- 스와로브스키 핫픽스 ss10 카프리블루 1개, 존킬 6개, ss6 히야신스 19개, 카프리블루 9개, ss6 토파즈 6개, 존킬 6개
- 디엠씨면사 959번 4m 40cm, 3846번 1m, 3845번 70cm, 321번 3m, 742번 30cm
- 앵커면사 311번 20cm

OW TO MAKE

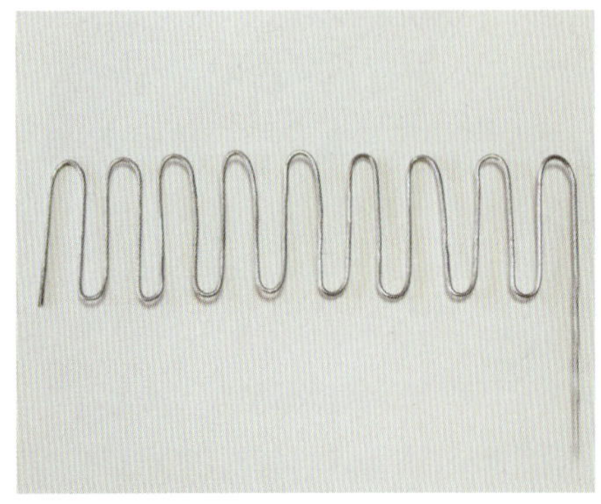

01 22호 와이어를 책본에 대고 A번의 모양으로 일정하게 레이스를 9개 만든다.

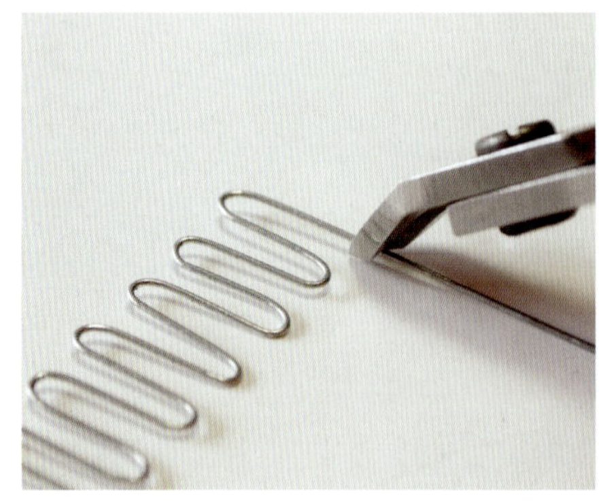

02 남은 와이어는 아래 길이에 맞춰 잘라준다.

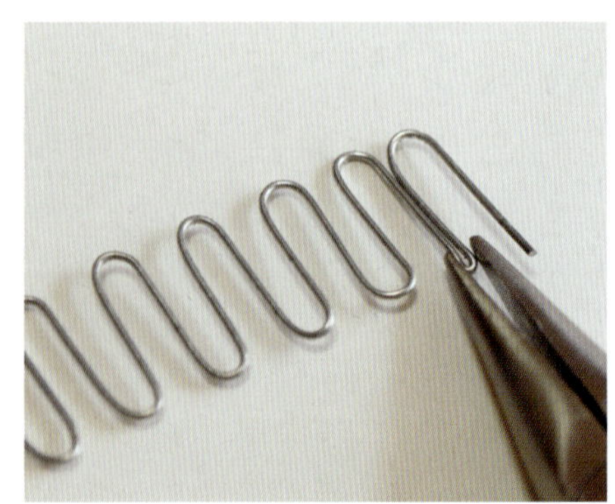

03 롱로즈를 이용해 아랫부분을 좁혀 준다.

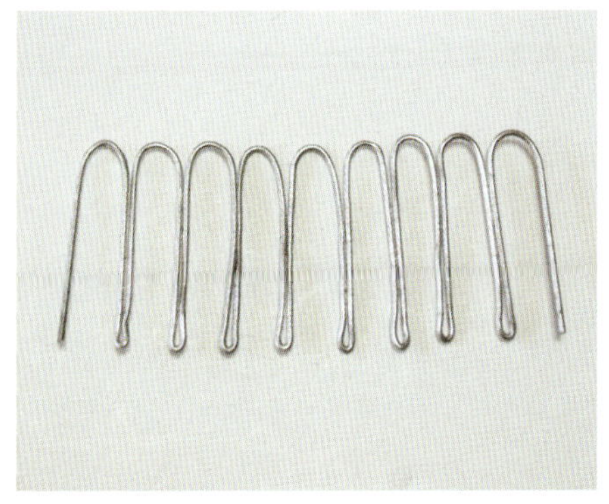

04 나머지 아랫부분도 좁혀준다.

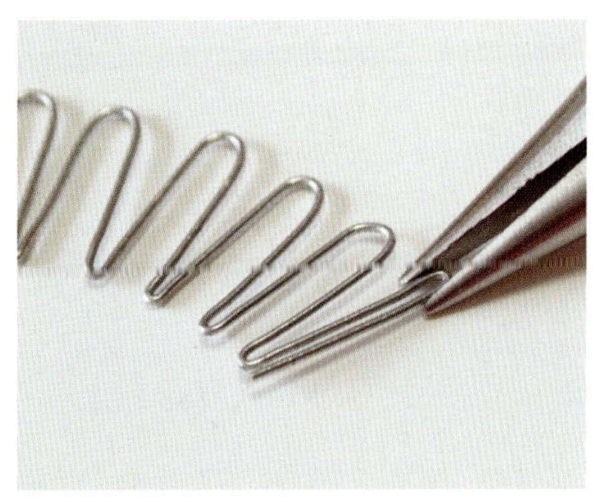

05 아래 연결된 부분이 일정하게 맞도록 조절하면서 롱로즈를 이용해 윗부분을 좁혀준다.

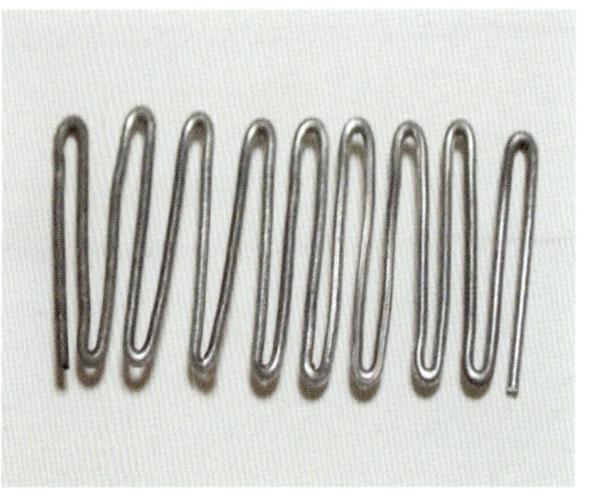

06 이렇게 아랫부분의 길이가 일정하도록 나머지 윗부분도 좁혀준다.

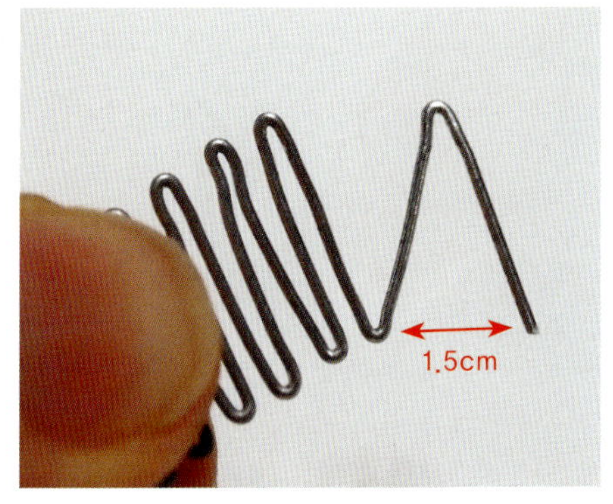

07 첫 번째 레이스의 아래 폭을 1.5cm 정도 벌려주고

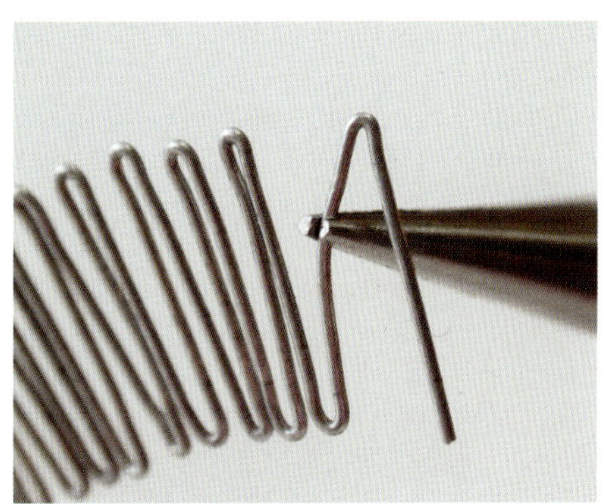

08 롱로즈를 이용해 첫 번째 와이어의 두 번째 레이스 윗부분을 잡고 지긋이 휘어준다.

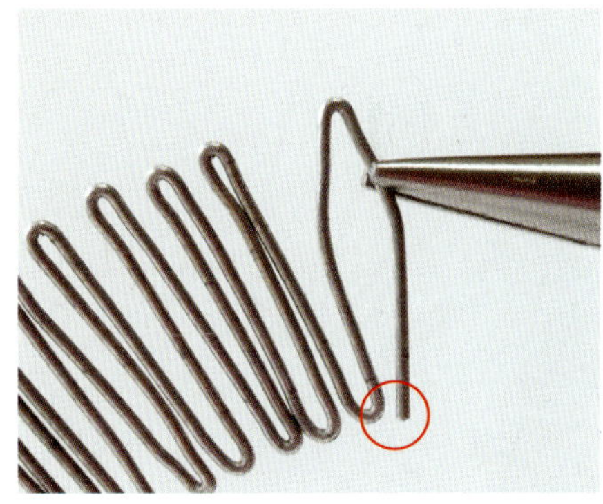

09 첫 번째 레이스의 다른 쪽 와이어도 윗부분을 잡고 아랫부분이 붙을 때까지 휘어준다.

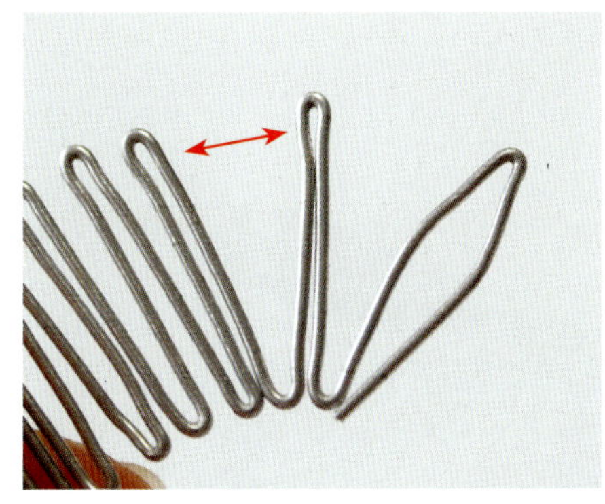

10 두 번째 꽃잎을 감기 위해 세 번째 꽃잎도 벌려 간격을 넓혀 놓는다.

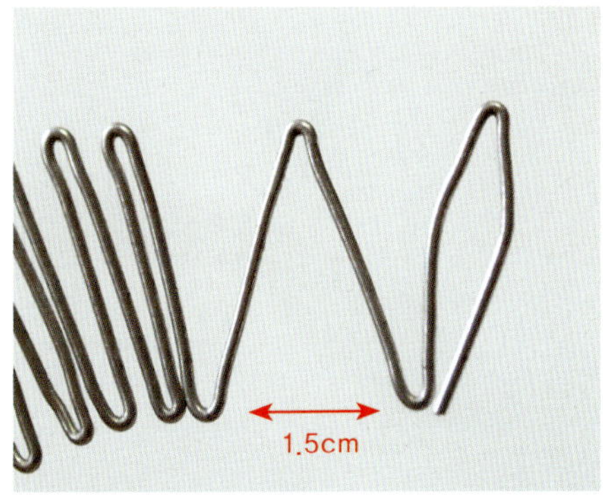

11 두 번째 꽃잎의 아래 폭이 1.5cm 정도 되도록 벌려주고

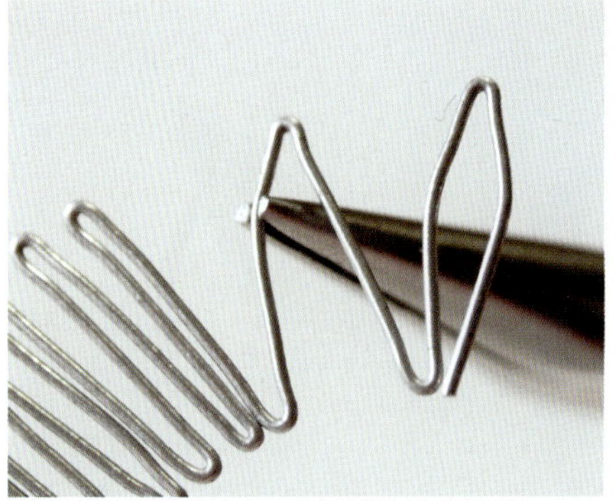

12 롱로즈로 두 번째 레이스 왼쪽의 윗부분을 잡고 휘어준다.

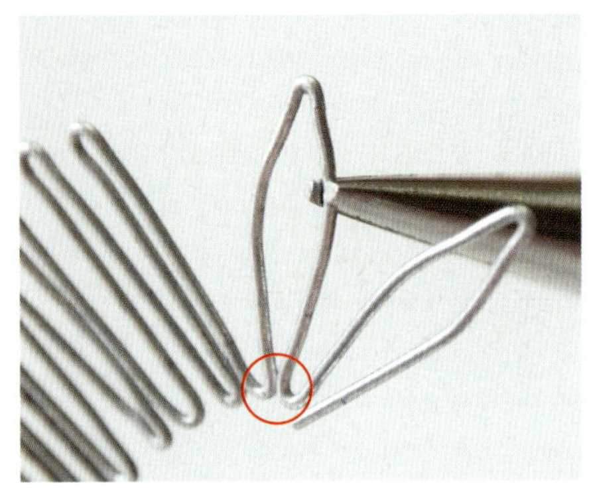

13 두 번째 레이스의 오른쪽도 윗부분을 잡고 아랫부분이 붙을 때까지 휘어준다.

14 나머지 레이스도 같은 방법으로 만들어주고 가운데 구멍이 원이 되도록 모양을 잡아준다.

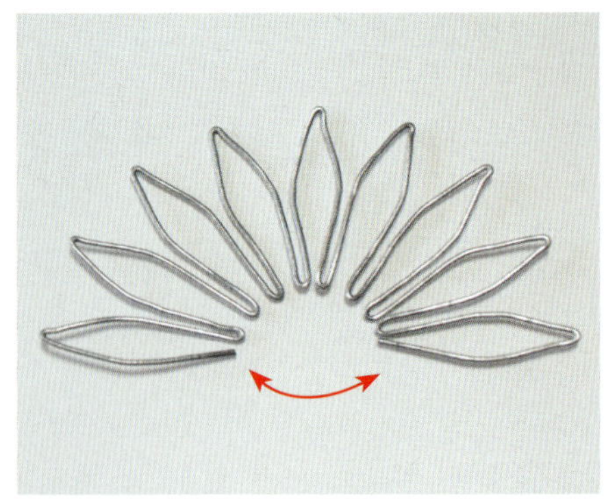

15 다시 실을 감기 위해 사진처럼 아랫부분을 지긋이 벌려주고

16 첫 번째와 두 번째 꽃잎 간격을 벌려준다.

17 디엠씨면사 959번 40cm 4가닥으로 여유분 2cm 정도를 남기고 꽃잎 아랫부분의 와이어 앞뒤에 본드칠을 한 뒤 촘촘히 감아준다.

18 꽃잎이 좁아지는 곳부터 틈이 벌어지면 손톱으로 즉시 실을 내려주어 간격을 좁히면서 감아준다.

19 와이어 끝부분이 조금 남았을 때, 본드를 앞뒤로 다시 한 번 칠해주고 인위적으로 돌려 감아 완벽히 커버해준다.

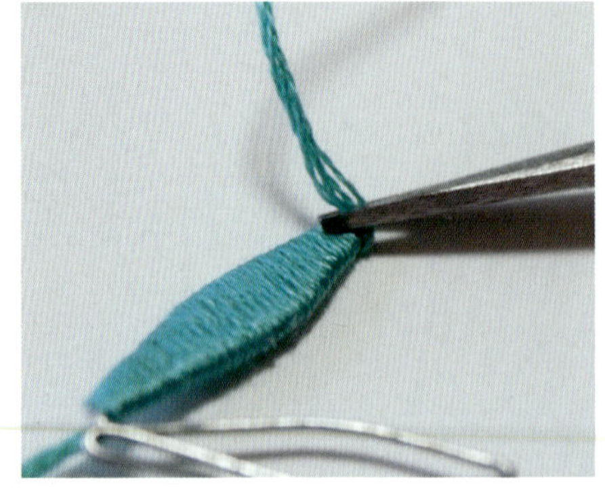

20 뒤쪽에 남은 실은 가위로 바짝 잘라준다.

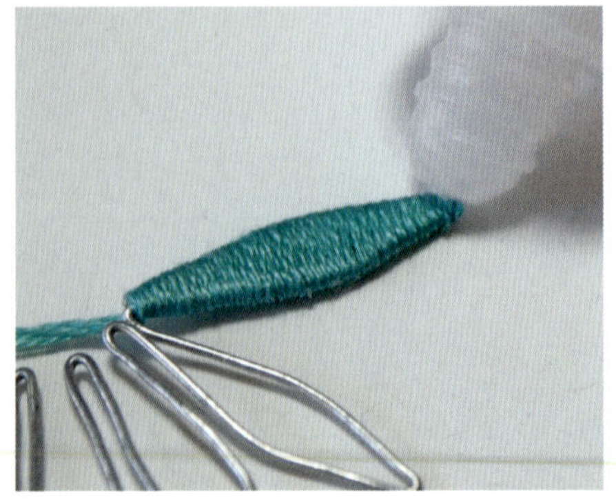

21 가위로 자른 부분에 본드를 깨알 반만큼 톡 칠해준 뒤

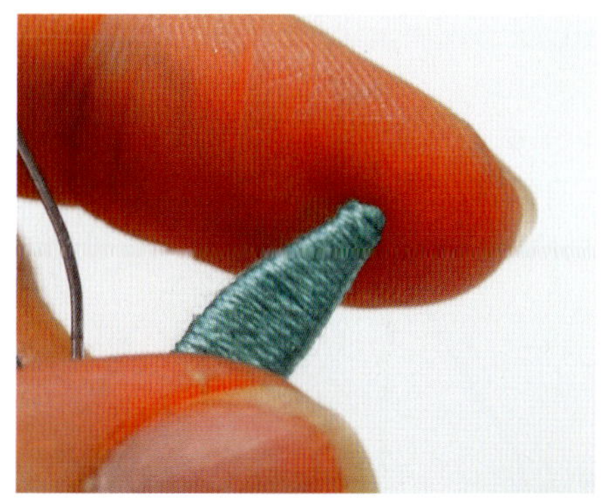

22 손으로 3초 정도 눌러주고 양옆으로도 눌러주어 꽃잎 모양으로 코팅해준다.

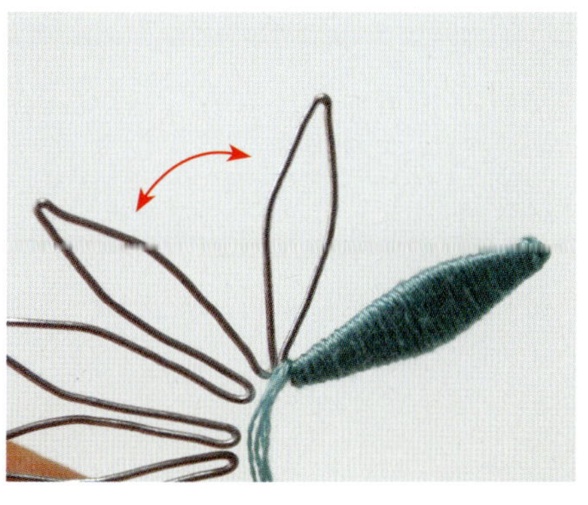

23 두 번째와 세 번째 꽃잎의 간격을 벌려준다.

24 다시 꽃잎 아랫부분의 앞뒤에 본드를 칠하고 959번 40cm 4가닥으로 감아나간다.

25 와이어가 보이지 않도록 완전히 감고 남은 여유실은 자르고 코팅한다.

26 그 다음 꽃잎을 감기 위해서 양옆의 꽃잎을 벌려 간격을 넓혀주고

27 앞의 과정을 반복하며 나머지 꽃잎들도 감는다.

28 꽃잎의 윗부분을 조금씩 벌려주어 동그란 원이 되도록 꽃 모양을 조절한다.

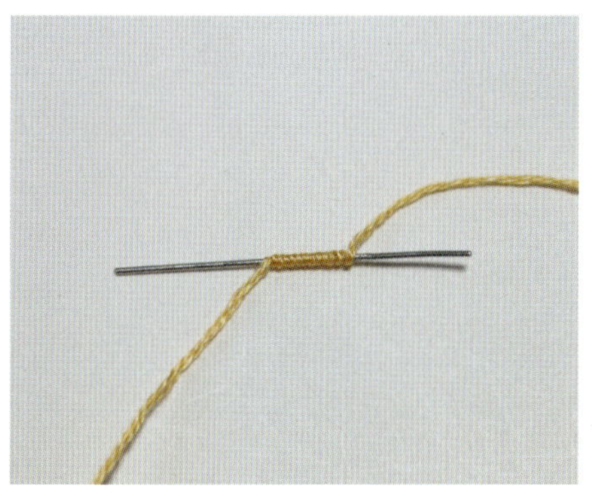

29 0.5mm 와이어 3.5cm에 앵커면사 311번 20cm 3가닥을 중앙감기한다.

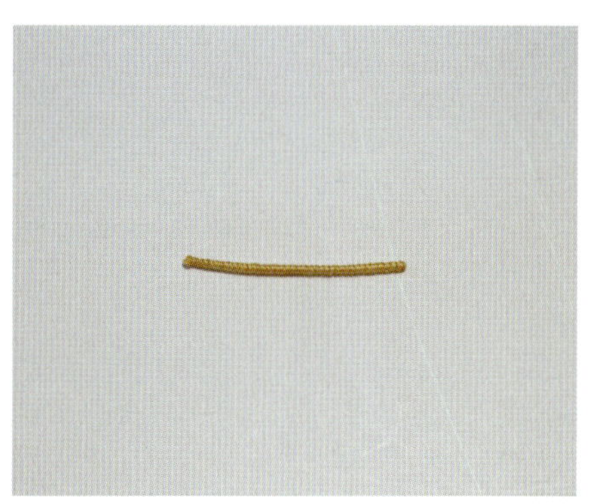

30 완성된 와이어는 곧게 편다.

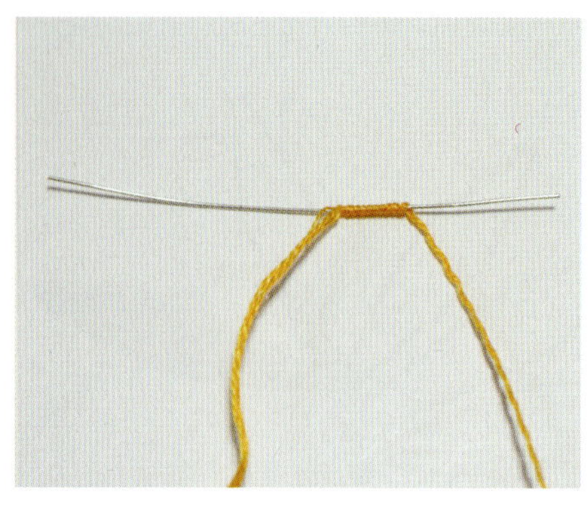

31 0.5mm 와이어 6cm에 디엠씨면사 742번 30cm 6가닥을 중앙감기한다.

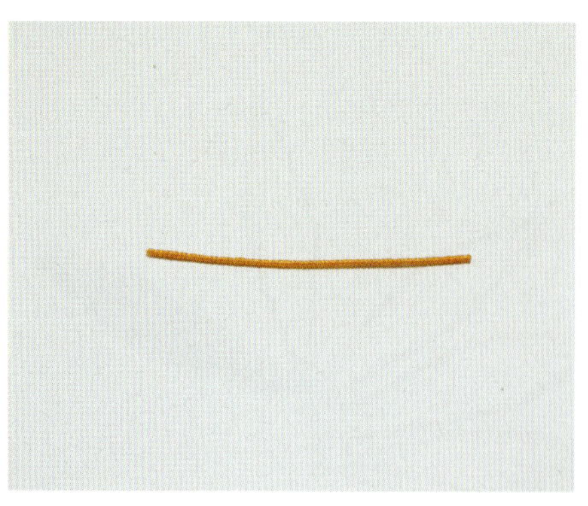

32 완성된 와이어는 곧게 편다.

33 26호 와이어 17cm에 면사 959번 80cm를 중앙감기한다.

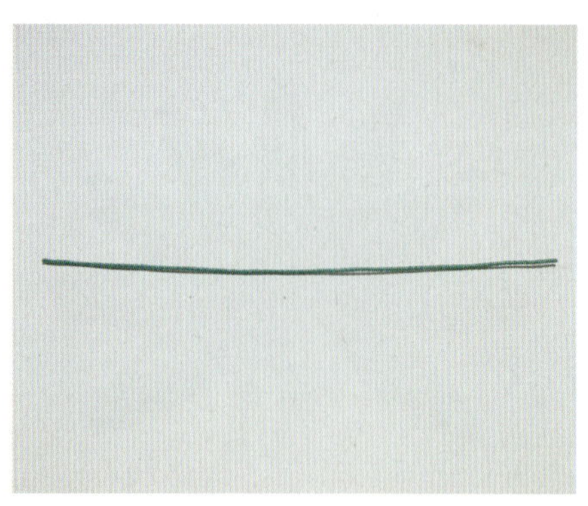

34 완성된 와이어는 곧게 편다.

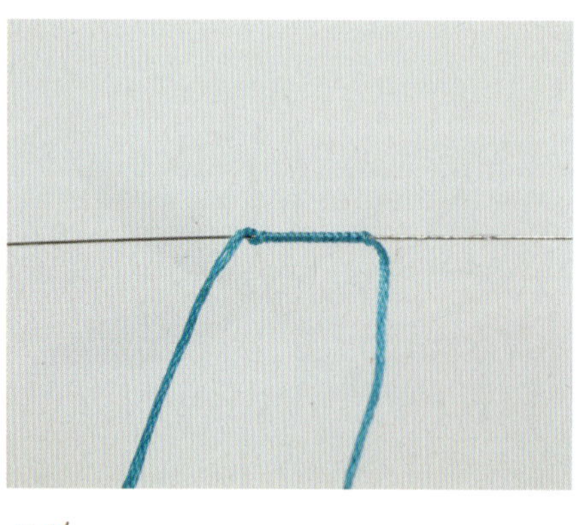

35 26호 와이어 20cm에 디엠씨면사 3846번 90cm 6가닥을 중앙감기한다.

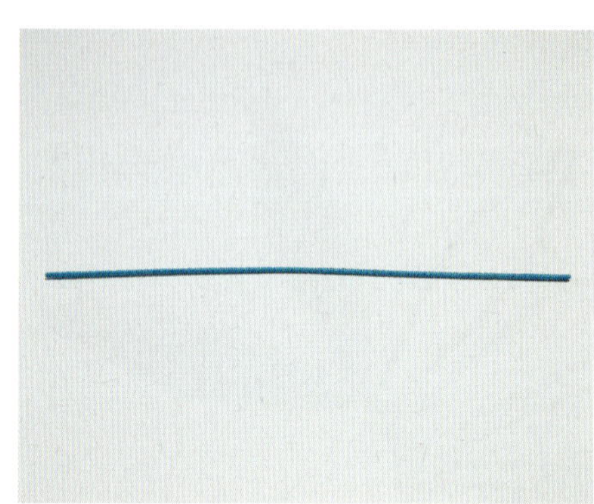

36 완성된 와이어는 곧게 편다.

37 완성된 와이어의 끝에서 0.2mm 지점을 롱로즈로 잡는다.

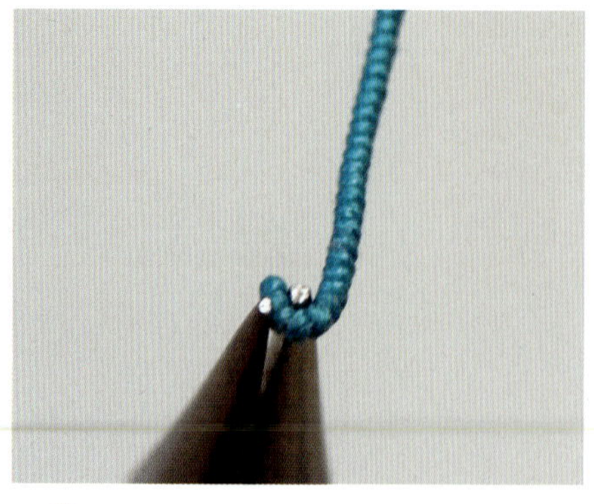

38 롱로즈를 안쪽으로 돌려 U자 모양을 만든다.

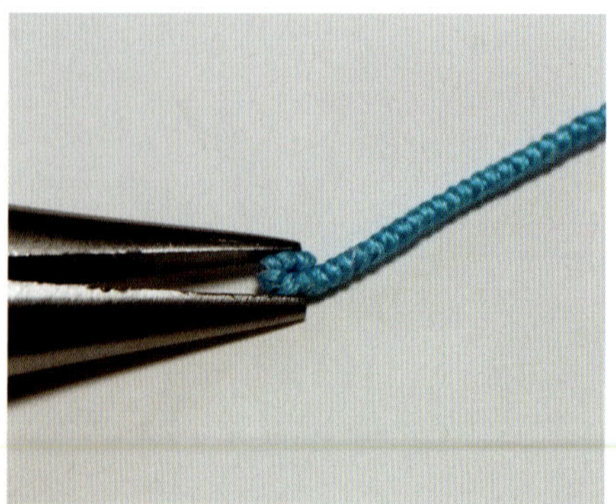

39 롱로즈로 U자 모양을 지긋이 눌러 붙여준다.

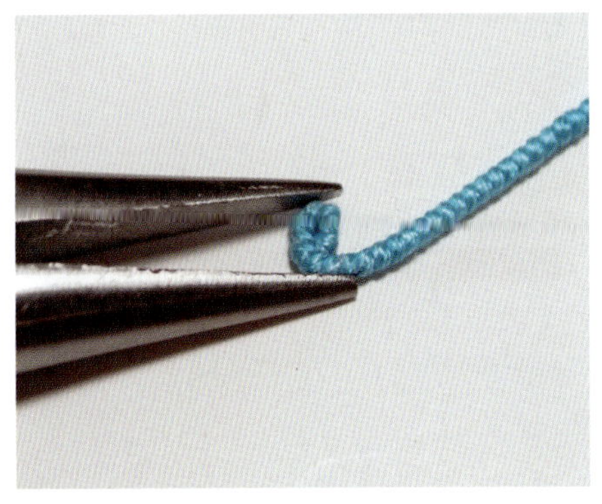

40 롱로즈로 위아래를 눌러 길이를 짧게 만든다.

41 손으로 조금씩 구부리면서 골뱅이 모양을 만든다. 기본기법 중 골뱅이 만들기 부분을 참고한다.

42 와이어의 끝부분은 롱로즈를 이용해 안쪽으로 살짝 구부려준다.

43 완성

44 37~43번 과정처럼 30, 32, 34번 와이어도 골뱅이 모양을 만든다.

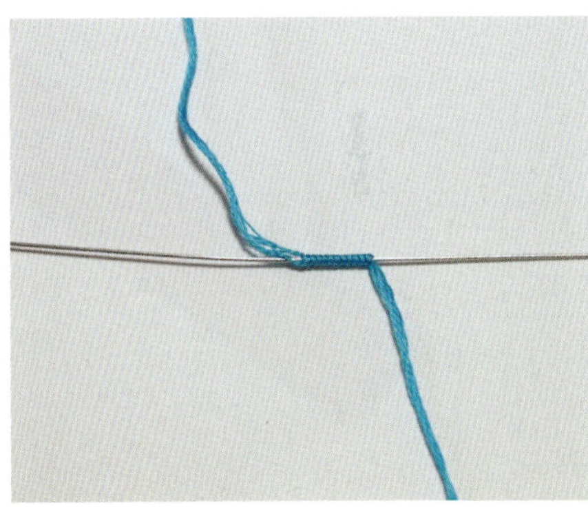

45 24호 와이어 14cm에 디엠씨면사 3845번 70cm 5가닥을 중앙감기한다.

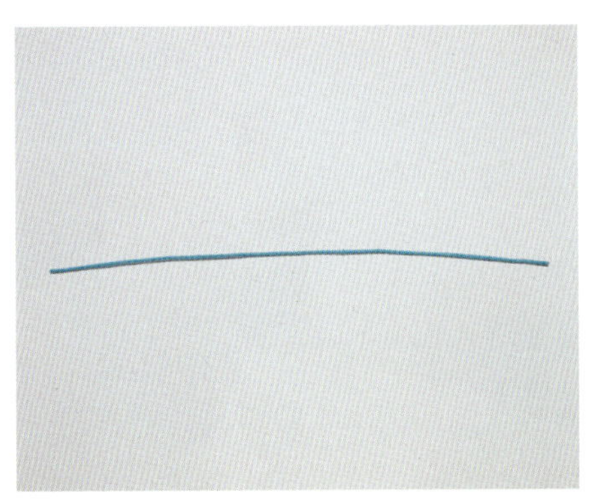

46 완성된 와이어는 곧게 편다.

47 롱로즈 밖으로 0.3mm 정도 나오게 레이스를 잡고, 살짝 구부려 물결모양을 만든다.

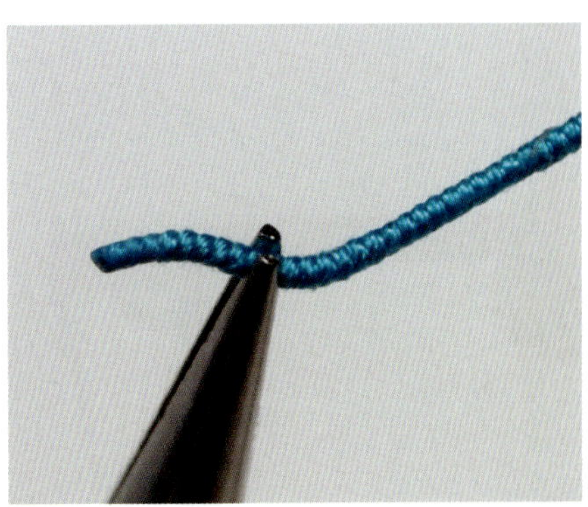

48 구부린 만큼 잡고 다시 한 번 모양을 잡는다.

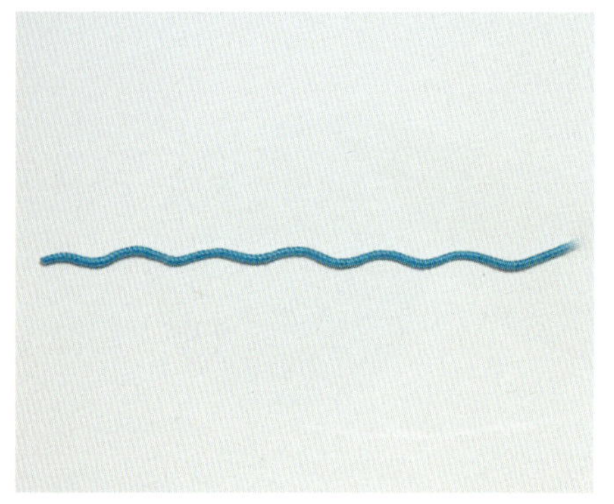

49 이렇게 완성해 놓고

50 이번엔 핀 바디에 디엠씨면사 321 번 3m 4가닥을 중앙감기한다.

51 완성하고 기본기법 중 바디에 코팅 하기를 참고하여 마무리해준다.

52 바디 왼쪽 0.2mm 떨어진 부분에 O링이 들어갈 수 있는 구멍을 만든다.

53 O링을 끼우고

54 연하늘 10cm, 청록 12.5cm 체인 을 끼운 뒤 O링을 꽉 다물어준다.

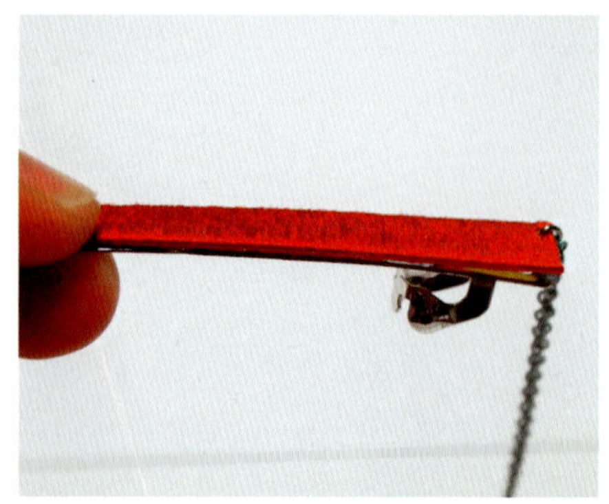

55 핀대 위에 바디를 올려놓고 체인 연결한 곳이 핀 열리는 곳에 위치하도록 잡아준 뒤 핀대의 가운데를 잡는다.

56 바디를 들어 올려 핀대를 글루건 으로 따뜻하게 데운 후 재빨리 글루건을 쏜다.

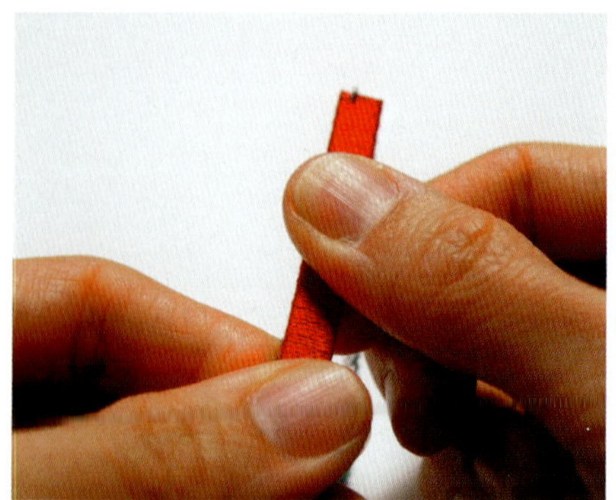

57 바디가 잘 붙을 수 있게 손으로 재빨리 힘있게 쓸어가며 붙인다.

58 튀어나온 글루건은 핀셋으로 재빨리 제거한다.

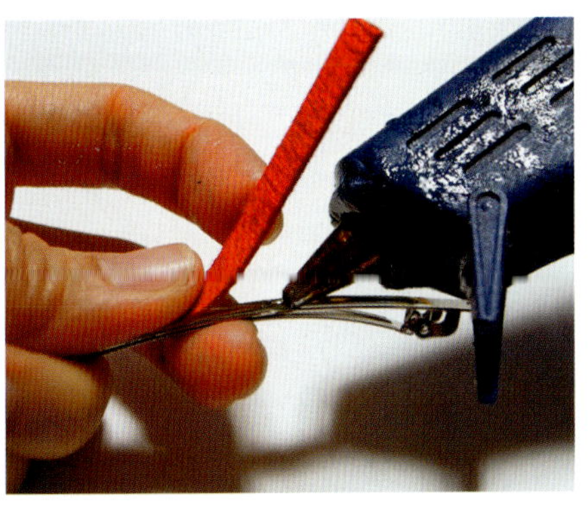

59 반대쪽 바디도 글루건을 이용해 튼튼하게 붙여준다.

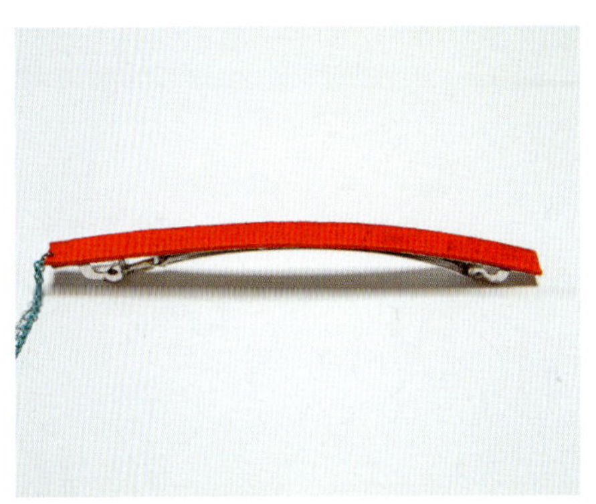

60 완성

61 꽃 뒤에 남은 실은 가위로 바짝 잘라낸다.

62 자르고 난 꽃은 뒤쪽이 보이도록 그대로 놓고

63 꽃과 같은 색상의 34번 골뱅이 뒤쪽에 본드를 충분히 칠한다.

64 꽃 뒤쪽에 골뱅이를 붙여주고 핀셋 등이나 무거운 책을 이용해 눌러준다.

65 3846번 골뱅이에 본드를 충분히 칠하고

66 이번엔 꽃잎 앞쪽 가운데에 붙여준 뒤 역시 무거운 책으로 눌러놓는다.

67 화이트터키석에 T핀을 끼워 구자 말이를 이용해 고리모양을 만든다.

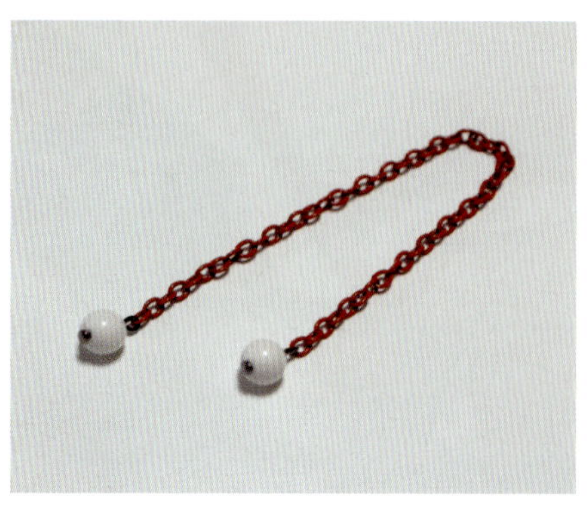

68 9cm 빨간 체인 양끝에 67번의 원 석을 끼운다.

69 체인을 5cm:4cm로 접어 65번 골 뱅이 가운데에 본드를 칠하고 올려놓는 다.

70 742번 골뱅이에 글루건을 쏜다.

71 69번의 체인 위에 올려놓고 손으 로 재빨리 꾹 눌러준다.

72 0.3mm 와이어 5cm 정도에 핀대 에 연결했던 두 체인을 끼운다.

73 3~4번 꼬아서 묶어주고 0.5mm만 남기고 잘라낸다.

74 바디에서 1cm되는 부분에 본드를 칠하고 체인 묶은 와이어를 올려놓는다.

75 와이어가 붙어 있는 곳부터 바디 가장자리까지 글루건을 쏜다.

76 꽃 뒤 골뱅이 끝 라인에 맞춰 바디에 붙인다.

77 옆으로 나온 글루건 찌꺼기는 핀셋으로 제거한다.

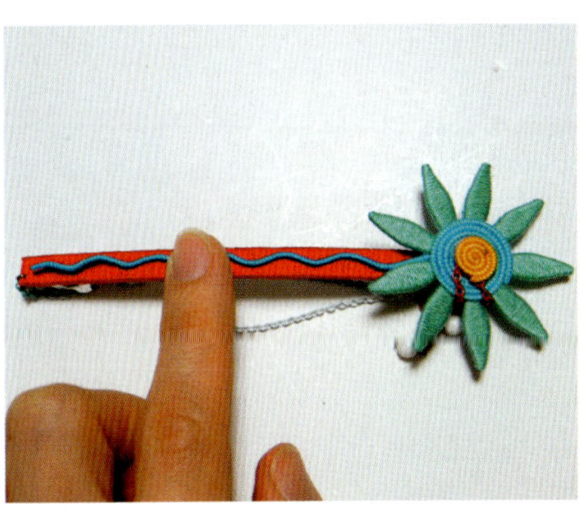

78 바디 끝에서 0.5mm 남겨놓고 레이스를 올려놓는다.

79 꽃 위로 올라오는 와이어는 잘라낸다.

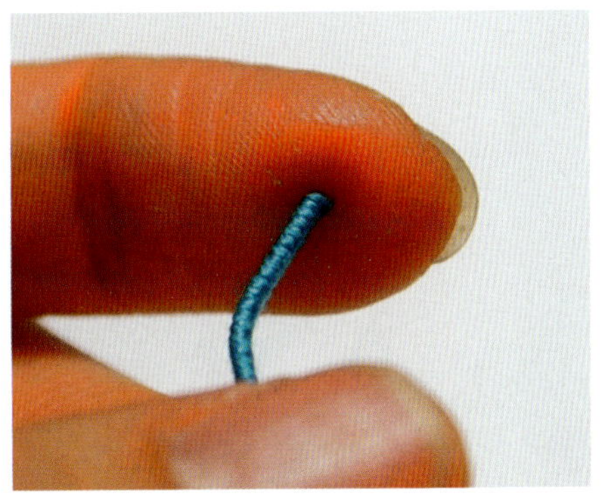

80 자르고 난 부위는 본드로 코팅하고 손으로 3초 정도 눌러준다.

81 레이스를 잡고 본드를 톡톡 찍듯이 균일하게 칠해준다.

82 자리 잡은 바디 위에 올려놓고 핀셋 등으로 지긋이 눌러준다.

83 311번 골뱅이에 글루건을 쏘고

84 꽃 붙인 반대쪽 체인 연결한 O링 위에 바짝 붙여준다.

85 완성

86 중앙에 ss10 카프리블루를 붙이고 카프리블루 주변에 ss6 토파즈를 붙여준 다.

87 파란 골뱅이 위에 ss6 히야신스를 붙인다. 큰 꽃잎 안쪽에 ss6 히야신스를 붙인다.

88 꽃 바깥쪽에 ss6 카프리블루를 붙인다.

89 311번 골뱅이 위에 ss6 히야신스를 붙인다.

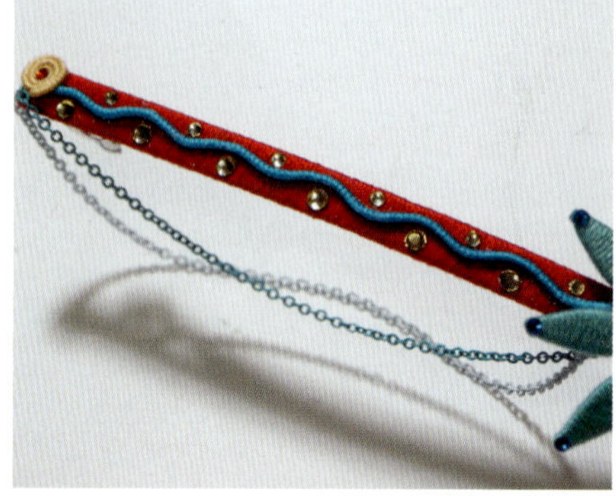

90 레이스 위아래로 ss6 존킬을 붙인다.

91 완성

14 보라꽃 머리띠 

보라빛의 반짝이는 꽃송이가 내 머리 위에 예쁘게 빛을 주네요. 가볍고 면사로 감아진 프레임도 부드러워 착용감도 좋답니다. 꽃이 크지도 작지도 않은 크기라 부담없이 포인트주기에 좋아요.

앵커면사 112번 150cm 6개, 70cm 6개

앵커면사 99번 110cm 6개, 70cm 1개

앵커면사 850번 570cm, 875번 55cm

폭 0.5mm 머리띠 프레임

도톰한 패브릭천 3X3cm

알루미늄판 15X15cm

230pvc 3X3cm

26호 플라워와이어 10cm

스와로브스키 핫픽스 ss6 블루지르콘 32개, ss6 아메시스트 72개, ss6 라이트 아메시스트 24개, ss6 라이트피치 42개, ss10 블루지르콘 15개

H OW TO MAKE

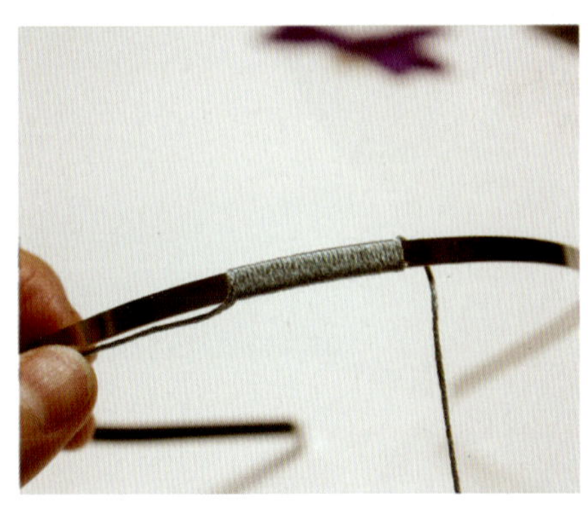

01 머리띠 프레임에 앵커 850번 570cm 6가닥을 그대로 감되 머리띠 한 쪽 끝에서 4cm 뺀 나머지 길이를 반으로 나눠 그곳에서 숭앙삼기한다.

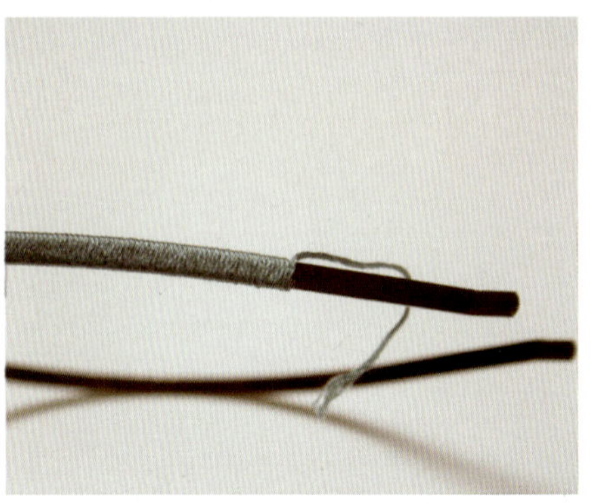

02 앞뒤로 본드를 잘 칠해가며 촘촘 히 감아주고 머리띠가 4cm 정도 남을 만큼 감았으면

03 앵커 99번 70cm 6가닥을 바로 이 어 촘촘히 감아나간다.

04 거의 다 감았을 때 다시 한 번 앞 뒤로 본드칠하고

05 감을 수 있는 만큼 감아준 뒤 남 은 실은 뒤쪽에서 바짝 잘라내고

06 자른 부위는 본드를 깨알만큼 칠 해 코팅한다.

07 머리띠 안쪽 그린실과 보라실이 만 나는 지점에 본드를 다시 한 번 칠해주 고

08 양쪽 실이 잘 붙도록 손으로 잡고 3~4번 정도 바짝 꼬아준다.

09 꼬아진 부분을 다시 가위로 누르 듯이 바짝 자르고

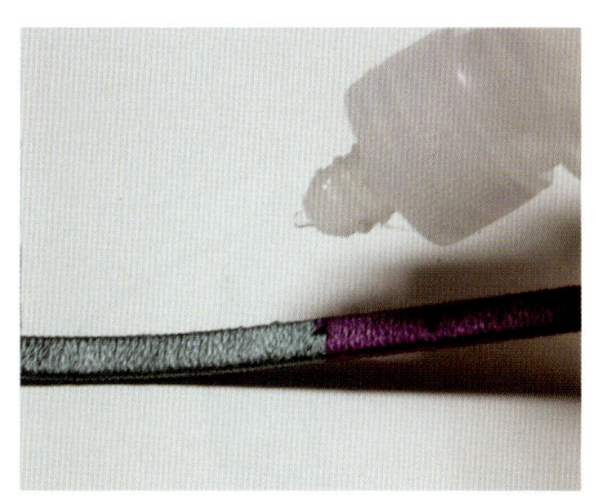

10 자른 부분에 본드를 칠해

11 가위로 누르듯이 가위질한다.

12 이렇게 완성해놓고

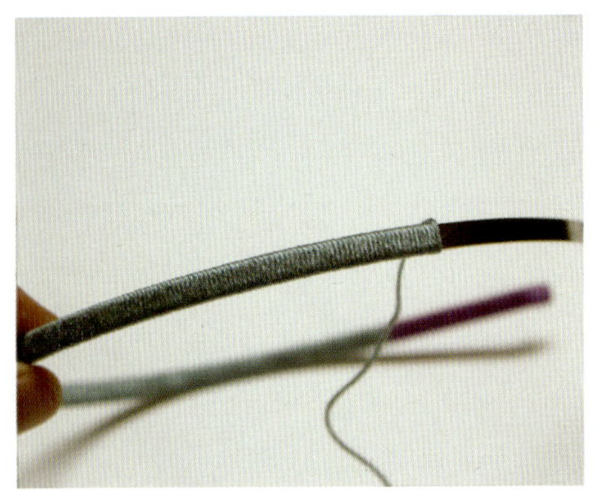

13 반대쪽도 남은 실로 촘촘히 감아
준다.

14 마찬가지로 거의 다 감았을 때

15 머리띠 안쪽에서 가위로 바짝 잘
라주고

16 가위질한 곳에 본드를 톡 칠하고
기본기법 중 바디에 코팅하기를 참고하여
완벽히 코팅해준다.

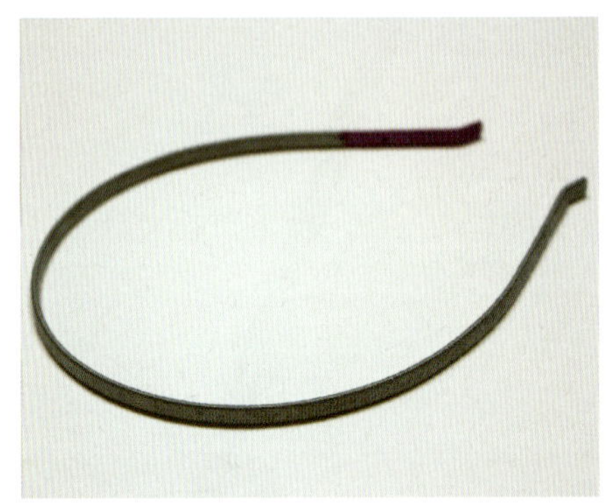

17 이렇게 완성시켜놓고

18 알루미늄판에 A, B, C번의 꽃잎을
책본을 보고 각각 6개씩 그려 오려놓는
다.

19 제일 큰 A번 꽃잎에 112번 150cm
4가닥으로 중앙감기한다.

20 잎이 좁아질수록 실 간격이 벌어지
니 한 번 감고 양 손톱 끝으로 내리고를
반복하며 끝까지 촘촘히 감아준다.

21 거의 다 감았을 때 다시 한 번 앞
뒤로 본드칠하고 감아준 뒤

22 뾰족한 알루미늄의 끝 부분을 가위로 제거해준다.

23 남은 실도 가위로 바짝 잘라주고

24 자른 부위에 본드를 톡 칠해준 뒤

25 깨끗한 손으로 앞뒤로 3초 정도 눌러주고 양옆으로도 3초 정도 눌러준다.

26 이렇게 완성하고

27 남은 반대쪽도 앞뒤로 본드를 얇게 칠해가며 촘촘히 감아준다.

28 거의 다 감았을 때 다시 한 번 앞뒤로 본드칠해 주고 마저 다 감은 뒤

29 마찬가지로 알루미늄의 뾰족한 부분 먼저 가위로 살짝 잘라내고 남은 실도 가위로 바짝 자르고

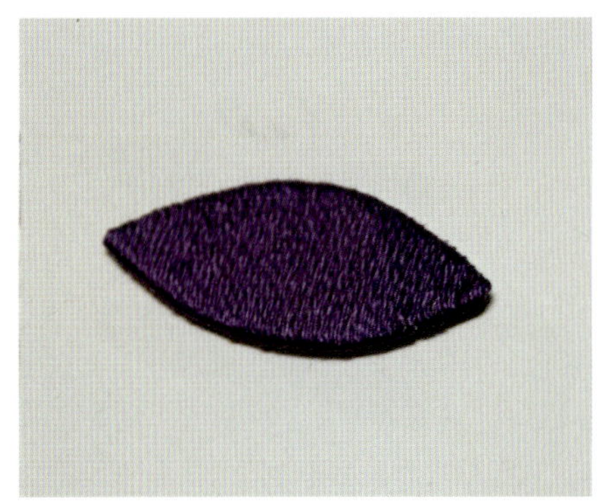

30 25번과 같은 방법으로 코팅해준다.

31 같은 방법으로 나머지 A번 꽃잎 5개도 완성한다.

32 이번엔 중간크기인 B번 꽃잎에 앵커 99번 110cm 4가닥으로 중앙감기한다.

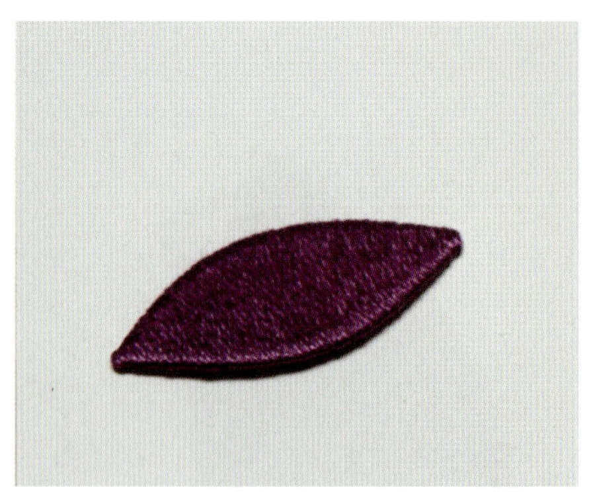

33 A번 꽃잎과 같은 방법으로 만들어 완성해주고

34 역시 남은 5개의 B번 꽃잎들을 완성한다.

35 제일 작은 C번 꽃잎에 112번 70cm 4가닥으로 중앙감기한다.

36 A번 꽃잎과 같은 방법으로 만들어 완성해주고

37 역시 남은 5개의 C번 꽃잎들을 완성시켜준다.

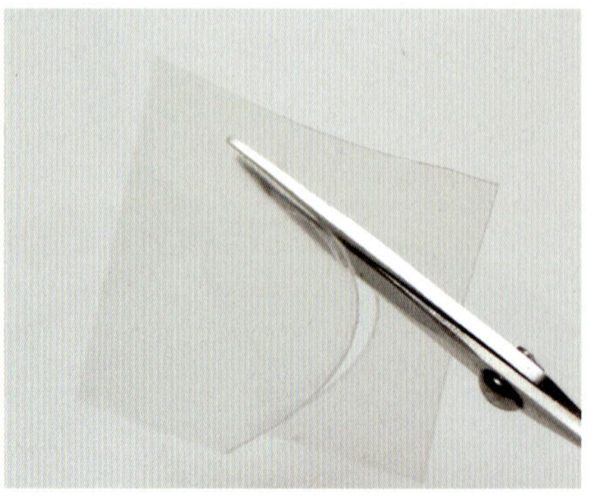

38 230pvc에 지름 2.3cm 정도의 원을 그려 오려준다.

39 오린 pvc에 본드칠해서

40 패브릭천에 올려 붙이고

41 패브릭천을 오린 pvc 원보다 0.3mm 정도 크게 오려준다.

42 230pvc 투명바디가 보이도록 위로 놓고 그 위에 A번 꽃잎을 사진처럼 마주 하도록 놓는다.

43 이번엔 그 사이에 A번 꽃 2개를 끼워넣는다.

44 나머지 꽃잎도 끼워넣어 위치를 잡은 뒤 꽃잎을 하나하나 들어 붙을 공간 만큼 글루건을 쏘아 꽉 눌러 붙여준다.

45 이번엔 A번 꽃잎 사이사이로 B번 꽃잎을 올려놓고 글루건을 얇게 쏘아 꽉 붙여준다.

46 남은 C번 꽃잎도 B번 꽃잎의 사이사이로 자리 잡아준 뒤 글루건을 얇게 쏘아 꽉 눌러 붙여준다.

47 26호 10cm에 875번 55cm 4가닥 으로 중앙감기한다.

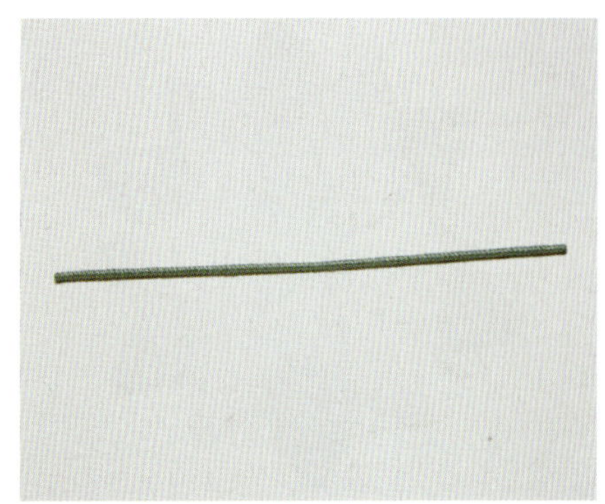

48 양쪽 끝에 잘 코팅해주고 와이어 가 휘지 않도록 곧게 펴준 뒤

49 기본기법 골뱅이 감기를 참고로 직선의 길이가 3cm 정도 남을 때까지 골뱅이를 감아준 뒤

50 그 다음부터는 사진처럼 골뱅이 아래로 내려 감아간다(기본기법 중 이중 골뱅이 감기 참고).

51 거의 다 돌려 감아주면 사진처럼 끝이 직선처럼 펴진 상태로 되는데

52 이 부분을 롱로즈로 잡고 굴려

53 사진처럼 골뱅이 안쪽으로 말아 집어넣는다.

54 완성된 골뱅이의 앞모습

55 골뱅이에 글루건을 짜 넣고 사진처럼 꽃송이 한가운데에 눌러 붙여준다.

56 한가운데 ss10 블루지르콘을 1개를, 그 주위에 ss6 블루지르콘 7개를 빙 둘러 붙여준다.

57 56번 주위에 다시 ss6번 블루지르콘을 빙 둘러 붙여준다.

58 C번 꽃잎 시작점에 삼각형 모양처럼 SS6 아메시스트를 붙여준다.

59 SS6 라이트 아메시스트를 각각 4개씩 가운데 라인에 붙여준다.

60 B번 꽃잎엔 라이트피치를 각각 7개씩 사진처럼 붙여주고, A번 꽃잎 가장자리엔 SS6 아메시스트를 9개씩 사진처럼 붙여준다.

61 앵커 99번으로 감은 머리띠의 반대쪽 적당한 곳에 글루건으로 꽃송이를 꽉 눌러 붙인다.

62 머리띠 프레임에 ss10 블루지르콘을 1.5cm 간격으로 붙여나간다.

63 ss10 블루지르콘 사이에 ss6 블루지르콘을 붙여나간다.

64 손으로 꽃잎을 올려 입체감을 준다.

65 나머지 꽃들도 조금씩 올려가며 모두 입체감을 표현해준다.

66 완성!

 **실크 나비 머리띠** 

비단나비 한 마리가 살포시 머리 위에 앉은 듯한 느낌의 머리띠입니다.
과하지 않은 크기에 동양적인 매력이 물씬 나는 고급스러운 색상과 재질로 한복차림에도
잘 어울린답니다.

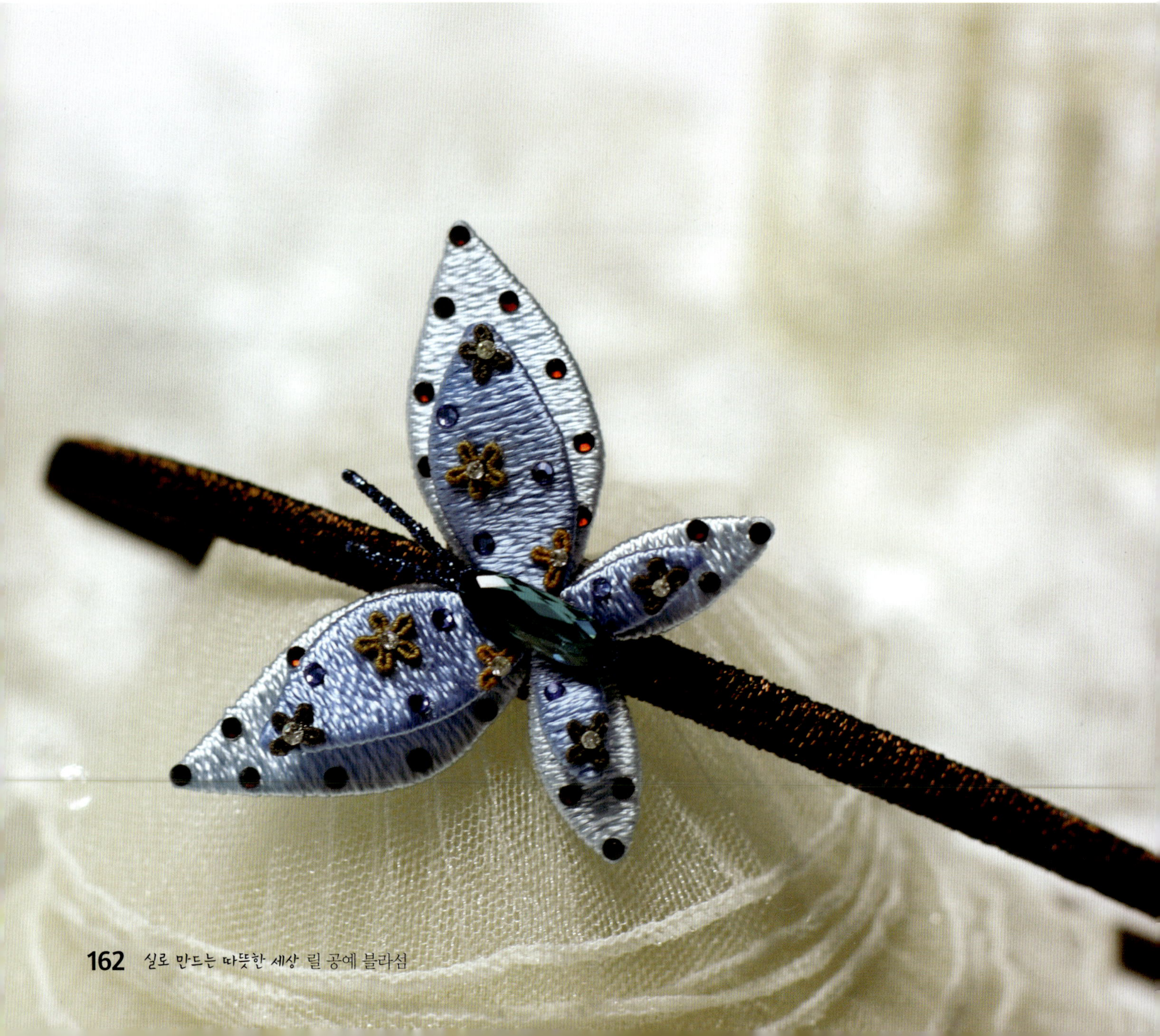

앵커레이온사 1059번 330cm, 1009번 180cm

디엠씨 메탈사 E898번 500cm

앵커면사 1088번 20cm, 1046번 15cm, 349번 14cm

티아라메탈사 111번 35cm

230pvc 7X6cm

알루미늄판 6X5cm

24호 플라워와이어 6cm

0.5mm폭의 머리띠 프레임

0.3mm 멀티와이어 20cm

스와로브스키 크리스털 0.5X1.5mm 크기 블루지르콘색(없으면 크기만 비슷한 원석이나 장식물)

스와로브스키 ss6 시암 24개, ss6 사파이어 8개, 스와로브스키 크리스탈 pp11mm 4개, pp13mm 4개

HOW TO MAKE

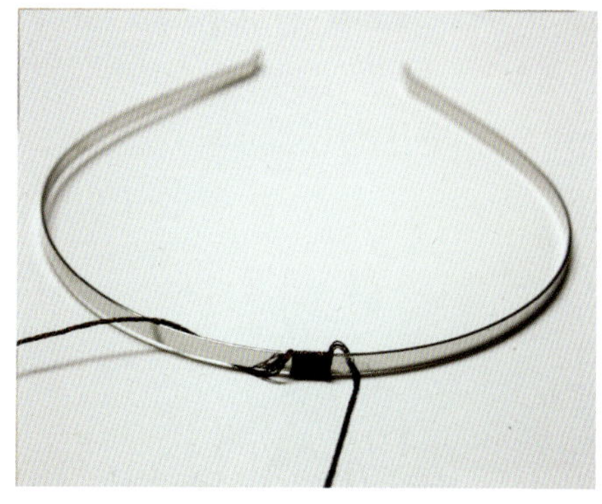

O1 디엠씨 메탈사 E898번 500cm로 머리띠 프레임에 본드를 앞뒤로 적당히 칠해가며 중앙감기한다.

O2 메탈사는 세 번 정도 돌려 감고 양 손톱으로 내려 모아 붙이는 식으로 촘촘히 감아주면 된다.

O3 거의 다 감았을 때 다시 한 번 앞뒤로 본드칠해서 촘촘히 감아주어야 풀리지 않는다.

04 이 정도까지만 감고 남은 실은 가위로 바짝 머리띠 안쪽에서 잘라내고

05 본드를 깨알만큼 칠한 후 손으로 5초 정도 눌러준 뒤

06 마무리해준다. 붙지 않았다면 반복해서 눌러 붙인다.

07 반대쪽도 같은 방법으로 촘촘히 감아나간다.

08 4~6번과 같은 과정으로 마무리해준다.

09 책본 A모양으로 오린 230pvc에 앵커 1059번 240cm 중 120cm를 남기고 나비의 큰 날개 한쪽을 아래부터 감기 시작하되 면사 반대반향으로 감는다.

10 1cm 생노 삼고 손으로 앞뒤를 쓸어 잘 붙게 해준 뒤

11 계속 앞뒤로 얇게 본드칠해가며 감다가 좁아지는 부분부터는 실이 벌어지지 않도록 양 손톱으로 내리면서 좁혀 감는다.

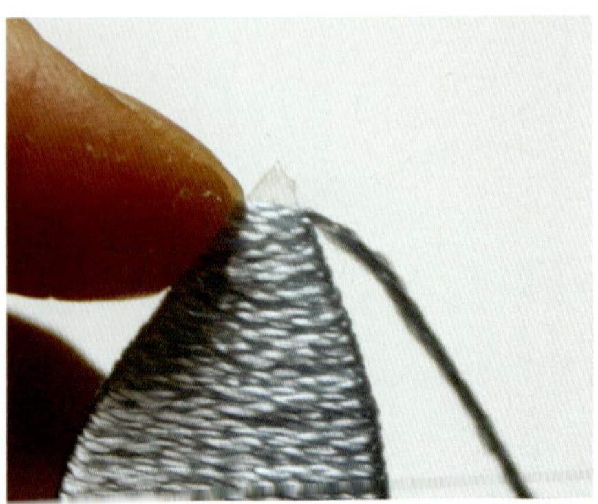

12 거의 끝까지 감았을 때 다시 한 번 본드칠해 감아주고

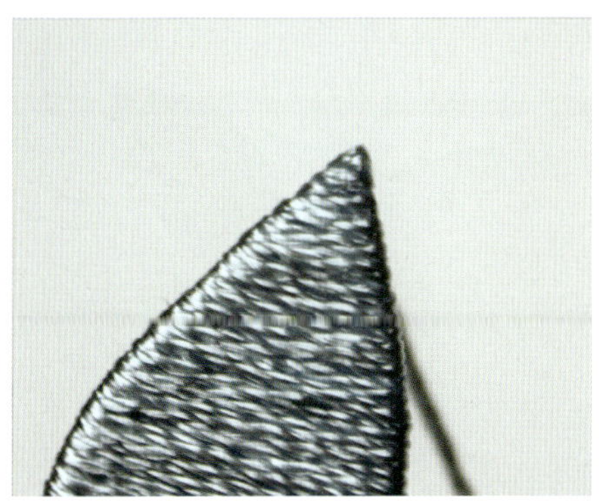

13 완벽히 감았으면

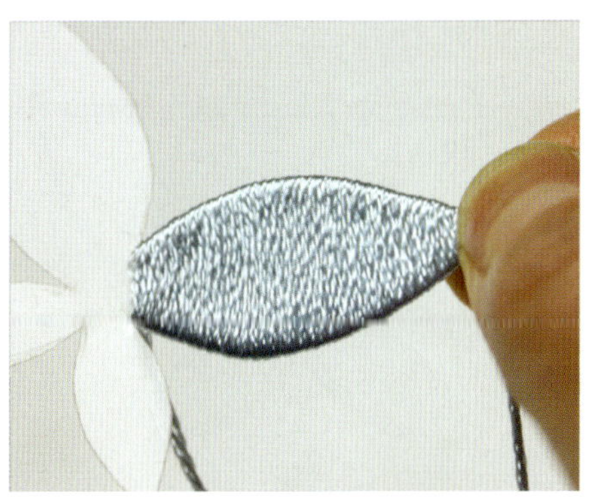

14 3초 정도 손으로 눌러 잘 붙게 한 뒤

15 가위로 남은 실을 바짝 잘라내고

16 자른 부분에 본드를 칠해서

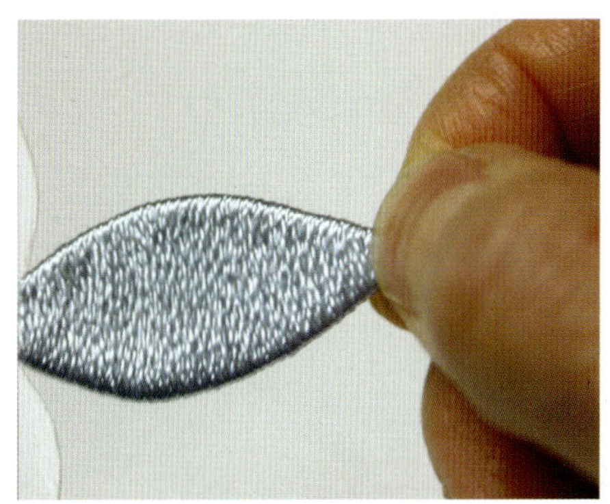

17 본드기 없는 깨끗한 손으로 앞뒤로 두 번 정도 톡톡 눌러준다.

18 뾰족한 날개 모양이 살도록 옆쪽으로도 두 번 정도 톡톡 눌러준다.

19 처음에 남겨놓았던 120cm 실로 실 감은 반대쪽 큰 날개를 같은 방법으로 감아나간다.

20 완벽히 감고선 앞에 만든 나비와 같이 마무리 코팅까지 해준다.

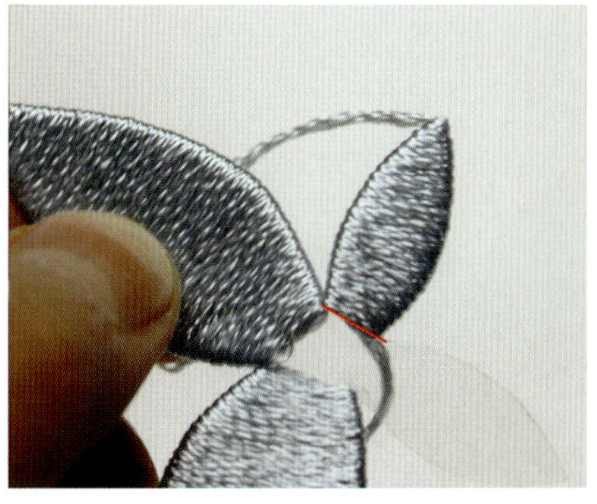

21 이번엔 앵커 1059번 90cm 중 45cm로 아래 작은 날개 한쪽을 빨간 선 부분부터 면사의 반대방향으로 감아나가기 시작한다.

22 끝에도 앞과 같이 코팅해주고 남은 45cm 실로 나머지 작은 날개를 빨간 선 부분부터 감아준다.

23 코팅해서 완성하면 이렇게 가운데 부분만 남게 된다.

24 이번엔 알루미늄판에 B번 나비를 그려 오리고 앵커 1009번 140cm 중 70cm로 위쪽 날개를 면사 반대방향으로 촘촘히 감는다.

25 역시 모양이 좁아지는 곳에선 실이 벌어지므로 감는 즉시 양 손톱으로 내려가면서 촘촘히 감아준다.

26 완전히 다 감았으면

27 남은 실은 나비 뒤쪽에서 가위로 바짝 잘라내고

28 자른 부위에 본드를 칠해서

29 깨끗한 손으로 앞뒤로 2번 정도 톡톡 눌러주고

30 다시 날개의 뾰족한 모양이 살도록 옆쪽에서도 눌러준다.

31 반대쪽 윗날개도 남은 70cm 실로 감아주고 코팅한다.

32 이번엔 아래쪽 날개를 앵커 1009 번 40cm 중 20cm를 남기고 빨간 선 부분부터 면사반대반향으로 감아나간다.

33 코팅해주고 남은 아래 날개도 20cm 남긴 실로 마저 감아주고 코팅한다.

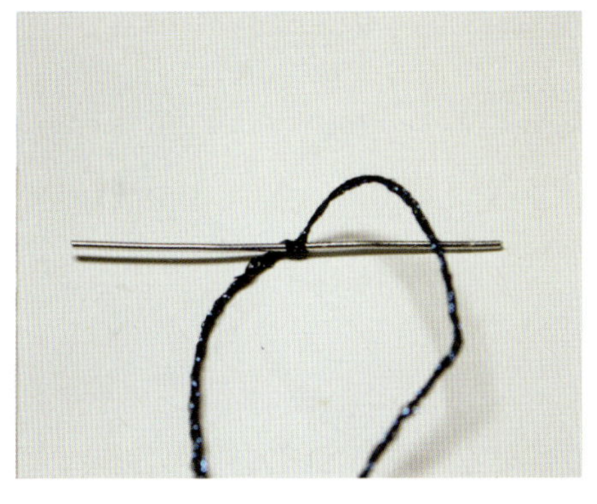  

34 24호 와이어 6cm에 티아라 35cm 중앙감기한다.

35 반쪽을 끝까지 다 감고

36 3초간 눌러주어 잘 붙게 한 뒤

37 남은 실은 가위로 바짝 자르고

38 자른 부위에 깨알 반만큼 본드를 톡 칠해주어 실감은 방향으로 두세 번 힘있게 돌려 코팅한다.

39 반대쪽도 마저 감고 똑같이 코팅해준다.

40 사진처럼 한쪽이 0.3mm 정도 길게 되도록 반 접어준다.

41 롱로즈를 이용해 접은 안쪽의 간격이 0.5mm 정도가 되도록 모양을 잡아준다.

42 준비된 크리스털을 올려주고 빨간 표시선에서

43 꺾어주어 사진처럼 크리스털을 올릴 공간을 만들어준다. 빨간 동그라미 부분이 붙도록 조정한다.

44 크리스털을 올리면 이런 모양이 된다.

45 큰 나비 가운데 부분에 재빨리 글루건을 일자로 길게 쏘고

46 작은 나비를 중심에 맞게 잘 올려놓고 손가락으로 꽉 눌러 붙인다.

47 43번에 나비 더듬이를 핀셋으로 잡아 본드를 톡톡 두드리듯이 전체적으로 발라준다.

48 46번 중앙에 올려놓고 핀셋으로 지긋이 눌러 붙여준다.

49 나비 더듬이 속 공간에 강력본드를 채워 넣어 크리스털을 붙여준다.

50 붙인 모습

51 0.3mm 와이어 6cm에 앵커면사 1046번 15cm 2가닥으로 중앙감기한다.

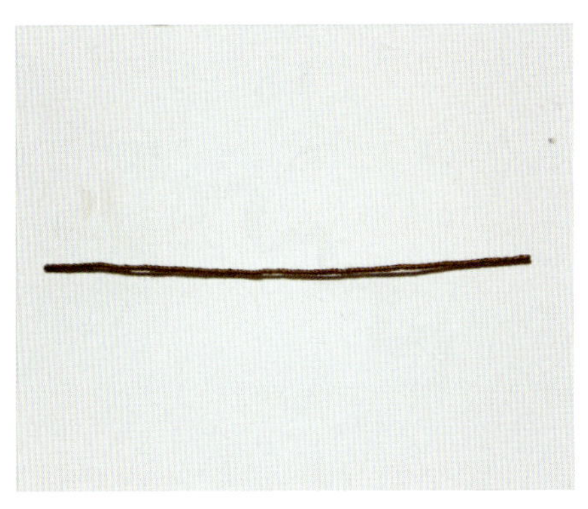

52 양쪽 모두 감고 코팅도 해주고

53 핀셋을 이용해 책본을 따라

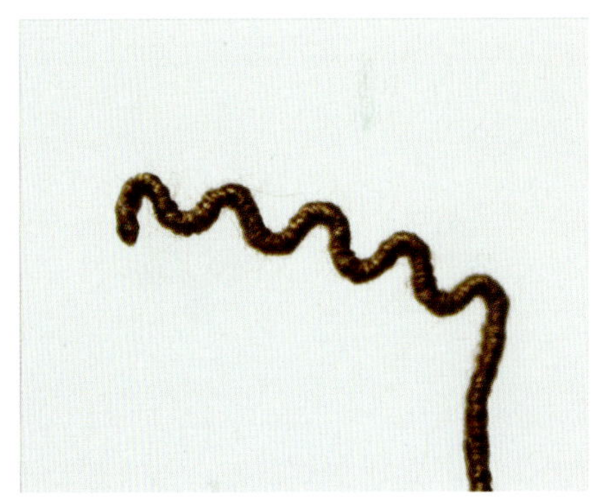

54 작은 레이스 5개를 만든다.

55 레이스 길이에 맞춰 나머지 와이어는 니퍼로 잘라내고

56 잘라낸 부위는 반드시 본드로 코팅해준다.

57 핀셋을 이용해 레이스의 연결된 부분을 눌러 붙여준다.

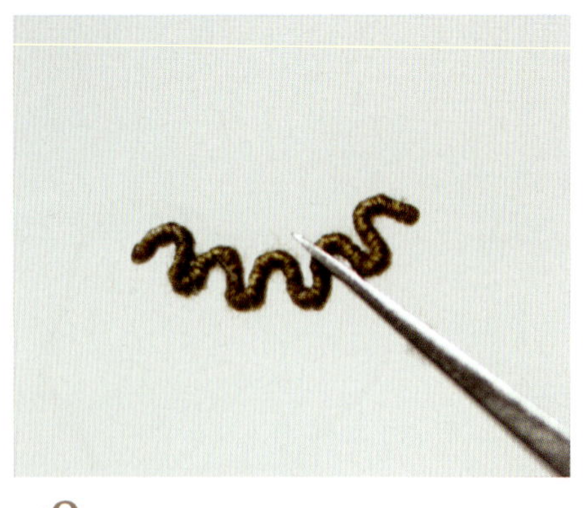

58 연결된 4군데 모두 좁혀 주었으면

59 꽃잎 사이사이를 핀셋으로 벌려

60 사진처럼 꽃송이 하나를 만든다.

61 남은 와이어로 하나 더 똑같이 만들어 준다.

62 이번엔 0.3mm 와이어 8cm에 앵커 1088번 20cm 2가닥으로 감고 핀셋을 이용해 책본을 따라 레이스 4개를 완성한다.

63 남은 와이어는 레이스 길이에 따라 잘라내고

64 연결된 부분을 핀셋으로 지긋이 눌러 붙여준다.

65 이렇게 완성되면

66 다시 꽃잎 하나하나 핀셋으로 내려 모아

67 꽃송이 하나가 잘려나간 듯한 4잎 꽃송이를 만들어 준다.

68 남은 와이어로 나머지 3개 더 완성한다.

69 이번엔 0.3mm 와이어에 앵커 349번 14cm로 감아주고 책본따라 레이스를 3개 만든다.

70 앞과 같은 방법으로 3잎의 꽃송이를 사진과 같이 2개 만들어 준다.

71 앞에 만들어 놓은 꽃송이들을 핀셋으로 잡고 본드를 톡톡 찍듯이 고루 발라 작은 나비 위에 얹어 붙이고 핀셋 등으로 눌러준다.

72 사진처럼 4잎 꽃송이는 위아래 4군데에, 5꽃송이는 위 날개 한가운데 3잎꽃송이는 위 날개 아래에 붙이면 된다.

73 꽃송이 가운데에 각각 크기에 맞는 pp크리스털에 본드를 묻히고 얹어주어 핀셋으로 눌러 붙인다.

74 ss6 사파이어를 사진처럼 작은 날개 위에 붙여준다.

75 손으로 작은 날개를 지긋이 올려주어 입체적으로 만든다.

76 ss6 시암을 큰 날개의 보이는 부분에 사진처럼 붙여준다.

77 감아놓은 머리띠의 적당한 위치에 글루건으로 재빨리 나비를 붙이고 꾹 눌러준다.

78 핸드메이드 라벨이 있으면 뒤쪽에 깔끔하게 본드로 붙여준다.

79 완성!

16 브라우니 포니테일

탐스러운 꽃송이 하나! 톤 다운된 차분한 컬러와 가벼운 무게감으로 착용감까지 기분 좋아
집니다. 꽃잎 끝마다 작은 이슬방울이 맺힌 듯한 영롱한 반짝임이 무척이나 예쁘답니다.

ATERIAL

230pvc 21X25cm

판 있는 머리끈

26호 플라워와이어 40cm 3개

0.3mm 멀티와이어 70cm 정도

앵커면사 1086번 360cm, 1084번 300cm, 390번 200cm, 893번 160cm, 894번 120cm, 1027번 100cm

디엠씨면사 3864번 240cm, 156번 270cm

스와로브스키 핫픽스 ss6 파파라샤 42개, ss3 크리스털 96개

OW TO MAKE

01 230pvc에 책본 A꽃잎을 따라 송곳으로 잘 그린 뒤 가위로 한 방향만 일단 모두 잘라준다.

02 1번을 다 잘랐으면 반대로 뒤집어서 반대쪽 라인을 따라 마저 잘 오린다.

03 이렇게 모두 A~F까지의 꽃잎을 조심스레 오려주고

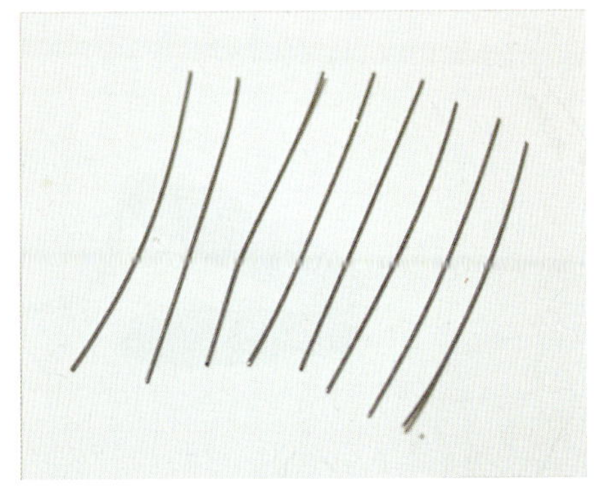

04 26호 플라워와이어를 4cm로 8개 잘라놓는다.

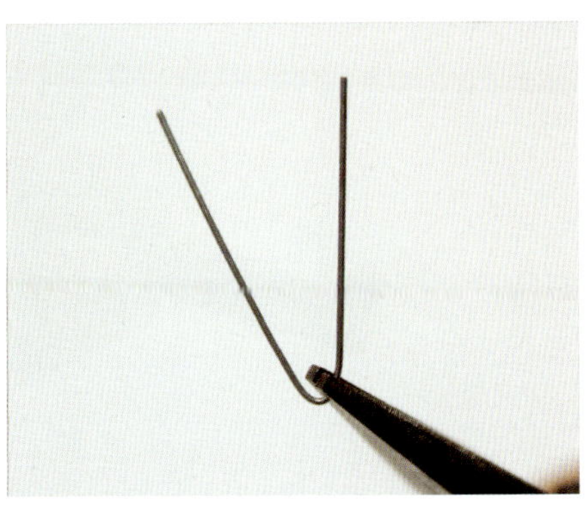

05 롱로즈를 이용해 V자형으로 꺾어주고

06 A꽃 위에 사진처럼 얹어놓고

07 앵커 1086번 90cm 3가닥으로 45cm씩 나눠 꽃잎 두 개를 와이어와 함께 앞뒤로 본드를 얇게 칠해가며 감아나간다.

08 위쪽은 실이 벌어질 수 있으니 한 번 감고 손톱으로 즉시 내려주고를 반복하면서 촘촘히 감아나간다.

09 완벽히 감은 뒤

10 3초 정도 손으로 눌러주고

11 가위로 남은 실은 바짝 자른 뒤

12 자른 곳엔 본드를 톡 칠해주고

13 본드기 없는 깨끗한 손으로 3초 정도 앞뒤로 눌러준다.

14 다시 한 번 옆으로도 눌러주어 코팅한다.

15 나머지 한쪽도 마저 감고 똑같이 마무리 코팅해준다.

16 미리 잘라 놓은 또 다른 와이어를 V자로 꺾어놓고 사진처럼 다른 두 꽃잎에 대고

17 7번에 남은 1086번 90cm 3가닥을 이용해 반씩 나눠 앞과 똑같은 방법으로 감아나간다.

18 똑같이 마무리도 하고

19 또 다시 와이어를 V자로 꺾어 꽃잎 두 개에 대고

20 다시 1086번 90cm 3가닥으로 반반 나눠 두 개의 꽃잎을 와이어와 함께 감아준다.

21 이런 식으로 모두 다 감아준다.

22 26호 와이어를 3cm로 잘라 B번 꽃잎 위에 사진처럼 얹어놓고

23 앵커면사 1084번 75cm 3가닥을 반반 나눠 꽃잎 두 개를 앞뒤로 본드 얇게 칠해가며 와이어와 함께 감아준다.

24 코팅도 마무리하며 앞과 같은 방법으로 모두 감아 완성한다.

25 이번엔 0.3mm 멀티와이어를 2.5cm로 잘라 C번 꽃잎 위에 얹어놓고

26 앞과 똑같은 방법으로 디엠씨 3864번 60cm 3가닥을 반으로 나눠 감아준다.

27 이번엔 D번 꽃잎에 0.3mm 멀티와이어를 2.5cm로 잘라 V자로 꺾어 붙이고

28 앵커 390번 50cm 3가닥을 반으로 나눠 촘촘히 감아 완성해준다.

29 E번 꽃잎은 0.3mm 멀티와이어 2cm로 잘라 V자로 꺾어 붙이고

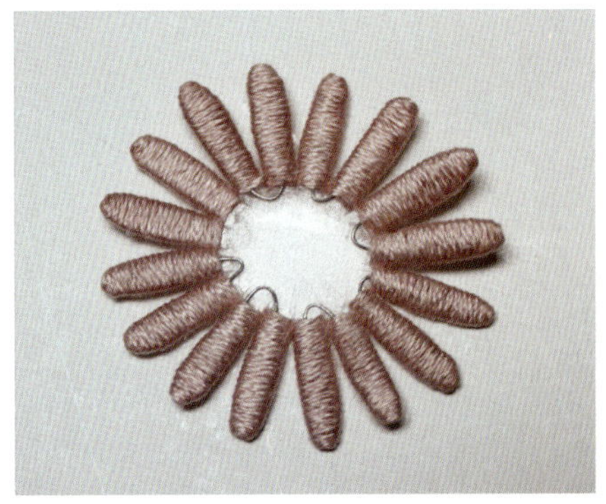

30 앵커 893번 40cm 3가닥을 반으로 나눠 촘촘히 모두 감아 완성한다.

31 마지막으로 F번 꽃잎은 와이어 없이

32 앵커 894번 30cm 3가닥을 반으로 나눠 촘촘히 감아 완성한다.

33 잎사귀를 책본따라 그려 오린 뒤 디엠씨 156번 90cm 3가닥으로 중앙감기 한다.

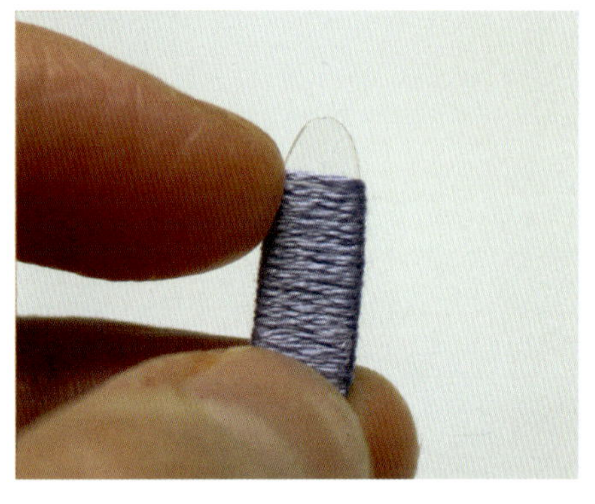  

34 잎 모양이 좁아지는 부분부터는 한 번 감고 손톱으로 내리고를 반복하며

35 끝까지 감아준 뒤 남은 실은 가위로 바짝 잘라주고

36 자른 곳은 본드를 깨알만큼 톡 칠한 뒤 앞뒤로 눌러 코팅해준다.

  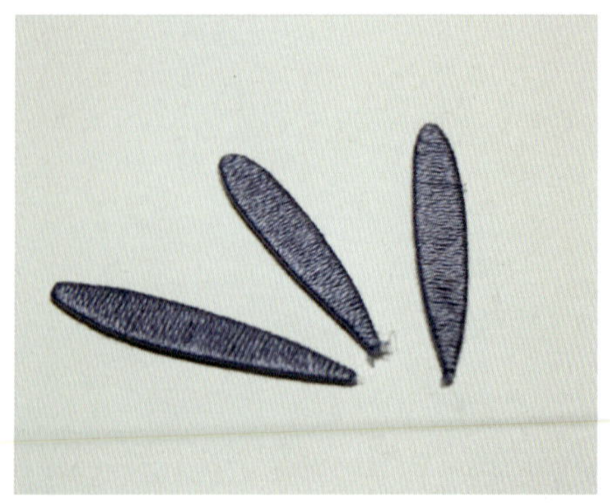

37 나머지 반대쪽 뾰족한 부분도 촘촘히 감아주고

38 별도 코팅 없이 남은 실은 가위로 바짝 잘라준다.

39 이렇게 같은 방법으로 2개 더 완성해준다.

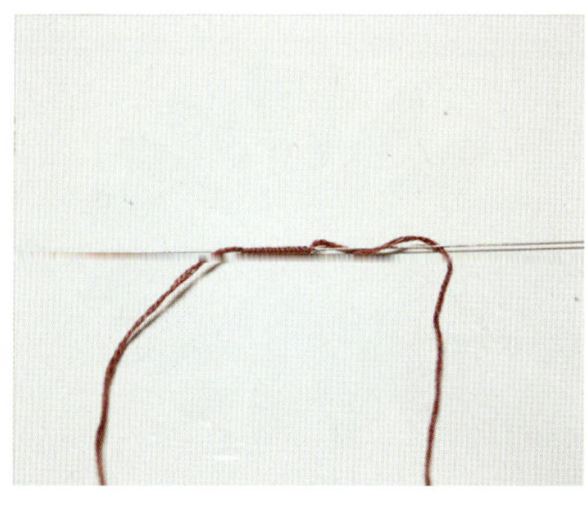

40 26호 와이어 20cm를 앵커 1027번 100cm 4가닥으로 중앙감기한다.

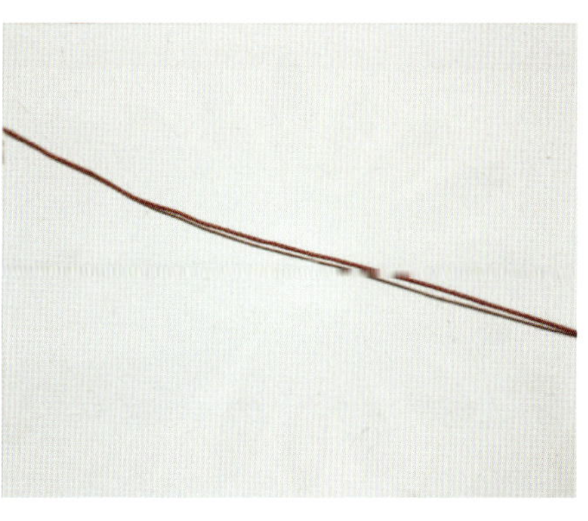

41 끝까지 다 감고 양쪽 모두 코팅해 준다.

42 일반 골뱅이보다 약간 더 길게 2.5mm 정도 꺾어 주고

43 촘촘히 감기 시작한다.

44 골뱅이의 지름이 1.5cm가 되면

45 이때부터 한 층 아래로 내려감아 이중골뱅이를 만든다.

46 골뱅이 사이가 벌어지면 감은 방향으로 힘주어 계속 감아 사이를 좁혀준다.

47 골뱅이가 끝나는 부분은 사진처럼 뻗치게 되는데

48 이 부분을 롱로즈로 굴려

49 자연스럽게 골뱅이 안으로 들어가
도록 해준다.

50 A번 꽃잎 한가운데 글루건을 재빨
리 쏘고

51 A번 꽃잎 사이사이에 B번 꽃잎이
오도록 가운데 부분을 꽉 눌러 붙여준
다.

52 B번 꽃잎 한가운데 글루건을 재
빨리 쏘고 C번 꽃잎이 사이사이 오도록
가운데 부분을 꽉 눌러 붙이고

53 C번 꽃잎 사이사이에 D번 꽃잎이
오도록 가운데 부분을 글루건으로 꽉 눌
러 붙여준다.

54 E번과 F꽃잎도 사이사이에 오도록
가운데 부분을 꽉 눌러가며 붙여준다.

55 이런 식으로 붙이면 옆에서 볼 때
자연스러운 볼륨이 생기게 된다.

56 F번 꽃잎 한가운데에 글루건을 적
당히 쏘고

57 49번에 감아놓은 골뱅이를 얹어
지긋이 돌려가며 붙여준다.

58 골뱅이에 ss6 파파라샤를 전체적으로 붙여준다.

59 꽃잎 끝에는 모두 ss3 크리스탈을 붙여준다. 인두기로 3초간 눌러주면 된다.

60 사진처럼 잎사귀가 오도록 자리를 잡아주고

61 뒤로 돌려 본드로 붙여준다.

62 글루건으로 머리끈을 재빨리 붙여준다.

63 포니테일 완성!

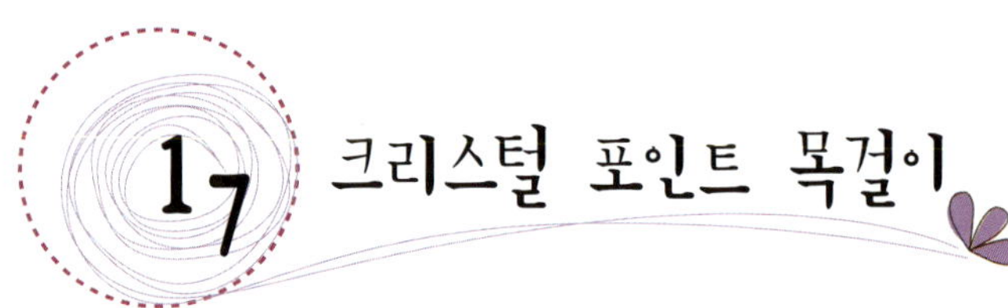

17 크리스털 포인트 목걸이

반짝이는 크리스털이 포인트로 돋보이도록 디자인된 목걸이예요.
패브릭이 매치되어 앤티크한 느낌에 독특함과 가벼움까지, 착용하시면 더욱 더 멋스러운
목걸이랍니다.

MATERIAL

디엠씨 메탈사 E130번 180cm, E815번 180cm

230pvc 8X3cm

알루미늄판 11X7cm

1.2mm 공예와이어 4cm

신주 O링 2개

2cm 내외의 삼각 크리스털(블루지르콘색) 1개

신주 두께 메탈체인 40cm 정도

신주 목걸이훅

두꺼운 패브릭 골드컬러 11X8cm

앵커면사 923번 20cm

스와로브스키 ss6 에메랄드 23개

메탈픽스 신주색 2mm짜리 35개

메탈볼륨픽스 3mm짜리 10개

HOW TO MAKE

01 금색에 가까운 도톰한 패브릭을 준비한다.

02 책본 A형을 따라 알루미늄판을 오린다.

03 알루미늄판에 본드를 고루 칠하고 패브릭에 얹어준다.

04 패브릭을 모양따라 오리되 알루미늄판보다 0.2mm 정도 크게 오린다.

05 이렇게 오려놓고

06 알루미늄판과 0.2mm 남긴 패브릭에 본드를 골고루 칠한 후

07 다시 패브릭 위에 올려놓는다.

08 알루미늄판을 살살 눌러가며 붙이고 특히 0.2mm의 패브릭 부분도 잘 붙도록 골고루 눌러준다.

09 3분 정도 경과 후 모양 따라 가위로 잘 오려준다.

10 이렇게 잘 오려주면

11 패브릭 가장자리 부분들의 실밥이 생길 수 있는데

12 이 부분에 본드를 쭉 칠해서 손으로 한 번 쓸어주어 코팅시킨다.

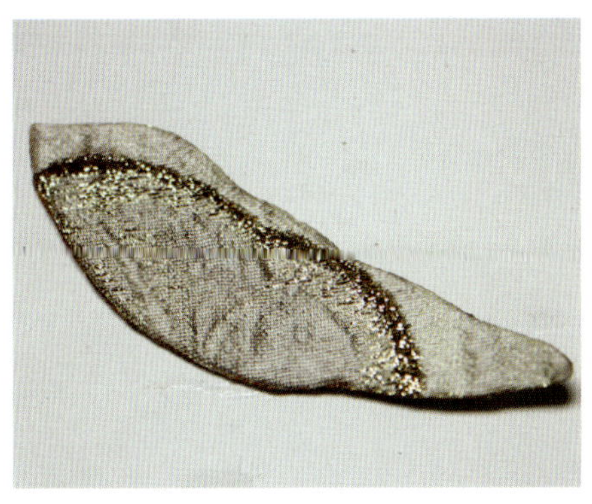

13 이렇게 완성해놓고

14 이번엔 책본 b를 알루미늄판에 대고 오려준 뒤

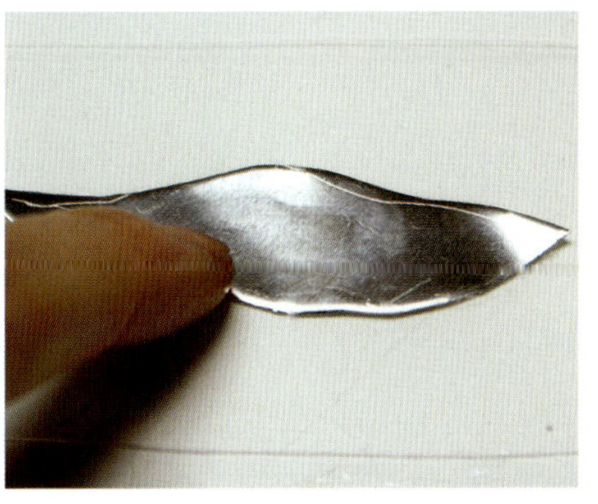

15 pvc판에 양면테이프를 이용해 붙여준다.

16 알루미늄 모양따라 잘 오려준 뒤

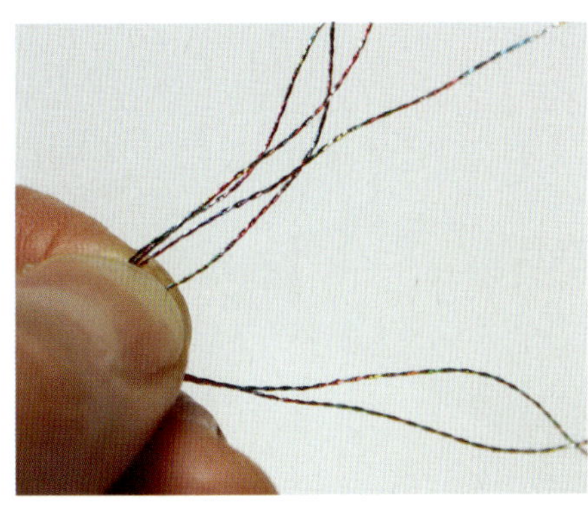

17 메탈사 6가닥 중 2가닥을 분리해서

18 2가닥은 버려두고 4가닥이 잘 모이도록 꼬아준 뒤

19 4가닥을 반으로 나눠 b본에 대고 중앙 감기 한다.

20 모양이 점점 좁아지는 곳은 실 간격이 벌어지기 쉬우므로 손톱으로 내려 좁혀가면서 감아준다.

21 거의 다 감았을 때 다시 한 번 앞뒤로 본드칠해

22 완벽히 감아준 뒤

23 가위로 남은 실은 바짝 잘라내고

24 가위질한 곳에 본드를 칠해준 뒤

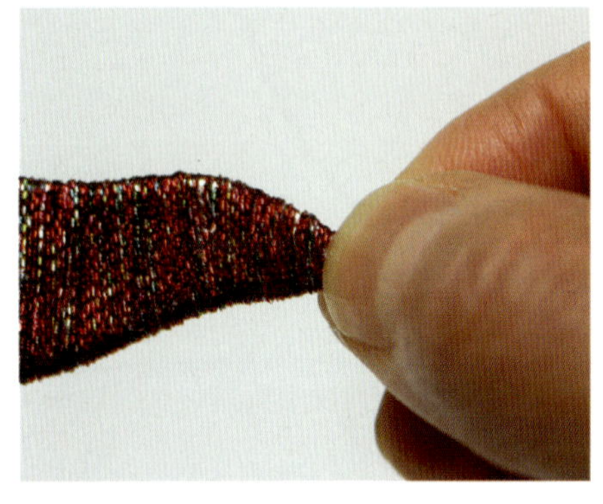

25 5초 정도 손으로 앞뒤로 눌러준다. 만약 붙지 않았다면 붙을 때까지 반복한다.

26 다시 양옆으로도 두세 번 눌러주어 코팅한다.

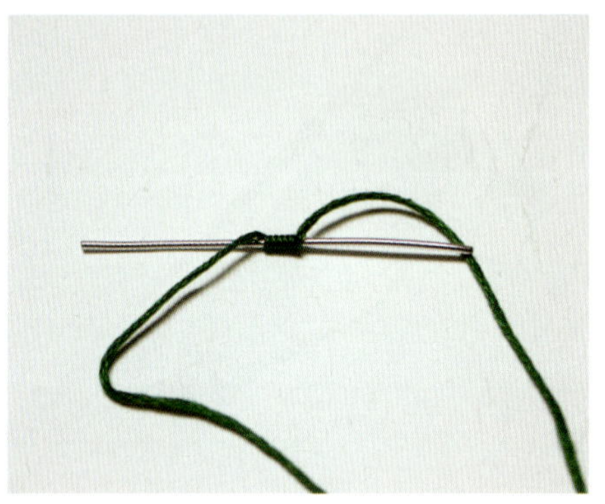

27 1.2mm 와이어 4cm에 앵커 923번 20cm 6가닥 그대로 중앙감기한다.

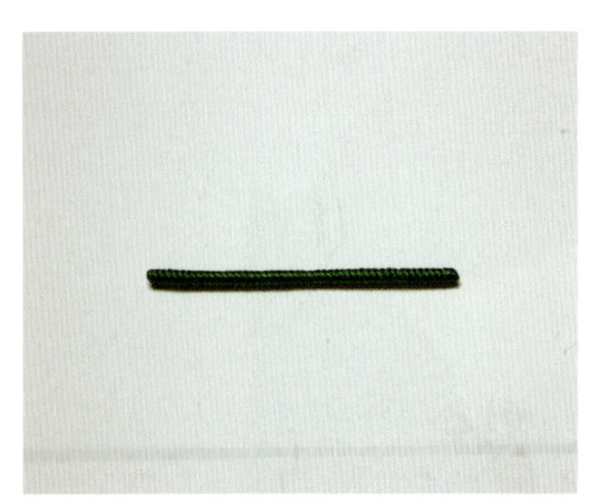

28 다 감고 양쪽 끝도 잘 코팅한 뒤 곧게 펴준다.

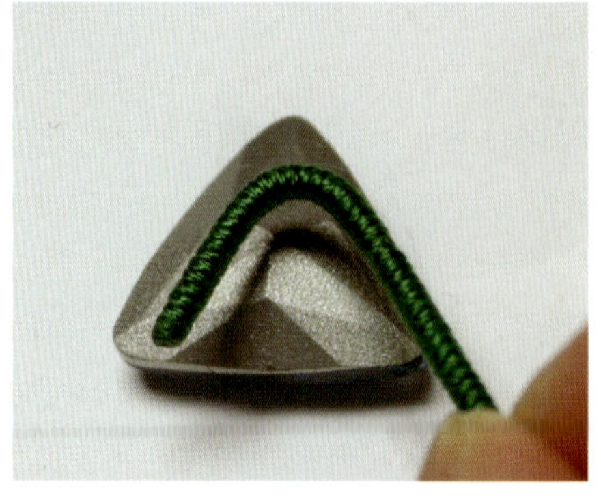

29 준비한 삼각 크리스털의 크기보다 3mm 정도 작게 손으로 구부려

30 삼각형의 모양을 만들어준다.

31 13번에 만들어 놓은 바디의 가느다란 쪽을 손으로 휘어 올려준다.

32 완성한 빨간 바디 위에 사진처럼 글루건을 이용해 붙여준다.

33 빨간 바디 끝에서 0.2mm 안쪽으로 들어온 지점에 송곳으로 구멍을 뚫어주되

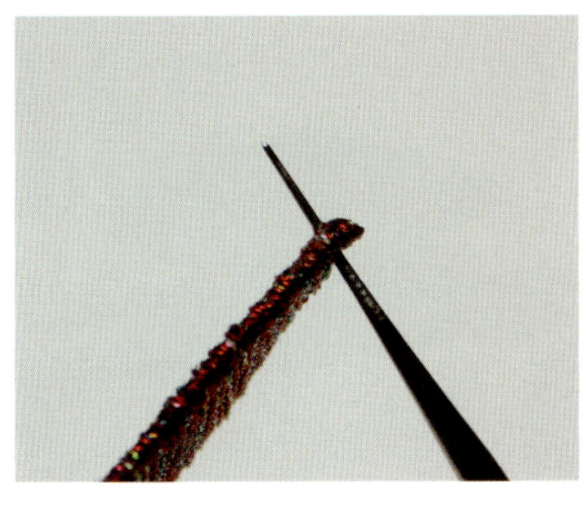

34 사진처럼 송곳을 통과시켜 완전히 구멍이 보이도록 뚫어주고

35 O링을 걸어준다.

36 목걸이 신주체인을 걸고 O링을 꽉 다물어준다.

37 반대쪽 금색 바디도 끝에서 0.2mm 떨어진 곳에

38 송곳을 완전히 통과시켜 구멍을 뚫고

39 O링을 걸고

40 신주체인을 걸고 O링을 꽉 다물어 준다.

41 신주체인 양끝은 O링을 이용해 마 감고리를 연결해준다.

42 빨간 바디 앞쪽도 손으로 올려 구 부려준다.

43 금색바디 3분의 1 지점에 삼각형 으로 만든 와이어를 본드로 붙여준다.

44 그 삼각형 속에 글루건을 재빨리 쏘고 크리스털을 얹어 붙여준 뒤 튀어나 온 글루건 찌꺼기는 핀셋으로 즉시 제거 한다.

45 초록 와이어 옆 라인을 따라 에메 랄드 핫픽스를 붙여준다.

46 빨간 바디 위에는 3mm짜리 입체 메탈픽스를 붙여준다.

47 금색 바디 라인을 따라 2mm 신주 메탈픽스를 붙여준다.

48 완성!

18 핑크 펄 플라워 목걸이

달랑달랑 진주방울이 체인에 매치된 포인트 플라워 목걸이예요. 짧은 체인으로 깊게 파인 옷에 매치하면 예쁘게 돋보인답니다.

MATERIAL

- 230mic pvc 5X10cm
- 앵커면사 60번 220cm
- 백금누름체인 40cm 정도
- 백금목걸이 마감고리 1개
- T침 7개
- O링 2개
- 스와로브스키 핫픽스 ss6 로즈8개, ss6 블루 지르콘 6개
- 스와로브스키 진주 0.7mm 2개, 0.6mm 2개, 0.5mm 2개, 0.4mm 1개
- 메탈 핫픽스 2mm 로즈 16개
- 1X1cm 정도의 도톰한 패브릭이나 리본 테이프

HOW TO MAKE

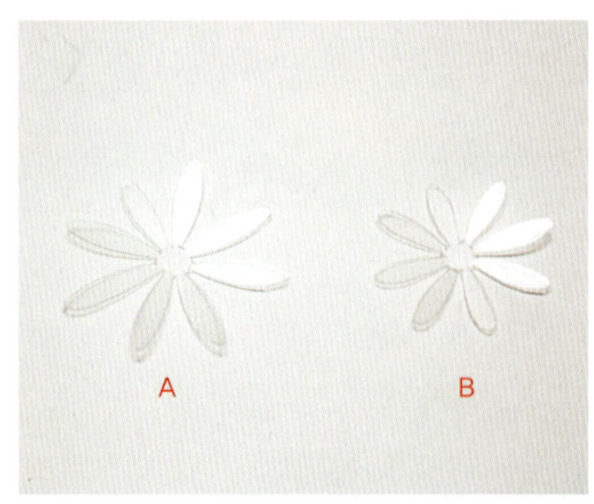

01 230pvc에 본을 대고 잘 오려준다.

02 앵커 60번 30cm 3가닥으로 사진처럼 실 여유분 2cm 정도 남기고 꽃 모양 A바디에 앞뒤로 본드를 얇게 칠해가며 촘촘히 감아준다.

03 점점 좁아지는 부분부터는 실 간격이 벌어지니 양 손톱 끝으로 내려주고 감고를 반복하면서 감는다.

04 거의 다 감고 두 번 정도 감을 만큼 남았을 때 다시 한 번 앞뒤로 본드칠하고 완벽히 커버해준다.

05 4초 정도 지긋이 앞뒤로 눌러주고

06 남은 실은 가위로 바짝 잘라낸다.

07 자른 부위에 본드를 톡 칠하고

08 본드기 없는 손으로 앞뒤로 눌러주고 양옆으로도 만져주어 꽃잎을 완성한다.

09 다시 2번의 남은 3가닥을 가지고 두 번째 꽃잎을 첫 번째 꽃잎과 같은 방법으로 감아준다.

10 이런 식으로 실 여유분들은 뒤쪽 가운데로 향하도록 모아주면서

11 나머지 꽃잎들도 하나하나 감아나간다.

12 이렇게 완성시켜놓고

13 뒤쪽 가운데에 모아진 실 여유분들은 잘 모아서

14 가위로 한 번에 바짝 잘라준다.

15 가위로 자르고 나면 실밥들이 들뜨는데 본드를 들뜨는 곳에 약간 칠해주고

16 핀셋으로 모아 잘 붙인 후

17 다시 한 번 실이 볼록 올라오지 않도록 가위질해 평평하게 만든다.

18 이번엔 작은 꽃송이 B를 앵커 60번 25cm 3가닥으로 큰 꽃송이와 같은 방법으로 감아준다.

19 이렇게 큰 꽃과 작은 꽃 두 개가 완성되었다면

20 큰 꽃송이 가운데 동그라미 부분보다 1mm 정도 더 큰 크기의 패브릭 원을 오린다.

21 오려진 패브릭을 핀셋으로 잡고 본드를 골고루 칠해서

22 큰 꽃송이의 실 여유분을 마무리 했던 부분에 가져다 얹고 손가락으로 살살 눌러 붙여준다.

23 목걸이 체인을 48cm 정도 잘라 사진처럼 꽃송이를 체인의 옆쪽에 배치할 것을 염두에 두고

24 패브릭을 붙이지 않은 반대쪽 가운데 움푹한 부분에 본드칠을 적당히 한다.

25 사진처럼 23번에 자리 잡아 놓은 체인 부분을 얹어 붙이고

26 체인과 구멍에 재빨리 글루건을 쏜 다음

27 작은 꽃송이를 사진처럼 큰 꽃송이 사이사이에 오도록 얹고 꾹 눌러준다.

28 26호 와이어 6cm에 앵커 레이온사 1034번 2가닥 25cm로 중앙감기하되 레이온사이므로 면사와 반대 방향으로 감아준다.

29 다 감고 마무리 코팅을 해준 뒤 이렇게 휘지 않도록 완성해주고

30 사진처럼 지름 0.7cm 크기의 이중 골뱅이를 만들어 준다(기본기법 중 이중 골뱅이 감기 참고).

31 작은 꽃 구멍에 재빨리 글루건을 적당량 쏘고

32 30번의 만들어 놓은 골뱅이를 살살 힘주어 돌리듯이 붙여준다. 만일 글루건이 튀어나오면 즉시 핀셋으로 제거한다.

33 준비된 진주에 T침을 끼우고 구자말이를 이용해 고리를 만들어 놓는다.

34 사진처럼 꽃 아래에 0.6mm-0.5mm-0.7mm-0.4mm-0.6mm-0.5mm-0.7mm의 진주순으로 체인에 약 3cm 간격으로 달아준다.

35 체인 끝에 O링-마감고리순으로

36 꽉 조여 연결해 주고

37 골뱅이엔 ss6 블루지르콘을, 골뱅이 주위 꽃잎엔 ss6로즈를, 꽃잎 끝부분엔 메탈핫픽스 2mm 핑크를 붙여준다.

38 완성!

19 잎사귀 묶음 브로치

멋진 색상의 나뭇잎이 하나하나 모여져 만들어진 브로치입니다. 고급스러운 메탈사가 매치
되어 품위있는 장소에 착용하시면 무척이나 아름답습니다. 또한 잎사귀를 마음대로 조정할
수 있어 만드는 재미도 있습니다.

MATERIAL

22호 와이어 10cm 5개, 9cm 7개, 8cm 4개

3cm 일자형 브로치핀 1개

스와로브스키 핫픽스 ss6 에메랄드 14개, ss6 라이트 콜로라도 토파즈 4개, ss6 토파즈 4개, ss6 라이트 토파즈 4개, ss6 스모크 토파즈 4개, ss6 존킬 4개, ss6 에리나이트 4개, ss6 썬 4개

디엠씨면사 973번, 728번, 905번 각 70cm

디엠씨면사 720번, 704번 각 70cm

앵커면사 1088번, 375번 각 70cm

앵커 메탈사 303번 70cm

골드 메탈사 70cm

HOW TO MAKE

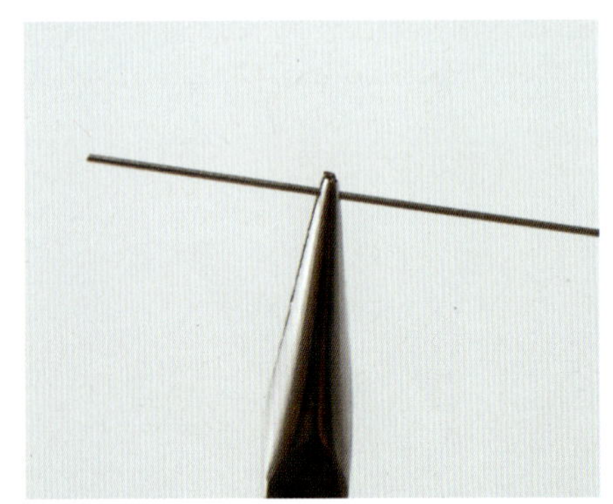

01 22호 와이어 10cm에서 2cm 위치를 롱로즈로 잡는다.

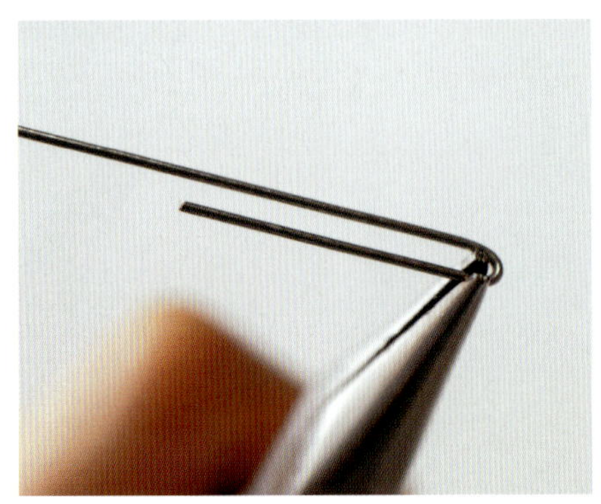

02 롱로즈 잡은 손목을 돌려가며 와이어가 U자 모양이 되도록 만든다.

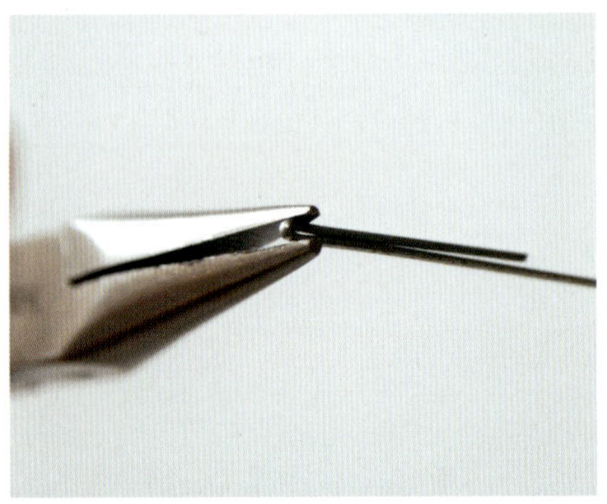

03 롱로즈를 이용해 접힌 부분을 눌러 붙여준다.

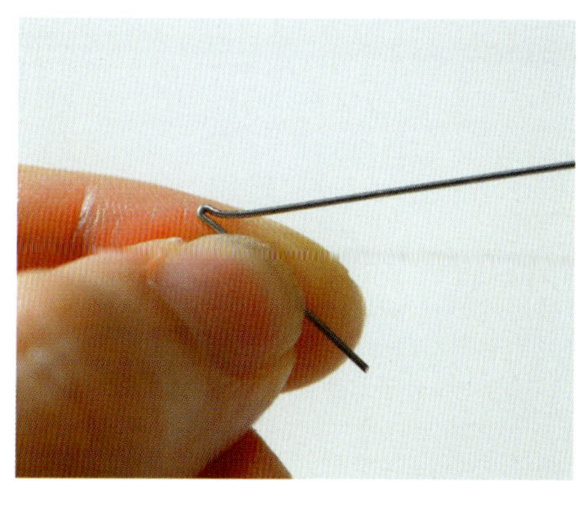

04 접힌 와이어를 다시 펼친 뒤

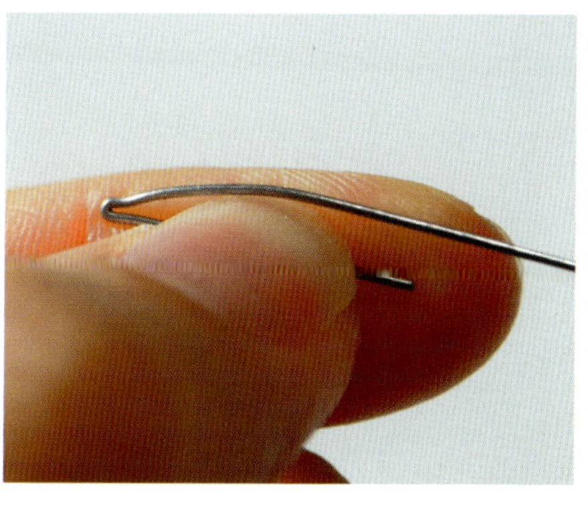

05 손톱 등을 이용해 자연스런 잎 모양이 되도록 살짝 오므려준다.

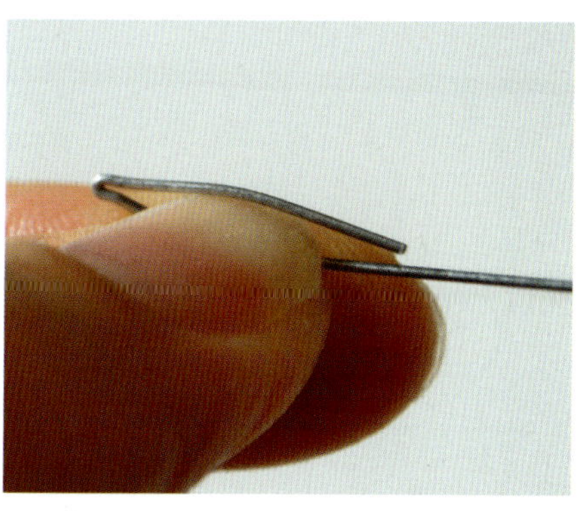

06 반대편도 같은 방법으로 잎 모양을 만든다.

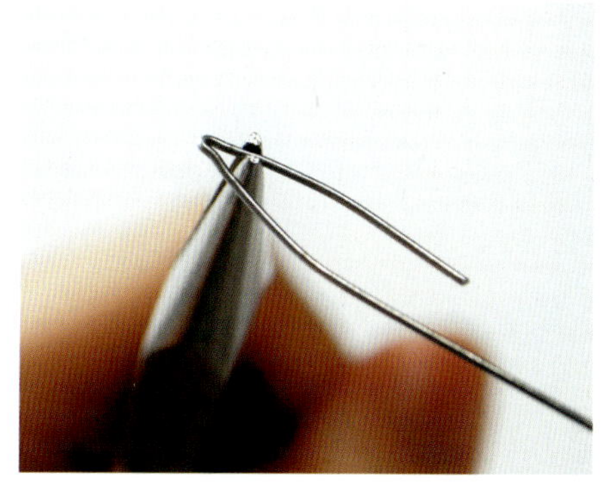

07 다시 롱로즈를 이용해 잎 모양 윗부분을 각 없이 매끄러운 곡선이 되게 만든다.

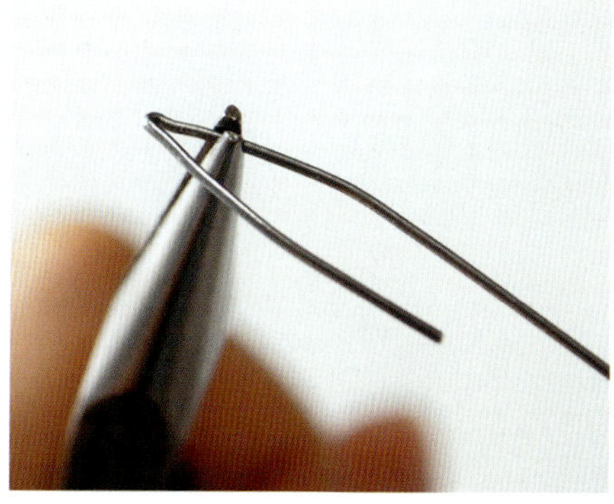

08 반대편도 같은 방법으로 매끄러운 곡선이 되도록 만들어준다.

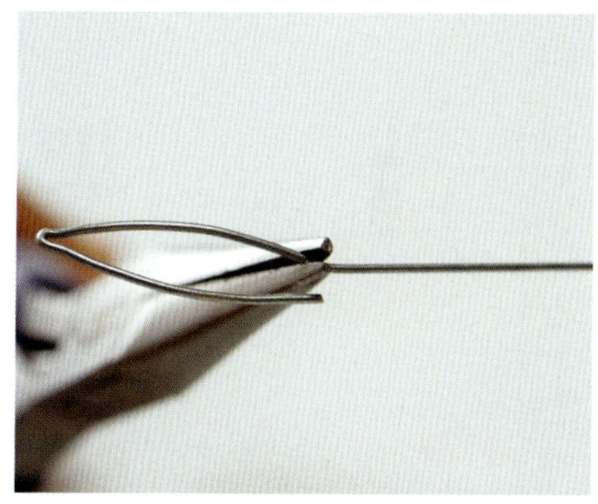

09 긴 쪽 와이어 잎 모양이 끝나는 부분에서 짧은 쪽 와이어와 만날 수 있도록 롱로즈를 이용해 90도로 살짝 꺾어준다.

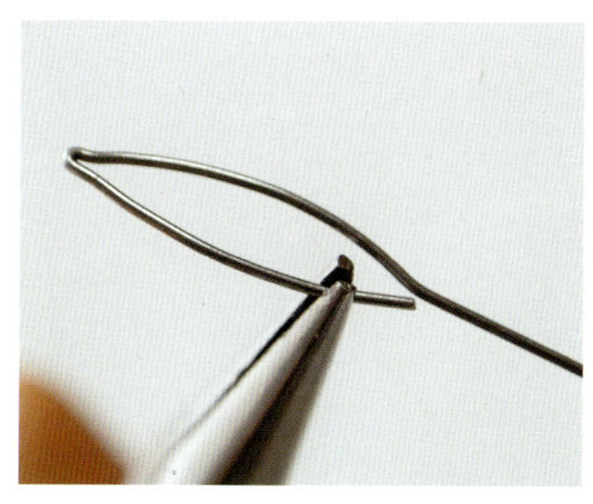

10 짧은 쪽 와이어의 끝 부분을 곡선으로 만들어가며 꺾인 부분과 만나게 한다.

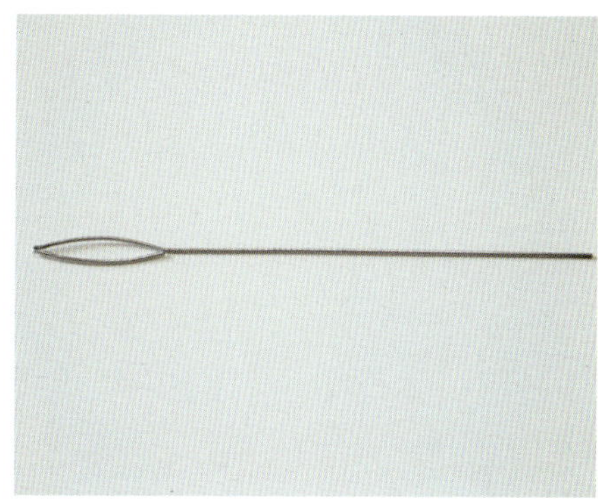

11 완성

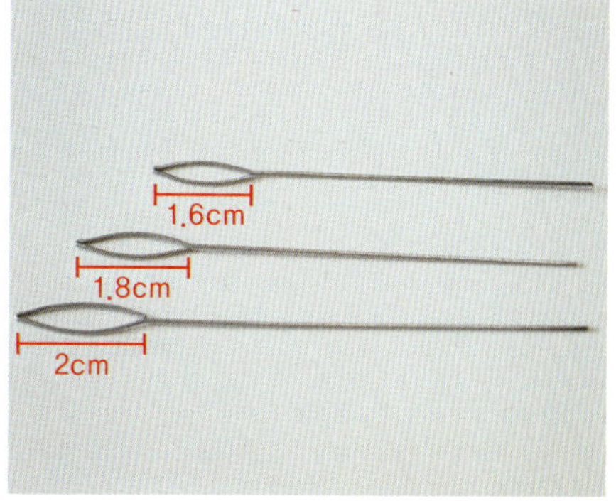

12 22호 와이어 10cm는 잎길이가 2cm로, 9cm는 잎길이가 1.8cm로, 8cm는 잎길이 1.6cm로 총 몇 개씩 분배하여 16개를 만든다.

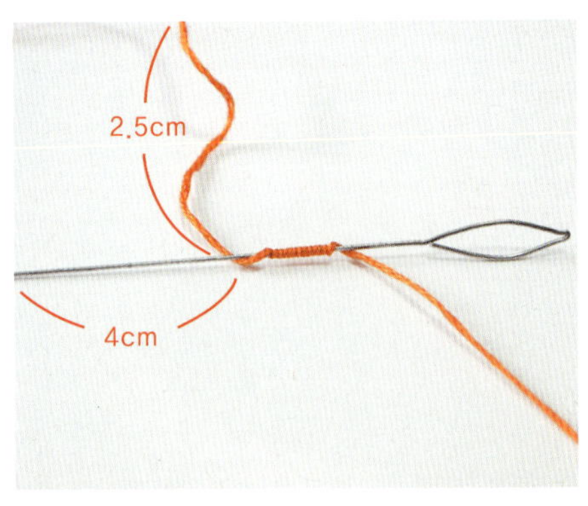

13 줄기의 끝을 4cm 정도 남긴 뒤 면사 720번 3가닥 70cm 중 25cm를 남기고 감아 나간다.

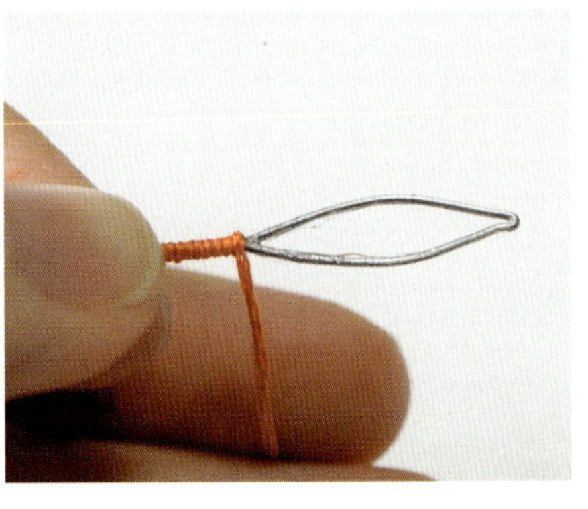

14 줄기 끝까지 감아준 뒤 잎가지 앞뒤로 본드칠한다.

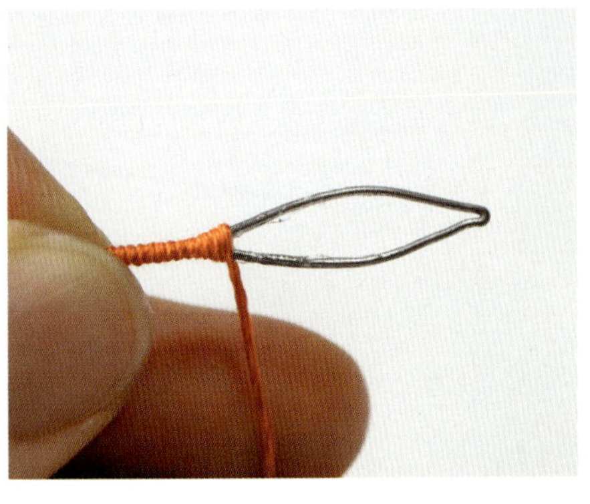

15 줄기를 잡은 채로 잎가지 모양이 그대로 나오도록 실을 감는다.

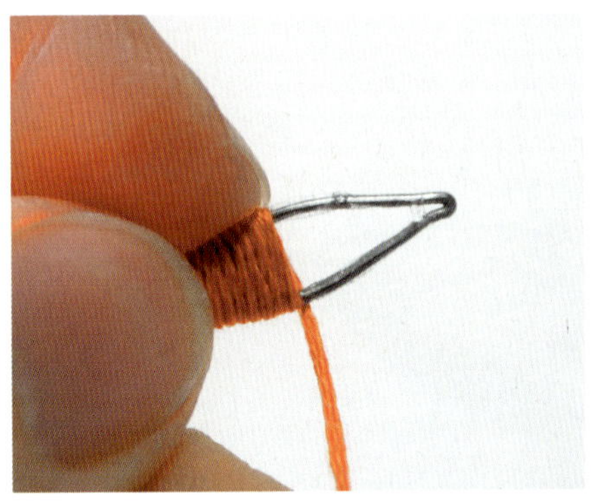

16 틈새가 벌어지면 손톱을 이용해 조금씩 아래로 내려준다.

17 와이어가 보이지 않을 때까지 감은 후 뒤에서 마무리하고 자른다.

18 실밥이 생긴 곳에 본드를 칠한 뒤

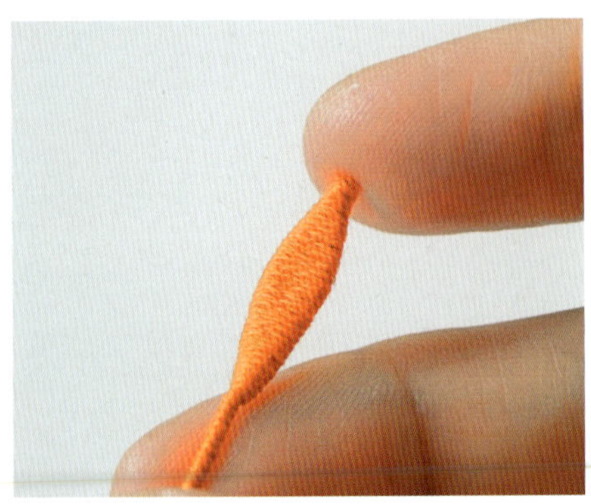

19 손끝으로 3초 정도 눌러 코팅해준다.

20 남은 실 25cm로 와이어 4cm를 마저 감는다.

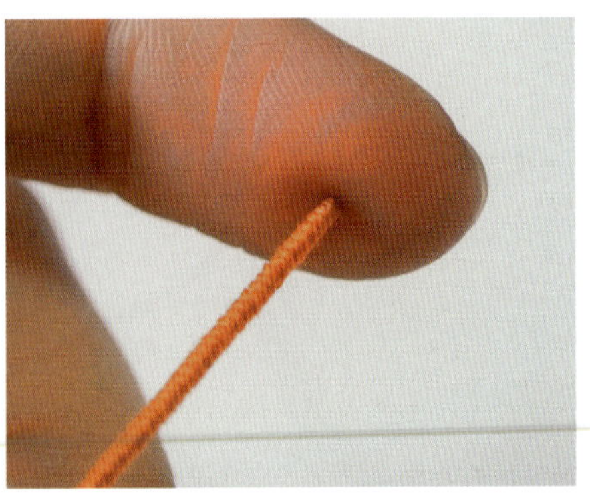

21 와이어가 보이지 않게 커버한 후 남은 실은 가위로 바짝 잘라내고 본드를 칠해서 코팅한다.

22 앵커 메탈사는 12줄이므로 6줄씩 나눈다.

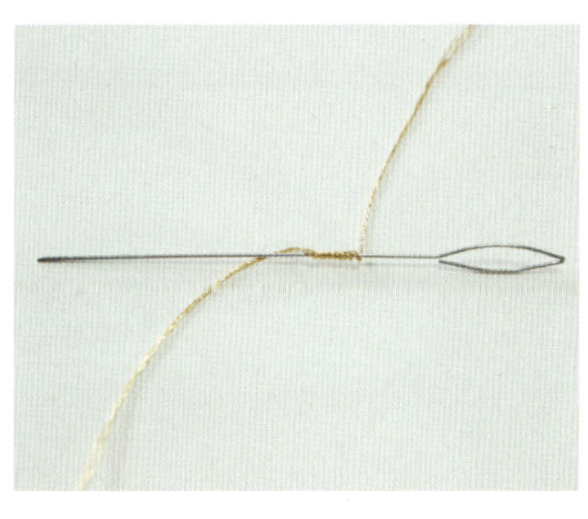

23 앵커 메탈사는 면사와 반대방향인 바깥쪽에서 가슴 쪽으로 감는다.

24 줄기 끝까지 감은 후 잎 모양 앞뒤에 본드를 칠하고 모양을 유지하면서 감는다.

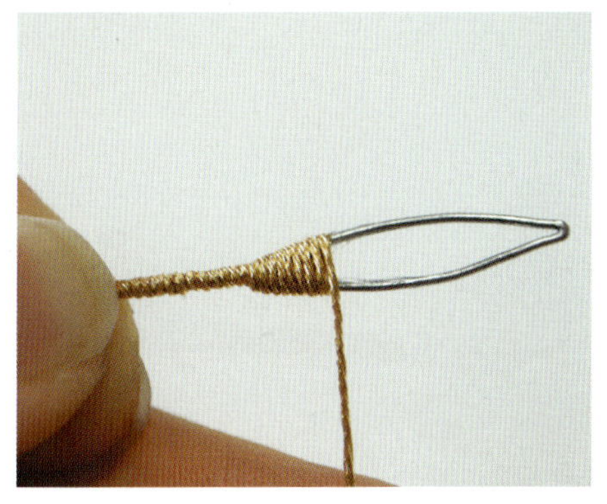

25 잎 모양이 유지되도록 신경쓰면서 촘촘히 감는다.

26 틈새가 벌어지면 손톱을 이용해 살짝 아래로 밀어준다.

27 와이어가 보이지 않을 때까지 감아주고 코팅한다. 메탈사는 면사보다 본드에 붙는 시간이 걸리므로 붙을 때까지 여러 차례 눌러준다.

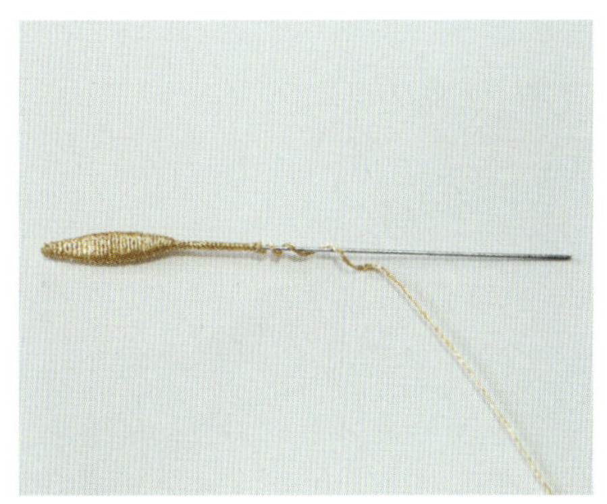

28 남은 줄기 쪽도 면사의 반대 방향인 바깥쪽에서 가슴 쪽으로 감아준다.

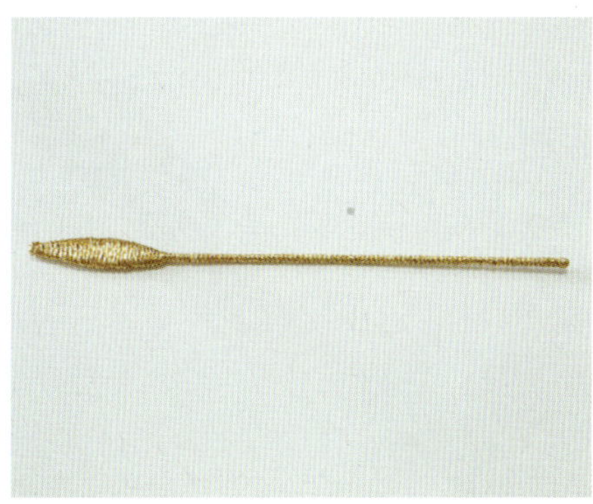

29 마무리하고 코팅해서 완성

30 8cm로 만든 잎가지는 실 50cm로, 9cm로 만든 잎가지는 실 60cm로 나머지 잎가지들도 모두 완성한다.

31 가지들을 길이순으로 정렬한다.

32 가지가 움직이지 않게 잡은 후 핀셋을 이용해 브로치가 붙는 줄기 쪽 사이사이에 본드를 톡톡 찍어준다.

33 줄기를 돌아가며 앞과 뒤, 옆면까지 본드를 찍어준다.

34 브로치 핀대 뒷면에 본드를 칠한 뒤 줄기 뒤쪽 중앙쯤에 올려놓는다.

35 줄기를 잡은 채로 골드 메탈사를 핀대 시작 부분부터 여유분 10cm 정도 남기고 촘촘히 당기며 팽팽하게 감아 나간다.

36 위와 아래, 옆면 모두 틈이 보이지 않도록 골드 메탈사를 감아준다.

37 핀대 끝까지 감아주고

38 시작 부분에 있는 여분의 실과 핀대 끝에 남은 실이 가운데서 만나도록 하고 풀어지지 않도록 묶어준다.

39 두 번 정도 튼튼하게 묶어주고 남은 실을 잘라낸 뒤 실의 끝 부분도 코팅한다.

40 뒤쪽에 있는 잎가지 먼저 모양을 손으로 벌려가며 길이가 긴 게 뒤로 가도록 잡아준다.

41 다음엔 앞쪽에 있는 잎가지 모양을 잡아주고

42 중간에 있는 잎가지 모양을 잡고 전체적으로 모양을 잡아준다.

43 ss6 에메랄드를 줄기를 묶어준 골드 메탈사에 도트모양으로 붙인다.

44 잎가지 색상에 맞추어 각각의 핫픽스를 붙여준다.

45 완성!

나뭇잎 브로치

심플한 나뭇잎 속에는 수많은 이야기가 담겨 있습니다.
흐름이 있고 이야기가 있습니다.
매우 가볍고 크리스털 장식이 많아 포인트 주기에는 그만이랍니다.

22호 와이어 24cm, 24호 와이어 20cm

250pvc 10X5cm

브로치 핀대 약 3cm

스와로브스키 핫픽스 ss10 히야신스 7개, ss10 푸시아 3개, ss10 올리브 4개, ss6 푸시아 6개, ss6 올리브 5개, ss6 라이트 토파즈 약 70개

앵커면사 280번 1m 10cm

앵커복합사 1304번 1m

앵커 257번 4m 20cm, 903번 2m 20cm

OW TO MAKE

01 바디 앞뒤에 본드를 칠하고 앵커 257번 4m 20cm 6가닥 그대로 중앙감기 한다.

02 실이 벌어지는 틈새는 핀셋을 이용해 옆으로 밀어 붙여준다.

03 바디의 좁아지는 부분부터는 양 손톱을 사용해 바로바로 내려주면서 감아간다.

04 감은 부분은 손으로 문질러 바디에 잘 붙게 한다.

05 바디가 2.5cm가 남을 때까지 감고 뒤쪽으로 실이 오도록 끝내준다.

06 앵커면사 280번 1m 10cm 6가닥을 실 여유분 2cm 정도 남기고 5번에 바로 이어 감아준다. 역시 양 손톱 끝으로 내려가면서 끝까지 촘촘히 감아간다.

07 감아준 부분은 손으로 문질러 바디에 잘 붙게 한다.

08 마지막에 두 번 정도 감을 만큼 남았을 때 앞뒤로 다시 한 번 본드칠을 하고

09 면사를 끝까지 완벽히 커버해준 뒤

10 뒤쪽에서 남은 실은 바디 0.1mm 안쪽에서 가위로 바짝 잘라낸다.

11 자른 부위에 본드를 깨알 만큼 톡 칠하고 깨끗한 손으로 3초 정도 눌러준다. 양옆으로도 눌러 뾰족한 잎 모양이 살도록 잡아준다.

12 두 면사가 이어지는 뒷면에 면사가 들어갈 공간을 확보하고 핀셋을 이용해 본드를 칠한다.

13 실끼리 가운데에서 만나게 붙여주고

14 손으로 실을 잡고 3~4번 정도 꼬아 바짝 밀착시킨 후

15 가위로 바짝 잘라준다.

16 자른 부위에 본드를 깨알 반만큼 톡 찍어 눌러주고

17 다시 한 번 이어진 부분이 튀어나오지 않도록 가위로 자르듯이 눌러 마무리해준다.

18 바디를 돌려 중앙감기한 나머지 초록 부분도 2.5cm가 남을 때까지 감아준다.

19 복합사 1304번 1m 6가닥을 초록색 바로 옆에서부터 감아나간다.

20 벌어진 틈새는 핀셋으로 밀어 붙여주면서 감아간다.

21 감아가면서 바디에 면사가 잘 붙도록 손으로 문질러 붙여준 뒤

22 거의 다 감았을 때 다시 한 번 앞 뒤로 본드칠하고 완전히 커버한 후

23 가위로 바짝 자르고 본드를 칠한 뒤 코팅해준다.

24 실과 실이 만나는 곳에 본드칠하고 두 실을 꼬아 가위로 바짝 자른 뒤

25 깨알 반만큼 본드를 칠해주고 코팅한다.

26 뒷면 완성

27 22호 와이어 24cm에 앵커 903번 120cm 5가닥으로 중앙감기한다.

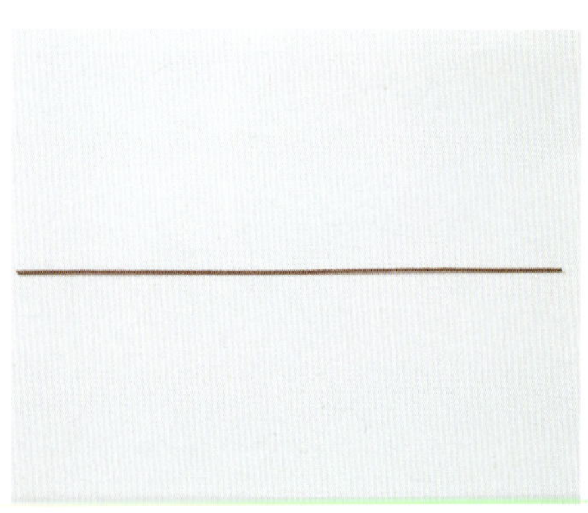

28 다 감았으면 양끝을 코팅하고 와이어를 곧게 펴준다.

29 롱로즈 바깥쪽으로 실감은 와이어가 2mm 정도 튀어나오게 잡는다.

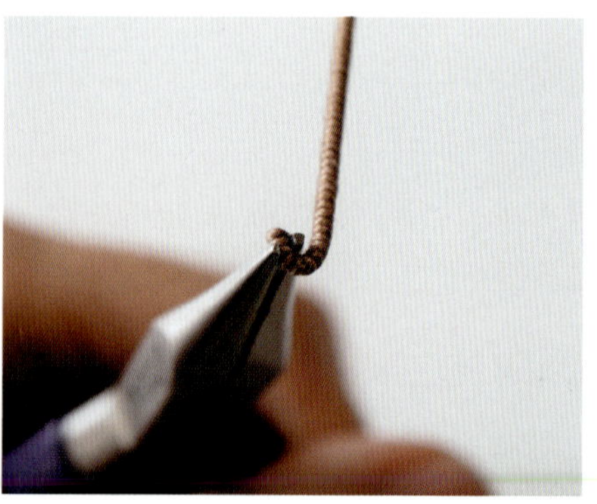

30 롱로즈 잡은 손목을 돌려가며 와이어가 U자가 되게 구부린다.

31 U자 와이어가 틈이 생기지 않도록 롱로즈를 지긋이 눌러 붙여준다.

32 손으로 조금씩 말아가며 골뱅이 모양을 만든다.

33 양손으로 잡고 조금씩 돌려가며 모양을 잡는다.

34 사진처럼 골뱅이 모양을 만들고 나뭇잎 시작 부분에 맞춰 와이어를 살짝 구부린다.

35 시작점 위에 와이어를 올려놓고 조금씩 곡선을 만들어가며 나뭇잎 모양에 맞춰 테두리를 만든다.

36 나뭇잎 꼬리부분까지 모양을 잡은 후

37 나뭇잎 위에 올려두고 모양을 확인한다.

38 모서리에 맞춰 와이어를 살짝 구부려주고

39 롱로즈로 눌러주고 각을 확인한 뒤 살짝 벌려

40 모서리에 맞춰 와이어를 올려놓고 아랫부분도 모양을 잡아나간다.

41 나뭇잎 위에 올려놓고 모양을 맞춰본다.

42 시작점까지 와서 만나게 한 뒤

43 니퍼로 남은 와이어를 잘라낸다.

44 잘라낸 부분을 코팅한 뒤 손으로 3초 정도 눌러준다.

45 다시 끝 부분에 본드칠하고

46 시작점과 맞춰 붙여주고 마를 때까지 그대로 둔다.

47 핀셋을 이용해 테두리를 잡고 본드를 톡톡 두드려가며 골고루 발라준다.

48 나뭇잎 위에 올려놓고 핀셋을 이용해 전체적으로 조심스레 눌러준다.

49 옆쪽으로 튀어나온 본드는 핀셋으로 떼어낸다.

50 테두리와 바디가 잘 붙을 수 있게 두꺼운 책으로 눌러놓는다.

51 24호 와이어 20cm에 앵커 903번 100cm 3가닥을 중앙감기한다.

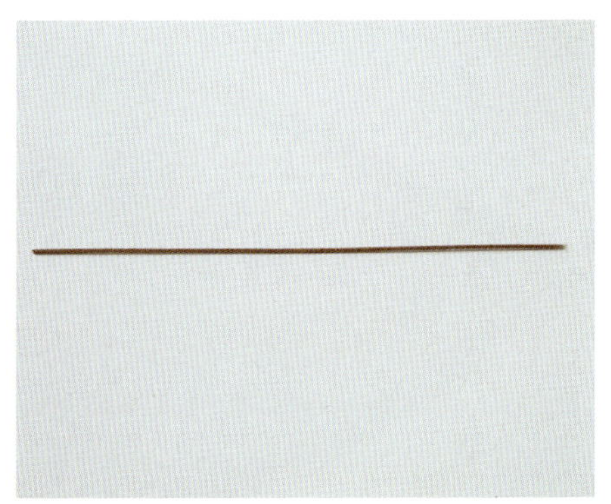

52 완성된 와이어는 곧게 펴둔다.

53 펜이나 원통형을 이용해 지름 1cm 크기의 동그라미 모양을 만든다.

54 만나는 지점을 니퍼로 자른 후

55 본드로 코팅하고 3초 정도 눌러준다.

56 끝 부분은 롱로즈를 이용해 안쪽으로 구부려준다.

57 만약 동그라미 모양이 예쁘지 않으면 다시 펜에 대고 모양을 잡아주면 된다.

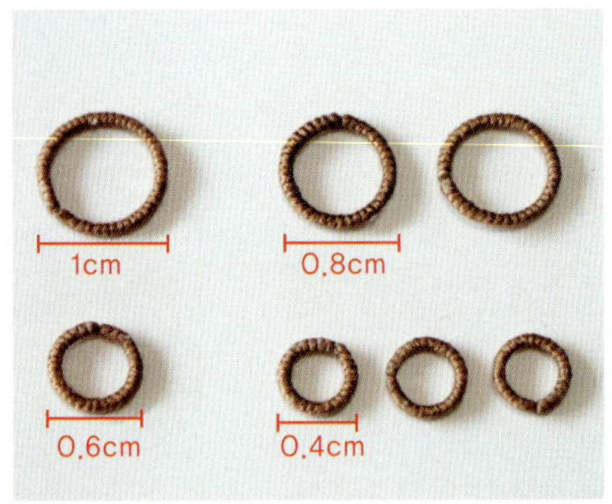

58 52번에 남은 와이어를 이용해 0.8cm짜리 2개, 0.6cm짜리 1개, 0.4cm 짜리 3개를 더 만들어준다.

59 동그라미를 핀셋으로 잡고 뒷면에 본드를 톡톡 찍어 발라준다.

60 바디 위에 올려놓고 핀셋 등으로 눌러준다.

61 나머지 동그라미도 사진과 같이 붙여주고 옆으로 튀어나온 본드는 핀셋으로 제거한다.

62 동그라미 안에 ss10 히야신스를 붙인다. 작은 동그라미 속 핫픽스는 인두기를 90도로 세워 실이 타지 않도록 붙여준다.

63 왼쪽 바디 위에 푸시아 핫픽스 ss10번과 ss6번을 붙여준다.

64 가운데 바디에 ss6 라이트 토파즈를 물결무늬처럼 자연스런 흐름대로 촘촘히 붙여준다.

65 복합사 부분에는 올리브 핫픽스 ss10번과 ss6번을 붙여준다.

66 왼쪽과 중앙 부분을 양손으로 잡고 위아래로 비틀어 모양을 잡는다.

67 바디를 뒤집어 중앙과 오른쪽 바디를 양손으로 잡고 위아래로 비틀어준다.

68 완성

69 글루건을 이용해 브로치 핀대를 바디 뒤에 붙여주면 된다.

 # 21 빈티지 플라워 브로치

화려한 색감과 빈티지한 디자인으로 밋밋한 재킷이나 밀리터리 의상 등 구애받지 않고
착용하실 수 있어요. 볼드한 크기라 더욱 매력적이고요. 디자인과 색상이 독특해 아끼는 소
장품이 될 수 있어요.

앵커면사 302번 180cm, 1001번 120cm,
361번 120cm, 358번 120cm 48번 170cm
66번 120cm, 86번 120cm, 177번 120cm,
176번 180cm, 1028번 120cm, 1064번
120cm, 1068번 120cm, 203번 180cm

앵커복합사 1305번 120cm

앵커레이온사 1011번 120cm

디엠씨메탈사 E155번 120cm, E130번
120cm, E168번 120cm

230pvc 7X7cm, 0.5pvc 7X7cm

베이지 톤의 자카드 20X7cm

스타사 45cm 정도(없으면 2~3mm 정도 두
께의 독특한 실 종류)

신주체인 붉은빛 30cm, 그린빛 25cm

좀 더 두꺼운 그린빛 신주 체인 22cm

신주색상의 미니참 2개

일제막대비즈 2개

신주 T침 2개, 신주 O링2개

브로치핀

메탈픽스 살구색 3mm짜리 48개

스와로브스키 핫픽스 ss6 시암 25개

HOW TO MAKE

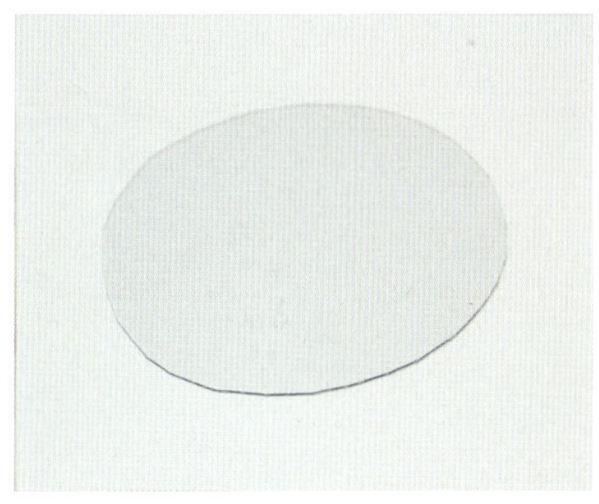

01 0.5pvc에 책본을 대고 그린 후 오
려준다.

02 두께감 있는 천에 1번의 pvc를 본
드로 붙여준다.

03 pvc따라 가위로 오려주고

04 오려낸 천의 가장자리 부분 실밥은 본드를 살짝 발라주고

05 손으로 톡톡 두드려 코팅시켜 놓는다.

06 이렇게 완성하고

07 다시 패브릭 천에 대고 6번 크기와 같도록 또 하나의 천을 오려준다.

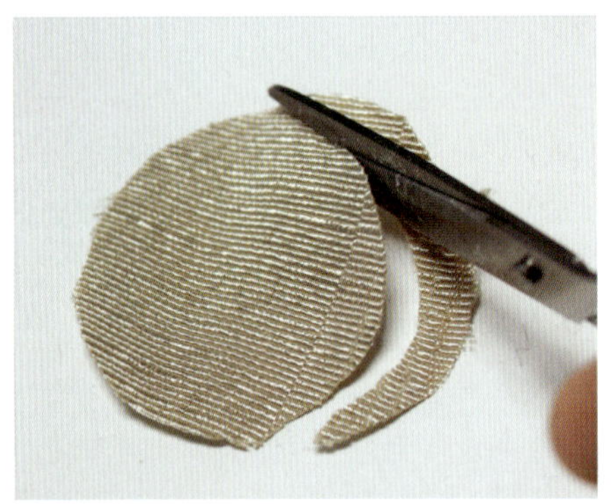

08 7의 천을 가장자리에서 0.7cm 정도 안으로 들어와 다시 한 번 작은 원으로 오려낸다.

09 이렇게 완성. 실밥이 풀리는 건 상관하지 말자.

10 9번의 오린 천을 6번의 pvc 부분 위에 라인을 맞춰 얹어 붙여준다.

11 230pvc를 책본의 A와 B번 모양으로 각각 22개씩 오려 놓는다.

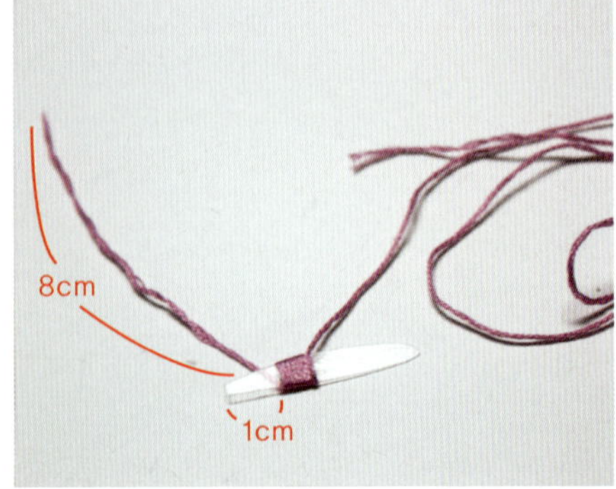

12 앵커 86번 60cm 4가닥으로 A번 꽃본 한쪽 끝에서 1cm 정도 떨어진 부분부터 감기 시작하되 1cm쪽엔 여유분 실을 8cm 정도 남긴다.

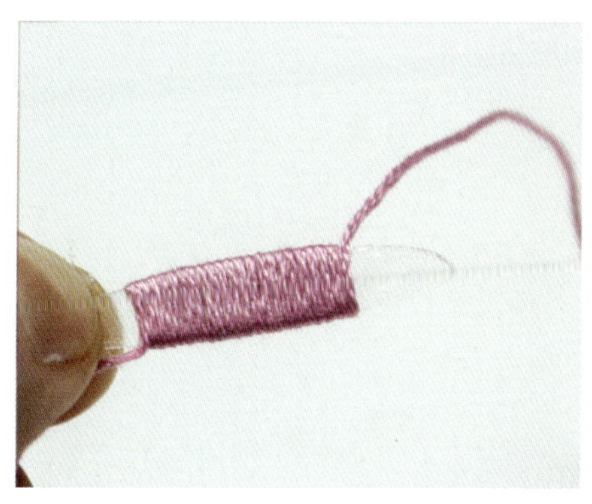

13 꽃바디의 앞뒤로 얇게 본드칠해가며 촘촘히 감아주고

14 끝쪽으로 올수록 실이 벌어질 수 있으니 양 손톱으로 내려주면서 완전히 커버해준다.

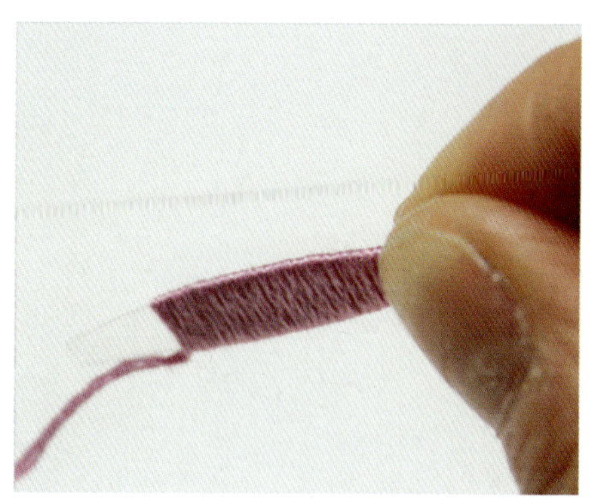

15 다 감았으면 3초 정도 앞뒤로 지긋이 눌러주고

16 남은 실은 가위로 바짝 잘라준다.

17 가위질한 곳에 본드를 깨알만큼 톡 칠해주고

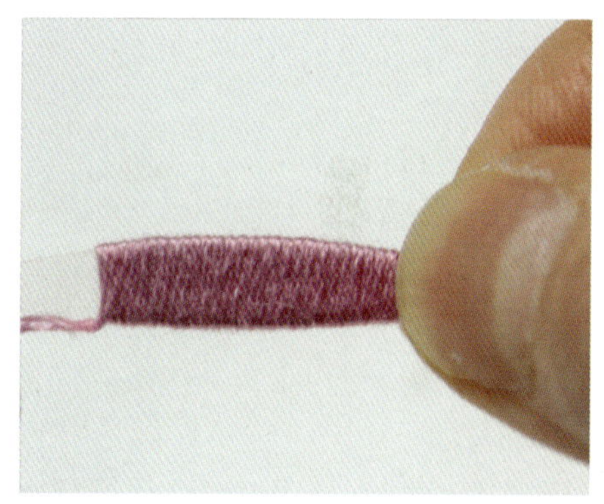

18 다시 깨끗한 손으로 앞뒤로 3초 누른다.

19 양옆으로 3초 정도 눌러주어

20 끝이 얇은 꽃잎을 완성한다.

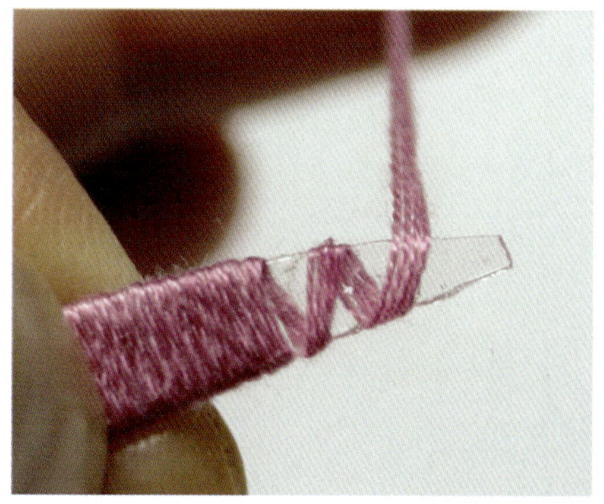

21 12번에 1cm 부분 남긴 꽃본은 남긴 여유분 실 8cm로 사진처럼 실을 돌려 풀면서 비스듬히 듬성듬성 감아준다.

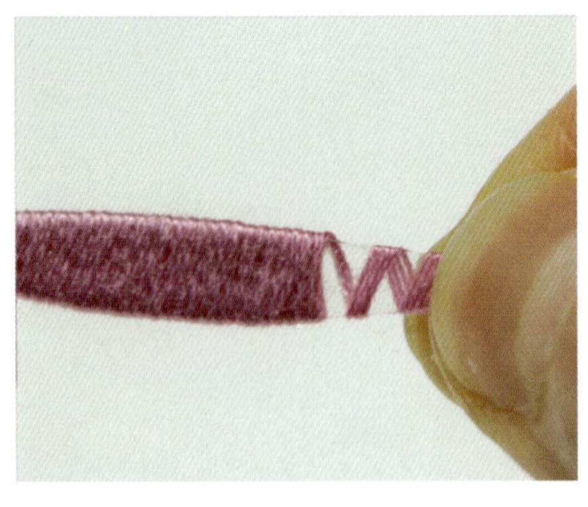

22 듬성듬성 감았으면 마지막 부분을
3초 정도 손으로 눌러주고

23 남은 실을 가위로 바짝 잘라준 뒤

24 별도 코팅없이 사진처럼 마무리하
면 된다.

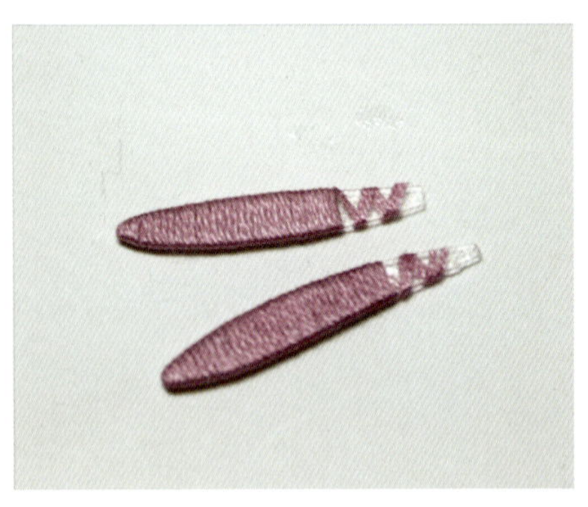

25 이렇게 B번도 한 개 더 감아주고

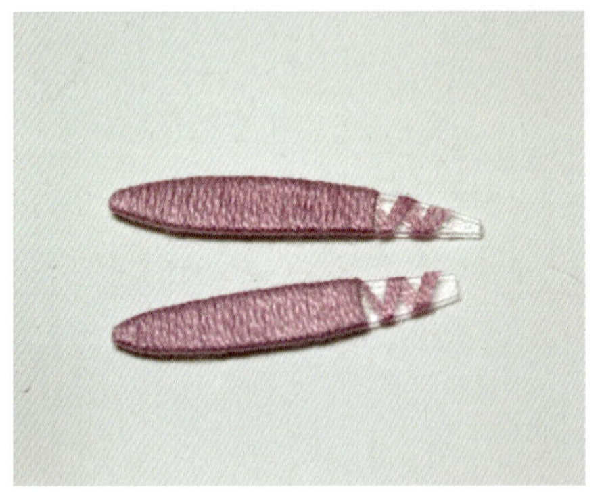

26 다시 A와 B번 각각 앞 꽃잎과 같
은 방법으로 앵커면사 66번으로 감아준
다.

27 이런 식으로 203번으로는 세 개의
꽃잎을

28 302번으로는 세 개의 꽃잎을

29 176번으로는 세 개의 꽃잎을

30 177번으로는 두 개의 꽃잎을

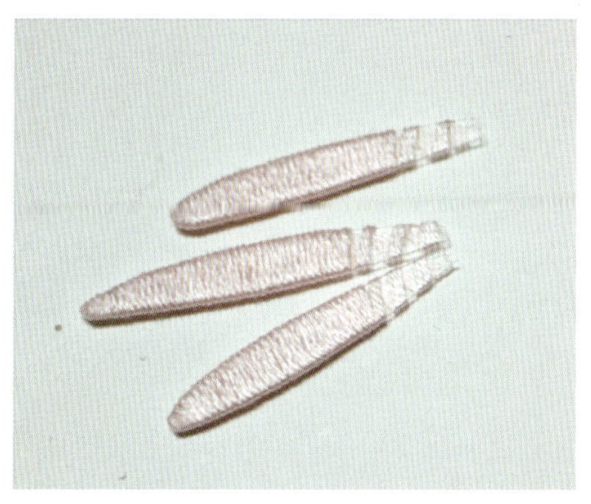

31 48번으로는 3개의 꽃잎을

32 1068번으로는 두 개의 꽃잎을

33 1064번으로는 두 개의 꽃잎을

34 1001번으로는 두 개의 꽃잎을

35 361번으로는 두 개의 꽃잎을

36 358번으로는 두 개의 꽃잎을

37 1028번으로는 두 개의 꽃잎을 무작위로 감아나간다.

38 앵커 복합사 1305번으로는 꽃잎 두 개를(복합사도 일반면사와 같은 방법으로 감으면 된다.)

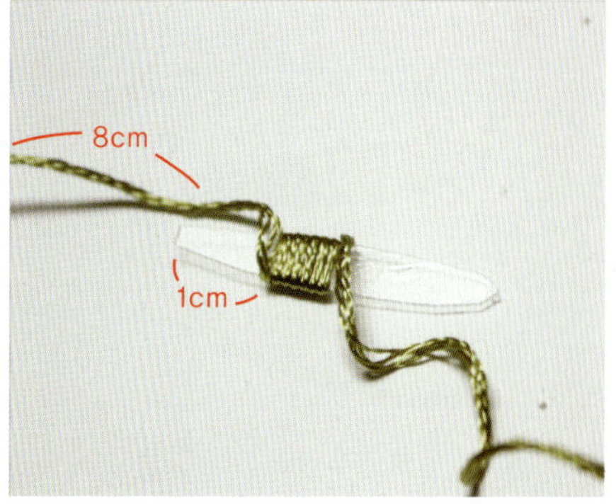

39 이번엔 앵커레이온사 1011번 60cm 4가닥으로 꽃잎 1cm 떨어진 부분부터 감되 실 여유분 8cm 정도 남기고 감아간다. 이때 반드시 면사 반대방향으로 감는다.

40 앞뒤로 본드를 얇고 좁게 칠해가며 면사 반대방향으로 계속 감아나간다.

41 완전히 다 감았으면 3초 정도 누르고 있다가

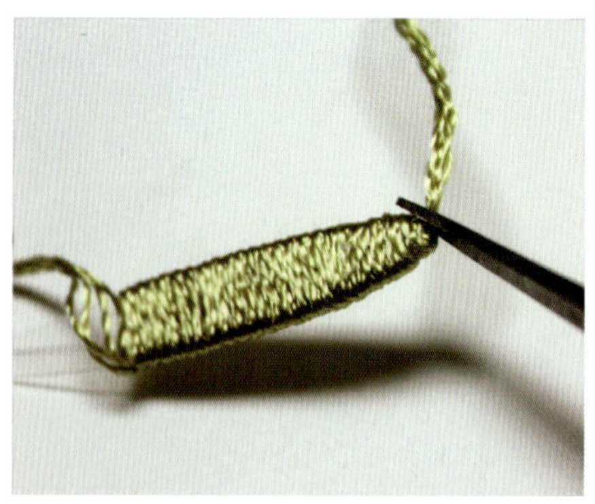

42 가위로 끝 부분의 남은 실을 바짝 잘라내고

43 자른 부위에 본드를 톡 칠해

44 다시 깨끗한 손으로 3초 정도 앞뒤와 양옆으로 눌러 코팅시킨다.

45 남은 1cm 부위 처리는 면사와 같은 방법으로 해주면 된다.

46 이렇게 A와 B 꽃잎을 무작위로 3개 감아준다.

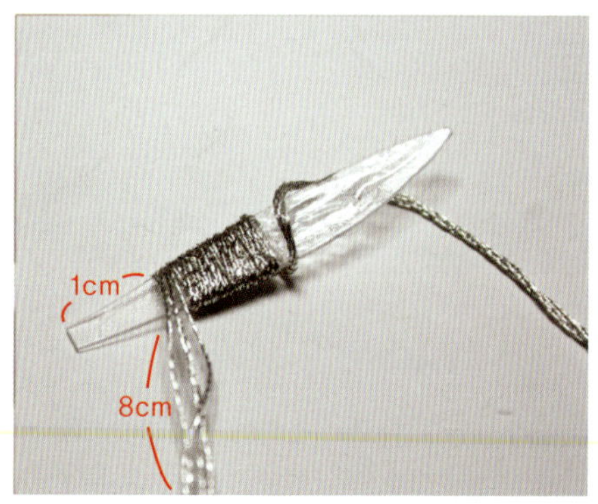

47 이번엔 디엠씨 메탈사 E168번 60cm 4가닥으로 A번 꽃바디의 끝에서 1cm 정도 떨어진 곳부터 감되 실 여유분은 8cm 정도 남겨준다.

48 면사보다는 본드 양을 약간 많게 하여 천천히 촘촘하게 감아나간다.

49 완벽히 감았으면 3초 정도 손으로 눌러주고(이때 붙지 않으면 다시 본드칠 해서 눌러준다.)

50 반대쪽 남은 1cm 부분도 면사처럼 메탈사를 풀면서 듬성듬성 감아주면 된다.

51 다 감았으면 역시 손으로 3초 정도 눌러주고

52 별도의 코팅없이 남은 실은 가위로 잘라준다.

53 이렇게 2개 더 만들어주고

54 이번엔 메탈사 E130번으로 세 개의 꽃잎을 완성하고

55 마지막으로 메탈사 E155번으로 세 개의 꽃잎을 완성시킨다.

56 감아놓은 A번 꽃잎의 1cm 듬성듬성 감은 부위에 본드칠해서

57 앞에 작업해 놓은 바디의 짧은 원을 덧댄 부분이 위에 오도록 하고, 1cm 본드칠한 부분을 가져다 올려 붙인다.

58 어떻게 배열하든 다 예쁘게 완성되니 일단 A번의 22개 꽃잎을 간격을 잘 조절해서 붙여준다.

59 앞으로 돌려보면 이렇게 된다.

60 이번엔 B번 꽃잎의 1cm 듬성듬성 감은 부분에 글루건을 칠하고

61 다시 뒤쪽 A번 꽃잎 사이에 무작위로 붙여준다.

62 이렇게 모두 A번 꽃잎 사이에 B번 꽃잎을 하나하나 붙여준다.

63 앞에서 본 모습

64 가운데 움푹 파인 부분에 본드를 칠해 놓고

65 붉은 신주체인 30cm를 사진처럼 3cm 간격으로 벌려서 붙여놓는다.

66 그 사이에 두꺼운 신주체인 22cm를 벌려서 붙여주고

67 나머지 신주체인을 알맞은 간격으로 붙여주면 된다.

68 230pvc를 체인 붙인 쪽 꽃 위에 대고 송곳으로 꽃잎 듬성듬섬 감은 부분이 모두 가려지도록 타원형을 그려준다.

69 그린 라인을 따라 가위로 바디를 오려주고

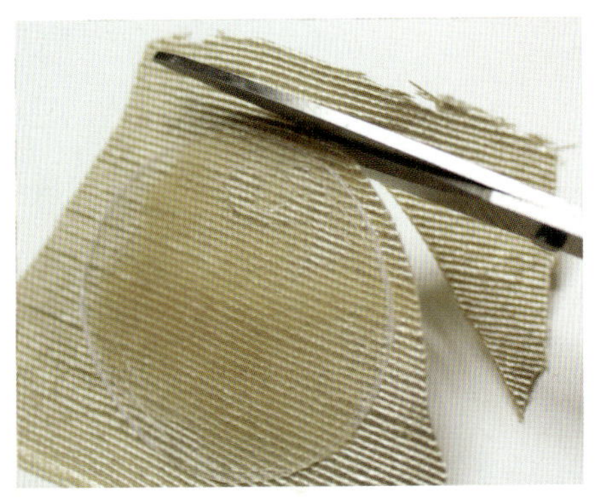

70 다시 패브릭 위에 오린 pvc를 붙이고 그 pvc보다 0.5cm 크게 오려준다.

71 다시 체인 붙인 쪽 구멍과 듬성듬성 감은 꽃잎 부분에 글루건을 재빨리 골고루 쏘고

72 70번에 오려놓은 pvc를 패브릭이 위로 오도록 엎어 붙이고 핀셋으로 지긋이 눌러 붙인다.

73 특히 0.5cm 크게 오린 패브릭이 잘 붙도록 눌러준다. 만약 글루건이 적어 붙지 않았다면 본드로 칠해 붙인다.

74 완성된 앞모습

75 스타사 45cm 정도에 본드를 칠하고

76 앞쪽 패브릭 가장자리에서 0.3cm 정도 들어와 패브릭 라인 따라 붙여준다.

77 사진처럼 시작점과 한 바퀴 돌린 부분에서 다시 0.5cm 정도 떨어지도록 스타사에 본드칠해가며 회오리 모양으로 붙여간다.

78 붙이는 중간중간 핀셋 등으로 지긋이 눌러 확실히 붙도록 하면서 감아간다.

79 다 감았으면 가위로 바짝 잘라내고

80 다시 한 번 붙지 않은 부분이 없도록 확인한 뒤 핀셋 뒤로 눌러준다.

81 이렇게 완성!

82 패브릭 가장자리에 3mm짜리 메탈픽스를 라인 따라 붙여준다.

83 이번엔 ss6 시암을 회오리 라인 안에 도트무늬로 사진처럼 붙여준다.

84 신주미니참에 O링을 걸고

85 신주체인 아래쪽에 연결해준다.

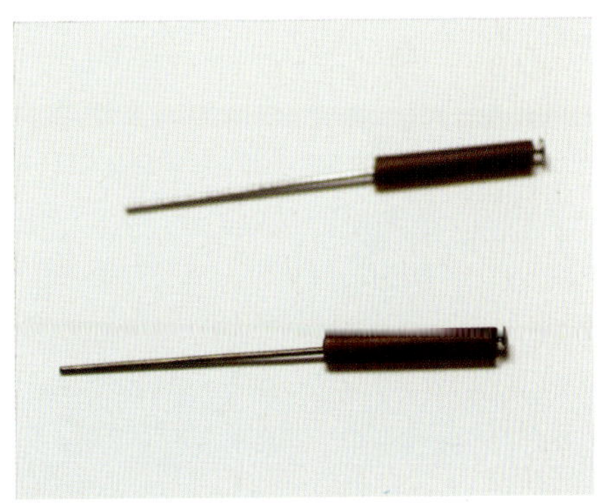

86 긴 막대비즈에 T침을 끼고

87 구자말이를 이용해 한쪽 고리를 만든 뒤

88 붉은 신주체인 아래쪽에 연결한다.

89 뒤쪽에 브로치핀을 글루건으로 붙인다.

90 완성

22 메탈 플라워 브로치

무척이나 고급스럽고 품위있는 브로치입니다. 완성도에 비해 무게는 가벼워 착용 시 불편함이 없고요. 실의 특성상 때가 탈 염려도 없어 매우 실용적입니다. 예쁘게 완성되었다면 선물해 보세요. 감동이 백배랍니다.

디엠씨 메탈사 E415번 6M, E317번 54M, E 130번 48M

앵커레이온사 844번 42M

앵커면사 134번 60cm

22호 플라워와이어 8개

24호 플라워와이어 1개

지름 2.5~3cm 크기의 브로치 핀대

핫픽스 ss6 시암 24개, ss6 사파이어 12개, ss6 실크 12개, ss6 피치 12개, ss6 라이트 토파즈 12개, ss10 사파이어 18개, ss10 시트린 1개

HOW TO MAKE

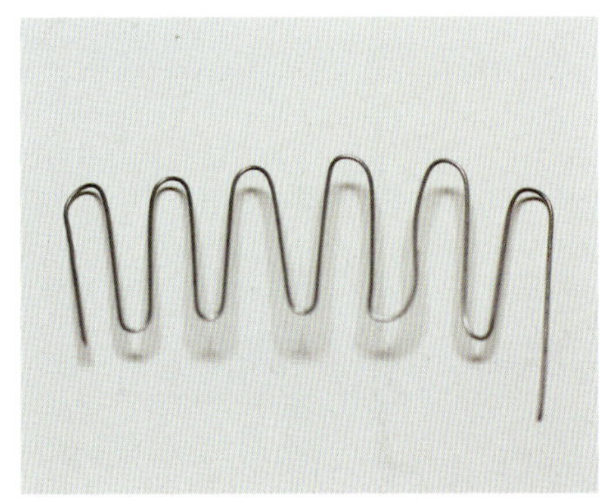

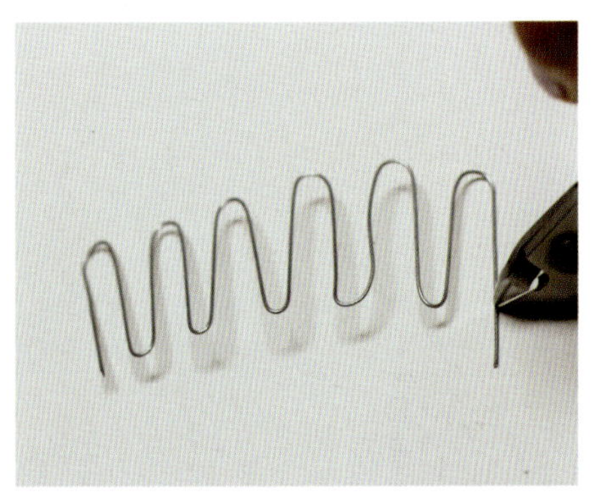

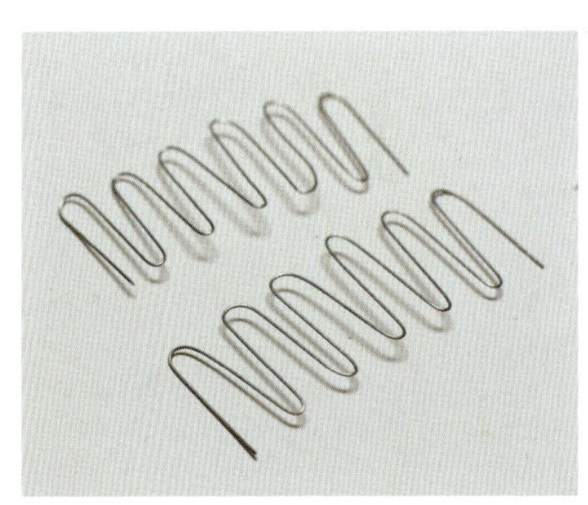

01 22호 와이어를 책본을 대고 A번의 모양을 잡되 레이스가 6개가 나오도록 만들어준다.

02 길이가 남으면 옆 길이에 맞춰 니퍼로 잘라낸다.

03 이렇게 똑같이 하나 더 만든다.

04 3번 레이스의 연결된 아랫부분을 롱로즈로 지긋이 좁혀준다.

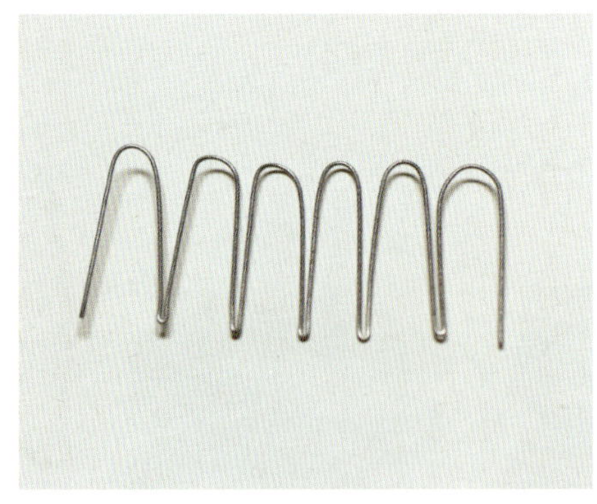

05 사진처럼 나머지도 모두 좁혀준다.

06 이번엔 윗부분을 롱로즈로 지긋이 좁혀주되 빨간 표시 부분의 길이가 맞는지 보면서 좁혀준다.

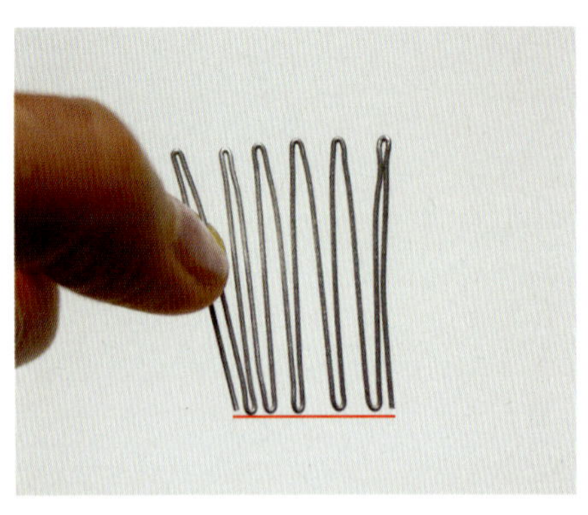

07 이렇게 아랫부분의 길이가 일정하게 맞도록 나머지 윗부분을 모두 좁혀준다.

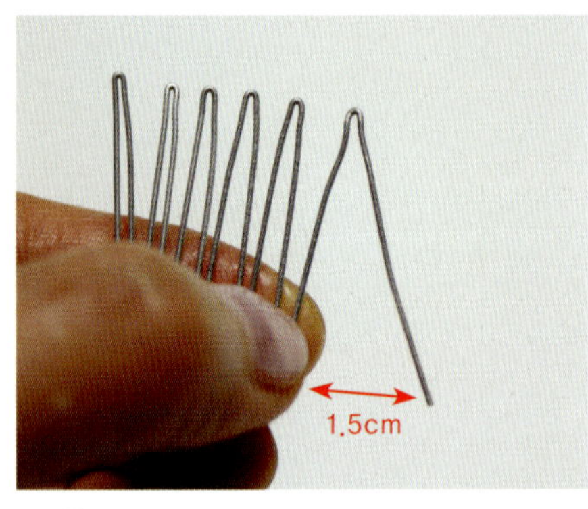

08 사진처럼 처음 와이어를 아랫부분의 간격이 1.5cm가 되도록 벌려주고

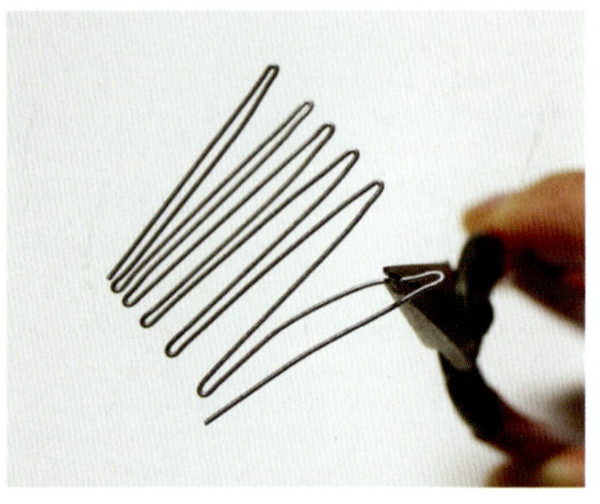

09 롱로즈로 첫 번째 레이스 왼쪽 와이어의 윗부분을 잡고 휘어준다.

10 이번엔 첫 번째 레이스의 오른쪽 윗부분을 잡고 휘어준다.

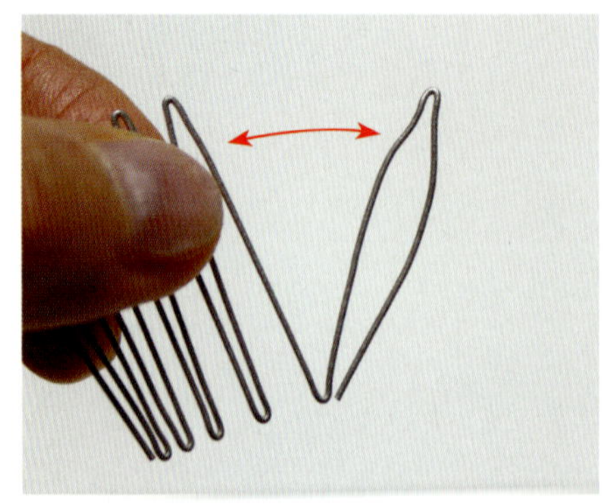

11 손으로 벌려 두 번째 꽃잎과의 간격을 벌려준다.

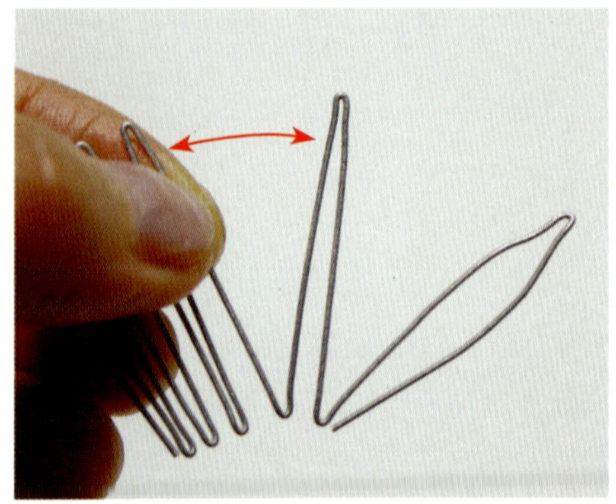

12 두 번째 꽃잎도 손으로 벌려 세 번째 꽃잎과 간격이 벌어지도록 해놓는다.

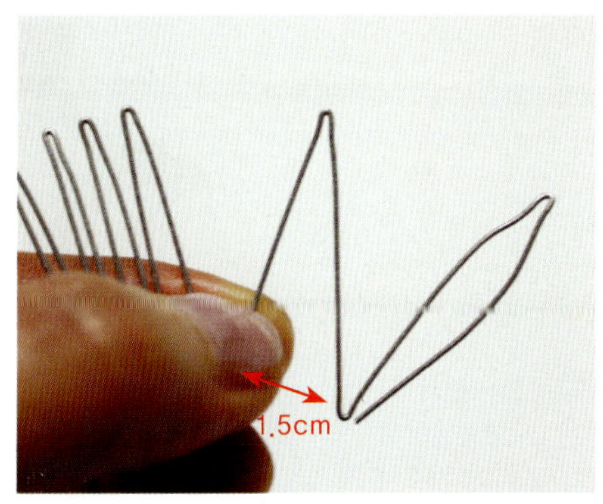

13 두 번째 꽃잎의 아랫부분 폭이 1.5cm 정도 되도록 손으로 벌려주고

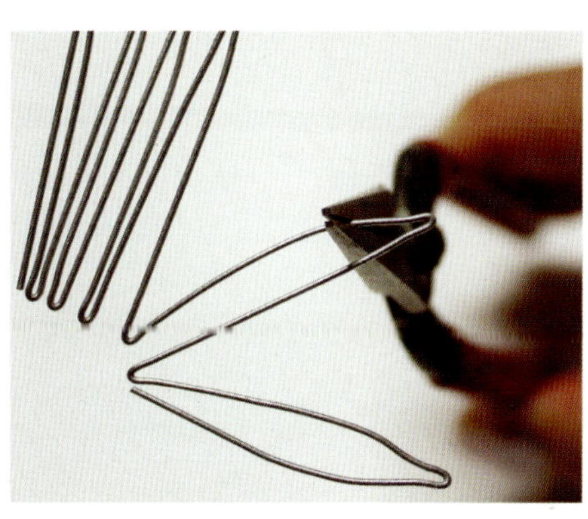

14 두 번째 레이스 왼쪽의 윗부분을 롱로즈로 잡고 휘어준다.

15 이번엔 두 번째 레이스 오른쪽 윗부분을 잡고 지긋이 휘어준다.

16 다시 손으로 두 번째 꽃잎을 옆쪽으로 밀어주고 세 번째 꽃잎의 모양을 만들기 위해 간격을 벌려준다.

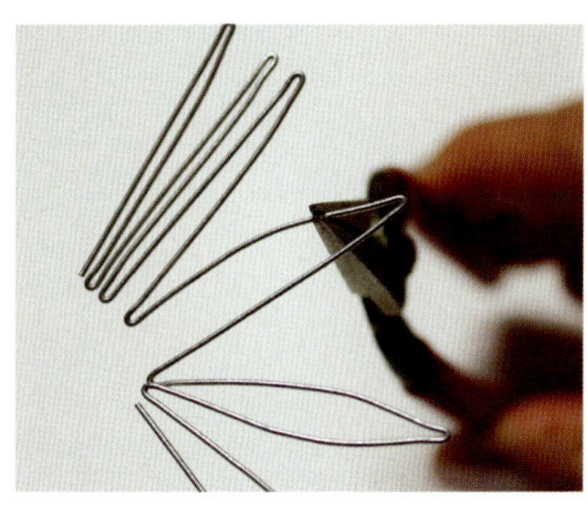

17 마찬가지로 세 번째 레이스 왼쪽 윗부분을 롱로즈로 휘어주고

18 아랫부분이 닿도록 맞은편 위쪽 와이어를 롱로즈로 모양을 잡아준다.

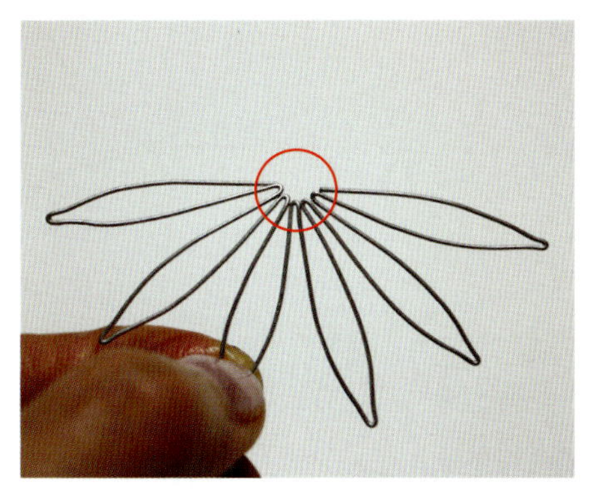

19 이렇게 나머지도 모두 만들어 주고 빨간 동그라미 부분이 모두 가지런히 모아지도록 모양을 잡아준다.

20 다른 와이어도 똑같이 만들어 완성해 놓는다.

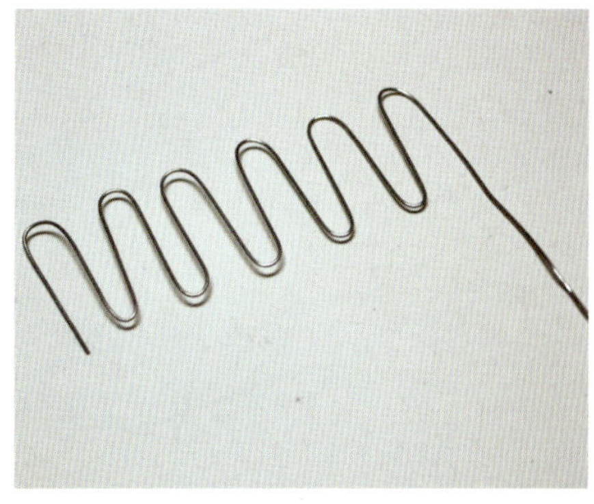

21 이번에 다시 22호 와이어로 책본의 B번 모양을 따라 레이스가 6개 되도록 만들어준다.

22 앞과 마찬가지로 남은 길이는 아랫 부분 길이에 맞도록 니퍼로 잘라주고

23 3번부터 20번 과정처럼 똑같이 두 개의 꽃송이를 만들어 놓는다.

24 다시 책본을 따라 C번 레이스를 만들고 남은 길이를 잘라준 뒤

25 3번부터 20번 과정대로 두 개의 꽃송이를 만들어 놓는다.

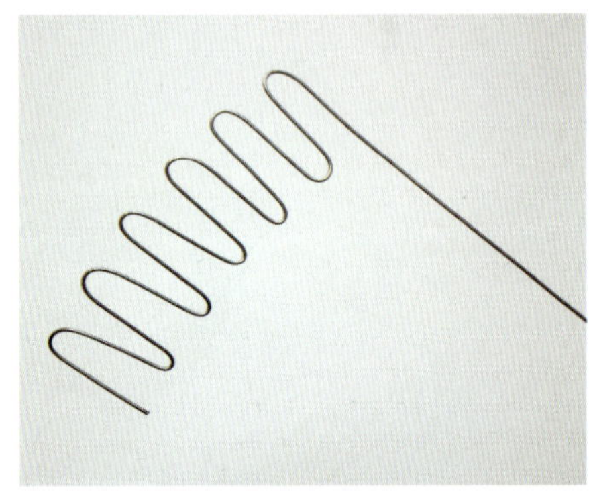

26 마지막으로 책본을 대고 D번 레이스를 만들어준 뒤

27 남은 와이어는 아래 연결부위 길이에 맞도록 잘라주고

28 3번부터 20번 과정과 똑같이 두 개의 꽃송이를 만들어 놓는다.

29 E415번 메탈사를 50cm로 잘라 한 가닥을 조심스레 빼낸 뒤

30 손으로 문질러 나머지 실들끼리 다시 정갈하게 꼬이도록 해준다.

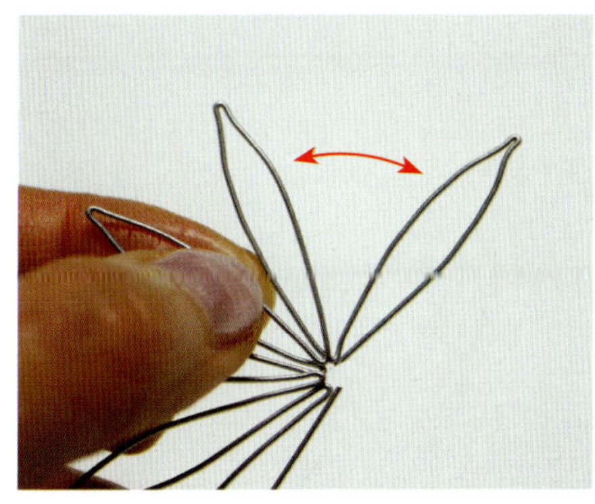

31 A의 첫 번째 꽃잎을 감기 위해 손으로 사진처럼 옆으로 벌린다.

32 아래쪽에 실 여유분을 2cm 정도 남기고 본드를 와이어에 앞뒤로 넉넉히 칠해가며 힘주지 말고 적당히 감아간다.

33 꽃잎이 점점 좁아질수록 양 손톱으로 내려 벌어진 틈을 좁혀주면서 감아간다.

34 거의 다 감고 두 번 정도 감을 만큼 남았을 때 다시 한 번 앞뒤로 본드칠해서 완전히 커버해준 뒤

35 5초 정도만 손으로 눌러준다. 손을 떼어 보면 실이 다시 풀리는 경우가 있는데 그럴 땐 본드 없이 다시 한 번 감아주고 끝부분만 본드칠해 붙을 때까지 반복해서 돌려 감아준다.

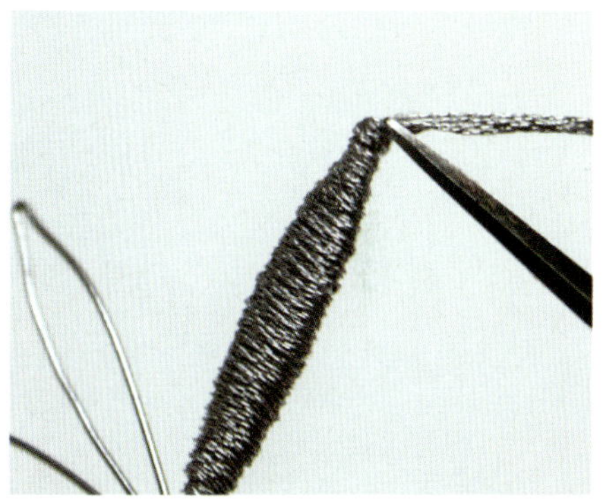

36 사진처럼 잘 붙어 있다면 가위로 여분실을 바짝 잘라내고

37 자른 부분에 본드를 깨알만큼 칠해 잘 붙을 때까지 여러 번 문질러 감는다.

38 그리고 다시 한 번 더 손으로 5초 정도 꾹 눌러주면

39 사진처럼 완성이 된다.

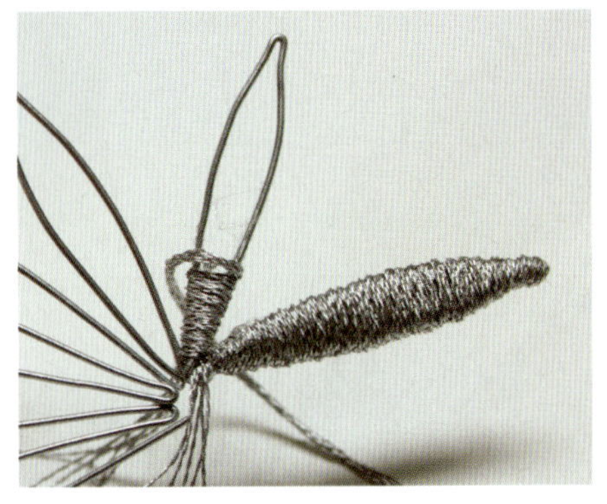

40 다시 두 번째 꽃잎을 감기 위해 첫 번째와 세 번째 꽃잎을 양옆으로 벌려주고 첫 번째 꽃잎 감는 방법으로 본드를 넉넉히 앞뒤로 칠해가며 감아준다.

41 마찬가지로 잘 감았으면 여분실을 가위로 바짝 자르고

42 본드로 코팅한 뒤 잘 붙으라고 여러 번 문질러 감아준 뒤 손으로 5초 정도 꽉 눌러준다.

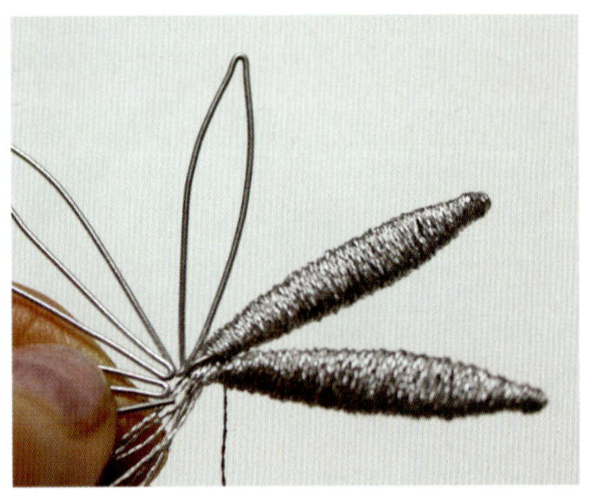

43 3번째 꽃잎도 감기 편하도록 양옆 꽃잎의 간격을 벌려주고

44 첫 번째 꽃잎과 같은 방법으로 촘촘히 감아준다.

45 다시 4번째 꽃잎을 감기 위해 사진처럼 양옆의 꽃잎 간격을 넓혀주고 같은 방법으로 감아준다.

46 이렇게 아래쪽에 실 여유분들이 모이도록 하고 6개의 꽃잎을 전부 감아주고

47 이것과 똑같이 또 하나를 같은 메탈사로 감아준다.

48 B번 꽃은 메탈사 E317번 45cm 한 가닥 뺀 5가닥으로 1번 꽃과 같은 방법으로 감아준다.

49 이렇게 2개 똑같이 만들어주고

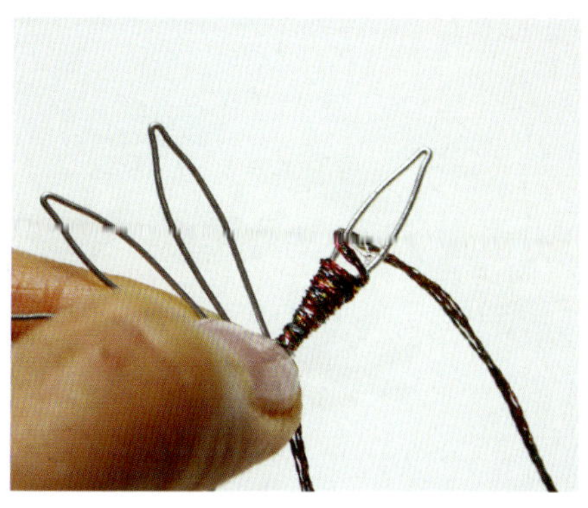

50 C번 꽃은 E130번 40cm 5가닥으로 앞과 똑같은 방법으로 감아준다.

51 이것도 두 개 완성해 놓고

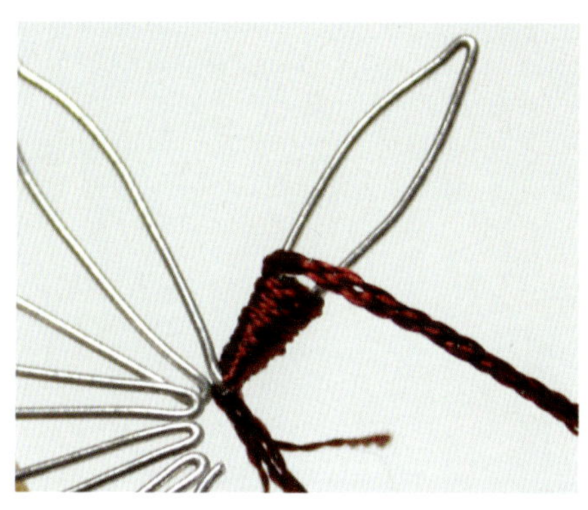

52 마지막 D꽃은 레이온사 844번 그대로 감되 레이온사이므로 실 방향을 면사의 반대방향으로 감아준다(기본기법 중 레이온사 감기 참고).

53 메탈사보단 훨씬 잘 감기므로 완전히 커버하고 3초간 손으로 지긋이 눌러준 뒤

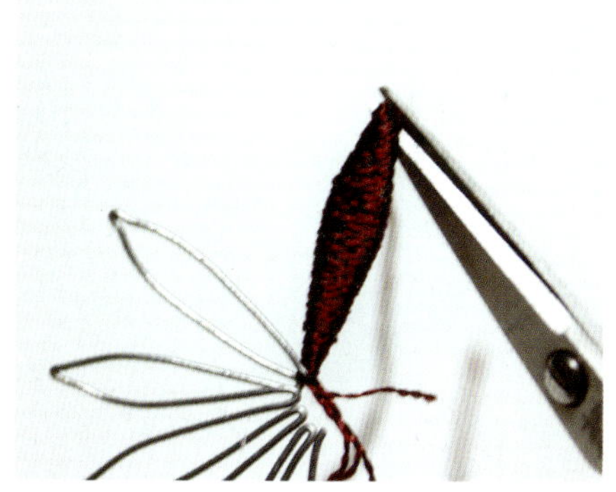

54 가위 앞쪽으로 남은 실을 바짝 잘라준다.

55 자른 곳은 본드를 톡 칠해 본드기 없는 깨끗한 손으로 앞뒤로 다시 한 번 눌러주고

56 양쪽에서도 지긋이 눌러 뾰족한 모양이 살도록 해준다.

57 이렇게 똑같이 두 개 완성해준다.

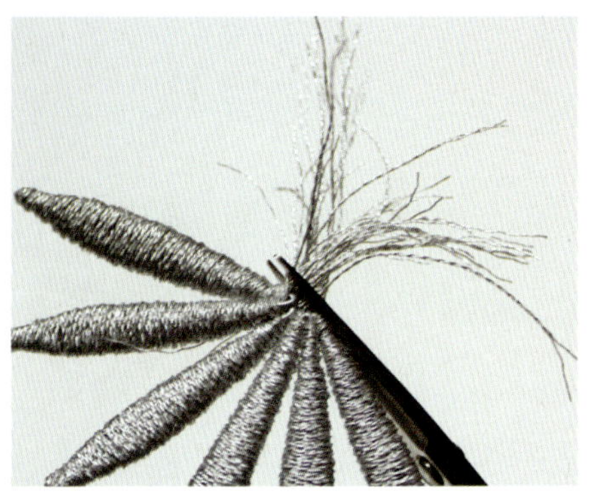

58 이제 A꽃의 아래쪽에 모아진 여분 실들은 가위로 한 번에 바짝 잘라낸다.

59 나머지 꽃 모두 잘라낸다.

60 마지막으로 다시 한 번 모양이 원에 가깝도록, 또 꽃과 꽃 사이의 간격이 균일하게 되도록 손으로 조정해 준다.

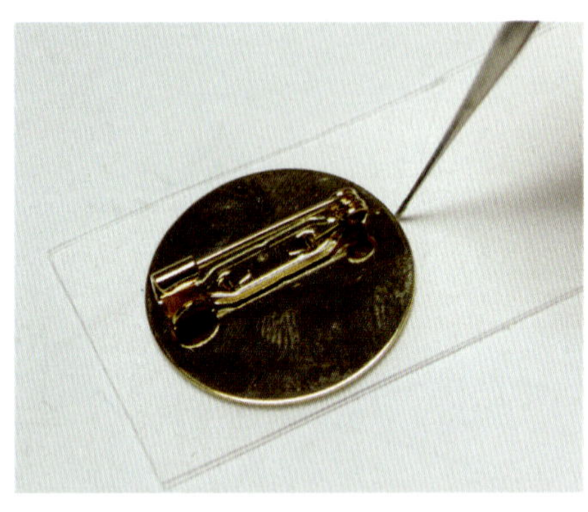

61 브로치핀을 230pvc에 대고 송곳이나 핀셋으로 모양을 따라 그린다.

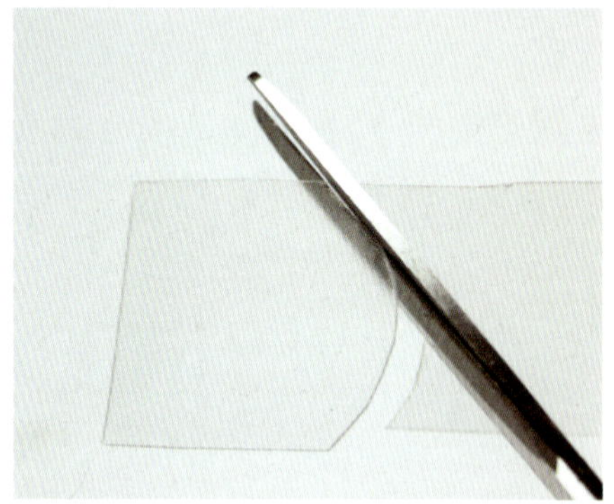

62 그려진 모양 따라 가위로 잘라내고

63 동그란 바디에 본드를 균일하게 적당히 칠해준 뒤

64 62번에 모양을 잡아놓은 A번 꽃을 본드칠한 위에 올려놓는다.

65 이번엔 B꽃잎 위에 빨간 표시 부분 만큼 1mm 두께로 본드를 균일하게 칠해서

66 사진처럼 A꽃잎 사이사이에 오도록 배치하여 준다.

67 손가락으로 본드칠한 곳을 지긋이 여러 방향으로 눌러 잘 붙도록 한다.

68 이번엔 앞과 마찬가지로 B꽃 위에 C꽃을 본드칠해 사진처럼 B꽃잎 사이사이 오도록 붙여주고 손으로 골고루 눌러 준다.

69 마지막으로 C꽃 위에 D꽃도 잎이 사이사이에 배치되도록 올려준다.

70 무거운 책으로 잘 붙으라고 눌러 놓는다.

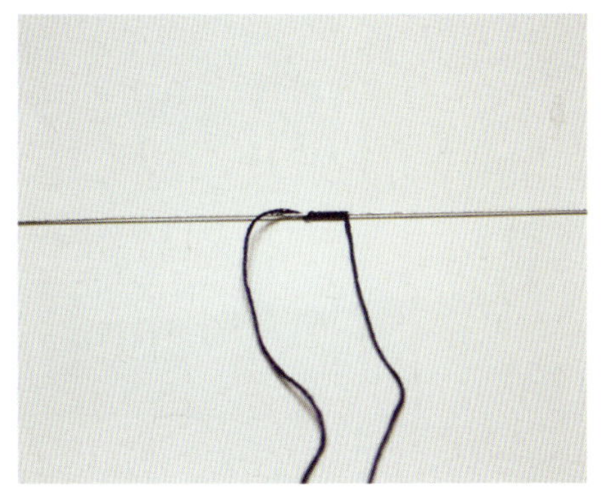

71 24호 와이어 12cm에 앵커 134번 60cm 6가닥 그대로 중앙감기한다.

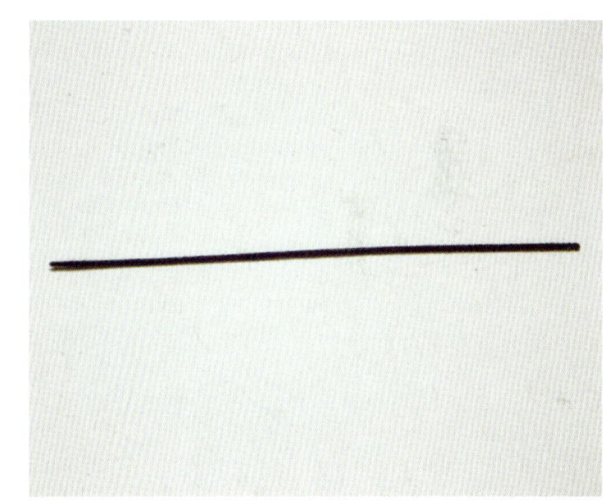

72 와이어가 휘지 않도록 쭉 감고 양 끝은 잘 코팅해준다.

73 73번의 코팅이 완전히 마르면(약 5분 경과 후) 롱로즈로 골뱅이를 말아준다(기본기법 중 골뱅이 감기 참고).

74 24호 와이어는 골뱅이가 커질수록 간격이 벌어지니 감은 방향으로 지긋이 밀어주면서 간격을 좁히며 골뱅이 모양을 만들어 줘야 한다.

75 원 모양이 나오는 지점에서 니퍼로 잘라주고(거의 원에 가깝게 나왔다면 자르지 않아도 된다.)

76 니퍼로 자른 부분은 사진처럼 위로 살짝 올려 코팅해 주고

77 다시 원위치로 예쁘게 가져다 놓는다.

78 골뱅이 위에 재빨리 글루건을 적당량 쏘고

79 역시 재빨리 꽃 위 한가운데 얹어

80 반드시 핀셋 등 부분으로 꾹 눌러준다. 손으로 누르면 모양이 예쁘지 않다.

81 만일 글루건이 튀어나왔다면 즉시 핀셋으로 제거한다.

82 골뱅이 한가운데 ss10 시트린 핫픽스를 붙이고 그 주위엔 ss10 사파이어를 6개 빙 둘러 붙여준다.

83 다시 6개의 사파이어 주위를 다시 한 번 ss10 사파이어 12개로 빙 둘러 붙여준다.

84 파란 골뱅이 바로 옆 D꽃잎 위엔 ss10 라이트 토파즈를 붙여주고 그 다음엔 ss10 피치를 붙여준다.

85 A꽃과 B꽃잎 끝부분에 ss6 시암을 붙여주고

86 C꽃잎 끝에는 ss6 사파이어를, D 꽃잎 끝에는 ss6 실크를 붙여준다.

87 다시 뒤를 돌려 앞서 작업했던 230바디를 손으로 떼어낸다.

88 바디를 떼어내면 사진처럼 본드 찌꺼기가 남을 수 있는데 손이나 핀셋 등으로 대충 제거해준다.

89 브로치 핀대를 롱로즈로 잡고 글루건 입구로 브로치 핀을 따스히 달군 후 재빨리 글루건을 쏘고

90 꽃 가운데 부분에 재빨리 얹고선 롱로즈로 꾹 눌러준다. 역시 글루건이 튀어나오면 핀셋으로 제거해준다.

91 사진처럼 꽃잎을 하나하나 손으로 위를 향하여 구부려준다.

92 모두 구부려주면

93 멋지고 고급스러운 메탈 플라워 브로치가 완성된다.

23 새와 나무 핸드폰줄

언제나 희망을 속삭이는 듯한 작은 새와
든든하게 내 곁을 지켜줄 푸른 나무 핸드폰 장식이에요.
포근한 파스텔 색이라 볼 때마다 마음도 따뜻해져요.

앵커면사 120번 270cm, 1021번 160cm,
1086번 30cm, 1088번 10cm

핸드폰체인

10mm짜리 핑크 염색석

흰색 색체인 16cm

O링 큰 사이즈 1개, 작은 사이즈 3개

T침 1개

230mic pvc 9X9cm

스와로브스키 ss6 라이트 로즈 8개, ss6 라
이트 사파이어 20개

HOW TO MAKE

01 책본 따라 나무모양 바디를 오린
후 앵커 120번 270cm 6가닥 그대로 줄
기부분 바로 위에서 실 여유분 2cm 정
도 남기고 앞뒤로 본드 얇고 좁게 칠해
가며 감는다.

02 본드가 많으면 예쁘고 촘촘히 감
기지 않으니 본드칠한 후 핀셋 등으로 고
루 펴준 뒤 감아나가면 된다.

03 중간 정도까지 잘 감아왔다면

04 이제 바디의 좁아지는 부분부터는 실 간격이 점점 벌어지는데 한 번 감고 양 손톱 끝으로 내려주고를 번갈아가며 끝까지 감아준다.

05 바디에 실 두 번 정도 감을 만큼 남았을 때 다시 한 번 앞뒤로 본드칠해서 완전히 커버해주고

06 남은 실은 가위로 바짝 잘라준 뒤 자른 부분에 본드 깨알 반만큼 톡 칠해

07 깨끗한 손으로 앞뒤로 4초간 누르고

08 바디가 크므로 양옆으로도 지긋이 4초간 눌러주어 끝이 뾰족한 모양이 되도록 코팅해 준다.

09 그럼 이렇게 완성되고

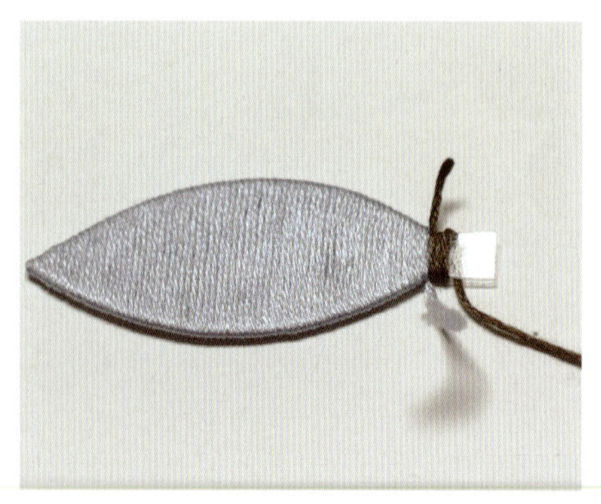

10 이번엔 줄기 부분을 앵커 1086 25cm 6가닥으로 나무 밑둥부터 실 여유분 2cm 정도 남기고 촘촘히 감아간다.

11 역시 다 감기 전 다시 한 번 본드를 앞뒤로 칠하고 완벽히 커버한 후

12 손으로 4초 정도 눌러 잘 붙도록 해 놓은 뒤

13 남은 실은 가위로 바짝 자르고 본드를 가위질한 곳에 깨알 반만큼 톡 칠한 후 코팅한다.

14 바디의 면적이 있으므로 기본기법(바디에 코팅하기)을 참고하여 다시 한 번 더 튼튼히 코팅해준다.

15 하늘색 실과 밤색 실이 만나는 중심점에 본드를 칠해주고

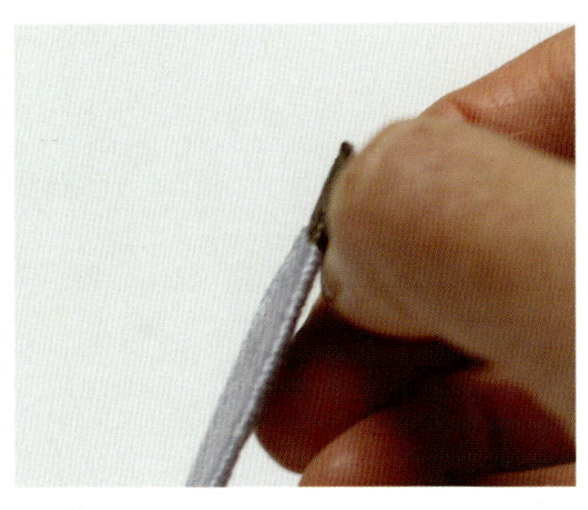

16 손으로 바짝 붙여 세 번 정도 돌려서 꼬아준다.

17 이렇게 밀착이 되었으면 가위로 한꺼번에 바짝 누르듯이 잘라내고

18 잘라낸 부분에 본드를 깨알만큼 톡 칠하고

19 다시 한 번 가위로 누르듯이 잘라내어 아주 평평하게 코팅해준다.

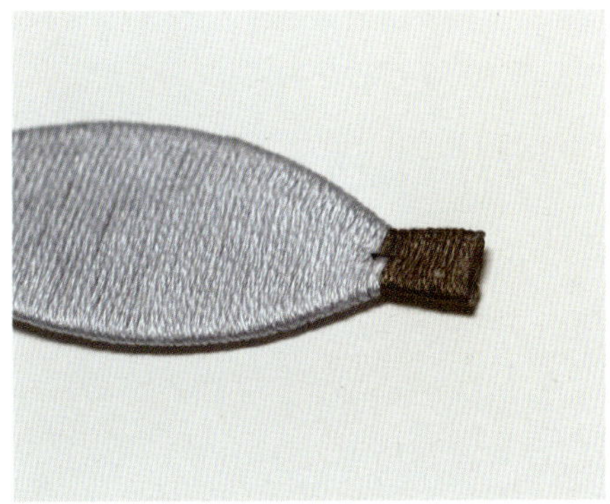

20 이렇게 완성시켜놓고

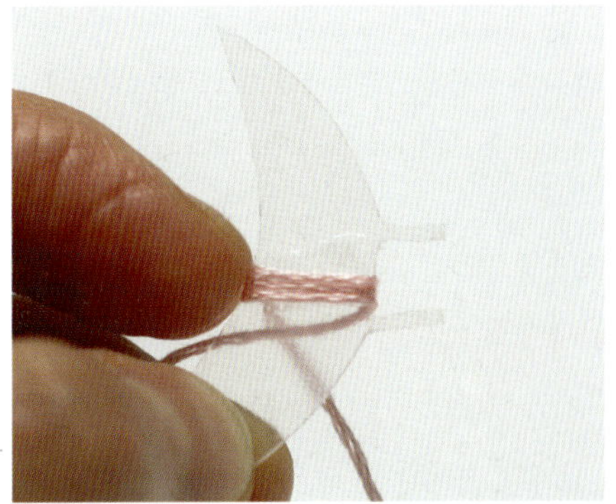

21 이번엔 230pvc에 새 모양을 따라 오린 뒤 앵커 1021번 150cm 4가닥으로 사진처럼 새 가운데 부분부터 중앙감기를 시작한다.

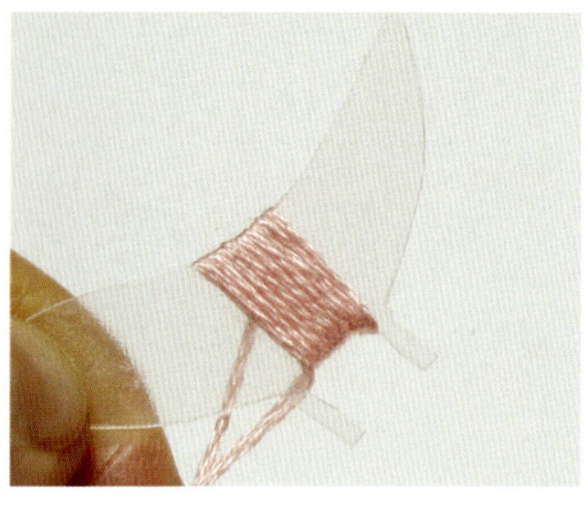

22 앞뒤로 본드를 얇게 칠하고 핀셋으로 본드를 양쪽 균일하게 펴가면서 다리 사이 몸통에 실을 최대한 감을 수 있을 만큼 감아주고

23 바로 다리 건너편으로 바짝 붙여 감아 사진처럼 다리 부분의 벌어진 실의 간격이 최소한이 되도록 해준다.

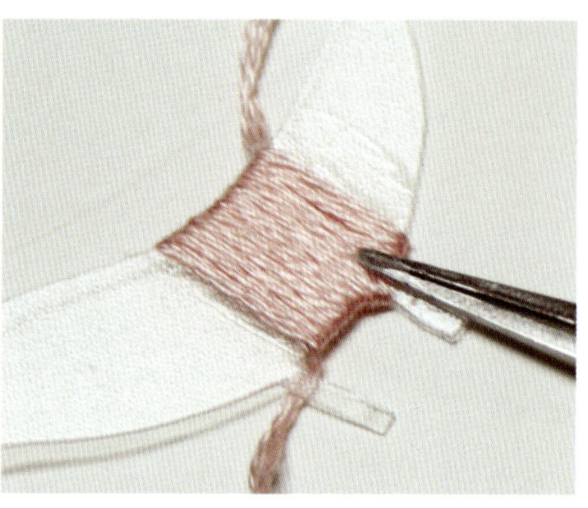

24 본드가 굳기 전 핀셋으로 새다리 부분 벌어진 곳을 잘 당겨 모아준다.

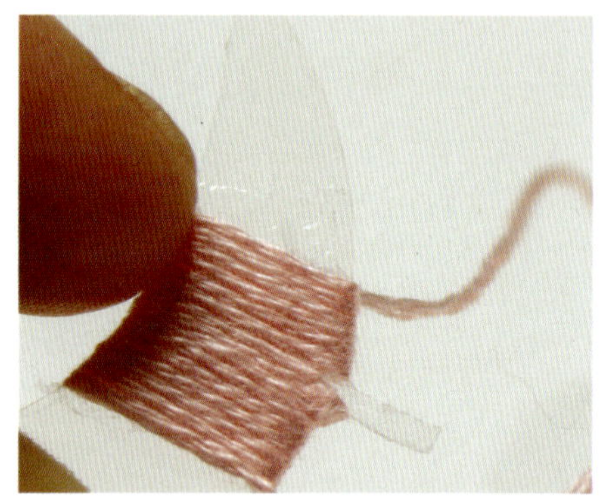

25 그럼 23번의 다리 간격이 이렇게 최소한으로 좁혀진다.

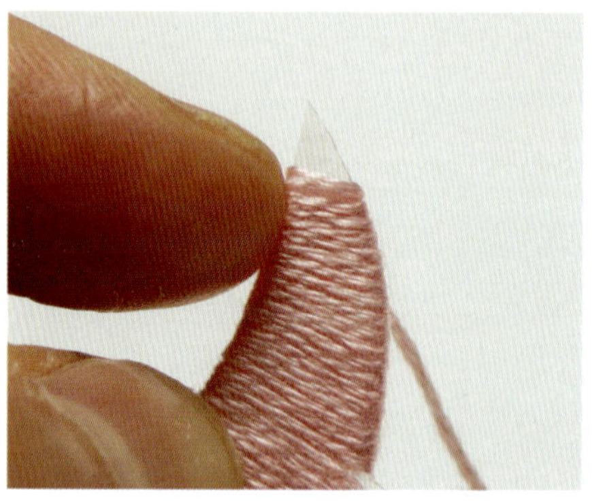

26 나머지 꼬리 부분을 감되 본드는 얇게 앞뒤로 정확히 칠하고 손끝으로 벌어지는 실을 내려가며 직선이 되도록 촘촘히 감아준다.

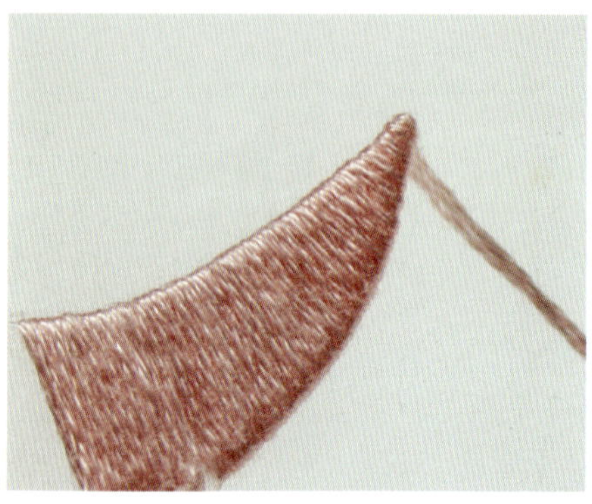

27 거의 다 감았을 때 역시 다시 한 번 본드를 앞뒤로 칠해 사진처럼 완전히 커버해주고

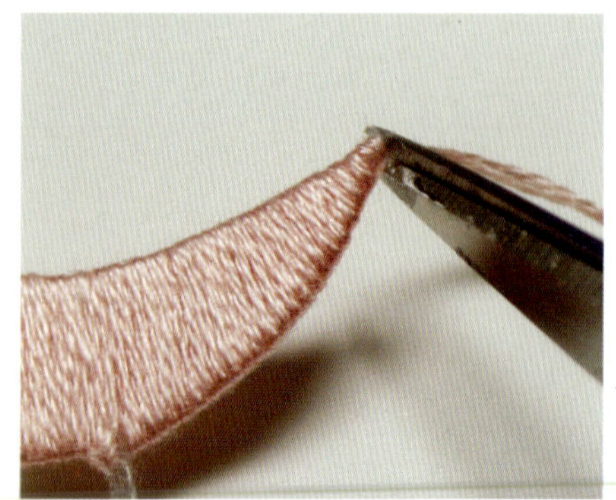

28 남은 실은 가위로 바짝 자른 뒤

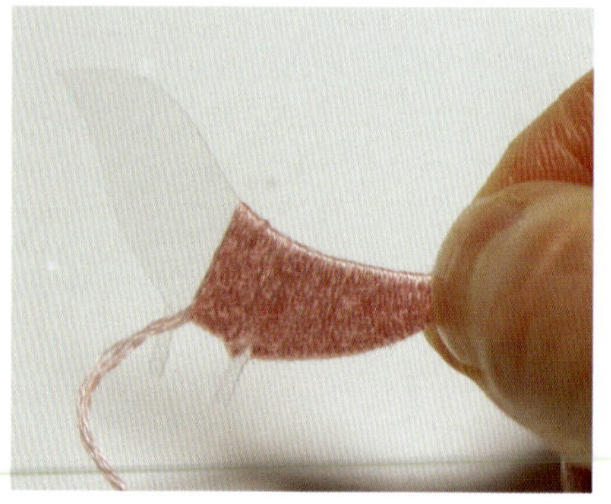

29 자른 부위에 본드를 톡 칠하고 깔끔히 코팅해준다.

30 이번엔 나머지 반대쪽을 감되 앞과 같이 다리 부분까지 최대한 감아주고

31 앞에 작업한 다리와 마찬가지로 다리 사이 간격이 최소한이 되도록 바짝 당겨 감아주고

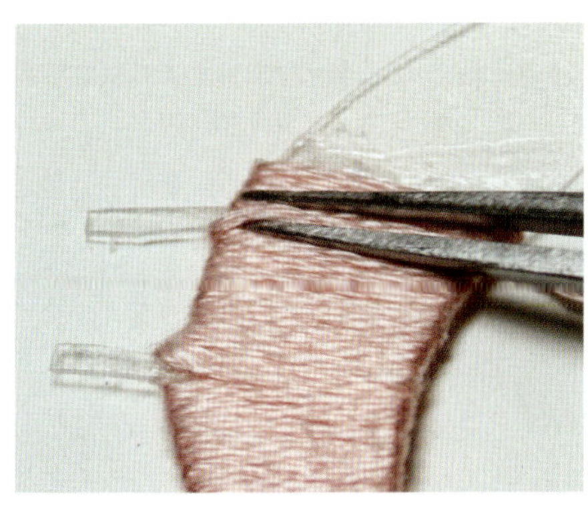

32 본드가 굳기 전 핀셋으로 좀 더 모아

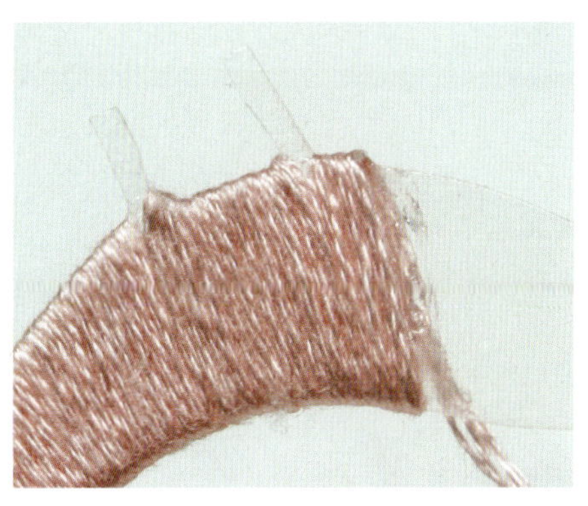

33 사진처럼 벌어진 간격이 거의 없도록 해준다.

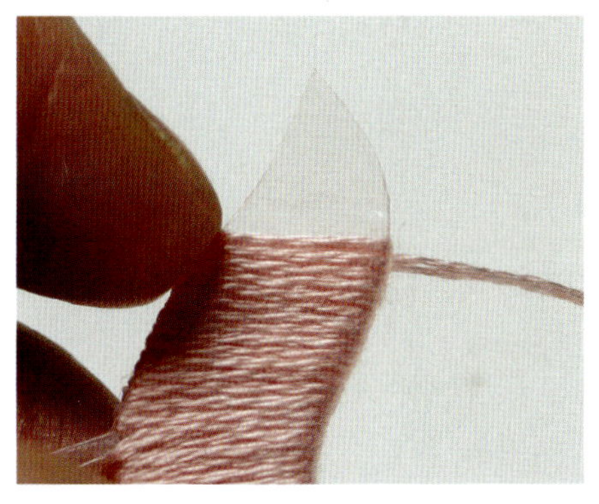

34 이번엔 머리 쪽 앞뒤로 본드를 얇게 칠해가며 촘촘히 감되 손가락으로 계속 좁혀 내려가며 감아준다.

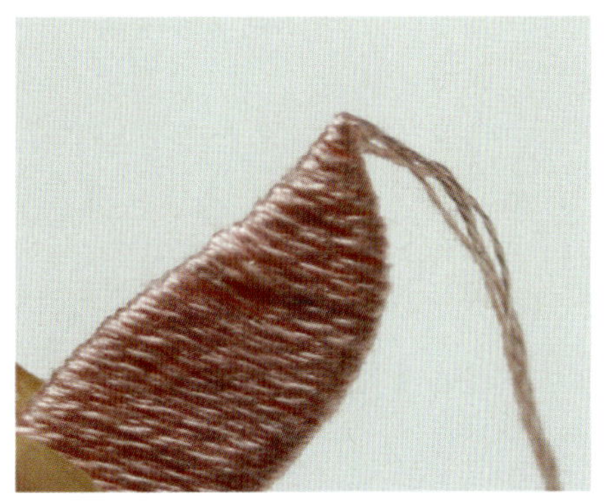

35 거의 다 감았을 때 다시 한 번 앞뒤로 본드칠해서 완벽히 커버한 후

36 가위로 바짝 잘라주고 본드로 튼튼히 코팅해준다.

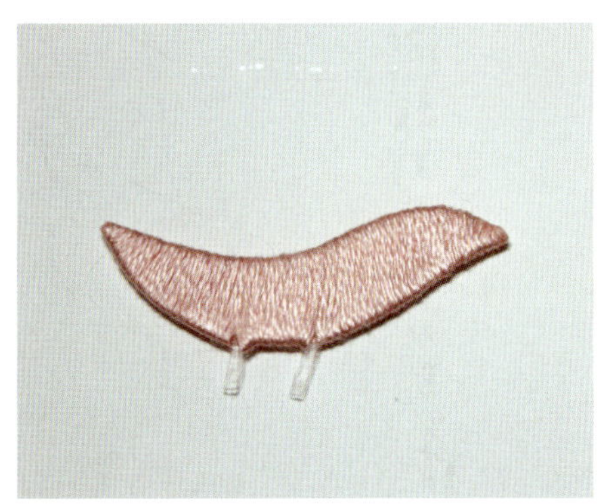

37 이렇게 새 한 마리 완성해놓고

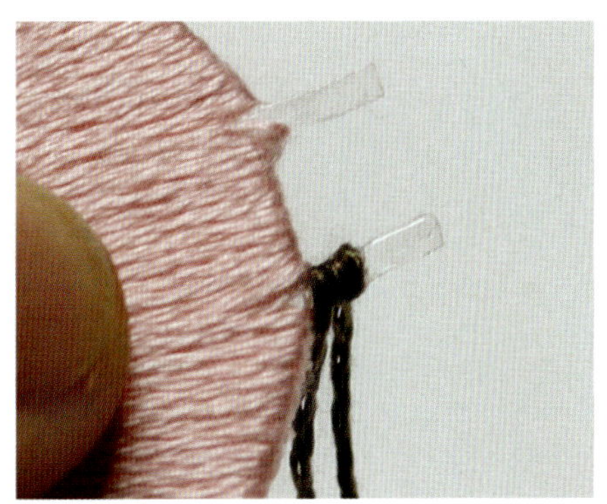

38 1086번 10cm 3가닥으로 실 여유분 2cm 정도 남기고 새 몸통 바로 위에서부터 본드를 앞뒤로 칠해가며 촘촘히 감아준다.

39 다 감았으면 앞뒤로 손으로 지긋이 3초간 눌러주고

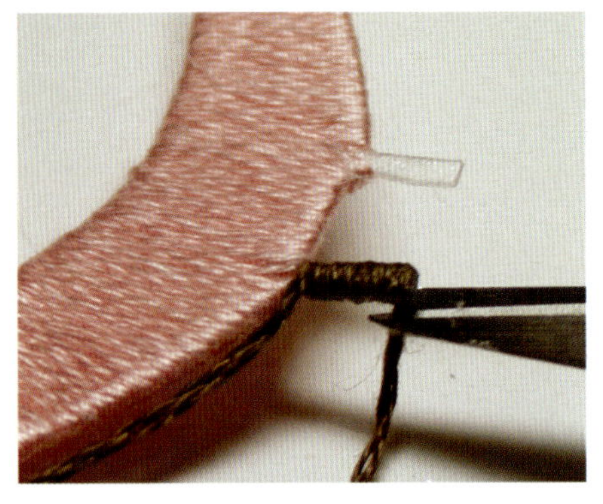

40 남은 실은 가위로 바짝 자른 뒤

41 자른 부분에 본드를 톡 칠하고 코팅해준다.

42 시작 부분에 여분으로 남긴 실도 바짝 자르고 본드를 조금만 칠한 후 핀셋을 이용해 코팅시켜준다.

43 남은 3가닥으로 처음 감은 다리처럼 똑같이 감아 완성한다.

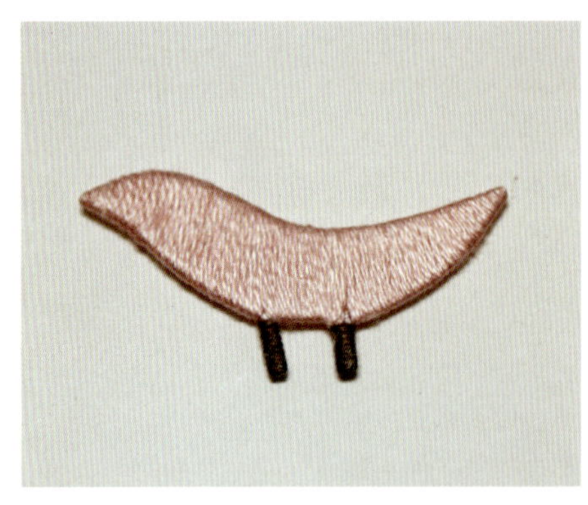

44 이렇게 양쪽 다리 모두 완성하고

45 10cm로 자른 1088번 4가닥을 코팅해 준다(기본기법 중 눈 코팅하는 방법 참고).

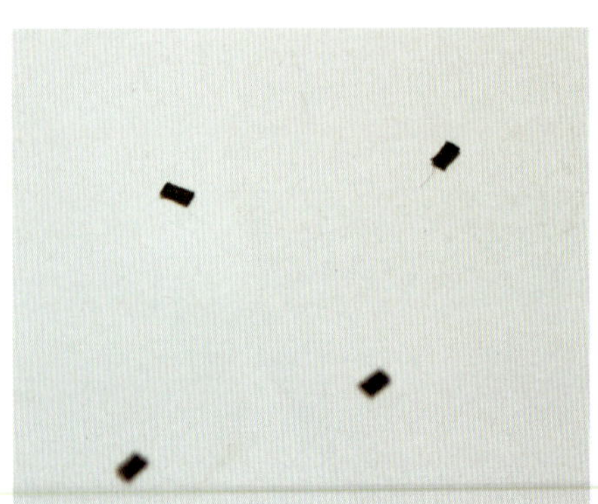

46 코팅해 놓은 실을 3분 정도 놓아두어 빳빳하게 굳으면 가위로 2mm 길이로 여유 있게 몇 개 잘라준다.

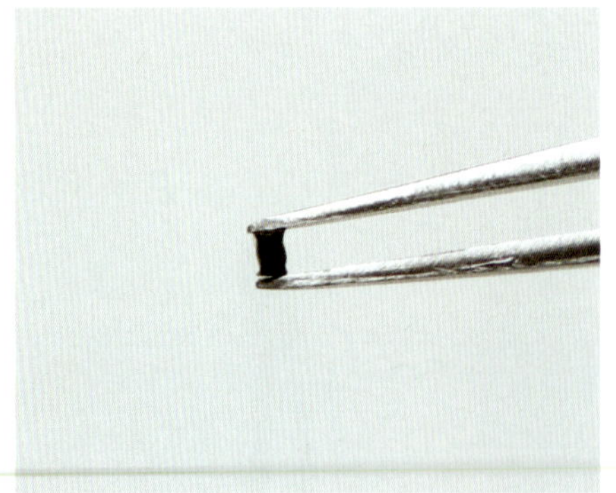

47 사진처럼 핀셋으로 오려놓은 눈을 잡고 뒤쪽에 본드를 톡 칠한 뒤

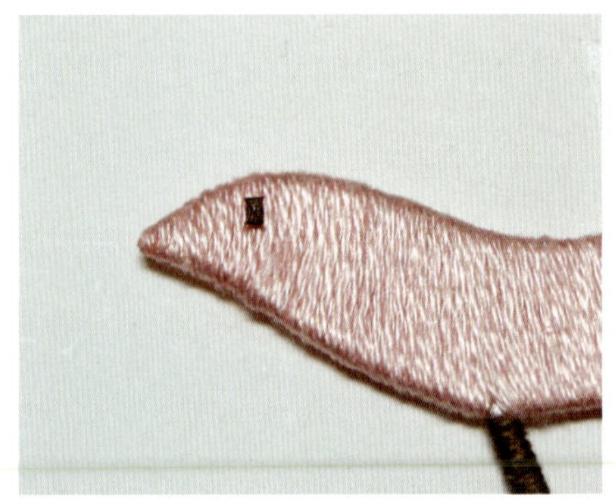

48 새 얼굴 위에 얹고 핀셋 등으로 지긋이 눌러준다.

49 잎사귀 위쪽에서 0.2mm 지점에 송곳으로 구멍을 뚫되

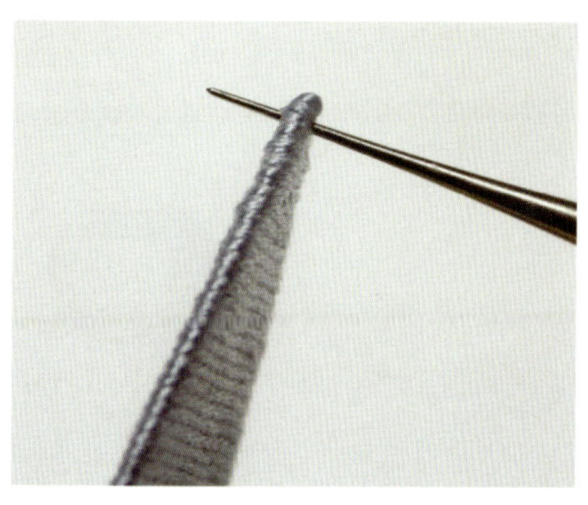

50 구멍에 송곳이 통과되어 송곳을 빼도 구멍이 보일 정도로 정확히 뚫어준다.

51 O링을 벌려 구멍에 통과시키고

52 체인을 3.5cm로 잘라 O링에 끼워 놓고 O링을 오므려준다.

53 이번엔 새 몸통 가운데쯤에 0.2mm 안쪽으로 들어온 지점을 송곳으로 구멍 뚫는다.

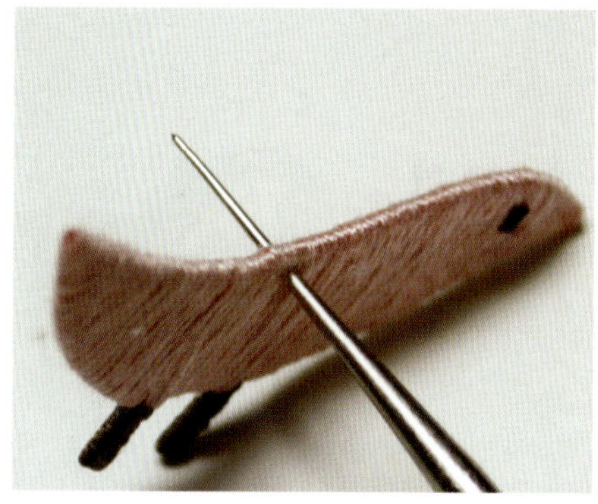

54 역시 송곳을 빼고도 구멍이 보이도록 뚫어준 뒤

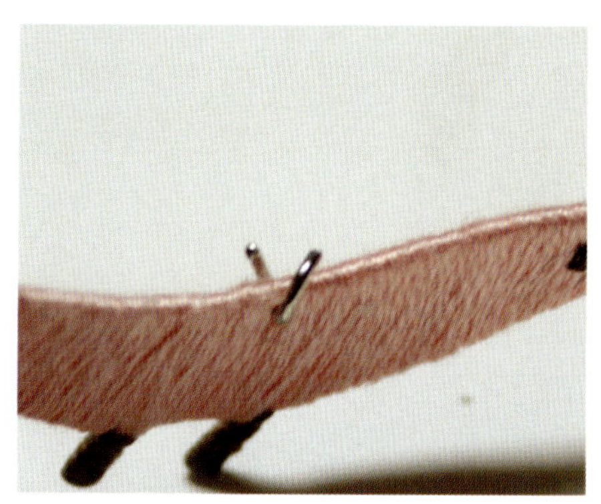

55 구멍에 O링을 통과해 걸어놓고

56 체인을 11cm로 잘라 새 O링에 걸고 꽉 오므려준다.

57 분홍 염색석에 T침을 끼고 구자말이를 통해 고리를 만든 후

58 체인을 1.5cm로 잘라 O링에 걸고 꽉 오므려준다. 새와 나무, 구슬을 단 체인을 모아 또 하나의 O링에 모두 걸고

59 큰 O링에 걸고 꽉 오므려준다.

60 이렇게 각각의 모티브들이 연결되었다면

61 이제 큰 O링에 핸드폰고리를 연결해준다.

62 ss6 라이트 로즈를 4개씩 사진처럼 새의 앞뒤에 붙여주고

63 ss6 라이트 사파이어를 10개씩 나무의 앞뒤로 사진처럼 붙여준다.

64 예쁜 파스텔 빛의 핸드폰줄 완성!

Bonus Tip

노란 새와 나무 핸드폰줄

나무 : 앵커 206번, ss6 크리솔라이트
새 : 앵커 300번, ss6 존킬
나무 줄기와 새다리 : 앵커 1086번
새눈 : 앵커 1088번

24 내추럴 팟

자연이 물씬 담겨진 다용도 꽃이에요. 마끈을 이용해 더욱 내추럴하며 심플한 한 줄기 잎
사귀들이 돋보이는 모던한 소품입니다. 집안에 멋지게 장식해 보세요.
핸드폰이나 열쇠 등 작은 부품들을 수납할 수 있어 실용성까지 뛰어나답니다.

마트에서 판매하는 플라스틱 커피 컵(길이 약 11cm, 윗지름 약 7cm 정도) 3개

사이잘 마끈 150cm 3개

22호 와이어 40cm 3개

앵커면사 1050번 200cm, 281번 180cm

디엠씨 733번 70cm, 935번 60cm

200pvc 10X8cm

01 책본의 A형을 참고하여 22호 철사 7cm 지점을 롱로즈로 잡고

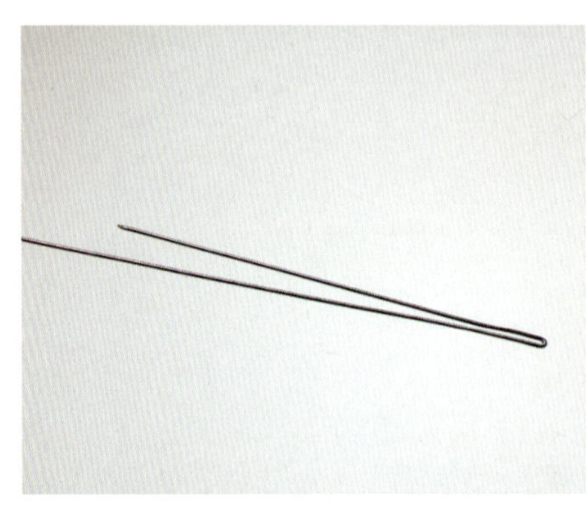

02 위로 꺾어 올려 접어준다.

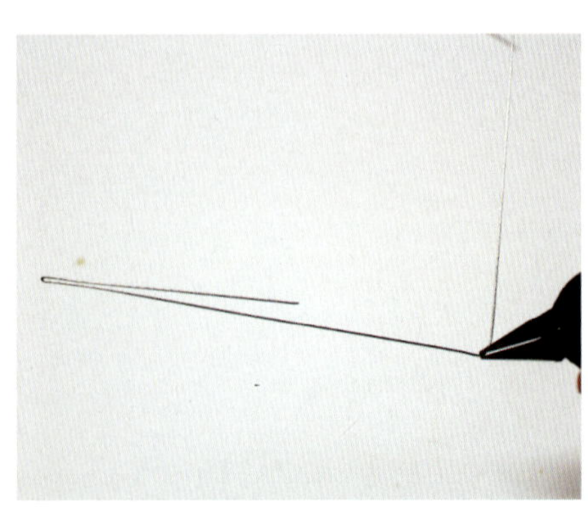

03 긴 쪽 와이어의 14cm 지점을 롱로즈로 잡고

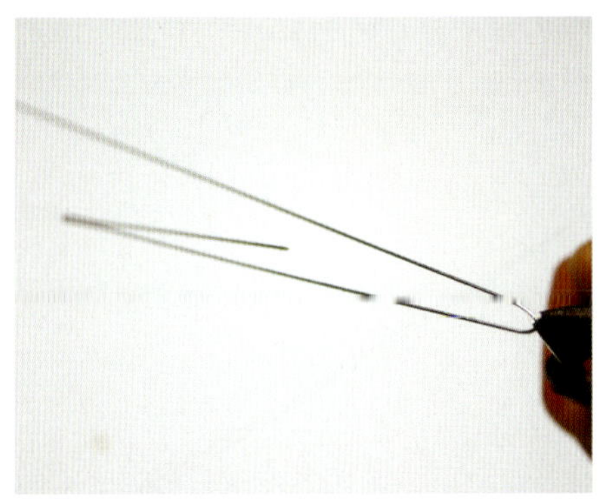

04 꺾어 내린다.

05 4번에 내린 와이어를 다시 1번의 7cm 시작 지점에서 꺾어준다.

06 2cm 남기고 다시 위로 꺾어준다.

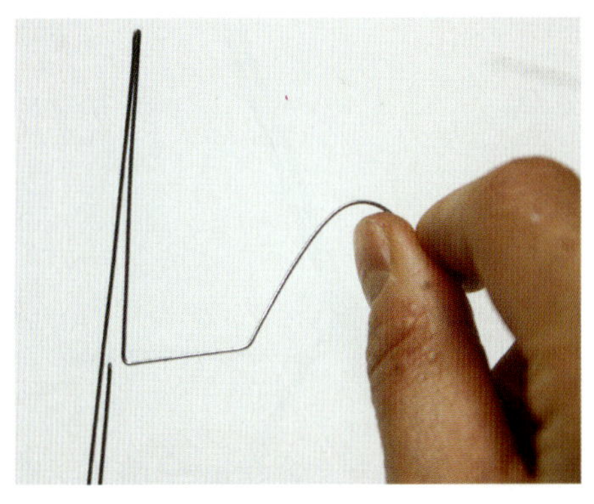

07 3cm 부분을 손가락으로 구부려준다.

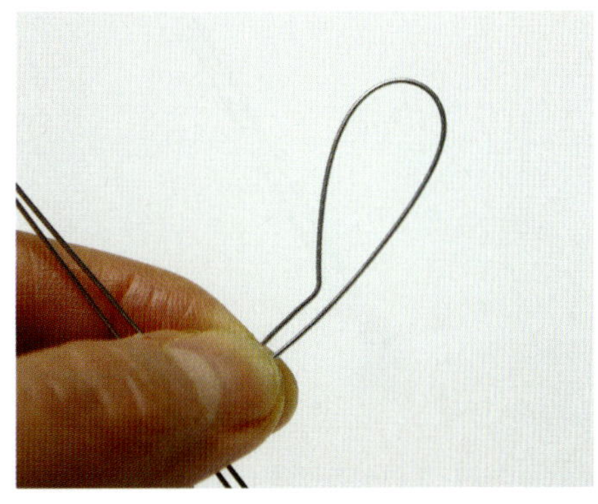

08 사진처럼 접어 내려온다.

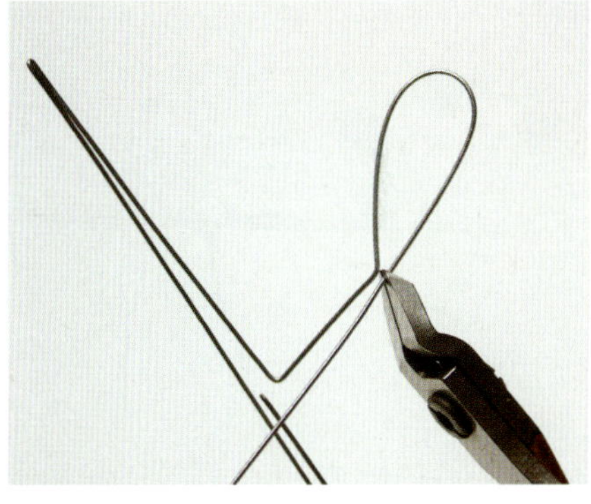

09 6번에 꺾었던 부분에서 니퍼로 남은 와이어를 잘라낸다.

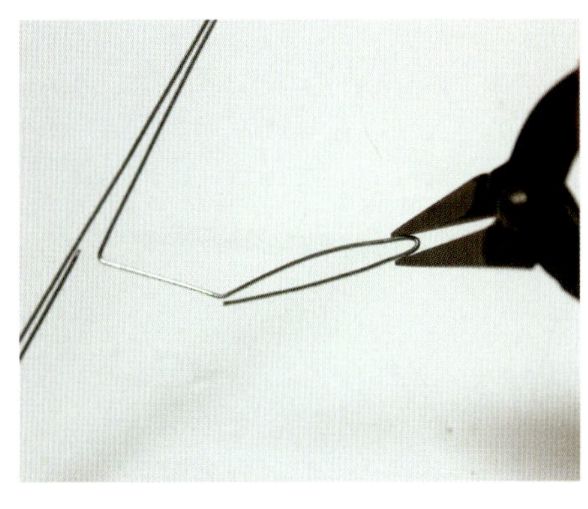

10 위쪽을 롱로즈로 지긋이 눌러 좁혀준다.

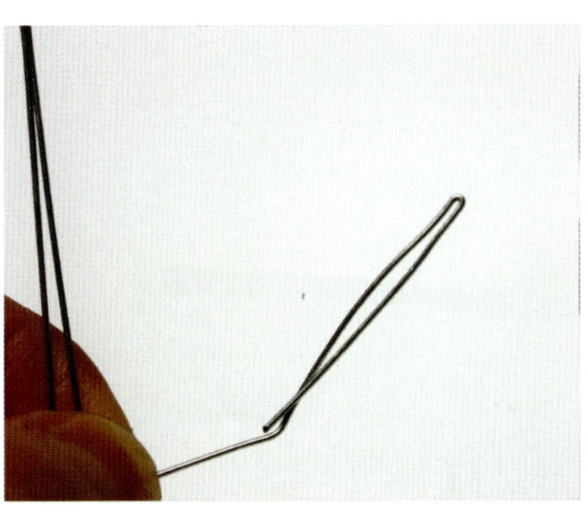

11 이렇게

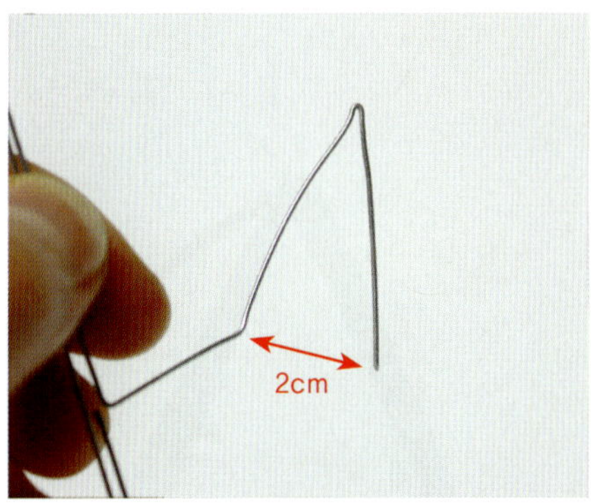

12 좁혔던 와이어를 다시 아래폭이 2cm 정도 되게끔 넓혀준다.

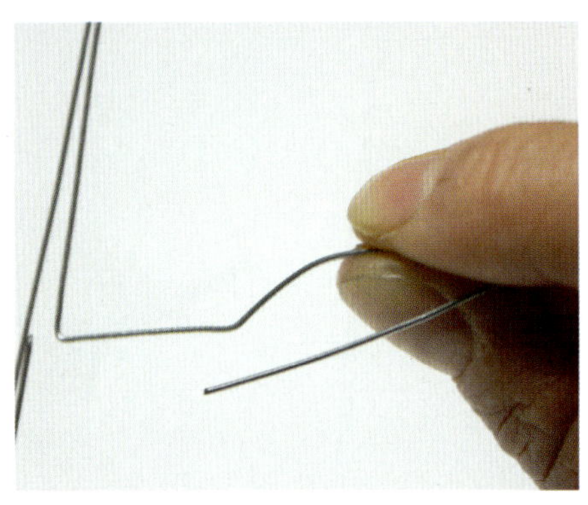

13 엄지손가락 안쪽을 이용해 구부려 주고

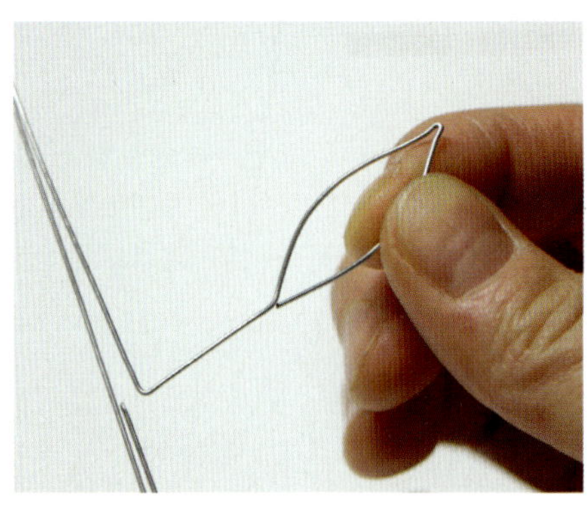

14 반대쪽도 안쪽으로 구부려

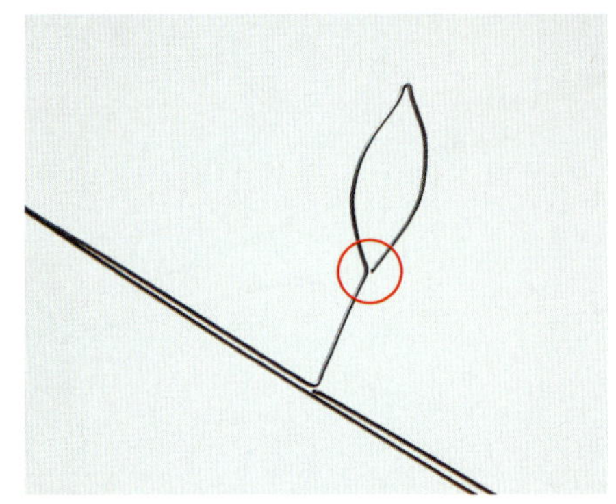

15 빨간 지점이 닿도록 잎사귀 모양을 만든다.

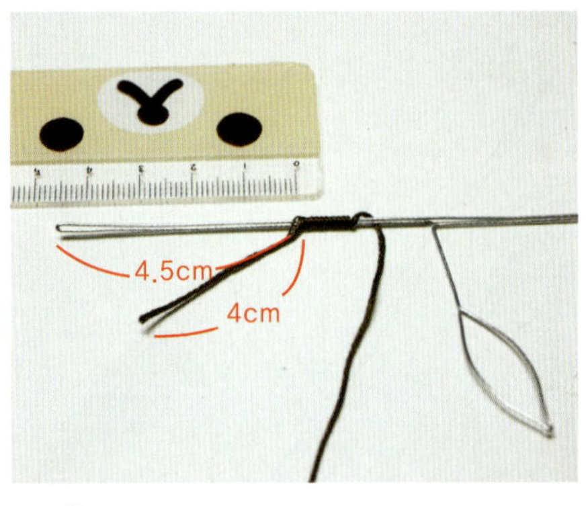

16 7cm 길이의 줄기부분 중 4.5cm 남기고 앵커사 1050번을 60cm로 잘라 실 여유분 4cm 남기고 본드를 앞뒤로 얇게 칠해가며 감아간다.

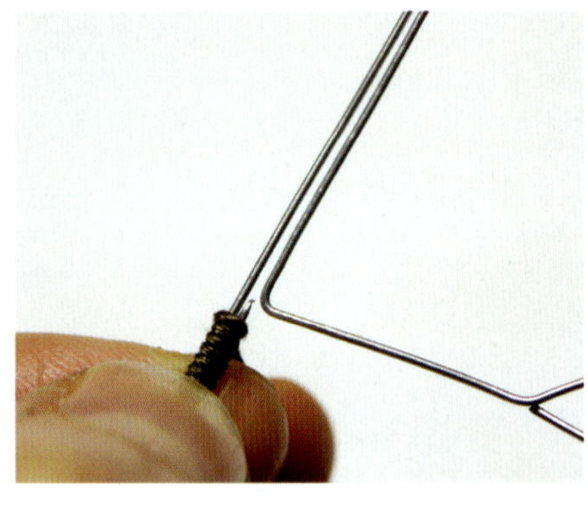

17 와이어가 끊어진 부분도 감을 수 있을 만큼 촘촘히 감은 뒤

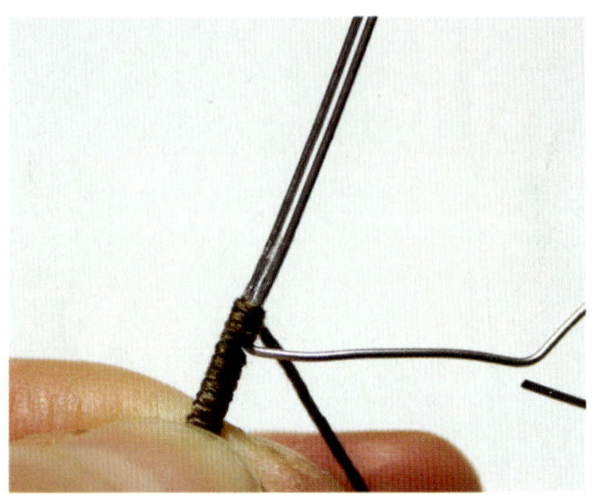

18 계속 본드를 앞뒤로 칠해가며 쭉 이어 감아 나간다.

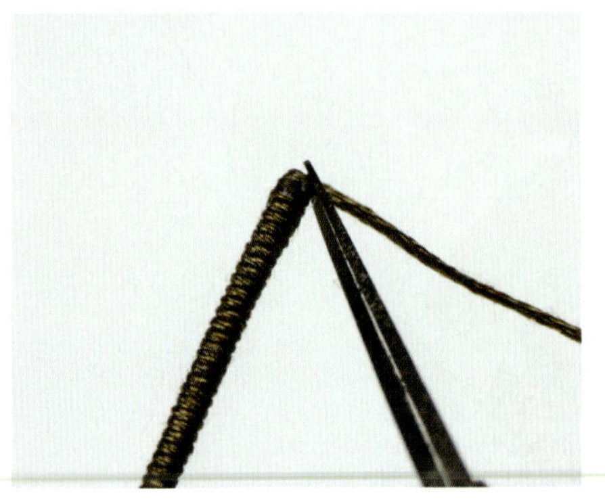

19 끝까지 다 감았으면 남은 실은 가위로 바짝 잘라내고

20 자른 부분에 본드를 깨알만큼 톡 칠한 후

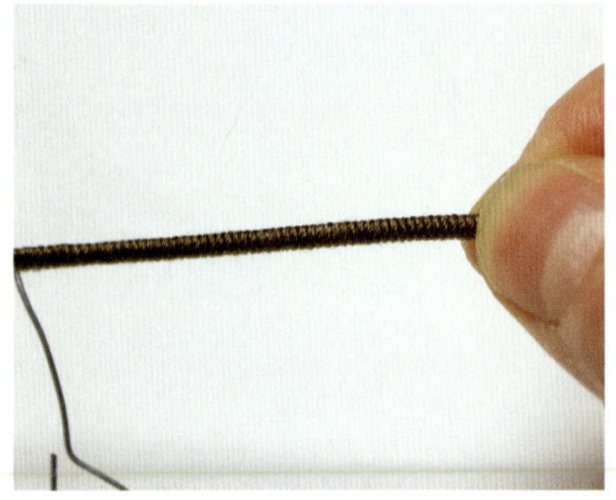

21 본드기 없는 깨끗한 손으로 3번 정도 톡톡 눌러준다.

22 이렇게 깔끔히 마무리하고

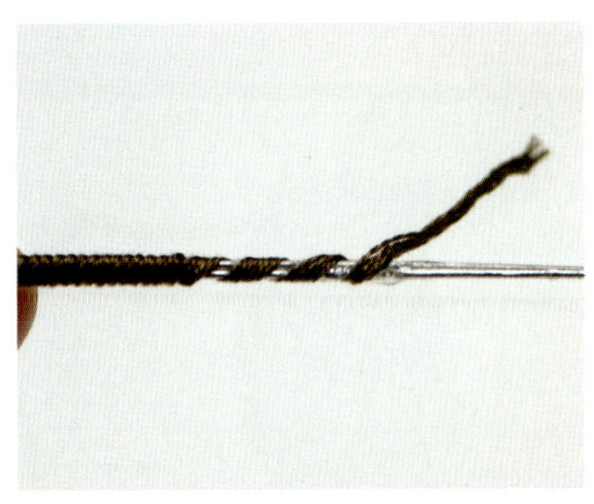

23 4cm 여유분의 실은 사진처럼 돌려 풀어가며 와이어 앞뒤로 본드칠해 대충 감아나간다.

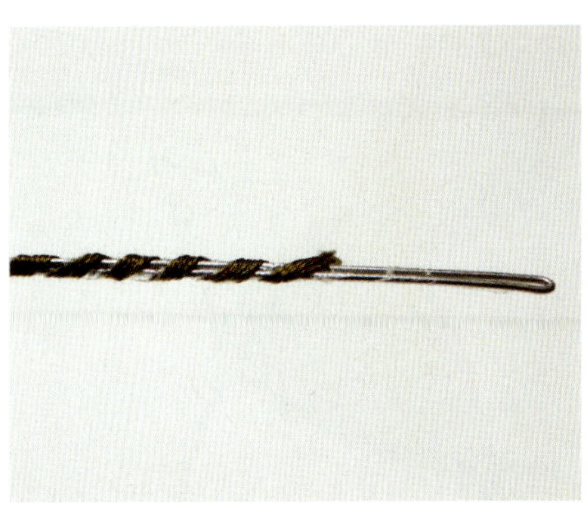

24 4cm 실이 다 감길 때까지 와이어에 붙여 감는다.

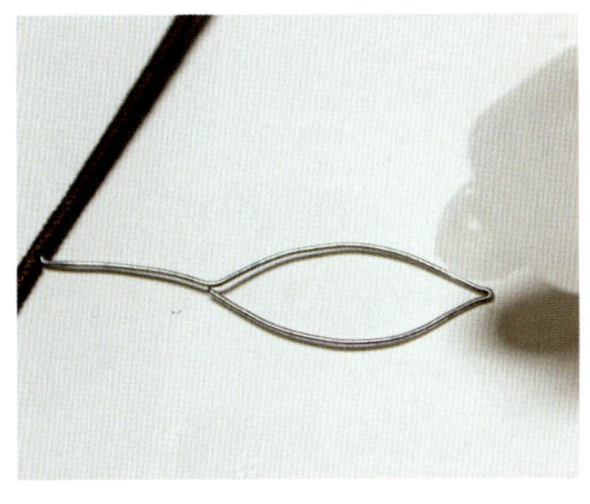

25 이번엔 나뭇잎 와이어에 본드를 넉넉히 칠하고

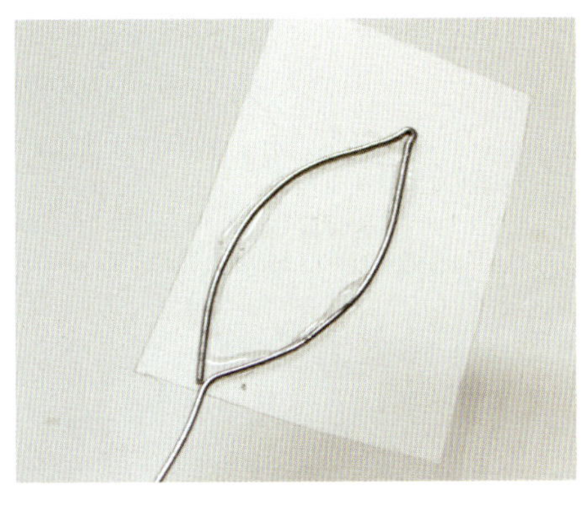

26 200pvc를 나뭇잎보다 조금 크게 잘라 붙여준다.

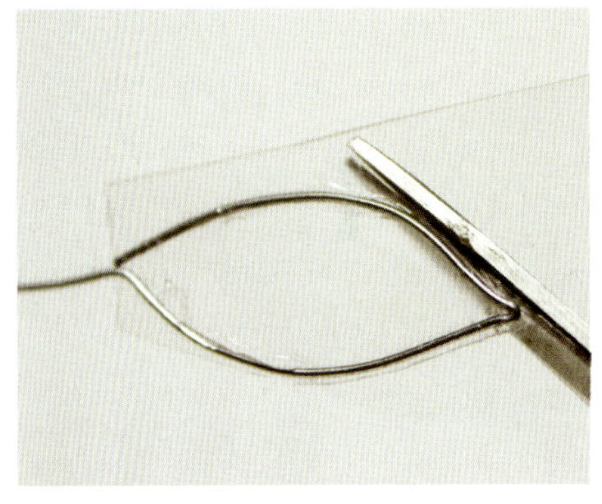

27 1분 정도 경과 후 조심스레 가위로 나뭇잎 모양 따라 바디를 잘라낸다.

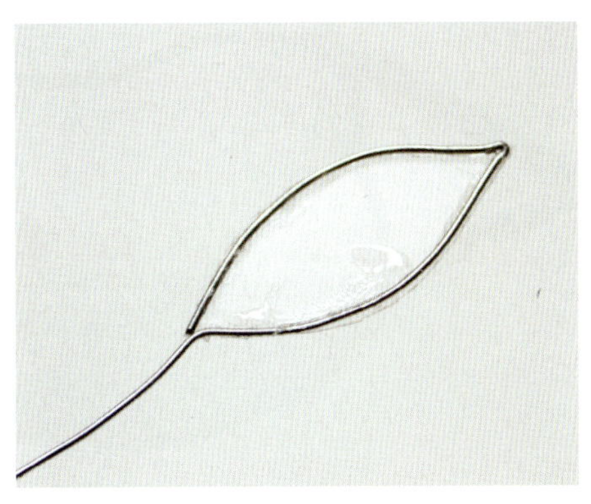

28 이렇게 잘라주고

29 앵커면사 1050번 10cm로 잘라 실 여유분 1cm 정도 남기고 줄기 쪽부터 잎사귀 쪽으로 촘촘히 감아나간다.

30 이번엔 앵커 281번 70cm 6가닥 그대로 잎사귀 시작 지점부터 실 여유분 1cm 정도 남기고 본드를 앞뒤로 칠해가며 감아간다.

31 잎사귀가 좁아지는 부분부터는 실 간격이 벌어질 수 있으니 한 번 감고 양 손톱으로 내려주고를 반복하면서 끝까지 촘촘히 감아나간다.

32 거의 다 감았을 땐 다시 한 번 앞 뒤로 본드칠해 손톱으로 내려가며 촘촘 히 감는다.

33 다 감았으면 가위로 남은 실은 바 짝 잘라주고

34 가위로 자른 부분에 본드를 깨알 만큼 톡 칠해준 뒤

35 본드기 없는 깨끗한 손으로 3초 정도 앞뒤로 눌러주고

36 양옆으로도 3초 정도 눌러주어 잎 사귀 모양을 만들며 코팅한다.

37 줄기와 잎사귀 실이 만나는 지점에 본드를 톡 칠해주고

38 두 실을 손으로 잡고 3~4바퀴 꼬 아주어

39 서로 실이 붙게 만든 뒤 가위로 누 르면서 바짝 잘라준다.

40 가위질한 곳에 본드를 톡 칠해주고

41 다시 한 번 가위로 자르듯이 눌러 코팅해준다.

42 남은 가지의 실도 와이어가 안 보이게끔 다 커버한 뒤 가위로 남은 실을 바짝 잘라준다.

43 가위질한 곳에 본드를 톡 칠해주고

44 핀셋으로 톡톡 눌러 코팅해준다.

45 A형 나뭇잎가지 완성

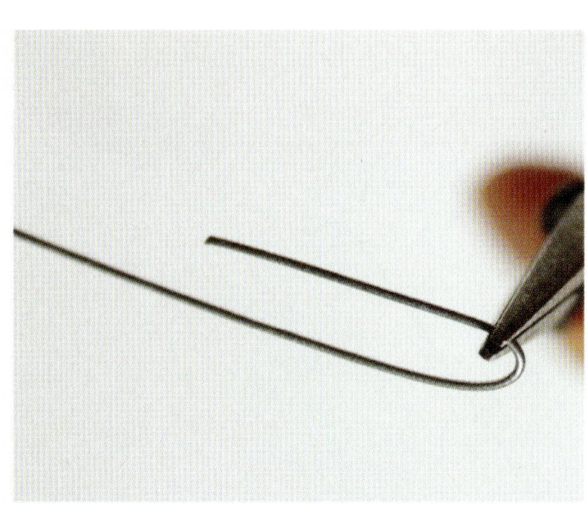

46 책본 B형을 참고하여 이번에 다시 22호 와이어 2.5cm 부분을 롱로즈로 구부려주고

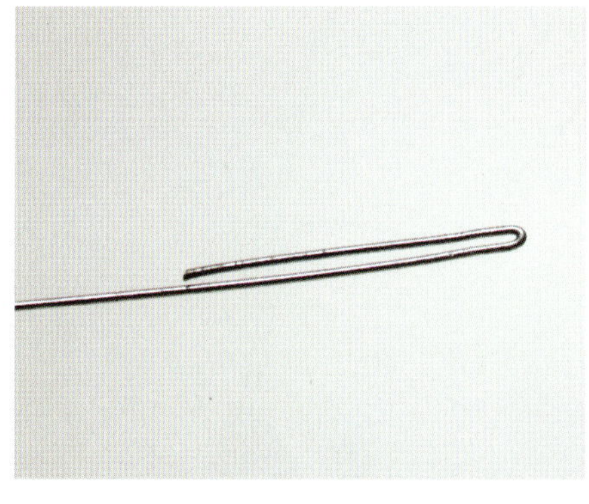

47 다시 한 번 롱로즈로 거의 붙을 정도로 좁혀준다.

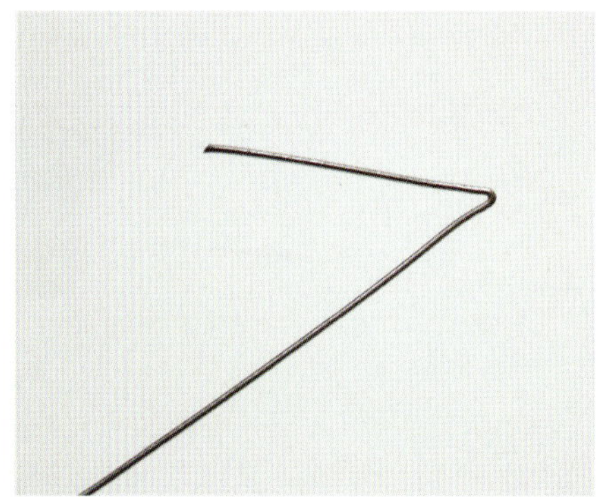

48 접은 와이어를 다시 아래 폭이 2cm 정도 되도록 벌려준다.

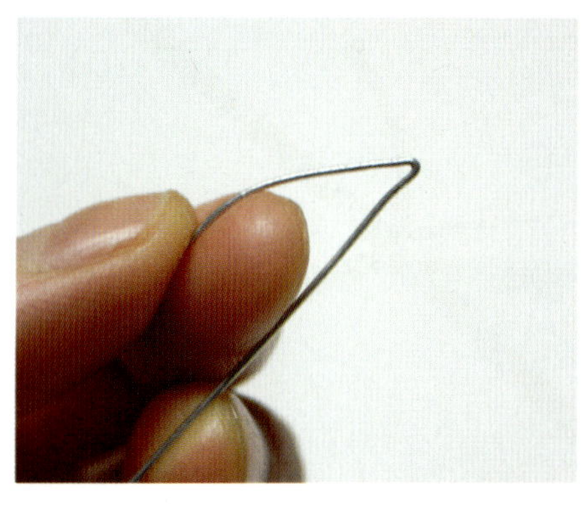

49 구부려 내린 2.5cm 와이어를 엄지 손가락을 이용해 안쪽으로 구부려주고

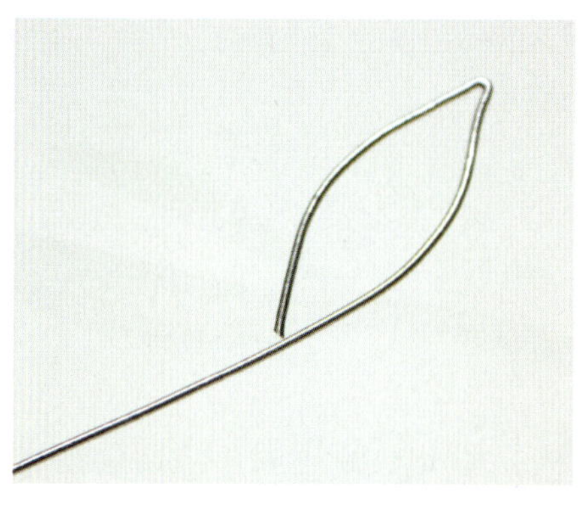

50 반대쪽도 사진처럼 안쪽으로 구부려 잎사귀 모양을 만든다.

51 잎사귀 끝이 닿는 부분(빨간 동그라미 부분)을 롱로즈로 살짝 꺾어준다.

52 51번 꺾은 지점에서 0.6cm 떨어진 지점을 다시 한 번 롱로즈로 꺾어준다.

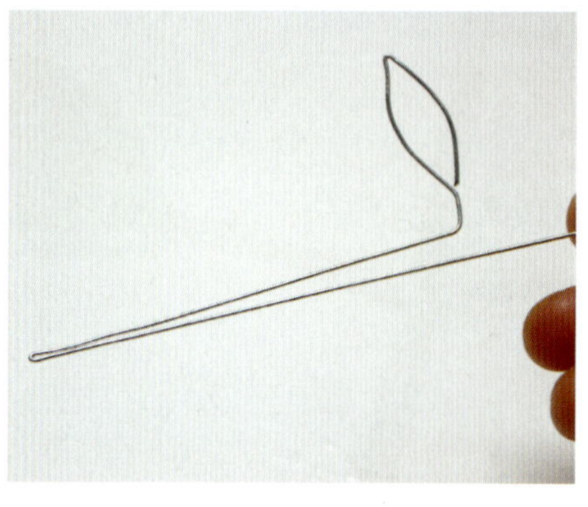

53 52번 꺾은 지점에서 5.5cm 떨어진 부분을 다시 꺾어 접어주고

54 53번에 접어 올린 지점에서 8cm 되는 지점을 다시 꺾어준다.

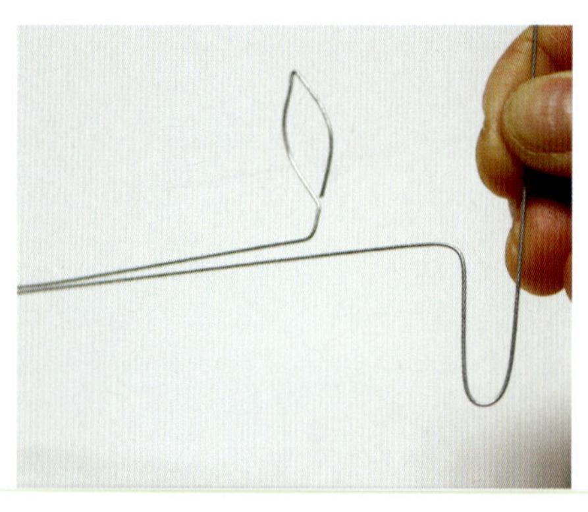

55 54번에 꺾은 지점에서 2.8cm가 되는 지점을 다시 한 번 꺾어준다.

56 55번에 꺾은 부분을 롱로즈로 바짝 좁혀준다.

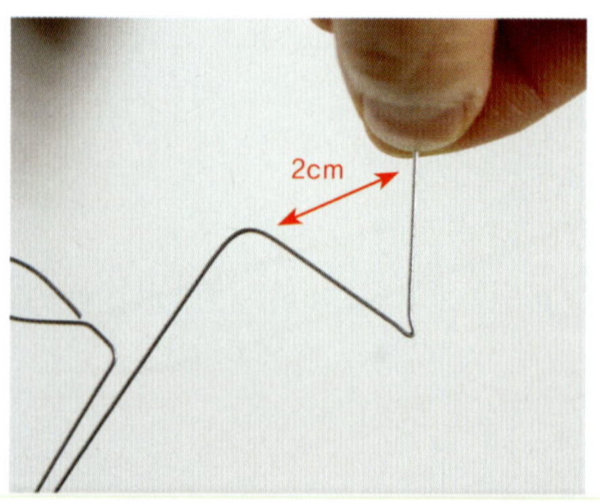

57 56번에 좁힌 와이어를 아래 폭이 2cm 정도 되도록 지긋이 벌려준다.

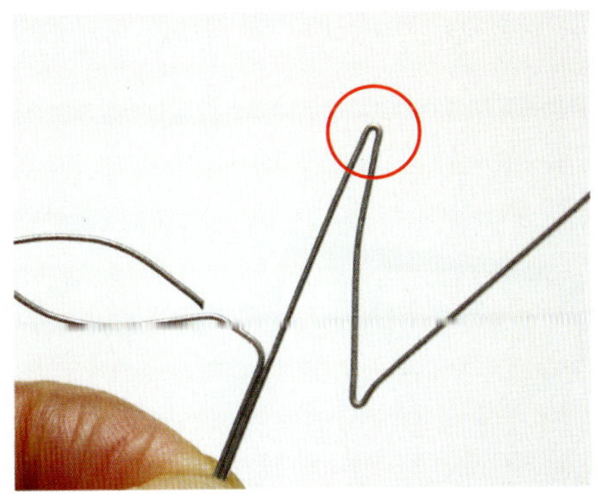

58 빨간 동그라미 부분을 사진 정도로 롱로즈를 이용해 좀 더 꺾어주고

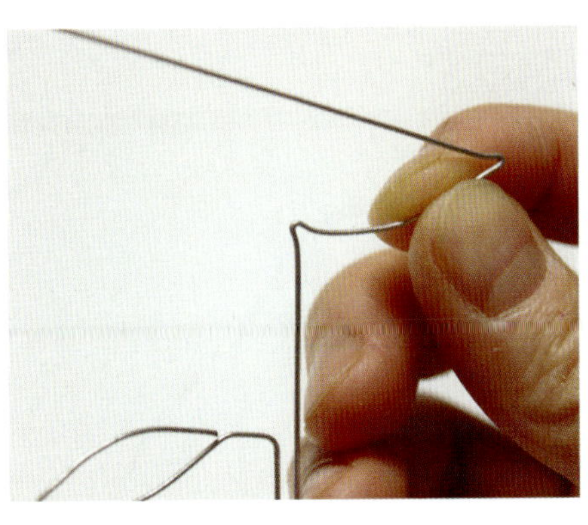

59 손가락을 이용해 2.8cm 와이어를 둥글게 안쪽으로 휘어주고

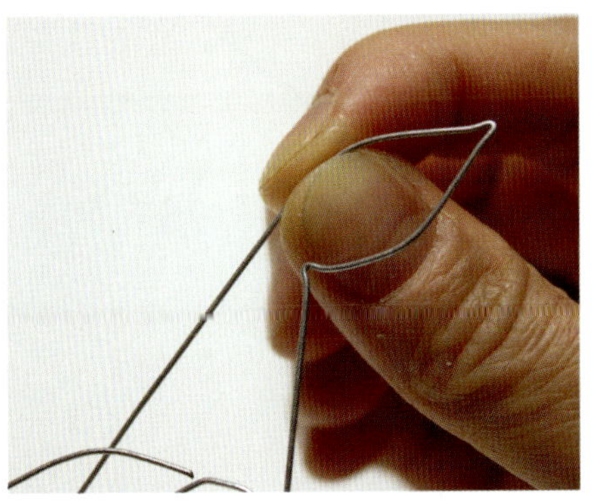

60 반대쪽 와이어도 안쪽으로 휘어주어 잎사귀 모양을 만든다.

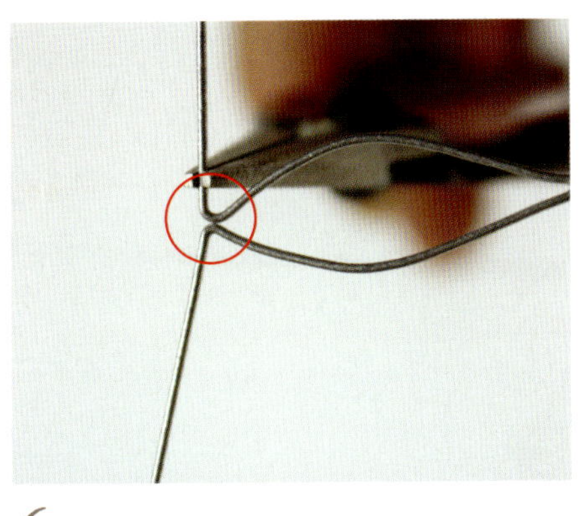

61 잎사귀가 만나는 지점에서(빨간 부분) 다시 롱로즈로 90도로 꺾어 올려준다.

62 여기까지 완성되었으면

63 61번 잎사귀 빨간 지점에서 3.5cm 떨어진 부분을 다시 꺾어준다.

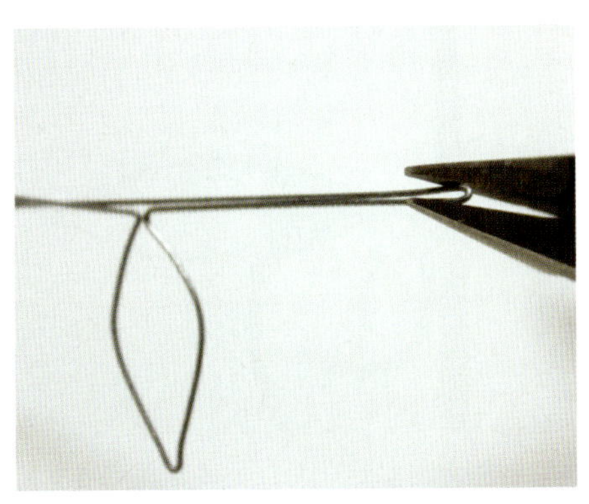

64 63번에 꺾은 부분을 롱로즈로 다시 한 번 좁혀주고

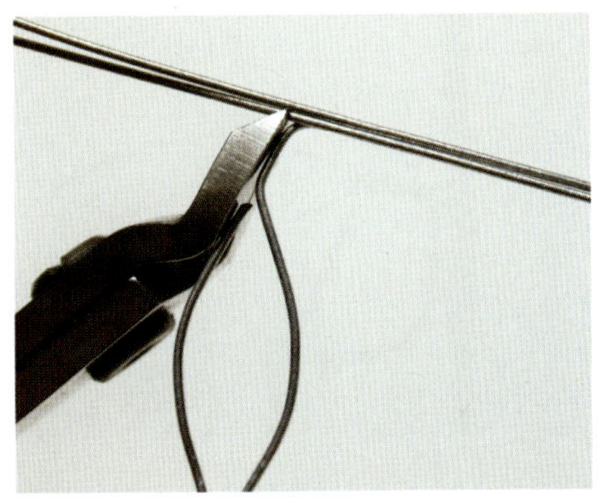

65 64번에 내려온 와이어는 51번에 만든 잎사귀와 닿는 부분에서 니퍼로 잘라낸다.

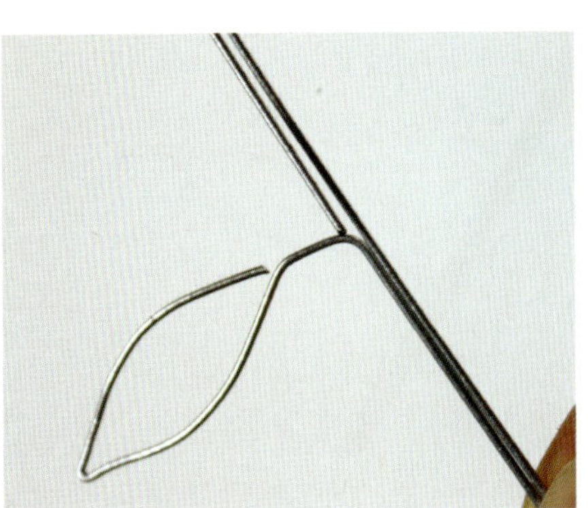

66 사진처럼 이렇게

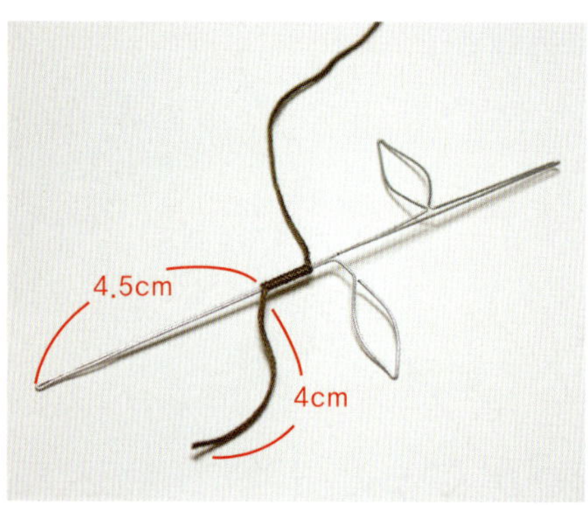

67 아래 5.5cm 줄기 중 4.5cm 떨어진 부분부터 앵커 1050번 60cm 6가닥으로 아래 실 여유분 4cm 정도 남기고 촘촘히 감아나간다.

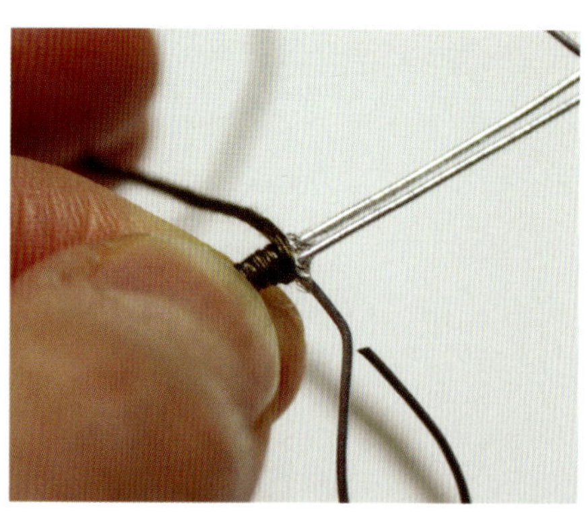

68 와이어가 이어지는 부분까지 촘촘히 감은 뒤

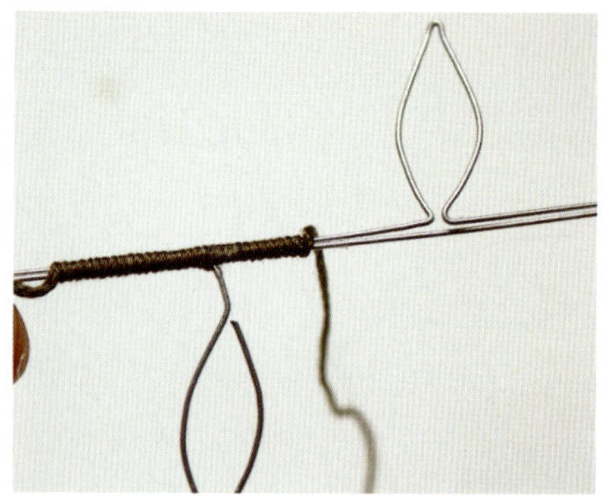

69 계속 와이어 앞뒤로 본드칠해가며 그대로 이어 감아나간다.

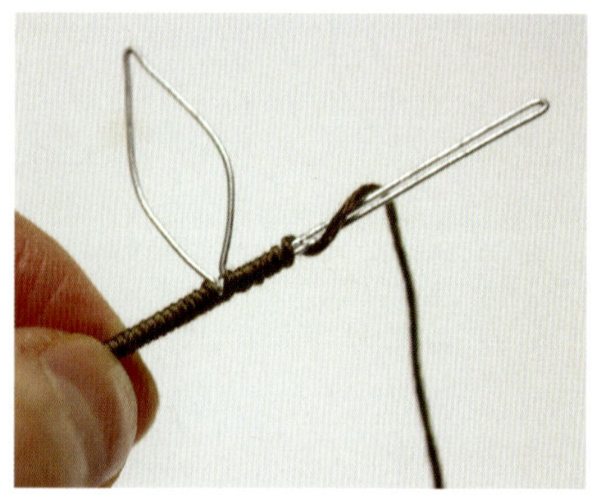

70 위쪽 잎사귀 있는 부분도 마찬가지로 계속 본드칠해가며 그대로 이어 감아나간다.

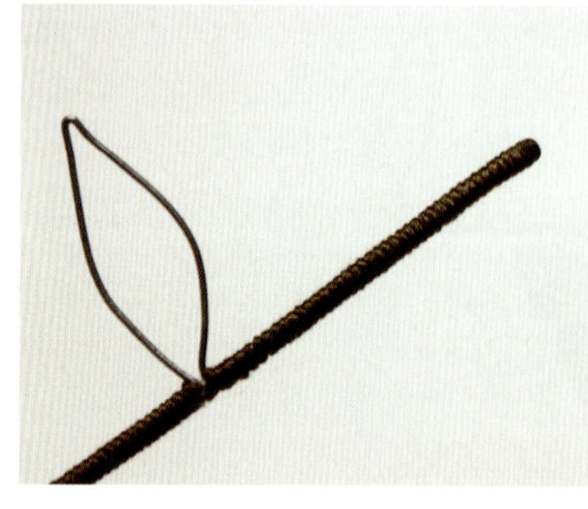

71 완전 끝까지 감고 가위로 남은 실은 바짝 자르고 본드로 코팅해준다.

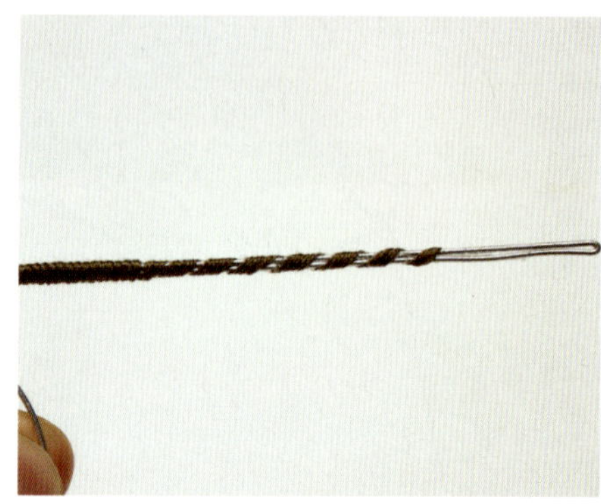

72 남긴 아래쪽 4cm 여유 실도 풀어가면서 성글게 감아 마무리한다.

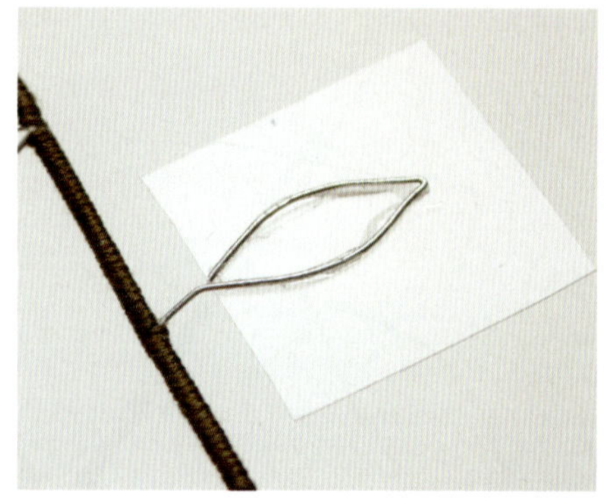

73 200pvc바디를 잎사귀보다 크게 오려 본드로 붙여놓고 1분 정도 기다린다.

74 가위로 잎사귀 모양을 따라 잘 오려준 뒤 앵커 1050번 10cm 6가닥 그대로 실 여유분 1cm 정도 남기고 옆으로 나온 줄기를 촘촘히 감아준다.

75 디엠씨 935번 60cm로 실 여유분 1cm 정도 남기고 줄기와 이어진 부분부터 본드를 앞뒤로 얇게 칠해가며 감아준다.

76 A형 나뭇잎가지처럼 끝까지 감아 코팅해주고 얇은 가지에 감은 실도 모두 같은 방법으로 마무리해준다.

77 위쪽 잎도 똑같이 바디를 붙여 오려주고 앵커 281번 60cm로 실 여유분 1cm 정도를 남긴 뒤 앞뒤로 바디에 본드 칠해가며 촘촘히 감아준다.

78 잎사귀 끝도 코팅해주고 남은 4cm 갈색 실도 줄기에 앞과 같이 성기게 감아 마무리한다.

79 책본 C형을 참고하여 22호 와이어 2.3cm 지점에서 꺾어주고

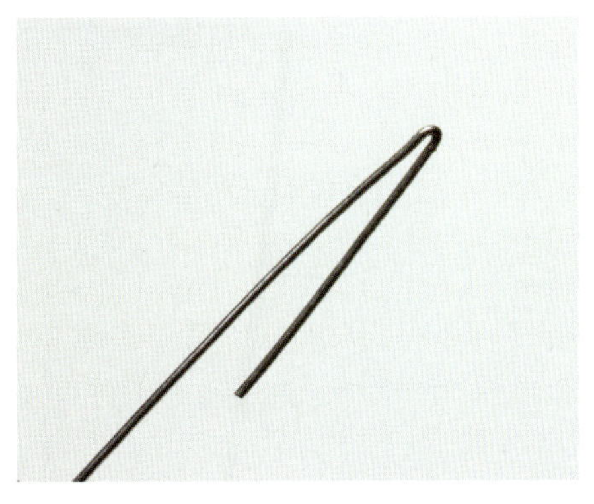

80 79번에 꺾은 부분을 다시 한 번 롱로즈로 좁혀준다.

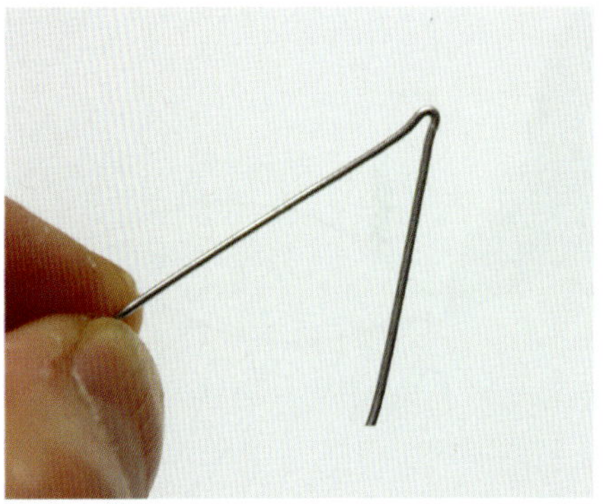

81 아랫부분이 2cm 폭이 되도록 다시 벌려주고

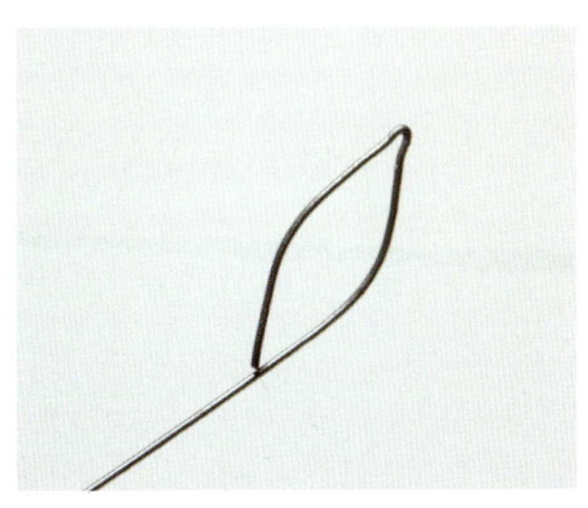

82 엄지손가락을 이용해 양쪽 와이어를 안으로 구부려 잎사귀를 만들어준다.

83 잎사귀 한쪽이 끝난 부분을 다시 한 번 꺾어주고

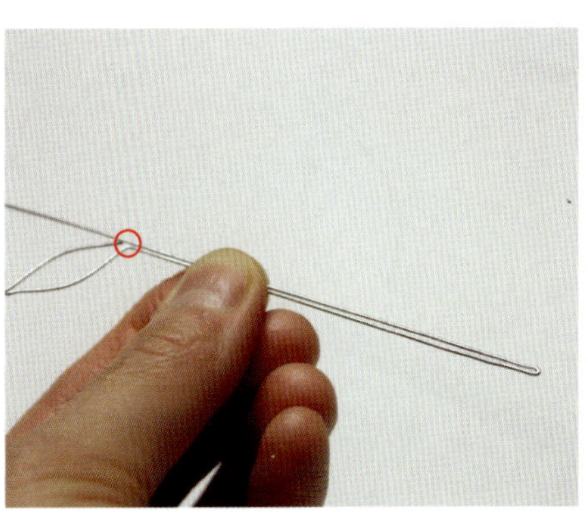

84 83번 잎사귀의 빨간 부분에서 5.5cm 내려와 롱로즈로 꺾어 좁혀준다.

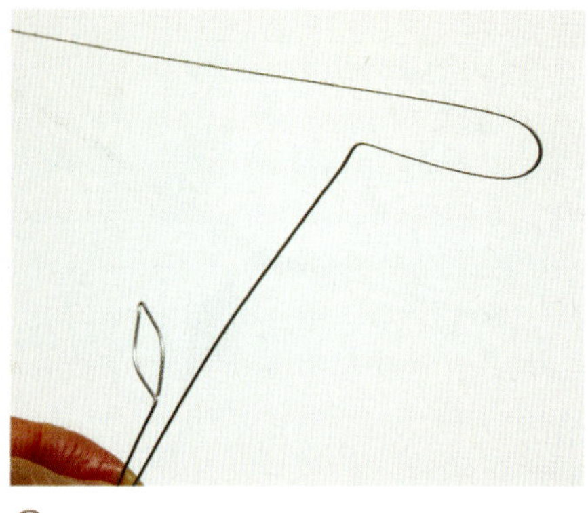

85 84번에 꺾어내린 와이어를 12cm 지점에서 다시 꺾어주고 꺾은 지점에서 3cm 정도 다시 꺾어준다.

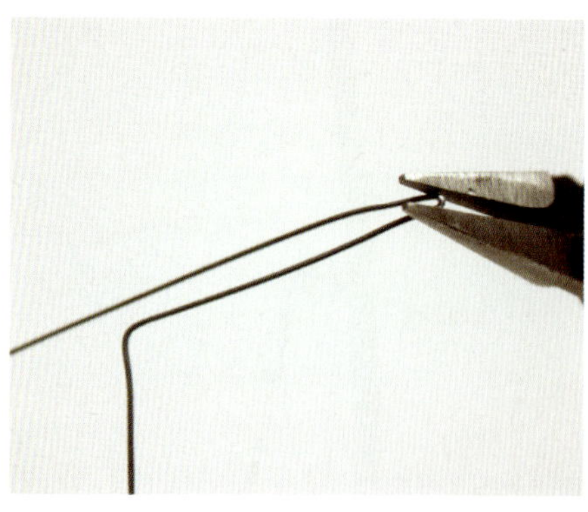

86 85번에 3cm 꺾은 와이어를 롱로즈로 지긋이 좁혀주고

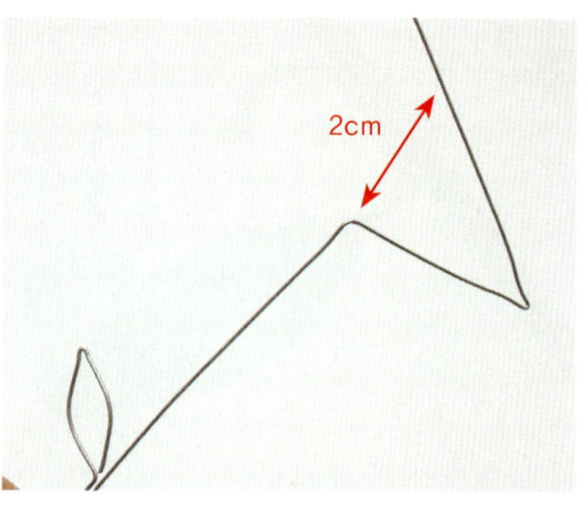

87 86번에 좁힌 와이어를 아래 폭이 2cm 정도 되도록 다시 벌려준다.

88 앞에 잎사귀들처럼 엄지손가락을 이용해 잎사귀 모양을 만든 뒤 잎사귀가 끝나는 지점에서(빨간 부분) 다시 한 번 살짝 꺾어주고

89 곧게 내려 83번 잎사귀 시작한 부분에서 니퍼로 잘라낸다.

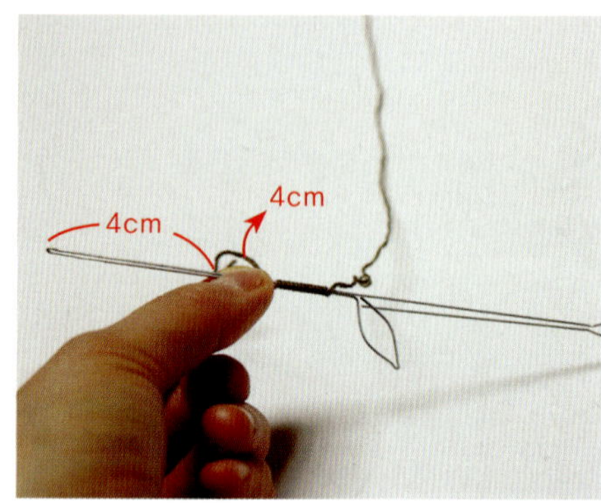

90 아래쪽 5.5cm 중 4cm 부분에서 앵커사 1050번 60cm 6가닥 그대로 여유분 실 4cm를 남기고 앞뒤로 본드칠해 촘촘히 감아나간다.

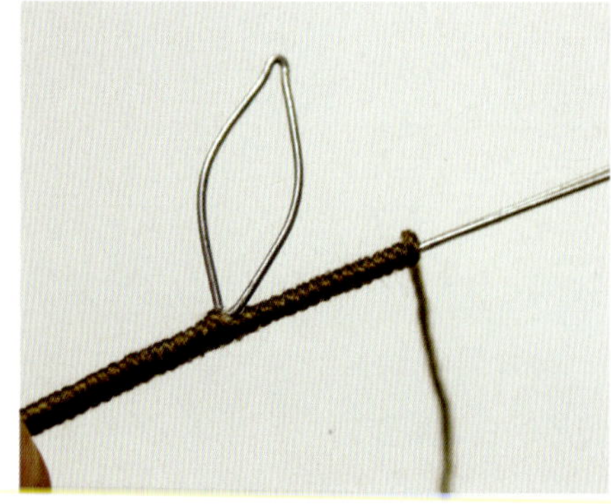

91 89번의 끊어진 부분도 본드칠해 그대로 이어나간다.

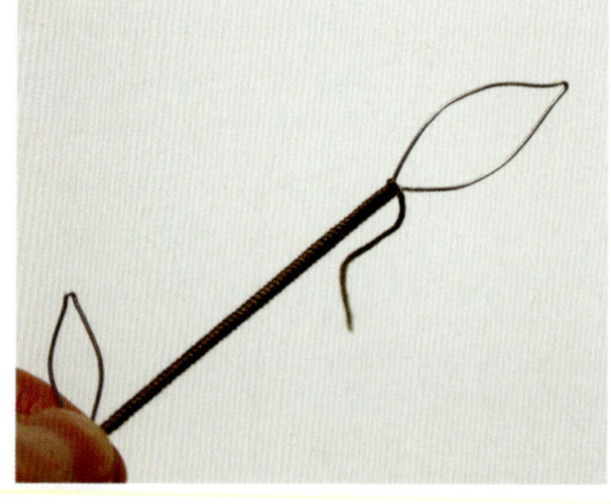

92 위쪽 잎사귀 끝까지 감고 남은 실은 가위로 바짝 자르고 본드칠해 코팅도 해준다.

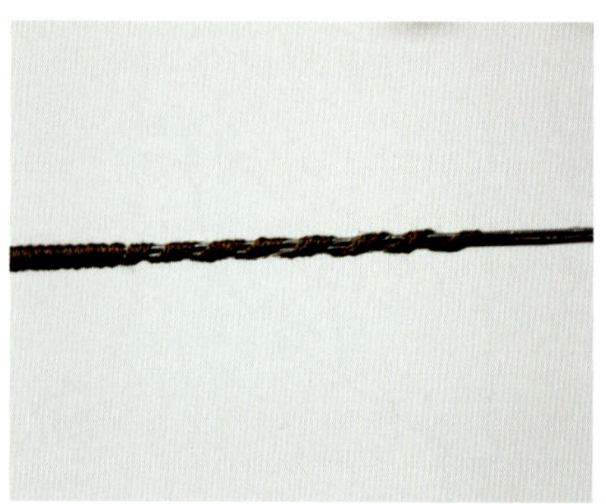

93 90번에 여유분 실 4cm 남긴 부분도 마저 성기게 감아준다.

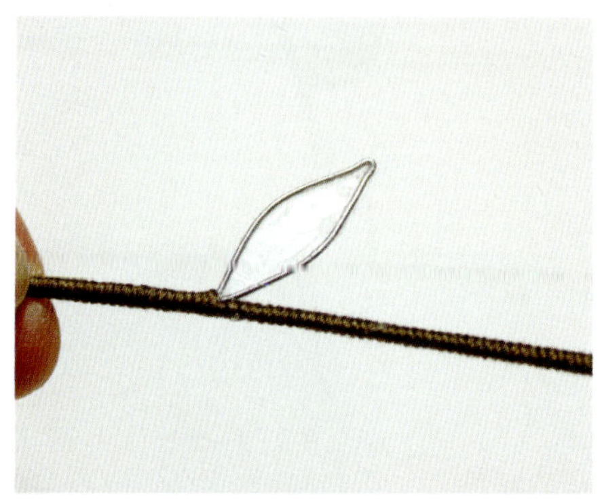

94 아래쪽 잎사귀에 앞과 같은 방법으로 pvc판을 붙여 모양 따라 오려준 뒤

95 앵커 281번 60cm 6가닥 그대로 여유분 실 1~2cm 정도를 남기고 촘촘히 감아준다.

96 다 감았으면 앞에 잎사귀처럼 코팅도 해준다.

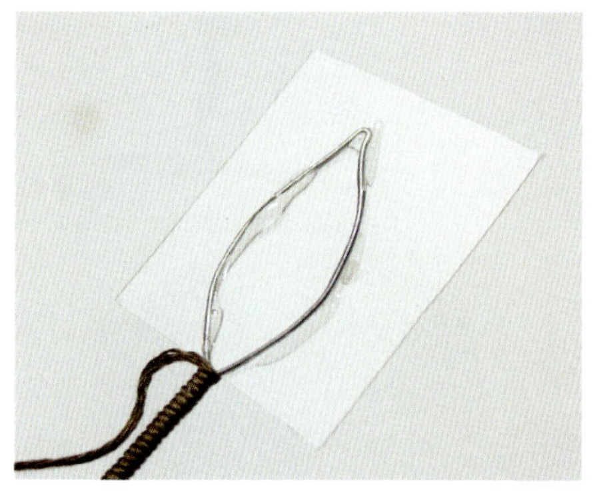

97 마지막 큰 잎사귀도 pvc판을 붙여 모양 따라 오려준 뒤

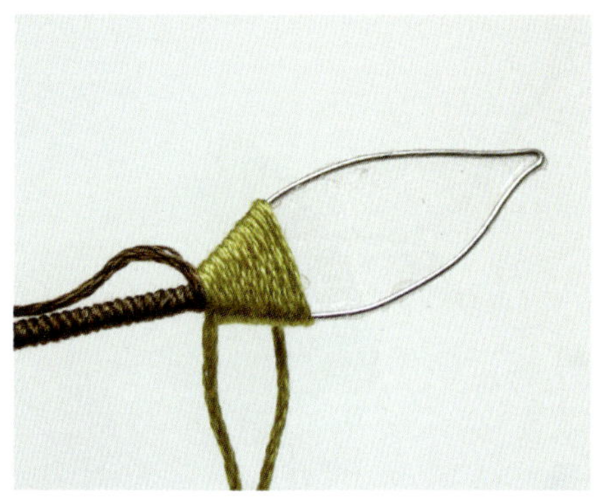

98 디엠씨 733번 6가닥 그대로 아래 여유분 실 1~2cm 정도 남기고 본드를 앞뒤로 칠해가며 촘촘히 감는다.

99 마무리 역시 앞의 잎사귀처럼 코팅해준다.

100 커피음료의 겉포장을 떼어낸다.

101 마끈 150cm를 가지고 사진처럼 컵의 아랫부분부터 본드를 넉넉히 칠해가며 감아주되

102 101번의 처음 시작점이 튀어나오면 가위로 비스듬히 자르고

103 손으로 문질러 코팅시킨다.

104 컵의 반 정도 감았다면

105 C형 잎사귀를 사진처럼 컵에 대고 빨간 동그라미 부분처럼 컵 모양을 따라 ㄴ자로 구부려준다.

106 스카치테이프로 잎사귀 줄기가 컵에서 움직이지 않도록 붙여주고

107 촘촘히 잎사귀 줄기 위로 꼼꼼하게 감아준다.

108 위쪽도 모두 다 커버해준다.

109 완성 후 자연스럽게 잎 모양을 구부려준다.

110 B형도 똑같이 컵에 붙여 감아주고 모양을 자연스레 조정해준다.

111 마지막 A형도 같은 방법으로 감아주고 모양도 자연스럽게 조정하면 된다.

희망을 안겨다 줄 것만 같은 눈처럼 하얀 작은 새 한 마리. 통통한 귀여운 새는 꽃과 함
께 노는 걸 좋아해요. 스노우 버드는 방문이나 창가에 달면 예쁜 소리를 내주는 도어벨이
되고요. 집게를 이용해 사진이나 메모홀더로도 사용할 수 있어요.

0.5pvc 11X7cm, 7X3cm

2.5mm 와이어 30cm

22호 플라워 와이어 13cm, 10cm 2개

3mm 두께의 마끈 1m 80cm

2mm 두께의 마끈 50cm

나무막대 16.5cm

골드벨

미니집게

뜨게꽃 4개

지름 약 2cm 우드볼 줄무늬올리브

3cm 그린 우드비즈

스와로브스키 핫픽스 ss10 크리스탈 10개

앵커면사 926번 12m, 97번 3m 50cm, 9번 10cm, 403번 5cm, 1088번 70cm

디엠씨면사 962번 20cm, 3849번 1m 70cm

OW TO MAKE

01 새부리 넓은 쪽의 앞뒤에 본드를 칠하고

02 면사 962번 20cm 4가닥으로 실 여유분 2cm 정도 남기고 양 손톱으로 실이 미끄러지지 않도록 잡아주면서 감아준다.

03 넓은 면에서 좁은 면으로 감아나 가면 실이 미끄러지는데, 그럴 때마다 손톱으로 당겨 자리를 잡아준다.

04 부리 끝에서 다시 한 번 앞뒤로 본드를 칠해주고

05 면사를 인위적으로 동그랗게 말아 부리에 대고 뒤에서 조금씩 당겨 부리를 완전히 감싸준다.

06 뒤쪽에서 마무리하고 남은 실은 가위로 바짝 잘라낸다.

07 잘라낸 부분에 본드를 톡 칠하고

08 손으로 3초 정도 깨끗한 손으로 앞뒤 양옆으로 눌러준다.

09 감기 시작했던 부분의 실도 가위로 바짝 잘라내고

10 본드를 톡 찍어주고 손으로 눌러 코팅해준다.

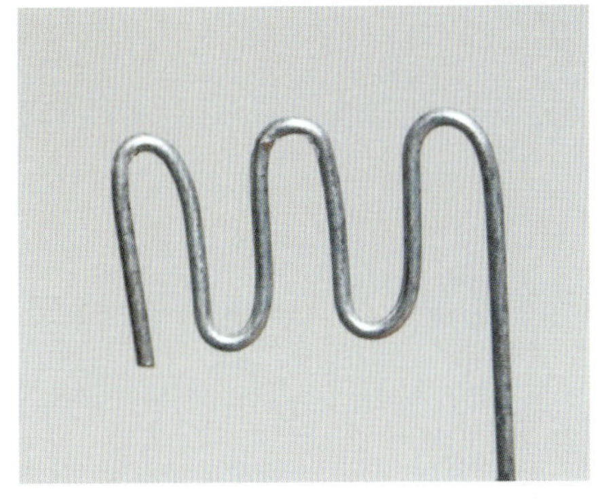

11 22호 와이어 10cm로 책본의 레이스 모양을 3개 만든다.

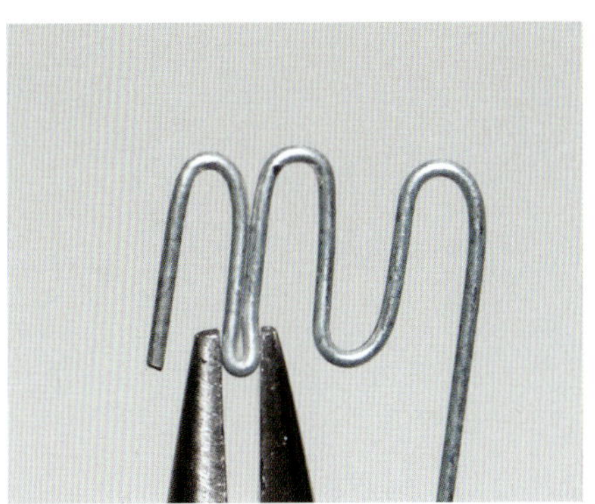

12 롱로즈를 이용해 아랫부분을 지긋이 눌러 붙여준다.

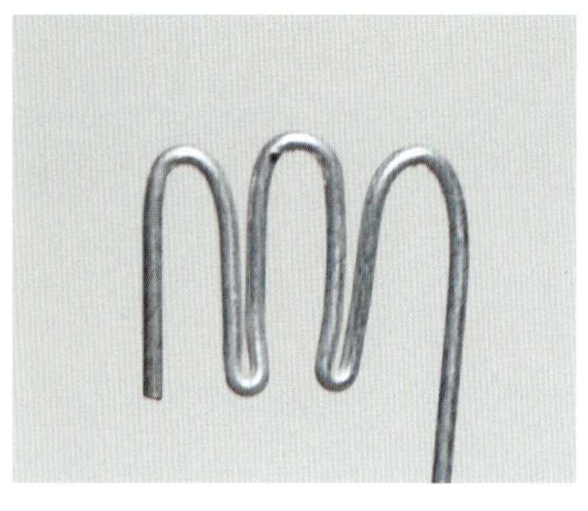

13 같은 방법으로 나머지 아랫부분도 눌러 붙인다.

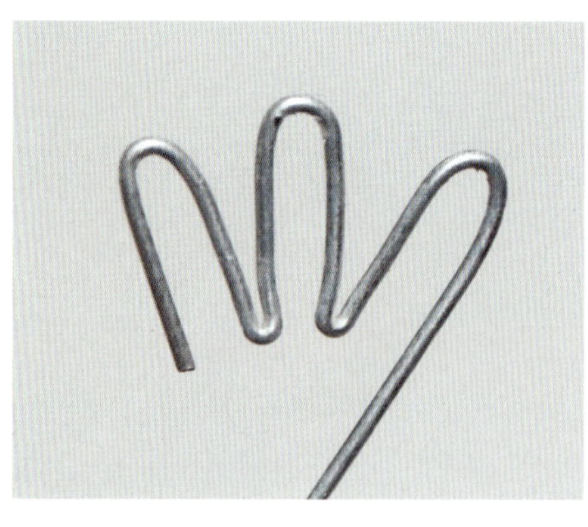

14 윗부분의 간격을 벌려준다.

15 롱로즈로 첫 번째 레이스의 윗부분을 지긋이 눌러 사진만큼의 공간을 남긴다.

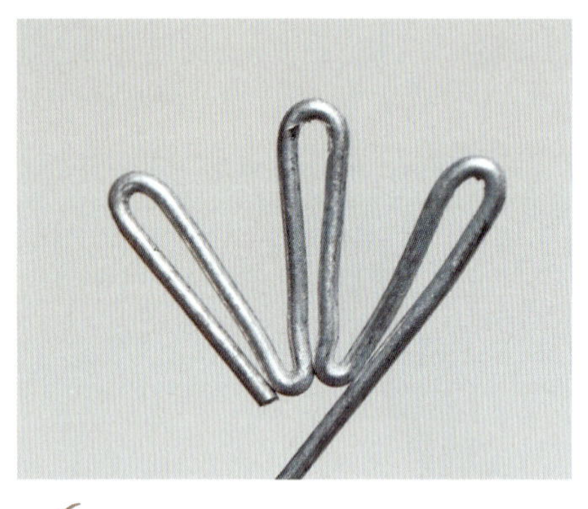

16 나머지 레이스도 같은 모양으로 만든다.

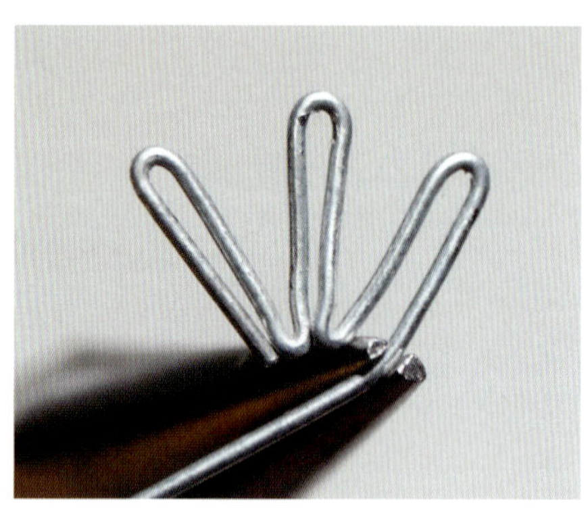

17 남은 와이어가 연결된 레이스의 끝부분에 오도록 살짝 구부려주고

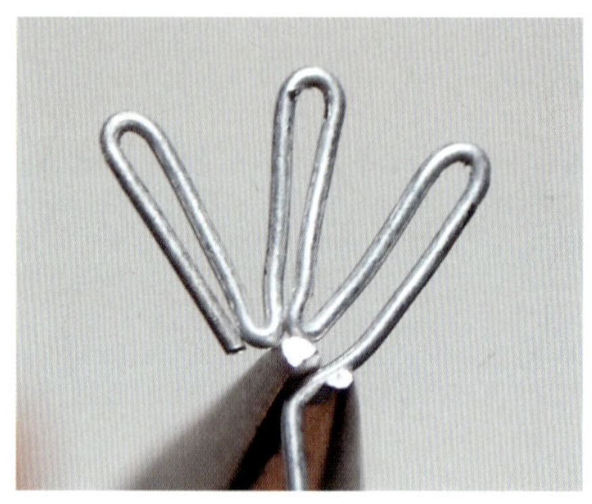

18 다시 아래로 꺾어

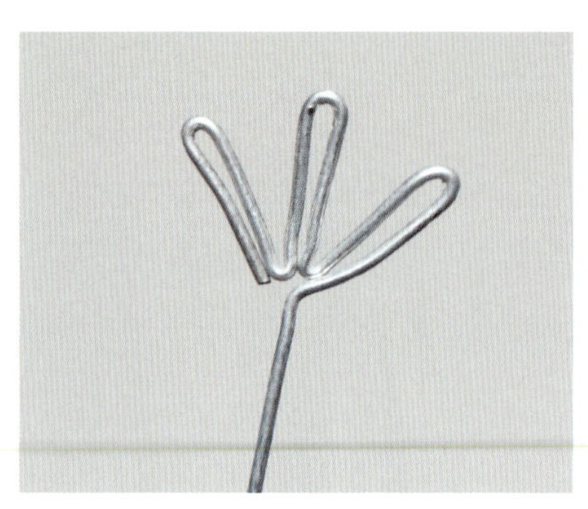

19 사진과 같은 모양을 만든다.

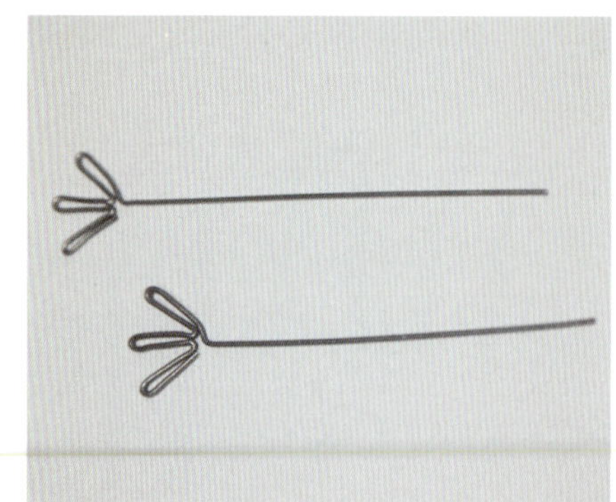

20 11~19번 방법대로 두 개의 발을 만든다.

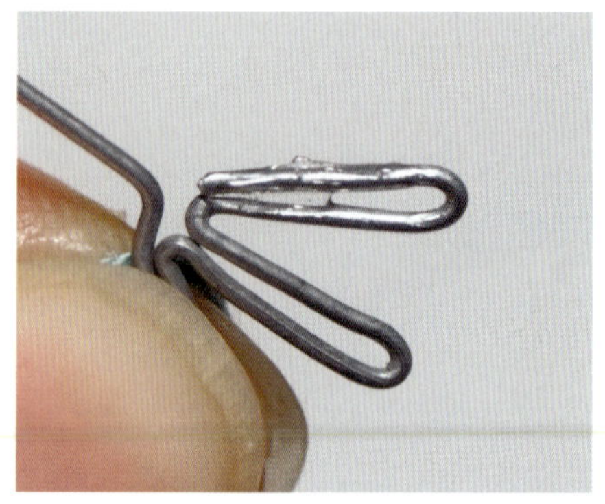

21 처음 발가락 아랫부분의 앞뒤에 본드를 칠한다.

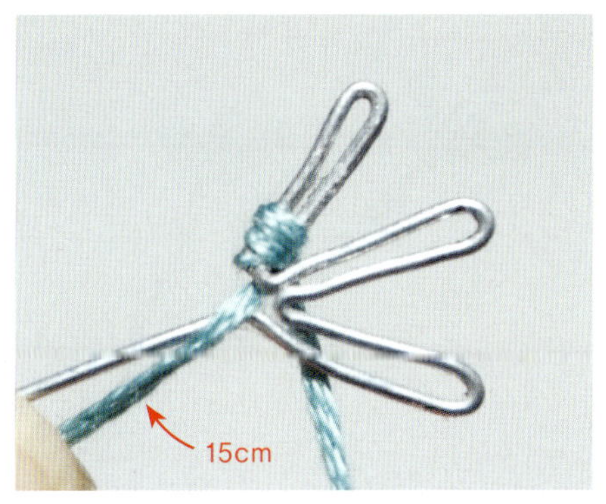

22 면사 3849번 30cm 4가닥을 반으로 나눠 15cm는 남기고 감아 나간다.

23 발가락 끝 와이어에 본드칠을 다시 한 번 한 뒤 보이지 않게 감아주고

24 남은 실은 뒤에서 바짝 잘라 본드로 톡 찍어주고 손으로 3초 정도 눌러주어 코팅한다.

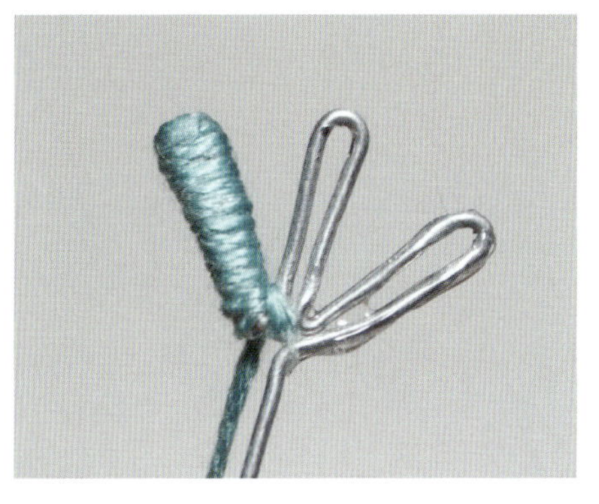

25 오른쪽 발가락 아랫부분에 앞뒤로 본드칠하고

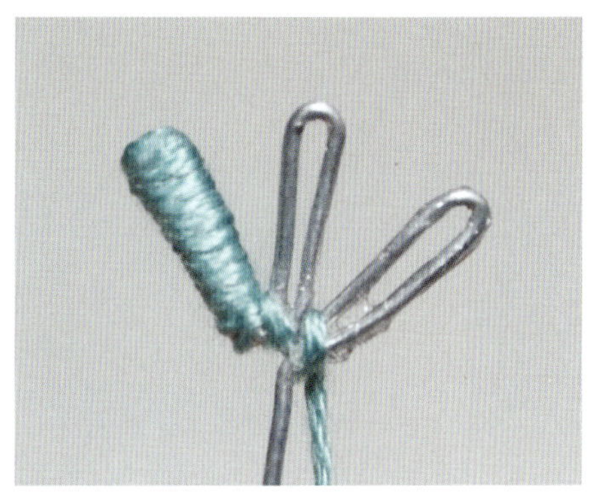

26 22번에 남긴 15cm 실로 꼼꼼히 감아준다.

27 와이어가 보이지 않을 때까지 감아주고

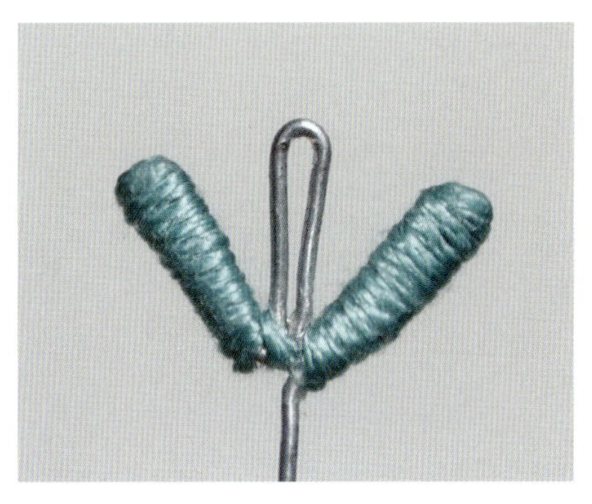

28 뒤쪽에서 자르고 본드로 코팅한다.

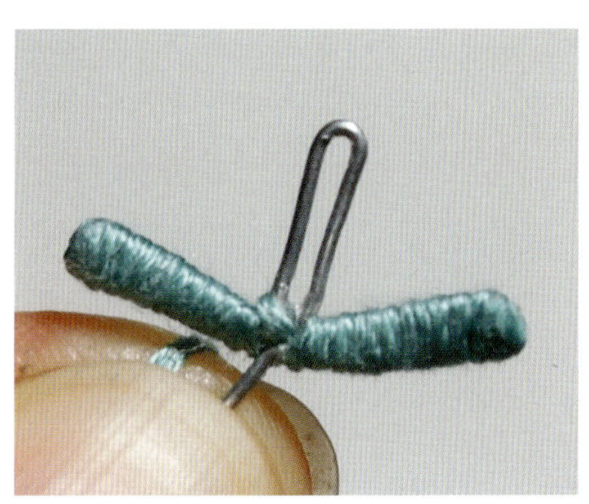

29 양쪽 발가락을 벌린다.

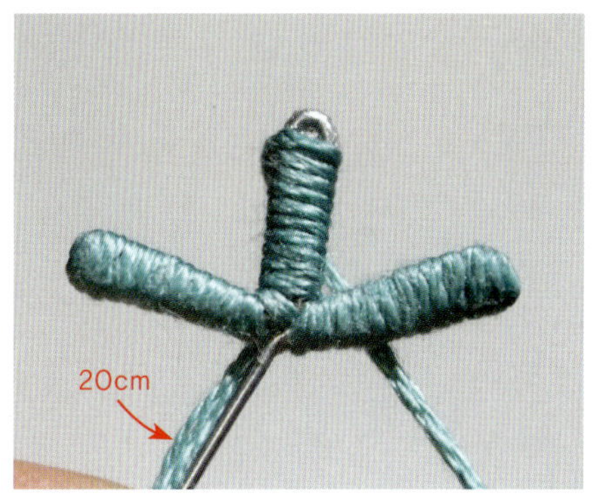

30 면사 3849번 35cm 4가닥에서 20cm를 남겨놓고 가운데 발가락을 감아준다.

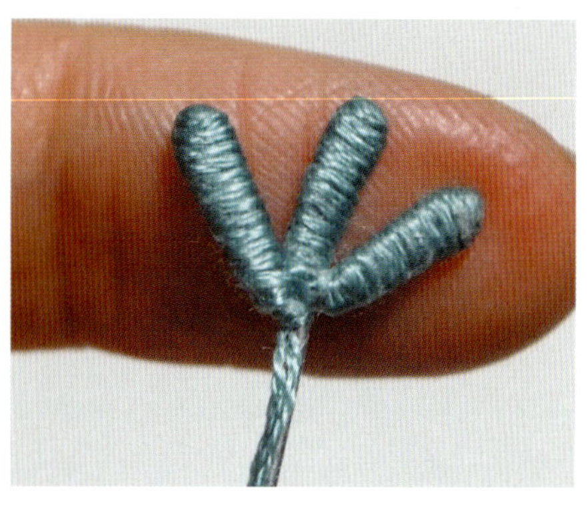

31 와이어가 보이지 않게 마무리하고
코팅한다.

32 30번에 남은 실로 다리 부분을 모
두 감아주고 코팅한다.

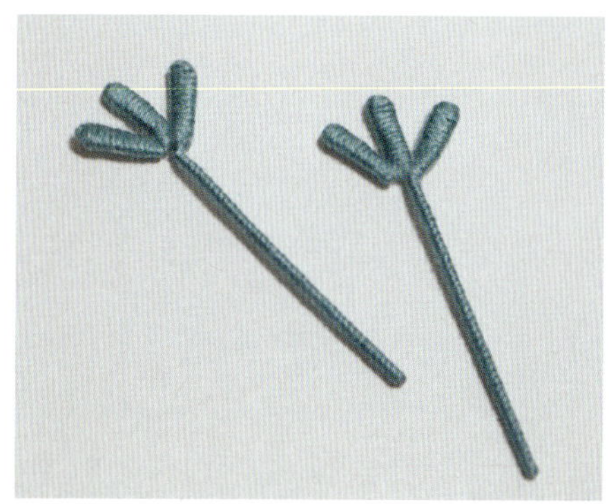

33 22~32번 과정대로 다리 2개를 만
든다.

34 발목 부분을 접어 발가락과 직각
이 되게 만든다.

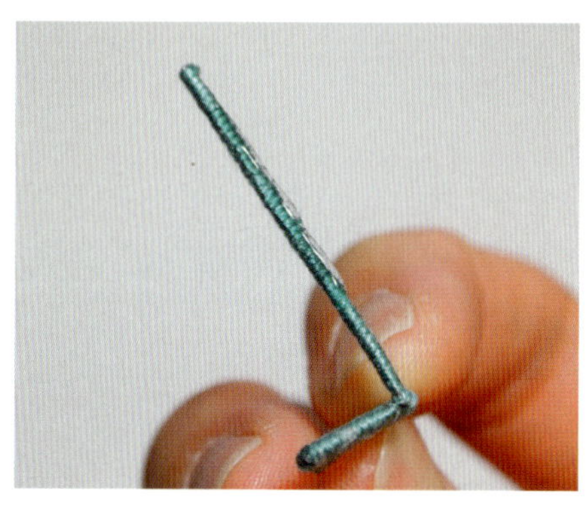

35 발에서 1cm 떨어진 부분부터 다
리 위까지 본드를 적당히 쭉 칠해주고

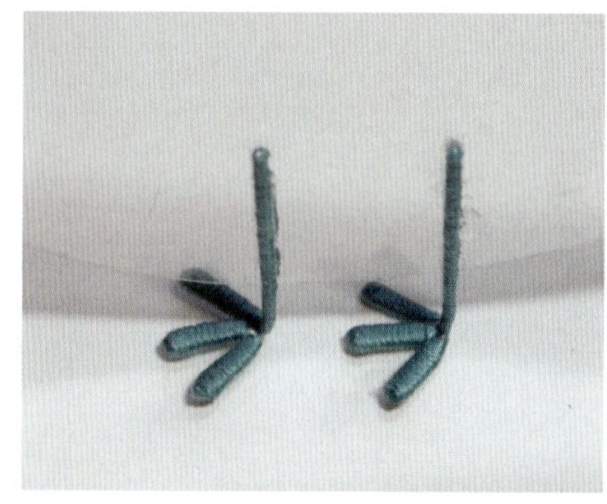

36 발가락이 닿지 않을 두께의 책 위
에 새 바디를 올려놓고 다리를 붙여준다.

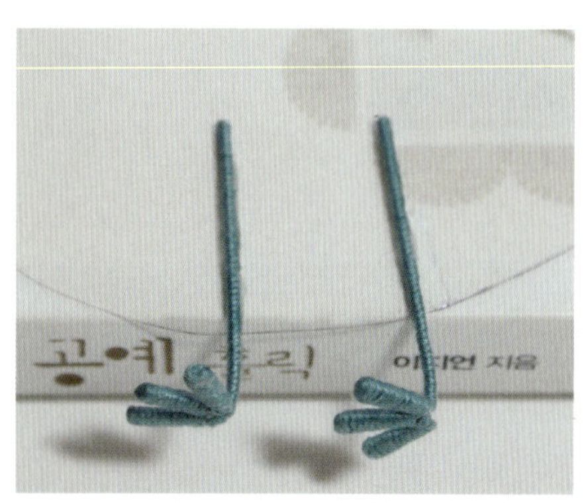

37 가운데 발가락과 바디가 일직선이
되도록

38 면사 926번 12m를 2mm 길이로
균일하게 자른다.

39 손으로 복실복실하게 만져준다.

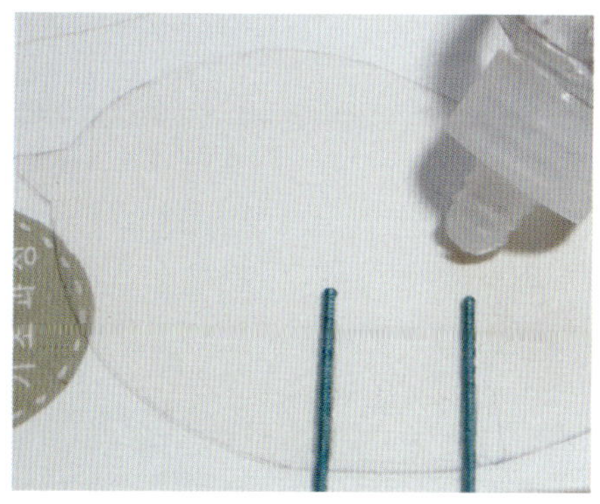

40 바디에 1mm 두께로 균일하게 본드를 칠하고 잘라놓은 실을 바디 전체에 덮어준다.

41 털이 잘 붙도록 손으로 골고루 톡톡 두드려준다.

42 핀셋으로 붙지 않은 실들을 살살 긁어주고 긁어낸 실들은 모아둔다.

43 붙은 실들은 다시 한 번 손으로 두드려 주고

44 바디를 뒤집어 바디 라인을 따라 가위로 잘 오려준다.

45 이번엔 뒤쪽 전체에 본드를 1mm 두께로 균일하게 칠하고

46 42번에서 모아두었던 실을 얹어 덮어준 뒤 손으로 골고루 두드려 붙여준다.

47 핀셋으로 붙지 않은 실들을 전부 긁어낸다.

48 붙은 실들은 다시 한 번 손으로 두드려 확실히 붙여준다.

49 뒤집어 바디 라인을 따라 가위로 오려준다.

50 다시 처음 앞면으로 놓고 본드를 전체적으로 칠하고

51 나머지 털을 그 위에 얹어주고 손으로 골고루 두드려준다.

52 핀셋으로 붙지 않은 실들을 다시 한 번 긁어주고

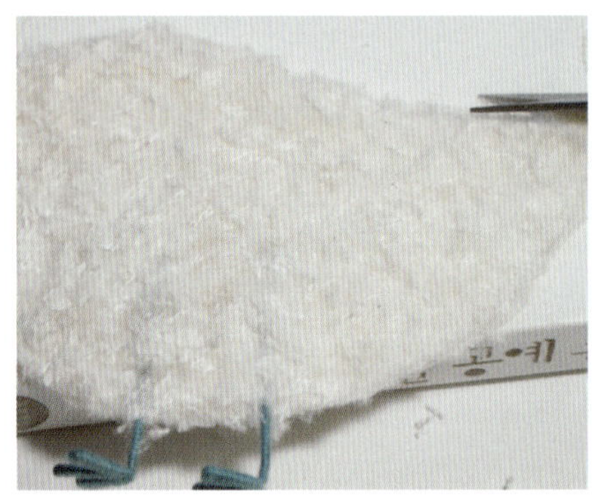

53 라인 따라 가위로 잘라주되 너무 바짝 자르진 않는다.

54 다리 부분은 또 한 번 본드를 칠하고

55 남은 실을 얹어 붙여준다. 다리가 보이면 한 번 더 붙여준다.

56 지저분하게 묻은 털들은 스카치테이프를 이용해 깔끔히 제거한다.

57 새의 몸통 완성

58 날개를 앵커면사 97번 3m 50cm 5가닥으로 중앙감기한다.

59 틈이 생기면 핀셋을 이용해 옆으로 밀어 붙여준다.

60 점점 좁아지는 부분부터는 양 손톱으로 내려주면서 촘촘히 감아나간다.

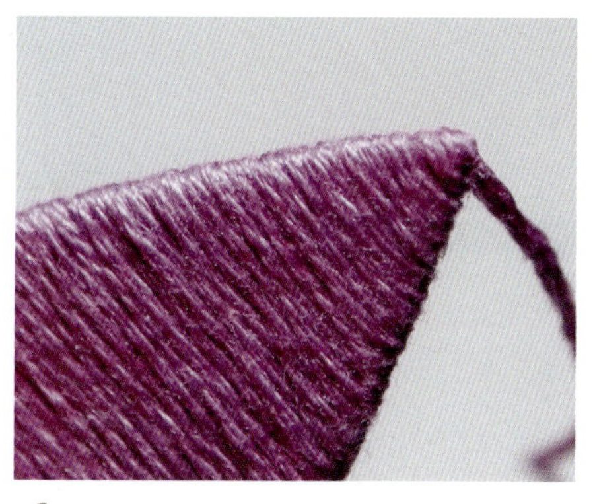

61 바디의 모서리 부분이 보이지 않을 때까지 감아주고

62 뒤쪽에서 가위로 바짝 잘라낸다.

63 자른 부위는 본드를 깨알 반만큼 톡 칠하고 손으로 3초 정도 눌러준다.

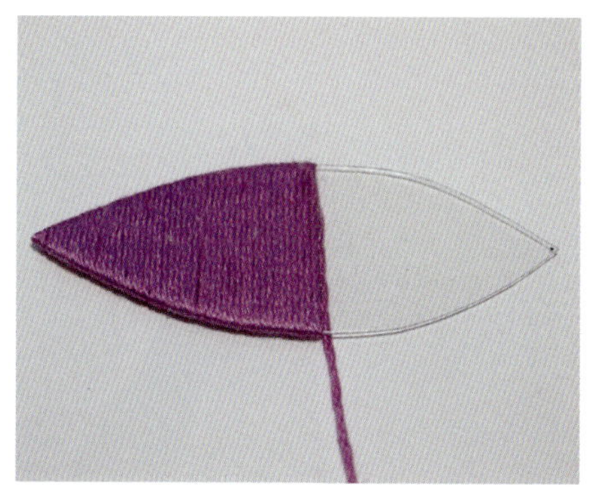

64 반대쪽 날개도 같은 방법으로 감아준다.

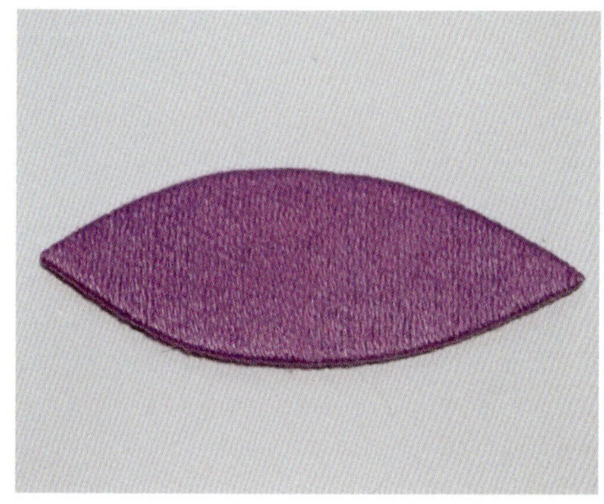

65 완성

66 새와 날개가 만나는 부분을 표시해 본드를 칠한다.

67 바디 위에 날개를 붙인다.

68 날개에 ss10 크리스털 핫픽스를 붙인다.

69 면사 403번 5cm를 손으로 쓸어 풀리게 한다.

70 기본기법 중 눈코팅하기를 참고하여 코팅을 해준다.

71 면사가 빳빳하게 굳었으면

72 3mm 길이로 잘라준다.

73 본드를 칠하고 핀셋으로 집어서

74 새의 얼굴에 붙이고 핀셋 뒤로 살짝 눌러준다.

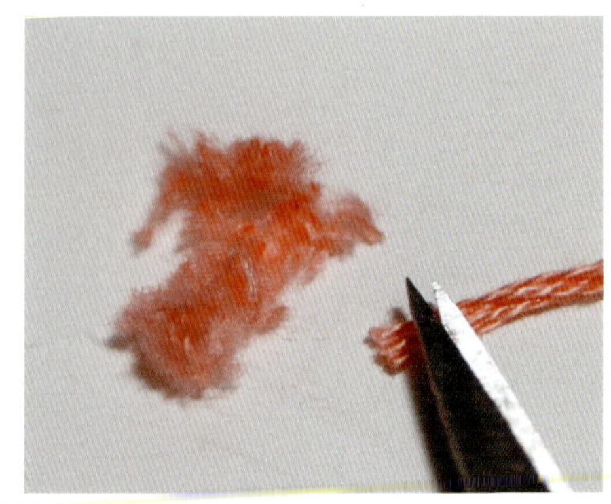

75 앵커면사 9번 10cm를 아주 곱게 잘라준다.

76 뺨에 둥글게 본드를 칠하고

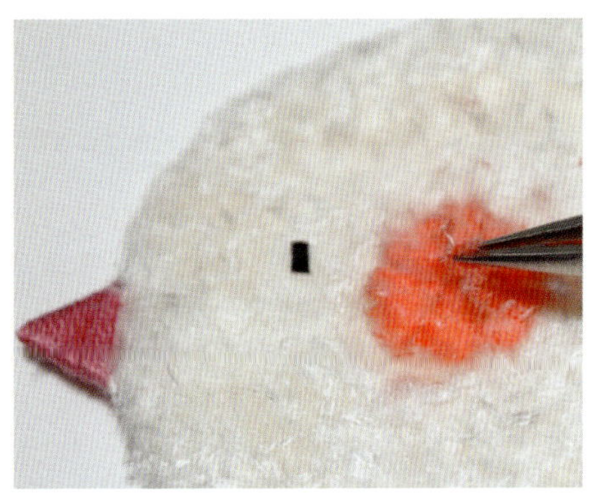

77 잘라놓은 실을 핀셋으로 옮겨 붙인다.

78 실이 붙을 수 있게 손으로 톡톡 눌러준다.

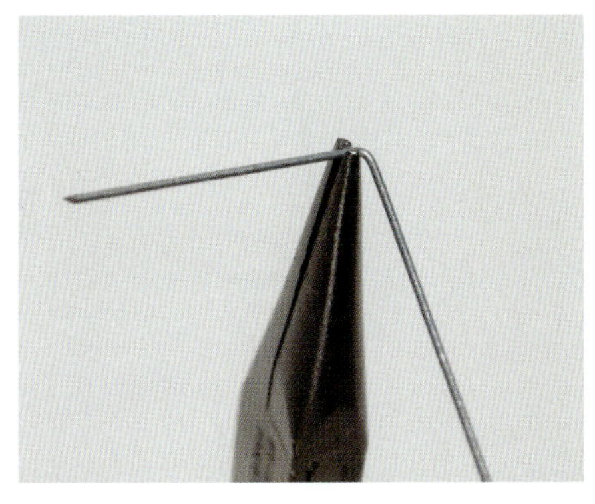

79 22호 와이어 13cm에서 2.5cm 지점을 잡고

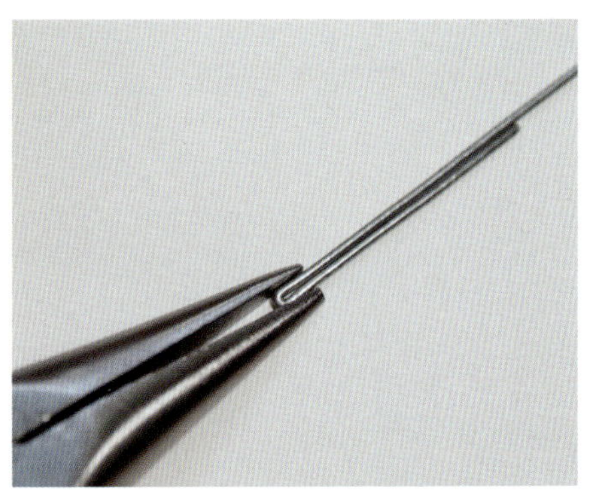

80 롱로즈로 지긋이 눌러 붙였다가

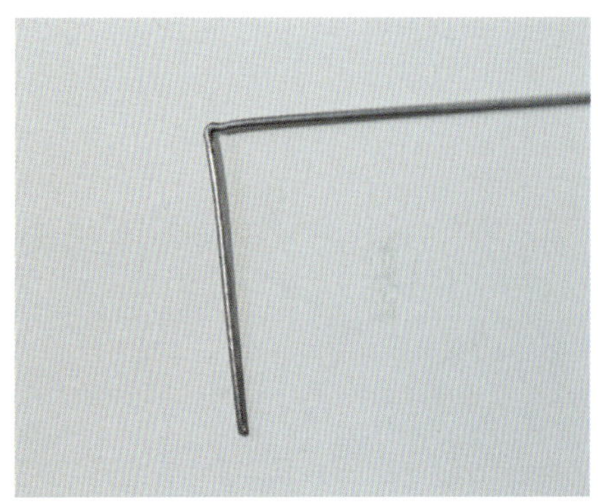

81 다시 편다.

82 다시 1cm 지점을 잡고

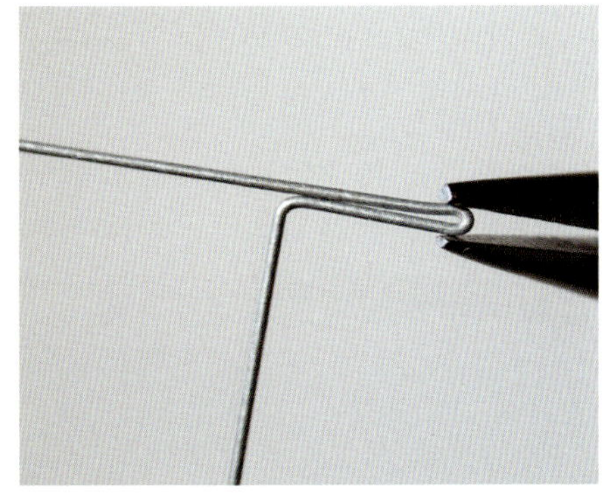

83 롱로즈로 눌러 붙였다가

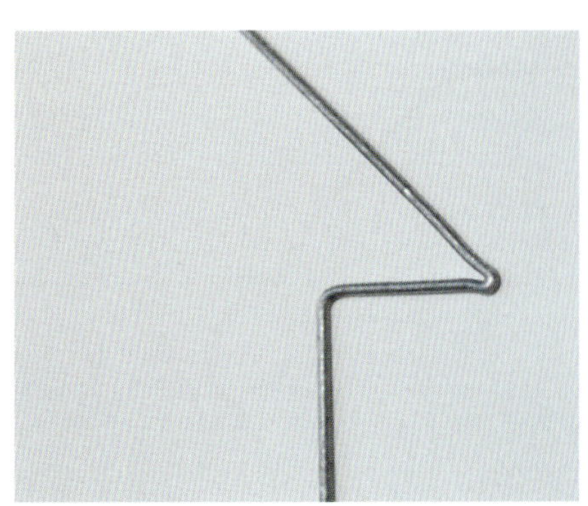

84 펴준다.

85 다시 1cm를 부분을 잡고

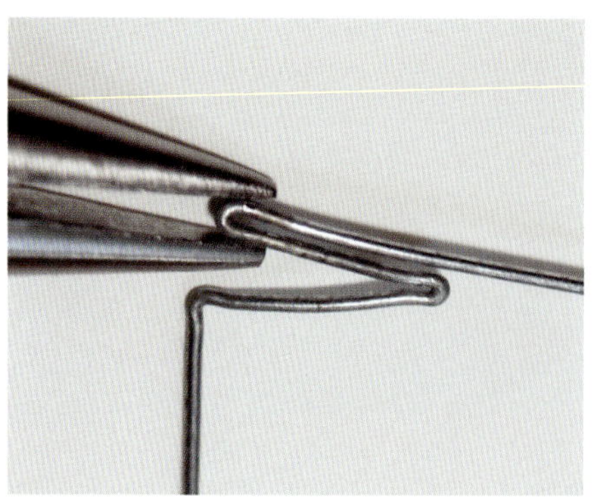

86 롱로즈로 눌러 붙였다가

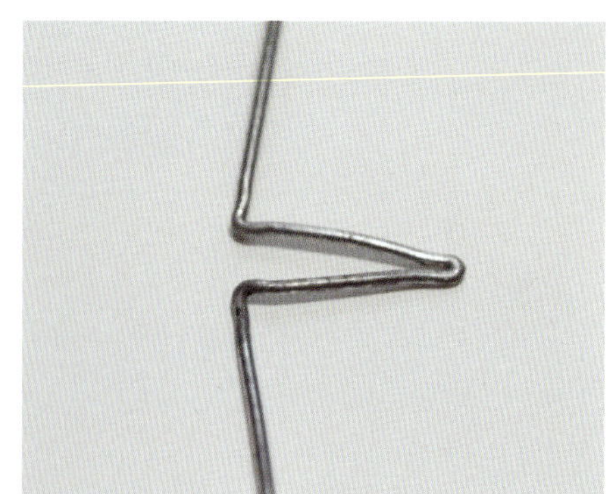

87 펴준다.

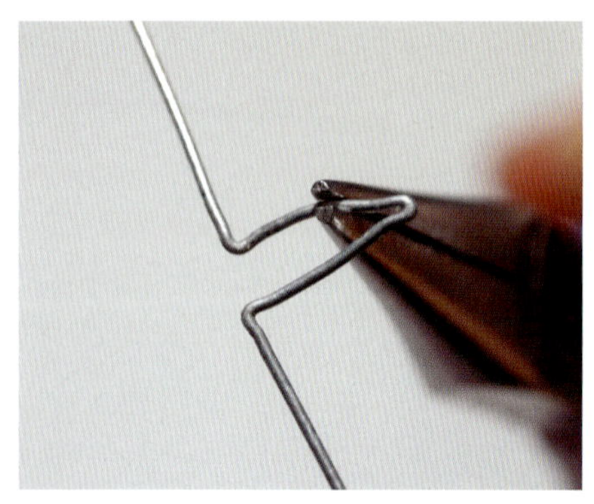

88 위쪽의 와이어를 잡고 롱로즈를 구부려 곡선을 만들어준다.

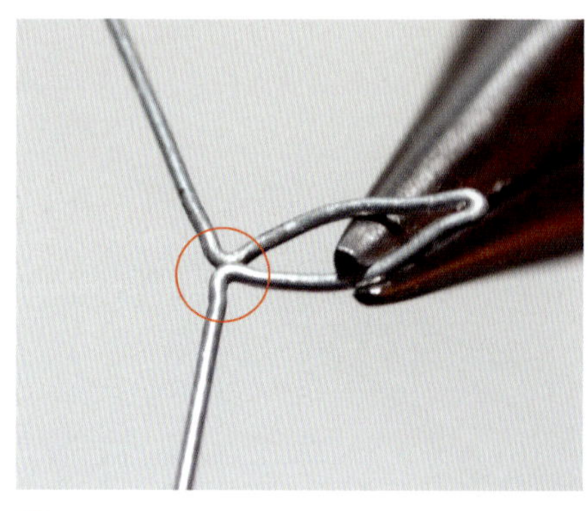

89 아래쪽 와이어도 곡선을 만들어 동그라미 부분이 붙게 한다.

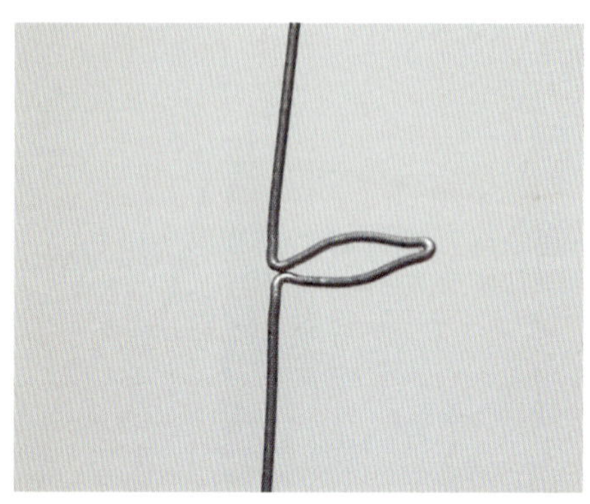

90 줄기가 직선이 되게 모양을 잡아준다.

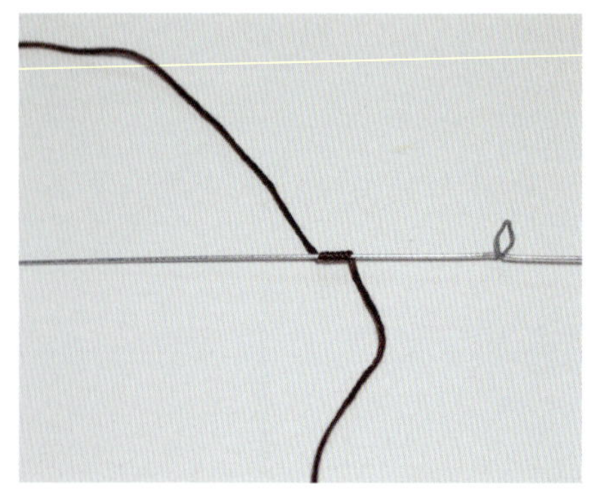

91 줄기를 면사 1088빈 70cm로 중앙 감기한다.

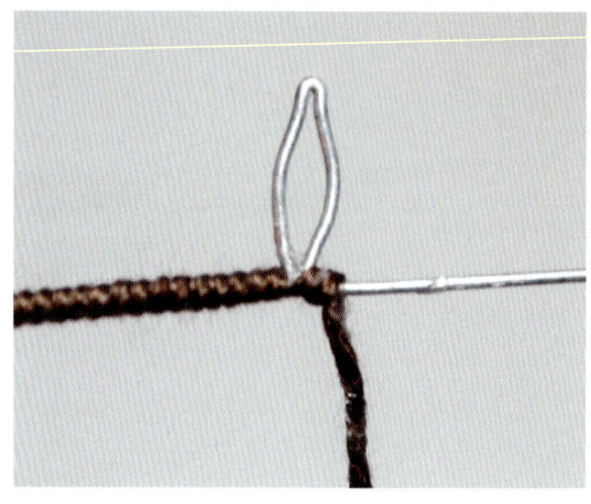

92 잎이 있는 부분은 무시하고 자연스럽게 이어간다.

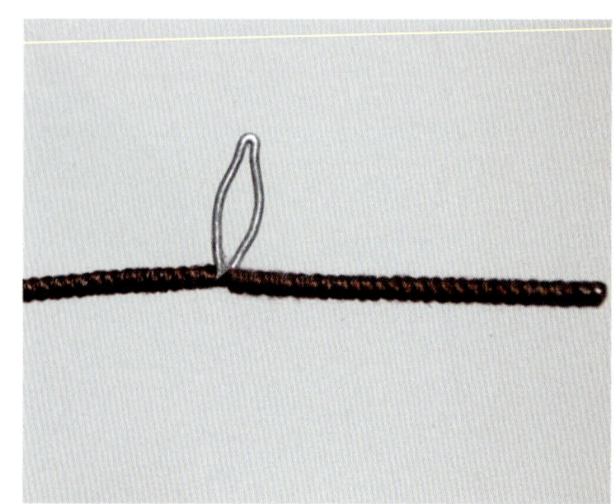

93 끝까지 감아주고 코팅한다.

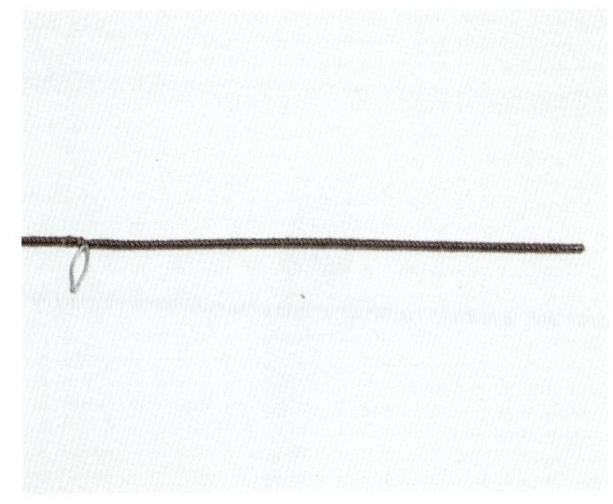

94 반대쪽도 감아주고 코팅한다.

95 면사 3849번 20cm 4가닥을 실 여유분 2cm를 남기고 잎을 감아나간다.

96 잎 끝의 와이어가 보이지 않을 때까지 감아주고

97 실을 바짝 자른 다음 본드를 톡 칠하고 손으로 3초 정도 눌러 코팅한다.

98 여분의 실도 바짝 잘라내고

99 본드를 톡 찍어 코팅한다.

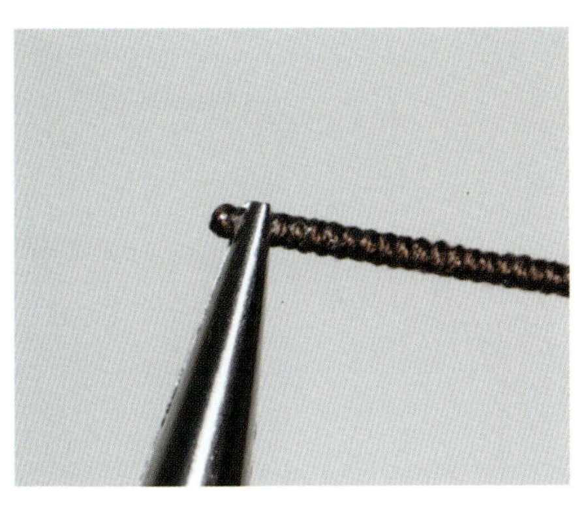

100 가지 끝에서 2mm 부분을 롱로즈로 잡고

101 와이어를 구부려 U자 모양을 만든다.

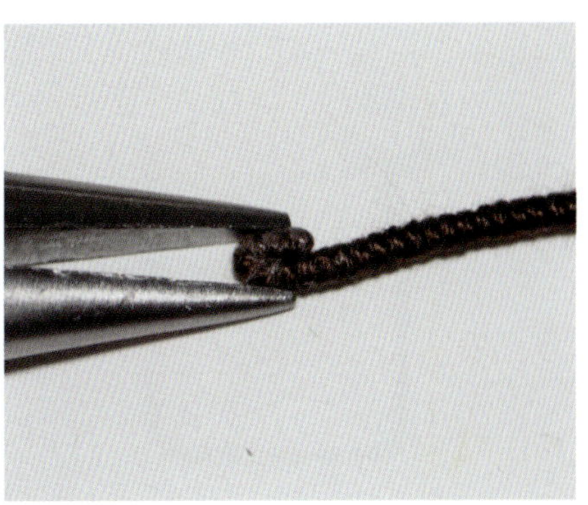

102 롱로즈로 눌러 붙여준다.

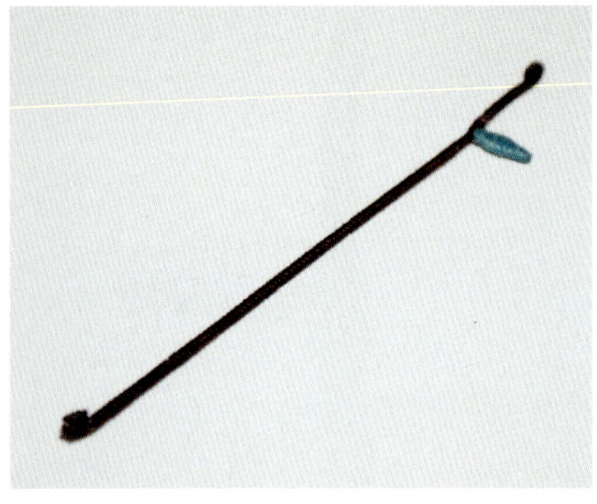

103 다른 쪽 가지도 같은 모양을 만들어 준다.

104 분홍 뜨개꽃 뒤쪽 중앙에 콩알 반만큼 글루건을 쏴주고

105 재빨리 가지 끝에 붙여준다.

106 다시 분홍 뜨개꽃에 콩알 반만큼 글루건을 쏴주고 뒤쪽에 붙인다.

107 노란 뜨개꽃도 같은 방법으로 붙여준다.

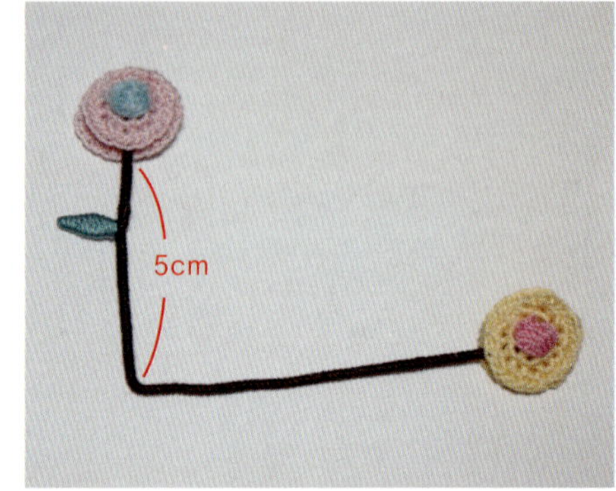

108 분홍꽃에서부터 5cm를 잰 다음 가지를 꺾어준다.

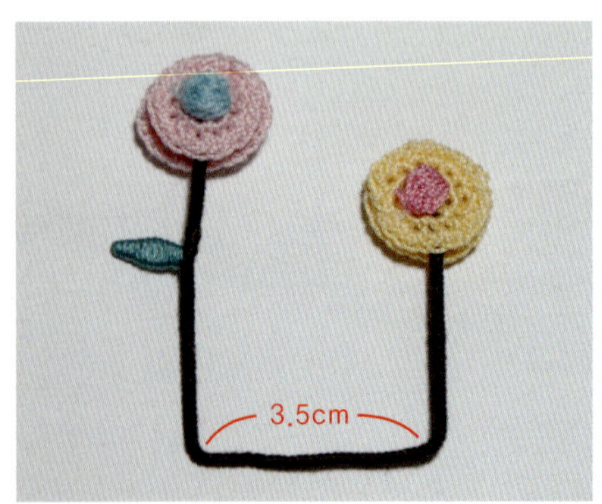

109 노란꽃에서부터 3.5cm를 잰 다음 가지를 꺾어준다.

110 남은 가지는 반달모양이 되게 만들어준다.

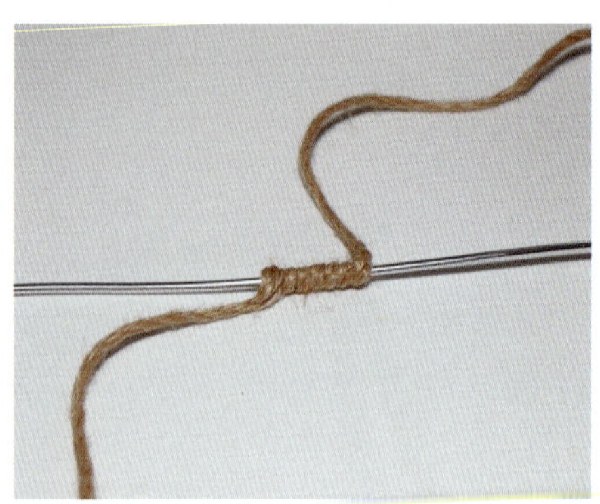

111 2.5mm 공예와이어 30cm 위 아래에 본드를 칠하고 3mm 마끈 1m 80cm로 중앙감기한다.

112 와이어 끝까지 감고 남은 여분의 마끈은 그대로 둔다.

113 반대쪽 와이어도 감아준다.

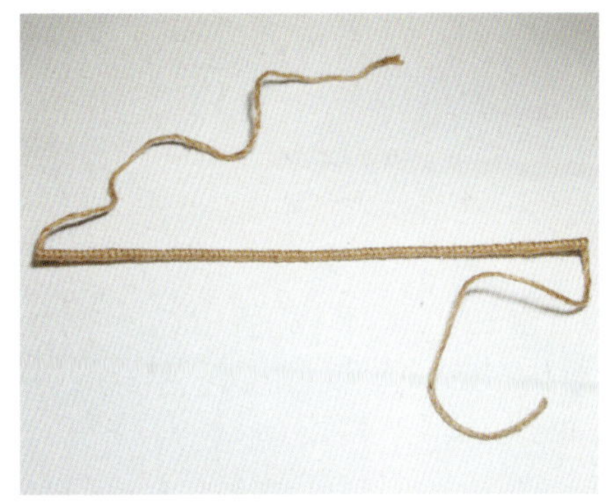

114 역시 남은 마끈은 그대로 둔다.

115 마끈이 감긴 30cm의 와이어를 나무막대 양끝에서 1cm 안쪽으로 오도록 둥그렇게 만들어준다.

116 남겨둔 마끈의 올을 풀어준다. (세 줄을 두 줄과 한 줄로 나눠 놓는다.)

117 나무막대 1cm 안쪽에 마끈이 감긴 와이어를 올려놓고

118 풀어둔 마끈 중 2줄짜리를 이용해 바깥쪽 나무막대에 2번 감아준다.

119 풀어둔 마끈 중 1줄짜리를 이용해 안쪽 나무막대에 3번 감아준다.

120 남은 마끈을 이용해 마끈이 감긴 와이어도 2~3번 감아주고

121 뒤쪽에서 만나 묶어준다.

122 두 번 정도 묶어주고 남은 마끈은 잘라낸다.

123 앞쪽 사진

124 다른 한쪽도 같은 방법으로 묶어준다.

125 새를 나무막대에 올려 위치를 확인한다.

126 발가락이 나무막대에 붙을 수 있도록 모양을 구부려준다.

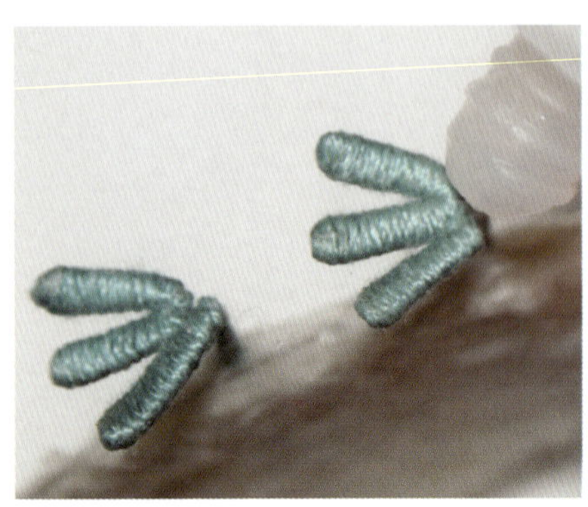

127 발바닥에 본드를 넉넉히 칠하고

128 나무막대에 올려놓고 본드가 굳을 때까지 눌러준다.

129 엉덩이와 마끈이 붙는 부분에 본드를 칠해주고

130 본드가 굳을 때까지 손으로 눌러준다.

131 꽃을 나무막대 위에 올려놓고

132 줄기 부분을 손으로 눌러 나무막대에 붙을 수 있게 모양을 구부려준다.

133 나무막대에 붙을 부분에 본드를 넉넉히 칠하고

134 나무막대에 올려놓고 본드가 굳을 때까지 손으로 눌러준다.

135 앞에서 봤을 때 줄기와 꽃만 보이도록

136 2mm 마끈을 풀어서

137 50cm 한 줄을 가지고 나무막대 중앙에 묶어준다.

138 마끈 끝에 본드를 칠하고

139 엄지와 검지손가락으로 문질러 뾰족하게 만들어준다.

140 우드비즈를 끼워

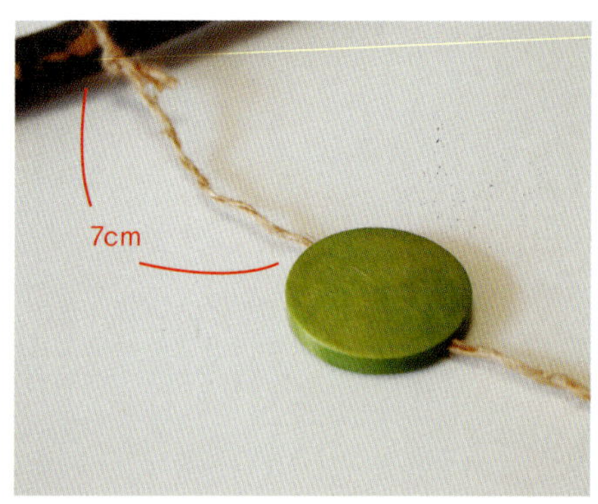

141 나뭇가지에서 7cm 정도에 놓고

142 바로 밑에서 매듭을 묶어 흘러 내리지 않도록 해준다.

143 우드비즈에서 6cm 아래에 우드볼을 끼우고

144 밑에 매듭을 지어 흘러내리지 않도록 해준다.

145 이번엔 종을 끼우고 마끈 끝에 본드를 칠한 뒤

146 종 위쪽에 있는 마끈을 잡고 엄지와 검지를 이용해 붙여준다.

147 우드볼과 종 사이에 미니집게를 끼워준다.

148 2mm 마끈 1줄 10cm를 이용
해 위쪽에 고리를 만들어준다.

149 완성

Chapter 3

릴공예 고급
만들기 실물본

만들기 실물본

투명 바디를 실물본 위에 얹어 놓고 그대로 따라 그리세요.
가는 송곳이나 핀셋의 뾰족한 부분으로 그리면 편리해요.

1. 샹들리에 귀걸이(p.40)

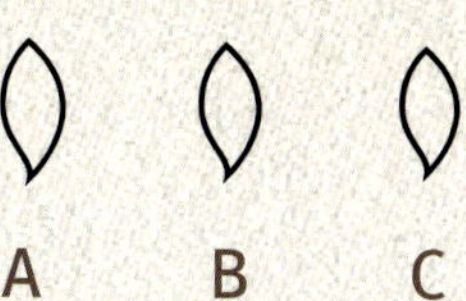

A   B   C

2. 리프 귀걸이(p.45)

3. 웨이브 나뭇잎 귀걸이(p.50)

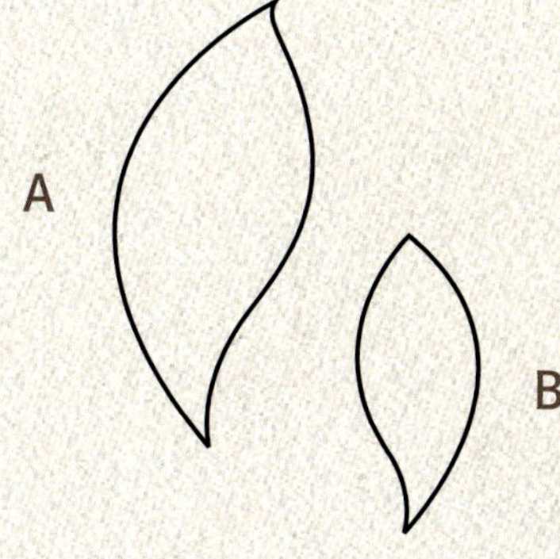

4. 노란 꽃 귀걸이(p.58)

 # 만들기 실물본

투명 바디를 실물본 위에 얹어 놓고 그대로 따라 그리세요.
가는 송곳이나 핀셋의 뾰족한 부분으로 그리면 편리해요.

5. 잎사귀 묶음 귀걸이(p.65)

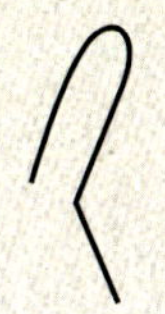

6. 실크 플라워 귀걸이(p.72)

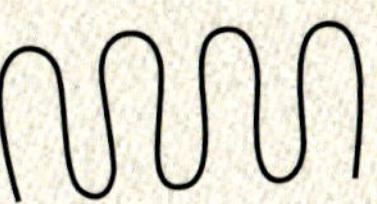

7. 레이스 패치 귀걸이(p.81)

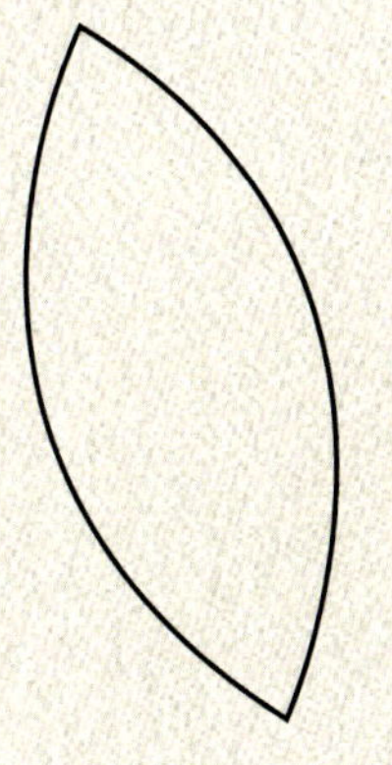

8. 앤의 꽃 귀걸이(p.88)

9. 시크 그레이 꽃 귀걸이(p.98)

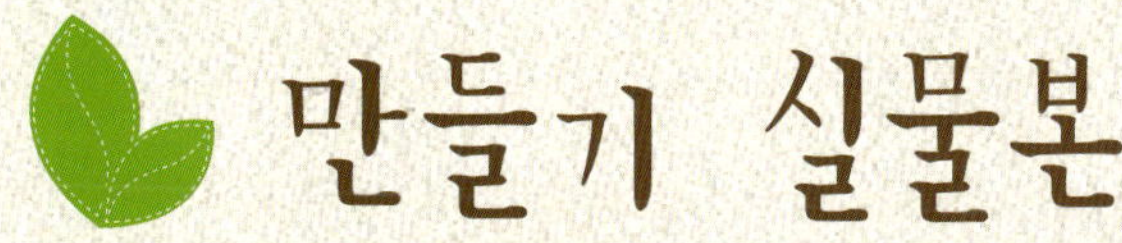
만들기 실물본

투명 바디를 실물본 위에 얹어 놓고 그대로 따라 그리세요.
가는 송곳이나 핀셋의 뾰족한 부분으로 그리면 편리해요.

10. 포스트 꽃 귀걸이(p.109)

11. 모닝 플라워 머리핀(p.121)

12. 하얀 꽃 머리핀(p.130)

13. 아일랜드 꽃 머리핀(p.141)

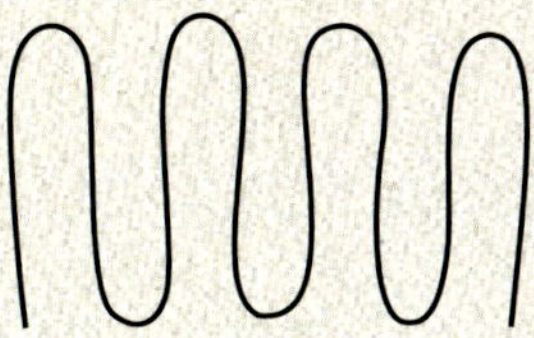

만들기 실물본

투명 바디를 실물본 위에 얹어 놓고 그대로 따라 그리세요.
가는 송곳이나 핀셋의 뾰족한 부분으로 그리면 편리해요.

14. 보라꽃 머리띠(p.153)

 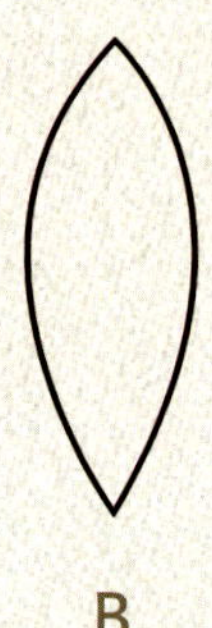 

A   B   C

15. 실크 나비 머리띠(p.162)

 # 만들기 실물본

투명 바디를 실물본 위에 얹어 놓고 그대로 따라 그리세요.
가는 송곳이나 핀셋의 뾰족한 부분으로 그리면 편리해요.

16. 브라우니 포니테일(p.173)

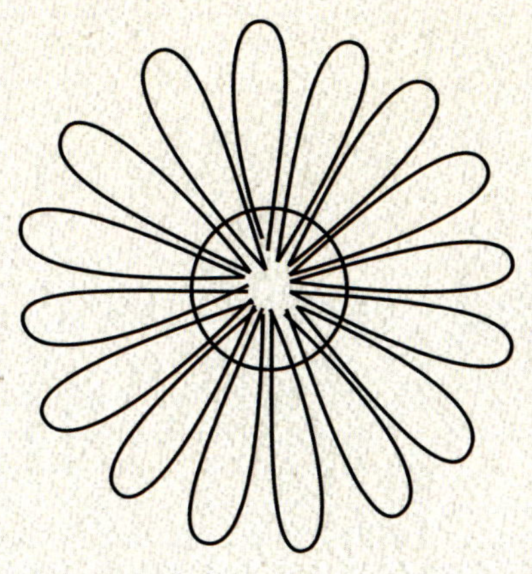

A

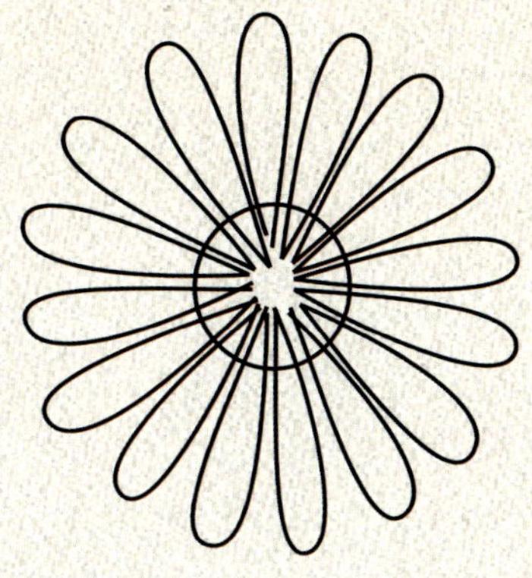

B

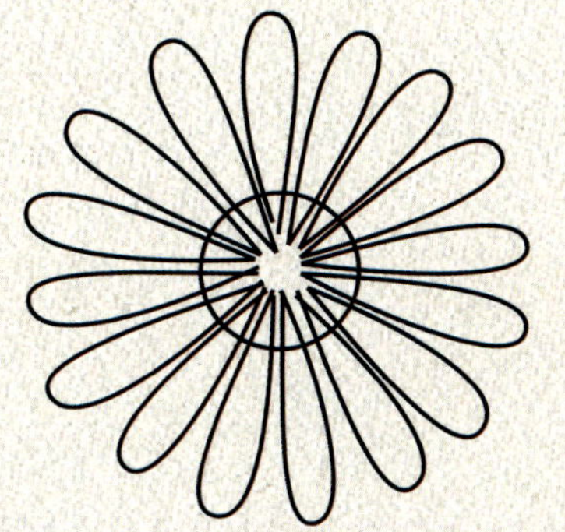

C

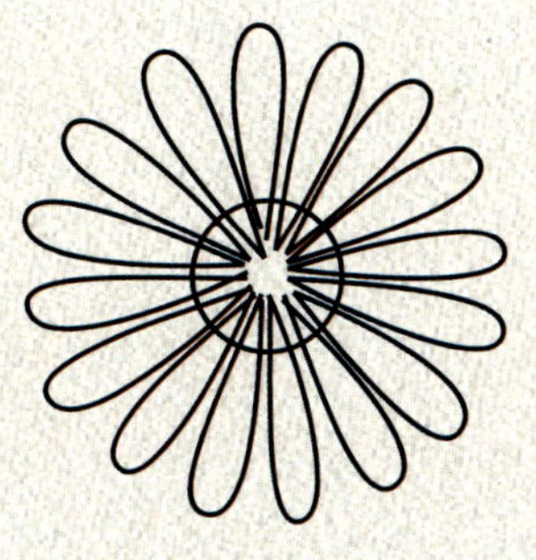

D

E

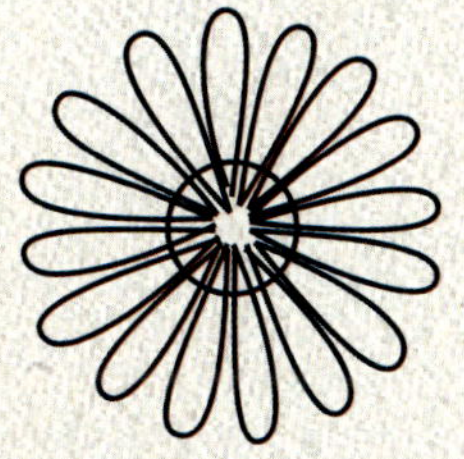

F

 # 만들기 실물본

투명 바디를 실물본 위에 얹어 놓고 그대로 따라 그리세요.
가는 송곳이나 핀셋의 뾰족한 부분으로 그리면 편리해요.

17. 크리스털 포인트 목걸이(p.182)

18. 핑크 펄 플라워 목걸이(p.189)

19. 잎사귀 묶음 브로치(p.195)

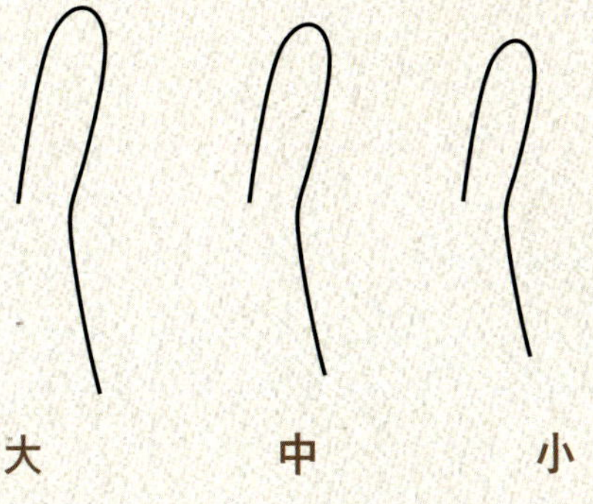

20. 나뭇잎 브로치(p.202)

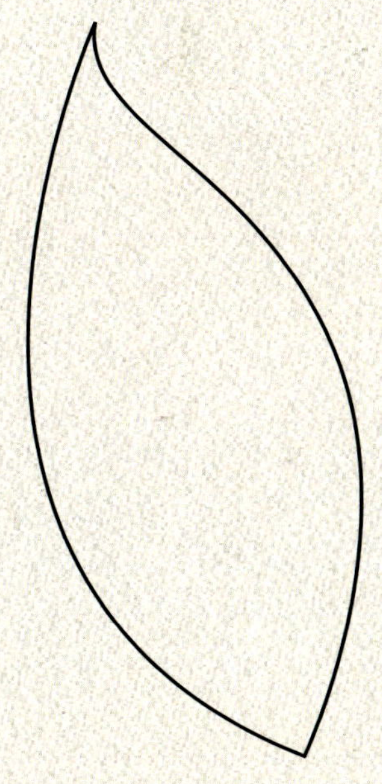

 # 만들기 실물본

투명 바디를 실물본 위에 얹어 놓고 그대로 따라 그리세요.
가는 송곳이나 핀셋의 뾰족한 부분으로 그리면 편리해요.

21. 빈티지 플라워 브로치(p.212)

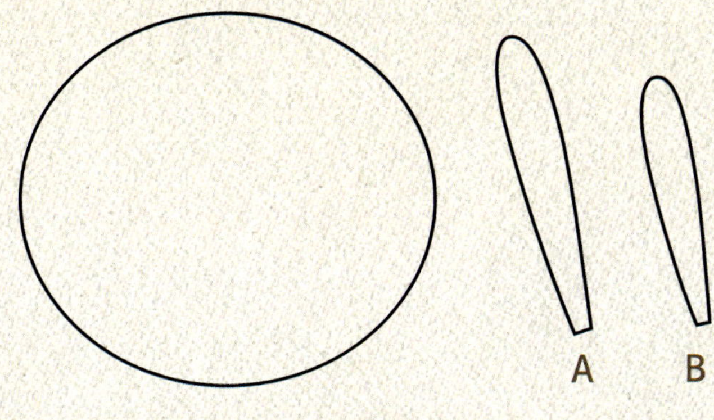

22. 메탈 플라워 브로치(p.224)

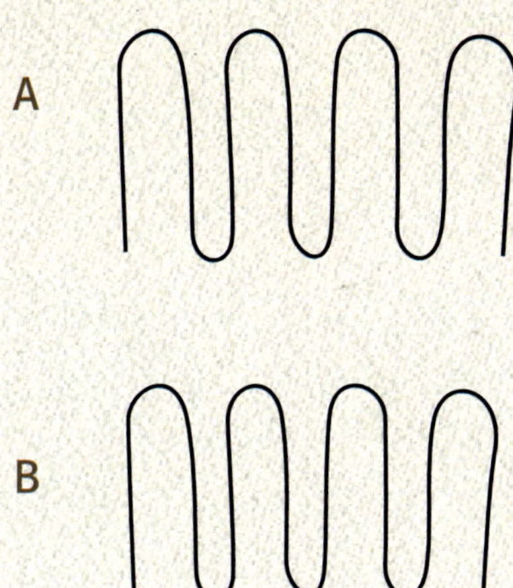

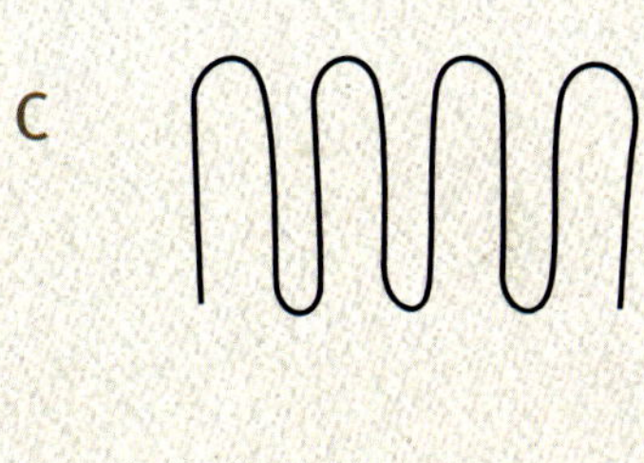

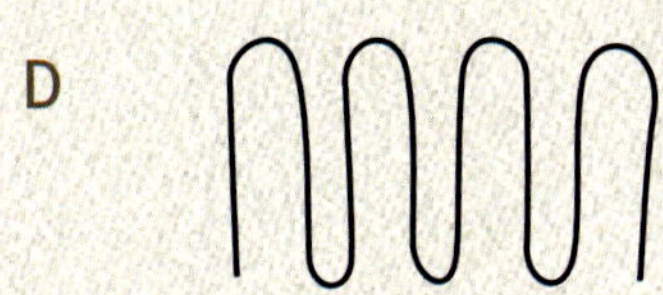

23. 새와 나무 핸드폰줄(p.236)

 # 만들기 실물본

투명 바디를 실물본 위에 얹어 놓고 그대로 따라 그리세요.
가는 송곳이나 핀셋의 뾰족한 부분으로 그리면 편리해요.

24. 내추럴 팟(p.245)

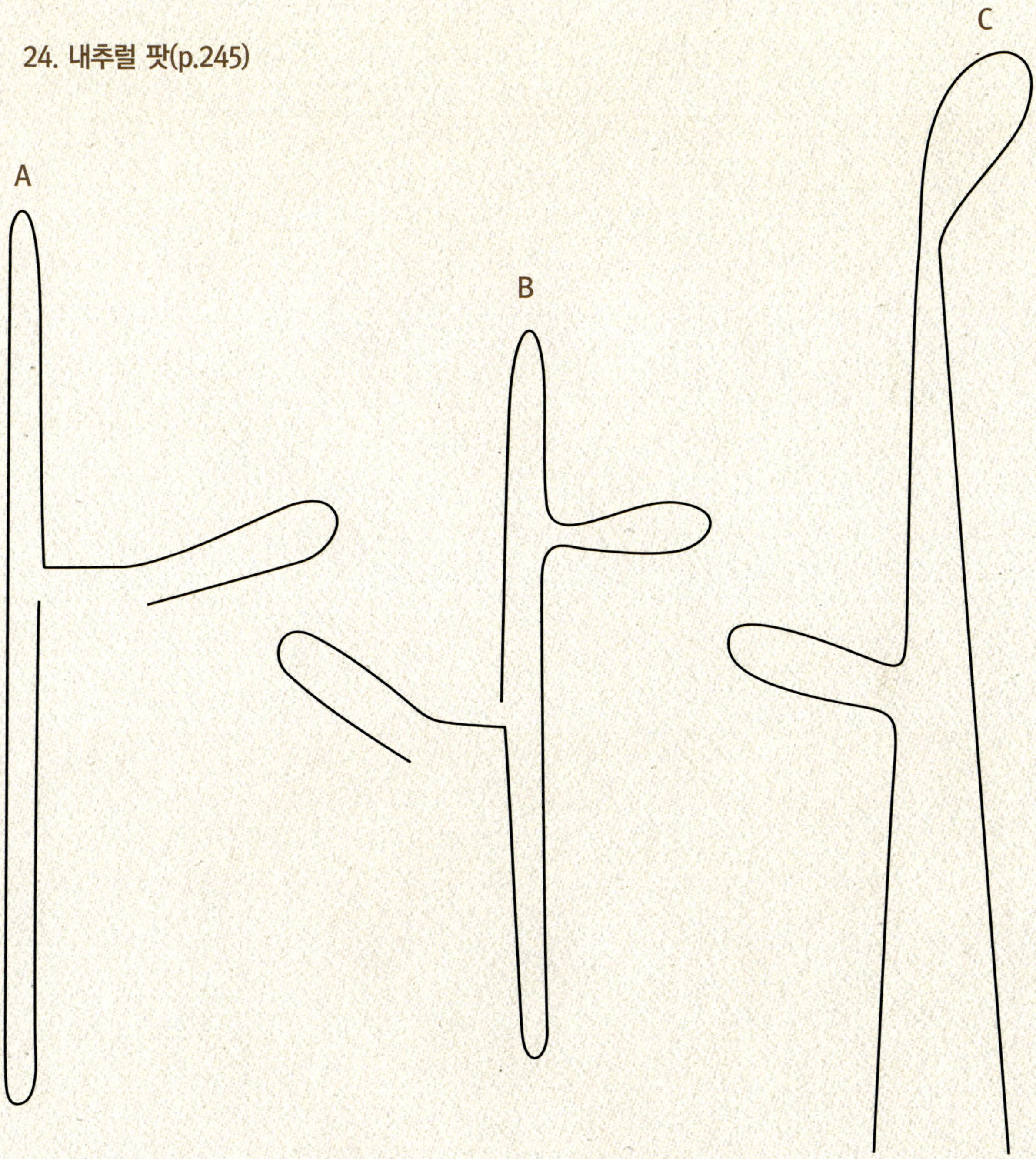

# 만들기 실물본

투명 바디를 실물본 위에 얹어 놓고 그대로 따라 그리세요.
가는 송곳이나 핀셋의 뾰족한 부분으로 그리면 편리해요.

25. 스노우 버드 모빌(p.259)

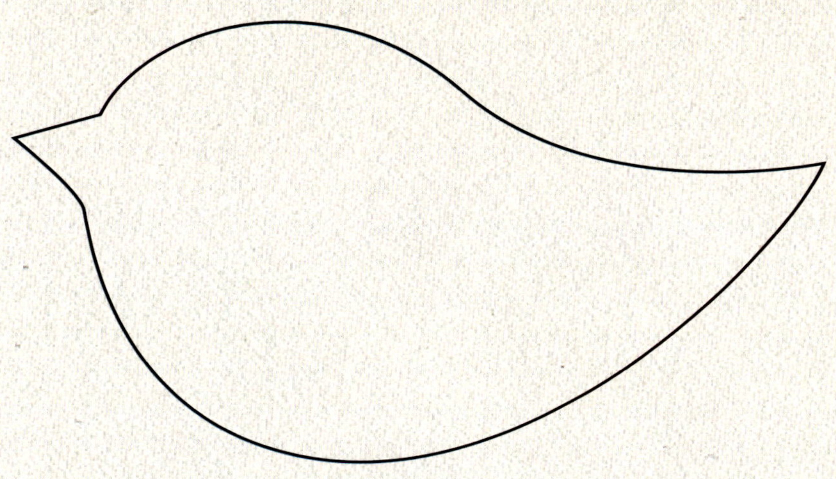

11~20번 다리

79~90번

날개

Reel Craft

릴 공예
협회 소개

한국 릴공예 협회

대표: 이지언
총무: 이은정
운영위: 이서윤
김가미
최선애
김연우
고경민
유효진
우윤경

릴공예 강사 모집

릴공예 강사에 도전하세요!

릴이라는 브랜드를 공유할 수 있으며 작품 판매와 외부강의, 공방 운영 등을 할 수 있습니다.

자세한 사항은 홈페이지 www.ireel.co.kr에서 확인하시면 됩니다.

DMC	Anchor	DMC	Anchor	DMC	Anchor	DMC	Anchor	DMC	Anchor	DMC	Anchor	DMC	Anchor	DMC	Anchor
208	110	414	235	605	1094	758	882	842	1080	955	206	3340	329	3778	1013
209	97	415	040	606	334	760	1022	844	1041	956	33	3341	328	3779	4146
210	108	420	374	608	330	761	1021	869	277	957	55	3345	269	3781	905
211	342	422	943	610	1086	762	234	890	1044	958	187	3346	268	3782	392
221	43	433	357	611	856	772	259	891	35	959	186	3347	266	3787	273
223	895	434	310	612	832	775	158	892	28	961	76	3348	264	3790	1086
224	1008	435	1046	613	853	776	36	893	33	962	62	3350	59	3799	401
225	1020	436	1045	632	936	778	1016	894	31	963	23	3354	60	3801	35
300	352	437	368	640	393	780	310	895	1044	964	167	3362	263	3802	897
301	1049	444	297	642	832	781	309	898	360	966	240	3363	860	3803	972
304	19	445	293	644	391	782	308	899	26	970	324	3364	261	3804	89
307	290	451	233	645	860	783	307	900	326	971	316	3371	382	3805	63
309	39	452	232	646	8581	791	123	902	897	972	298	3607	87	3806	62
310	403	453	231	647	1040	792	941	904	258	973	290	3608	86	3807	177
311	1036	469	267	648	232	793	176	905	258	975	351	3609	85	3808	1068
312	979	470	267	666	46	794	175	906	256	976	1001	3685	1028	3809	1066
315	1019	471	265	676	942	796	139	907	255	977	1002	3687	68	3810	1064
316	1017	472	254	677	886	797	147	909	923	986	246	3688	894	3811	1060
317	400	498	1005	680	901	798	131	910	230	987	262	3689	73	3812	188
318	849	500	683	699	923	799	145	911	230	988	257	3705	35	3813	875
319	1044	501	217	700	229	800	159	912	209	989	261	3706	27	3814	1076
320	216	502	876	701	229	801	359	913	204	991	1068	3708	55	3815	877
321	47	503	875	702	244	806	162	915	1029	992	1072	3712	1023	3816	876
322	978	504	274	703	238	807	168	917	88	993	1070	3716	25	3817	875
326	42	517	162	704	265	809	140	918	351	995	410	3721	896	3818	923
327	101	518	161	712	926	813	140	919	341	996	433	3722	1027	3819	279
333	119	519	160	718	88	814	22	920	1004	3011	845	3726	1019	3820	307
334	977	520	862	720	326	815	43	921	339	3012	844	3727	1016	3821	363
335	38	522	859	721	324	816	1006	922	1048	3013	853	3731	1024	3822	891
336	1036	523	858	722	323	817	13	924	683	3021	905	3733	1022	3823	292
340	118	524	858	725	306	818	48	926	850	3022	8581	3740	873	3824	8
341	117	535	273	726	305	819	271	927	849	3023	392	3743	869	3825	1047
347	1025	543	933	727	293	820	134	928	274	3024	231	3746	1030	3826	1049
349	1098	550	102	729	890	822	390	930	1035	3031	380	3747	120	3827	1047
350	11	552	99	730	924	823	127	931	921	3032	1082	3750	1036	3828	888
351	11	553	98	731	281	824	139	932	939	3033	830	3752	1096	3829	901
352	9	554	96	732	281	825	143	934	1044	3041	871	3753	1032	3830	884
353	8	561	212	733	280	826	146	935	862	3042	870	3755	140	BLANC	2
355	341	562	216	734	945	827	159	936	846	3045	888	3756	1037	ECRUT	387
356	5975	563	203	738	372	828	1060	937	268	3046	887	3760	146	B5200	1
367	877	564	206	739	880	829	906	938	1088	3047	852	3761	928		
368	261	580	281	740	314	830	277	939	152	3051	268	3765	169		
369	259	581	266	741	314	831	944	943	188	3052	859	3766	1038		
370	855	597	168	742	303	832	907	945	881	3053	261	3768	922		
371	855	598	167	743	302	833	945	946	332	3064	883	3770	1011		
372	854	600	47	744	301	834	874	947	330	3072	234	3772	1007		
400	351	601	63	745	301	838	380	948	1009	3078	292	3773	914		
402	1047	602	63	746	386	839	1050	950	4146	3325	159	3774	778		
407	914	603	62	747	128	840	898	951	1012	3326	36	3776	1048		
413	236	604	66	754	4146	841	1082	954	203	3328	1024	3777	1015		

〈출처 : 자향〉

Reel Craft

쿠폰

릴공예 고급 1회 무료수강권

- 릴 공예 작업실에서만 사용 가능합니다. 수업 시 쿠폰을 오려오세요.
- 재료비는 별도입니다. 날짜와 시간은 www.ireel.co.kr를 참고하세요.
- 사용기한 : 2013년 2월까지

릴공예 온라인 샵 회원가입 시
추가 적립금 2,000원

- 릴 온라인샵 www.ireel.cafe24.com에 가입하시고 쿠폰번호를 게시판에 남겨주시면 확인 후 적립해드립니다. 기존 가입자도 쿠폰넘버를 게시판에 남겨주시면 적립해 드립니다.
- 사용기한 : 2013년 2월까지
- 쿠폰번호 : RS-UN-0809-34EF72

핑거스 아카데미 수강료
20% 할인권

- 재료비는 할인되지 않습니다. 핑거스 아카데미 로그인하셔서 할인쿠폰을 사용하시면 됩니다. (강좌는 인원수에 따라 폐강될 수도 있습니다.)
- 사용기한 : 2013년 2월까지
- 쿠폰번호 : TTFA-0717-5Y8H-3120

릴 디자인 프리마켓 상품
10% 할인권

- 홍대와 삼청동 등 오프라인 프리마켓 행사 시 쿠폰을 오려 오시면 구매가의 10%를 할인해 드립니다. (홈페이지에서 프리마켓 공고날짜 확인)
- 사용기한 : 2013년 6월까지